集人文社科之思　刊专业学术之声

集刊名：新媒体与社会

主办单位：上海市哲学社会科学创新研究基地——上海交通大学新媒体与社会研究中心
　　　　　上海市人民政府决策咨询研究基地——谢耘耕工作室

NEW MEDIA AND SOCIETY (NO.37)

2025年第1辑（总第37辑）

集刊序列号：PIJ-2011-047

中国集刊网：www.jikan.com.cn/ 新媒体与社会

集刊投约稿平台：www.iedol.cn

中文社会科学引文索引（CSSCI）来源集刊
国家哲学社会科学学术期刊数据库（nssd.cn）入库集刊
AMI（集刊）入库集刊
中国学术期刊网络出版总库（CNKI）收录
集刊全文数据库（www.jikan.com.cn）收录

New Media and Society (No.37)

新媒体与社会

2025年第1辑（总第37辑）

谢耘耕　陈　虹　主　编

社会科学文献出版社
SOCIAL SCIENCES ACADEMIC PRESS (CHINA)

卷首语

近年来，以 ChaptGPT 和 Sora 等为代表的生成式人工智能技术飞速发展，媒介生态业已从数字时代转向了数智时代，对国际传播的理论建构和实践路径均有深刻影响。如何在人机共生、人机协同的语境下，提升国际传播效能，塑造国家形象，在全球数字舆论场的博弈中增强我国的话语权和影响力，是当前亟须解决的现实问题。基于此，中国新闻史学会舆论学专业委员会、《新媒体与社会》（CSSCI 集刊）、海南师范大学新闻传播与影视学院等单位联合策划了首届"国际传播与国际舆论研究论文工作坊"，以深入探讨人工智能视域下国际传播与国际舆论的前沿问题，内容涉及国家形象、话语建构、算法歧视、情感交往、战略叙事、全球传播、地方故事等。

"专题策划"从三个方面聚焦"国际传播与国际舆论"。一是国际传播的实践路径研究，如国际政治传播中的情感交往、媒体融合下国际传播能力提升的创新路径、认知战信息操纵模式与影响机制等的研究。二是国际传播话语体系的建构研究，包括人类文明新形态视域下中国纪录片话语体系建构与全球传播，全球传播的理论溯源、历史进程、时代价值与现实进路，中国生成式人工智能技术形象的国际新闻话语建构等方面的研究。三是地方故事的国际传播研究，包括长江文化国际传播的基本逻辑与路径选择、图式理论视角下海南省国际形象构建等方面的研究。

"学术前沿"聚焦时代热点与前沿问题，包括中国主流媒体平台建设的实践路径与挑战研究，基于 LDA 模型的舆论学文献主题挖掘与演化分析，认知战主体协同模式探究，ChatGPT 影响舆论的内在转变、潜在危机及其应对路径研究等。

"实证研究"坚持以事实为依据，采用定性或定量研究方法进行个案分析，包括智能手机在蒙古族牧民村落的传播实践研究、青年用户基于文字讨好行为的自我形象管理研究、少数民族乡村社会治理中媒介使用的功用性逻辑研究、青年用户对 QQ 空间的持续使用意愿研究、"萝卜快跑"品牌形象国际传播的多层次分析框架构建研究、社交媒体时代公私场域中记者的情绪劳动研究。

"学术沙龙"博采众长，从多个视角关注新媒体与社会的相关问题，探讨了纪实影像的裂变与新界限、Cosplay 空间移动中的地方性建构、青年用户对 AI 新闻主播的适应与接受、虚拟数字人拟人化特征对广告效果的影响、中华优秀传统文化跨文化传播效能提升策略、图像事件的文化治理及其修辞实践、政务新媒体赋能基层治理现代化等。

《新媒体与社会》集刊关注新媒体、人工智能与社会发展中出现的新现象与新问题，重视理论与实践相结合、守正与创新相结合，为新媒体、人工智能与社会发展研究提供交流平台。

新媒体与社会

2025年第1辑（总第37辑）
2025年3月出版

·专题策划·

·学术前沿·

全球传播的理论溯源、历史进程、时代价值与现实进路*

黄　诚　　张涛甫**

摘　要　随着全球化和数字化的深入发展，全球传播日益成为推动各国文化交流和经济合作的重要力量。本文从理论溯源、历史进程、时代价值及现实进路四个方面，对全球传播在当今世界中的作用进行了系统探讨。本文首先梳理了全球传播的理论构建，包括理论、社会、思想和技术基础。其次梳理了全球传播从古代文明交流、传统媒体到数字网络的发展进程，揭示了中国正从全球传播的参与者向塑造者和贡献者转变。全球传播有助于推动中国式现代化的发展，为形塑国际政治格局、促进经济一体化、深化文化交流、推进全球治理和社会变革提供了助力。最后从主体、价值、行动和结构四个层面提出了全球传播的现实进路。

关键词　全球传播　人类命运共同体　全球化　数字技术

全球化与互联网的深度融合推动了人类传播进入一个崭新的时代。1993 年，美国学者霍华德·H. 弗雷德里克（Howard H. Frederick）首次提出"全球传播"的概念，认为"全球传播"是跨越国界，涉及多主体、多维度的信息交流，是涉及个人、群体、组织、政府以及信息技术机构跨越国界传播价值观、态度、意见、信息和数据的多学科交叉领域[1]。全球传播的主体已从国家层面扩展至非政府组织、跨国公司、公民个人等多元化

---

*　基金项目：中国博士后科学基金会面上项目"中国主流媒体的全球传播效能评价体系及其提升机制研究"（项目编号：2024M750480）、国家社科基金重大项目"'一带一路'背景下中资企业社会责任形象构建与推进机制研究"（项目编号：22&ZD319）。

**　黄诚，复旦大学新闻学院博士后；张涛甫，复旦大学新闻学院教授。

主体；传播内容也不再局限于国家利益或话语权的争夺，而是逐渐扩展到全球共同关心的议题，如气候变化、金融危机、恐怖主义等；其核心目的是在不同社群之间实现意义和价值观共享，从关注本国、本民族的问题转向关怀全人类的福祉，以期通过全球信息互动促进人类共同发展。

学界对全球传播有多种解读。部分学者认为国际传播包含了全球传播，将全球传播视为国际传播的延伸；另一些学者则主张传统有国界的国际传播应被更具广泛性和包容性的无国界的全球传播所代替，认为全球传播在全球化时代更具解释力；还有学者指出，全球传播与国际传播在某些特定情境下具有独特的适用性，既非包含也非替代关系[2]，将二者割裂或等同都不可取。

全球传播不仅承载着信息流动的功能，还应承担起倡导全球对话与合作的责任。尽管全球传播难以完全脱离国际传播中民族国家的主体角色，但它在本质上已超越了"地域—民族—国家"的时空边界，为全球信息互联与共享奠定了基础。本文将进一步梳理全球传播的理论，回顾其历史进程，分析全球传播的时代价值，探讨其在全球化和信息化背景下的现实进路。

一　全球传播的理论溯源

全球传播作为一门跨学科的研究领域，融合了传播学、社会学、政治学、经济学和国际关系学等多个学科的研究成果。全球传播形态的构建，不仅仅是科学技术和信息生产合力为之的结果，也是新的思想观念契合时代需要的产物[3]。下文将从理论基础、社会基础、思想基础和技术基础四方面梳理全球传播的理论构建。

（一）全球传播的理论基础

全球传播理论在不同时期逐渐形成。20世纪初，随着无线电等新媒介的兴起，传播学成为社会科学的一个分支。拉斯韦尔（Harold D. Lasswell）的"5W"模式奠定了传播学基础框架，但限于单向信息流动。二战和冷战期间，传播学扩展到国际传播领域，关注国家间信息流动与意识形态对抗，认为通过媒介传播西方价值观可促成发展中国家现代化。冷战时期的国际传播研究聚焦于帝国主义理论、依附理论、世界体系理论和后殖民主义理论，批判全球文化生产和信息传播中的不平等。媒介帝国主义理论认为，美国等极少数发达国家在传播领域的主导地位强化了文化依附和支配关系。世界体系理论从经济依附性延伸至文化依附性，认为全球资本主义生产体系的"中心—边缘"结构主导着信息的全球流动，强化了发达国家对边缘国家的文化辐射和支配。依附理论强调文化依附性建立在经济依附性的基础上，第三世界国家在引入发达工业国家的资本、科技、商品的同时，不可避免地接受其文化灌输与意识形态支配。后殖民主义理论如萨义德（Edward Said）的"东方主义"，进一步批判西方对东方的偏见，为全球传播提供了文化批判框架。然而这些理论未能充分考虑第三世界国家的自主性及个体在文化消费过程中的创造性解读。

20世纪80年代以来，全球化成为国际传播研究的新范式，麦克卢汉（Marshall McLuhan）提出"地球村"，基于世界体系理论的媒介帝国主义视角及其"核心—边缘"分析框架受到一些挑战[4]，全球文化与地方文化的互动逐渐成为研究重点。随着全球化进程加快，全世界范围内出现了新的文化权力中心和基于"地理—语言"的文化圈群[5]，一些基于共同语言和历史文化的非西方国家区域内部媒介信息传播频繁[6]，冲击了西方主导媒介话语的霸权地位。全球化也会引发文化冲突和身份认同危机[7]。全球传播中对文化多样性的考察使其与传统的国际传播研究区别开来，国际传播更多地关注国家层面的权力和信息控制，而全球传播则在全球背景下探讨信息流动与多元文化互动。

在新自由主义全球化的背景下，"逆全球化"和"反全球化"催生了新型全球化，信息流动更加自由化，全球传播的理论不断演进。帝国主义等理论发展出更为复杂的观点，批判对象不再局限于国家之间的对抗，而转向对全球资本主义体系的反思，关注文化不平等、文化同质化等，即文化帝国主义[8]。此外，电子殖民主义理论兴起，评判西方主导的电子媒介对全球受众的渗透和控制。文化帝国主义、文化霸权主义和电子殖民主义等批判性理论，揭示了美国及少数西方国家在传播中的主导地位和不平等关系。冷战时期的全球传播强调的是全球不平等的信息流动、文化霸权和经济依赖关系，新自由主义时期则更加注重全球化进程中的信息自由化与文化多元化的互动。

进入 21 世纪，数字技术迅猛发展，全球传播进入了新的阶段，全球传播关注的焦点逐渐从技术扩展至文化、政治和经济的互动，软实力理论成为重要议题。全球数字技术的发展模糊了文化生产和消费的界限，数字化平台推动了全球传播中的去中心化趋势。与此同时，全球化带来的信息流动自由化趋势，也使全球传播成为跨国公司、非政府组织和个人日益活跃的领域。这一系列发展标志着全球传播理论从早期以国家为中心的单向传播模式，逐渐演变为多主体参与、多层次互动的全球传播模式，这种多元互动的传播模式为包括中国在内的新兴经济体提供了更多的参与国际对话的机会。

在当前全球变局下，史安斌等认为研究应从更为批判性的"媒介帝国主义""新帝国主义""依附主义"，到更为建设性的"平台世界主义"演进[9]，以普惠的全球安全治理为视域和全球传播新秩序为目标参与并引领全球传播[10]。中国提出的"构建人类命运共同体"理念强调通过合作与共赢实现全球文化交流的公平性，进一步扩展了全球传播的理论维度。

（二）全球传播的社会基础

全球传播的社会基础包括历史、文化、政治和经济等多个方面。全球传播起源于古代文明的互动，18 世纪商业网络的扩展为全球化奠定了基础。全球传播不仅是跨国信息交流，更是文化符号交换与身份认同重建的过程。联合国《2030 年可持续发展议程》首次将文化纳入可持续发展目标的框架内，强调文化在社会凝聚力、经济发展以及可持续发展中的核心作用。2023 年 10 月召开的全国宣传思想文化工作会议强调，要加强和改进对外宣传工作，增强中华文明传播力影响力[11]。全球传播中各地文化的交流与碰撞促进了文化多样性的发展，同时加深了地方文化与全球文化之间的相互依存与共生关系。

全球传播反映了国际权力关系的复杂性，从冷战时期的意识形态对抗到冷战后的多极化外交和软实力建设，显示出信息传播如何成为国家形象塑造和外交的工具。同时，经济全球化带来了信息经济的崛起，跨国公司借助全球媒体和信息技术拓展文化产品和服务，提升其经济影响力。全球传播的社会结构和个体作用亦不可忽视，家庭、社区、各类组织和个体在传播中承担着维护社会秩序和文化传承的责任。总之，全球传播不仅关系历史和文化的传承，还涉及政治、经济交流以及社会结构和个体的互动，这些因素共同构成了全球传播的复杂图景。

（三）全球传播的思想基础

全球传播不仅是信息的跨国界流动，更涉及深层次的文化与价值观互动。马克思认为，信息传播是思想碰撞、情感交融和价值对话过程[12]，人的社会性使其始终处于信息传播的环境中，并生存于具有复杂性且由相当程度的"关系"介质所联结的"整体性"交往范畴里[13]，人类交往的发展逻辑是从民族交往逐渐走向世界交往的过程[14]。哈贝马斯（Jürgen Habermas）提出，通过理性对话达成共识，是实现社会公平的途径[15]。在现代国际关系格局中，国家间的关系运维往往是通过政治主体、民众、非政府组织或机构、各类媒介事件的解释等多元"交往"形态所建构的[16]。在公共领域中，传播媒介可以成为不同社会群体交往的平台，"交往"概念已从过去人的主体性交往向民族间交往、国家间交往不断延伸，从地域性交往走向世界性交往并成为一种历史发展趋势，推动世界各国的现代化发展进程[17]。然而，深层次的共识达成仍须构建统一的价值目标和行为标准体系。交往理论呼吁建立开放、平等的国际沟通机制，为搭建共识提供了理论支撑。

全球传播中还融入了"共同体"理念。马克思与恩格斯在《德意志意识形态》中提出"自然形成的共同体"、"虚幻的共同体"和"真正的共同体"[18]，通过交往的扩展，人类社会从原始的族群共同体逐步走向现代的全球共同体。跨越个人关系的"虚拟共同体"启发了在全球传播中构建"人类命运共同体"的可能性。社群主义认为共同体是一种具有情感联系和共同信念的构成性群体，强调文化共识和价值观的认同对社会秩序的重要性[19]。共同体是基于亲属关系、邻里关系和友谊缔结的血缘共同体、地缘共同体和精神共同体[20]。全球化的背景下，个人、机构和国家之间的相互依存不断深化，促进全球市场形成，为人类创造了一个实在的共同体，促进人员、资本、商品、信息在全球自由流动。全球化是一个既同一又混杂的社会过程[3]，这个共同体内不可避免地存在冲突。全球传播则指向的是重建共同体，奉行双赢、多赢、共赢的新理念，落脚于在世界范围内寻求各国发展的"最大公约数"[21]。

"人类命运共同体"理念为全球传播提供了新的思想内涵，强调通过全球传播促进文化自主权和消除信息鸿沟，通过和平、合作、发展、共赢，构建更加民主、开放、自由的国际新秩序[22]。这一理念主张尊重全球文化多样性是解决全球传播长期单向度失衡状态的重要理论武器，预示着中国的崛起将建构起一个新世界主义格局[23]，为全球传播提供了一个超越民族和种族界限的框架。

（四）全球传播的技术基础

技术进步是推动全球传播发展的核心动力。19世纪中期电报技术的出现标志着现代传播的开端。随后的电话、广播、海底电缆、电视和通信卫星等进一步拓展了全球传播的范围，使信息跨越空间限制。这些媒介基础设施的建设与帝国的兴盛、全球传播的兴起形成互构关系，使得传播活动出现了"卡特尔化"的趋势[9]，也就是说，基础设施、电报公司、网关与协议、通讯社等共同建立起一个全球传播组织逻辑和规则制度。

数字技术带来了全球传播模式的根本性变革。卡斯特指出，信息技术革命推动全球传播的去中心化，传播的全球化意味着经济和社会的全球化，互联网推动了人类社会从传统社会跨入网络社会——"一个全球性社会"[24]，这是一个以全球经济为主导力量的社会，彻底动摇了以固定空间领域为基础的民族国家或组织的既有形式[25]，改变了权力、文化和意识形态的运作逻辑，打破了传统媒体的垄断，赋予了个体话语权。

平台化是数字化的新阶段，平台对当下的社会运作与制度安排实现了深度渗透[26]。数字化与平台化的发展带来了新的不平等问题，少数跨国互联网公司及其所搭建的中介性数字平台反映了技术功能的集中化和资本的全球化。传播并未完全去除垄断现象，反而通过算法和平台的控制，形成了新的信息垄断。如今，智能传播再发力，人工智能、区块链、元宇宙等新兴技术进一步拓展了全球传播的技术维度。

　　技术进步提升了全球传播的效率，但也加剧了信息不对称、假新闻、数据安全等问题，促使学者和政策制定者重新审视全球传播的伦理和法律框架。为此，中国出台了《中华人民共和国网络安全法》（2017 年 6 月）、《中华人民共和国数据安全法》（2021 年 9 月）、《互联网信息服务算法推荐管理规定》（2022 年 3 月）、《新时代的中国网络法治建设》白皮书（2023 年 3 月）等一系列相关法律法规和政策文件，推动互联网由"管"到"治"的根本转变，以促进全球传播向更安全、透明的方向发展。

二　全球传播的历史进程

　　全球传播的历史进程伴随着技术进步、社会变迁和文化互动，从古文明交流、丝绸之路到数字丝绸之路，从印刷术到社交媒体再到智能传播，每次革新都扩大了传播范围。中国在这一过程中由参与者逐渐成长为全球传播体系的塑造者和贡献者。

（一）从古代文明到现代传媒体系：国际传播的起源与早期发展

　　全球传播的起源可追溯到古代文明交流。古埃及、两河流域、中国等通过书信和贸易构建了跨地域信息体系。丝绸之路作为东西方的文化通道，促进了思想、文化和技术的交流，为跨文化对话奠定了基础。大航海时代进一步加快了全球传播进程，连接了各大洲，推动了全球贸易和文化互动。印刷术的发明有效促进了知识传播，加速了欧洲的文艺复兴和宗教改革。19 世纪中期，电报技术带来了全球信息流动的突破，随后的电话技术增强了人们实时交流的能力。这一时期，全球传播逐步形成了跨大洲的信息网络，1870 年的"三社四边协定"确立了全球新闻垄断格局。此时，英国路透社、法国哈瓦斯社、德国沃尔夫占据主导地位，美国美联社则受限于本土新闻。19 世纪末美国工业生产总值首次跃居世界第一位，但英国依然是全球体系中无可替代的霸主。20 世纪初，美国分别建立了美联社、合众社和国际新闻社三家国际通讯社，成立了公共信息委员会（CPI），依托电报技术拓展全球新闻网络。路透社和美联社的相继成立标志着全球新闻传播网络逐渐形成，将世界各地的新闻信息迅速传递给全球受众，这些新兴技术和机构奠定了现代全球传播的基础。

（二）从传统媒体到数字网络：国际传播向全球传播的升级扩展

20世纪初，广播技术的兴起打破了声音传播的时间与空间限制，成为战争和危机时期的信息传输渠道。国际传播进入广播时代后，美国联邦通讯委员会出台政策，要求国际广播电视台只能提供反映美国文化并促进国际友好、相互理解和合作的国际广播服务。二战期间，美国通过广播等媒介输出文化和价值观，成为国际传播新秩序的主导力量。随着电视的普及，视觉传播兴起，进一步影响了家庭生活、社交模式以及文化传播。20世纪中期，通信卫星的发射进一步推动了信息的即时跨国传播，使全球观众共享重大事件的直播。这一阶段，跨国传媒集团依靠雄厚的资本和资源，垄断了全球新闻市场，还通过政策法规设置壁垒，以及抹黑他国媒体实现对全球传播秩序和国际话语权的掌控[27]，确立了信息流动中的不平等格局。

20世纪末至21世纪初，互联网技术彻底变革了全球传播模式，推动信息交流从单向传播拓展为多向互动。网络技术打破了国家传播的边界，信息传播从精英控制的媒体渠道走向大众化和去中心化，社交媒体的出现和普及赋予了全球传播更强的即时性和互动性，美国等西方国家主导的全球传播秩序面临解构。此时，全球化带来信息流动的加剧，但也在西方国家内部引发了民族主义和逆全球化趋势。

进入数字化和平台化时代，平台化社会重塑了全球传播的生态，媒介机构和媒介产品成为平台内容的一部分，平台社会的发展加剧了全球传播的特性，将全球视为一个整体的信息生产、传播和消费的场域。[28]数字技术推动全球传播走向多元互动，也使其呈现再中心化特点。进入了智能时代，人工智能技术的应用增强了场景化、沉浸式、具身性的互动与传播，使全球传播生态更加复杂多变。

（三）全球传播新格局下的中国角色与贡献：人类命运共同体下的全球化传播

改革开放以来，中国不断加强在全球传播中的影响力。中国通过建立多语言传播平台，推动国际传播创新，积极传播中国的价值观与文化，逐步提升国际话语权。当前的全球传播格局虽仍由西方主导，但中国正致力于打破传统传播格局的单一性，这需要超越实力和权力足以挤压他国话语空间的想象，建构与实力和空间抱负相匹配的思想[29]。"人类命运共同体"恰好就是这种思想的集中体现。

中国在"人类命运共同体"理念下提出了有别于传统模式的全球传播新路径，倡导合作共赢与文化多样性。与以往的"共同体""世界主义"相比，"人类命运共同体"理念摒弃了乌托邦式的单一化，超越霸权，挑战西方传统的全球化秩序，为解决全球问题提供了新路径[30]。邵鹏、邵培仁等通过对"新世界主义""整体全球化"的系统性阐释论述了"人类命运共同"理念和"一带一路"在全球传播推进中的合法性[31]，"人类命运共同体"理念逐步成为中国在全球传播中的核心思想，这一理念使中国能够站在全球道义制高点，通过多边合作和文化对话，推动全球传播格局的公平化和多元化，并推动中国从全球传播中的内容接受者向理念贡献者的转型，从而实现从"中国价值观的国际传播"转型为"中国价值观的全球传播"。

三　全球传播的时代价值

全球传播为中国和世界提供了平等、开放的交流机制，有力推动了多极化的全球传播格局，为中国展示经济、科技与文化成就提供了舞台，助力"人类命运共同体"理念、"一带一路"倡议等在全球治理中发挥更积极的作用。

（一）推动中国式现代化的进程

全球传播有助于推进中国式现代化进程。中国式现代化是中国共产党领导的社会主义现代化，不同于西方以资本为中心的模式，强调的是社会和谐、生态保护、文化自信和共同富裕，为发展中国家提供了新选择和新路径。通过全球传播，中国展示了社会主义现代化的多维成就，以此打破"现代化等于西方化"的认知偏见，凸显出发展中国家多元化发展道路的可能性。中国式现代化的伟大成就本身就是中华民族现代文明的重要组成部分，在全球传播中，现代化成果不仅体现为"硬实力"，如科技创新和基础设施发展，也逐步转化为"软实力"，以吸引力和包容性赢得全球社会的关注与共鸣。

（二）全球公共外交的新平台：塑造中国的国际形象

全球传播已成为中国推动公共外交、构建国际形象的战略性平台。通过多语种、多平台的传播网络，中国得以向世界介绍其政策主张、发展理念和发展成就，展现负责任、可亲、可爱、可敬的形象。在"一带一路"倡议和全球发展倡议的推动下，中国在全球传播中融入了更多开放包容的价值观，为构建合作共赢的国际秩序注入了活力。全球传播是世界理解中国的窗口，为国际社会了解中国的和平发展、共同繁荣目标提供了渠道，是增进全球理解和信任的有效工具，提升了中国的国际话语权和形象塑造能力。

（三）全球经济联结的驱动力：深化多元经济合作

全球传播和经济全球化相辅相成，信息的全球流动为经济增长和市场拓展提供了必要的动能。跨国公司和国家通过全球传播拓展市场、提升品牌形象，增强全球市场的联动性和相互依存度。中国通过"一带一路"倡议，与共建国家共同推进基础设施建设、促进区域经济协调发展，为全球市场一体化和多边经济合作注入了中国力量。通过全球传播，中国的企业和品牌得以向全球推广自身经验和价值观，为世界提供了丰富的经济合作模式，同时提升了自身在全球经济体系中的影响力和话语权。

（四）文化交流和文明互鉴的桥梁：促进多元文化发展

全球传播在促进文明交流互鉴中发挥了积极作用，为构建多元化的世界文化格局提供了重要支持。通过全球传播，中国展示了其悠久的文化传统和价值观。习近平总书记强调，在五千多年中华文明深厚基础上开辟和发展中国特色社会主义，把马克思主义基本原理同中国具体实际、同中华优秀传统文化相结合是必由之路。[32] 中国文化在全球传播的过程中逐渐形成了丰富的内容体系，从影视、音乐到文学、人文交流，向世界呈现了中华文化的独特魅力。中国文化产品逐渐走向世界，也进一步拓宽了全球文化市场的边界，增强了文化的包容性。全球传播不仅增强了中国的文化软实力，也为世界文化多样性和文明共存带来了积极影响。

（五）全球治理与国际合作的催化剂：为应对全球性议题提供支撑

全球传播在全球治理中扮演了重要角色，尤其是在应对气候变化、公共卫生等跨国议题时，为多边对话和协调提供了必要的支撑。中国通过全球传播，积极参与全球治理，如推动"一带一路"、全球发展倡议和全球安全倡议，以全球合作的实际行动展现其责任感和全球领导力。为实现网络空间治理的有效性，崔保国等提出的网络分层治理框架[33]，杜骏飞提出的"管控规制、平等协商、自适应"全球互联网治理思路[34]，以及邵鹏的空间国家版图和网络空间的企业布局两维度网络全球传播秩序重建思路[31] 等都为全球传播秩序的构建提供了理论支持。此外，中国通过加强网络信息监管、打击虚假信息和网络犯罪、保护用户隐私和数据安全、参与国际信息安全合作等手段积极参与全球传播风险治理。

（六）社会变革的推动力：促进公众全球公民意识提升

全球传播不仅是信息的流动，也是推动社会变革的重要力量。全球化和数字化让公众对全球性问题的关注度显著提升，媒体通过议题设置和舆论引导，帮助公众更加深入地理解气候变化、公共卫生、贫困等这些全球性问题，为社会变革提供了动力。媒体在促进公共讨论和民主参与中起到关键作用[35]，而全球传播正是这种公共领域延展的具体体现。全球传播扩展了公民的国际视野和责任意识，中国公众更广泛地参与到全球议题讨论中，进一步展示了中国在国际舞台上的智慧和经验，将中国的现代化经验融入全球对话。

四 全球传播的现实进路

全球传播在推动全球信息流动、文化交流和国际合作方面发挥重要作用。在当前复杂的国际关系背景下，全球传播的作用更加显著。下文从主体层面、价值层面、行动层面和结构层面探讨中国在全球传播中的现实进路。

（一）主体层面：以多元化主体间互动参与实现全球传播"复调合鸣"

全球传播的主体已从政府和传统主流媒体扩展到企业、非政府组织、智库及公众。中国在全球传播中应推进多元主体建设，实现由"独角"到"合唱"的协同互动，以多方话语主体构建"复调合鸣"[36]。主流媒体如新华社、CCTV 和 CGTN 等通过传播中国的发展经验、治理模式和文化来加强对外话语权；跨国公司如华为在数字技术领域拓展全球业务，提升了中国的全球经济影响力；非政府组织也在倡导环境保护、人权等议题上通过社交媒体和国际会议形成跨国合作网络，中国一些环境保护组织和公益机构逐渐参与到全球传播中；普通公民通过国际社交媒体直接参与国际对话，成为全球传播的"中介使者"。中国通过多层次、多元化的全球传播主体，强化其在全球传播中的协同性和共鸣性，增强了信息交换和意义共享的广度与深度。

（二）价值层面：以"人类命运共同体"理念搭设全球共识

在多元文化共生、多元价值并存的世界体系之中，价值冲突在所难免，需要理性识辨国际社会中的价值冲突，挖掘价值共识。全球传播在价值导向上集中体现在推动构建人类命运共同体的理念上，旨在促进全球和谐与共同发展，因此须从价值、叙事、情感、行为等多方面搭设更具包容性和共鸣性的全球价值共识。

在价值层面，媒介技术的快速迭代和全球产业的快速转型，要求中国不仅向世界解释中国形象在全球传播中的身份"合法性"，而且超越国家视野着眼于中国与世界的互动与联系[37]。从应对全球性问题出发，中国提出"一带一路"倡议和三大全球倡议、创建亚洲基础设施投资银行、设立丝路基金等一系列举措，为人类命运共同体的构建提供了经济和文化平台[38]。在叙事层面，需要直面"重叠性共识""前理解差异"等问题[36]，将人类文明新形态的实践逻辑与中华文明的发展逻辑紧密结合[16]，设置可沟通的意义框架。通过全球性议题如气候变化、公共卫生的讨论，借用本土叙事手法和隐喻营造共识。在情感层面，中西文化碰撞、多元思潮交织、冲突波动无处不在的现实境遇，可通过情感修辞触发受众的情感共鸣[36]，从而实现到理念认同的转变。在行为层面，可通过影视剧、纪录片、音乐和文学等文化产品展现中国的历史记忆与文化自信，以中华优秀传统文化、革命文化和先进文化作为创作矿藏，构建国际化的中国文化IP，实现全球价值共识的共鸣共振。

（三）行动层面：构建多维度的交往行动网络

中国的全球传播实践涵盖政策沟通、基础设施建设和文化交流等领域，需要构建多维度的传播网络。通过"一带一路"倡议加强与共建国家的基础设施互联互通，促进政策沟通与贸易畅通。此外，数字技术的创新不断拓展全球传播的形式，2023 年以来，以 ChatGPT 等为代表的生成式人工智能"彻底出圈"，人工智能和虚拟现实的发展构建了"虚实相融"的新型传播场域。未来，中国需持续探索新技术，通过人机协同生产、精准议题推送、算法多维评估等手段，讲好中国故事，推动中华文明在"可视呈现"、"具身体验"和"沉浸接受"的传播过程中的不断深化[36]。

（四）结构层面：以软硬实力与制度保障提升传播效能

在全球保护主义和逆全球化思潮影响下，中国的全球传播需要在软硬实力和制度保障上进一步提升效能。结构性力量指涉全球范围内基于国家利益平衡或对抗产生的底层权力流动，全球传播的结构性力量包括硬实力、软实力以及制度与规范。硬实力使国家在全球传播中拥有更强的影响力和号召力；软实力则通过文化、价值观的潜移默化影响，推动国际秩序与文明对话。提升软实力时，可通过培育全球价值、强调多元化和本土化结合的策略，增强文化国际影响力。此外，制度与规范是一种更为系统的权力体现，可通过制定"游戏规则"来彰显更为隐性的整体性和"制度化"的权力。[9] 构建有效的制度保障体系和全球传播治理体系有助于中国实现从区域性到全球性的传播延伸，增强其全球传播的持久影响力。

五　结语

中国通过全球传播展示了在经济、科技与文化领域的成就，以"人类命运共同体"理念和"一带一路"倡议为平台，积极参与全球治理，推动构建平等、开放的国际传播新格局。当下，各种反全球化潮流对全球传播提出了新的挑战，而技术驱动下的媒体平台化、元宇宙、区块链、人工智能等构造的数字人文场景为未来发展提供了机遇。未来，随着技术的持续革新和多元化主体的加入，全球传播将成为全球秩序变革的重要推动力，有助于构建一个更加和谐、互联互通的全球社会。

参考文献

［1］FREDERICK H H. Global communication and international relations ［M］. Belmont, CA：Wadsworth Publishing Company，1993：61.

［2］崔远航."国际传播"与"全球传播"概念使用变迁：回应"国际传播过时论"［J］. 国际新闻界，2013，35（6）：55-64.

［3］高金萍. 人类命运共同体的全球传播图景——基于18国媒体相关报道分析［J］. 国际新闻界，2023，45（3）：6-25.

［4］龚为纲，朱萌，张赛等. 媒介霸权、文化圈群与东方主义话语的全球传播——以舆情大数据GDELT中的涉华舆情为例［J］. 社会学研究，2019，34（5）：138-164+ 245.

［5］BOYD-BARRETT O. Media imperialism：towards an international framework for the analysis of media systems ［C］//GUREVITCH M，CURRAN J，WOOLLACOTT J.（eds.）Mass communication and society. London：Edward Arnold，1977：116-135.

［6］CUNNINGHAM S，JACKA E，SINCLAIR J. Global and regional dynamics in the new media system：the emergence of geo-linguistic regions ［C］//THUSSU D K.（ed.）Electronic empires：global media and local resistance. London：Arnold，1998：227-244.

［7］安东尼·吉登斯. 现代性与自我认同 ［M］. 夏璐，译. 北京：中国人民大学出版社，2016：20.

［8］赫伯特·席勒. 信息帝国主义 ［M］. 上海：上海译文出版社，2003：85.

［9］史安斌，朱泓宇. 媒介基础设施视角下全球传播史的再书写——以跨洋电报与跨国通讯社为例 ［J］. 上海交通大学学报（哲学社会科学版），2024，32（9）：81-91.

［10］史安斌，童桐. 全球安全治理视域下的战略传播：历史、理论与实践 ［J］.

上海交通大学学报（哲学社会科学版），2023，31（6）：11-20.

[11] 新华网．习近平对宣传思想文化工作作出重要指示［EB/OL］．http://www.
news.cn/politics/2023-10/08/c_1129904890.htm.

[12] 马克思恩格斯全集编辑部．马克思恩格斯全集［M］．北京：人民出版社，
1979：494.

[13] 尼克·库尔德利．媒介、社会与世界：社会理论与数字媒介实践［M］．何
道宽，译．上海：复旦大学出版社，2016：68-70.

[14] 卡尔·马克思，弗里德里希·恩格斯．马克思恩格斯全集（第九卷）［M］.
中共中央马克思恩格斯列宁斯大林著作编译局，编译．北京：人民出版社，
1960：252.

[15] 哈贝马斯．交往行动理论（第1卷）［M］．洪佩郁，蔺青，译．重庆：重庆
出版社，1994：122-143.

[16] 沈悦，金圣钧．习近平文化思想的全球传播与国际认同建构［J］．云南民族
大学学报（哲学社会科学版），2024，41（2）：5-17.

[17] 陈力丹．论马克思恩格斯的全球交往观念［J］．河南大学学报（社会科学
版），2011，（4）：10-15.

[18] 卡尔·马克思，弗里德里希·恩格斯．德意志意识形态［M］．北京：人民
出版社，2003：63，100.

[19] 姚大志．正义与善——社群主义研究［M］．北京：人民出版社，2014：
209-210.

[20] 滕尼斯．共同体与社会：纯粹社会学的基本概念［M］．张巍卓，译．北京：
商务印书馆，2019：87-89.

[21] 舒远招．康德的永久和平论及其对构建当代人类命运共同体的启示［J］．湖
北大学学报，2017，（6）：10-15.

[22] 邢丽菊，鄢传若斓．全人类共同价值：理论内涵、特征与弘扬路径［J］．国
际问题研究，2022，（1）：52-65.

[23] 邵培仁，许咏喻．新世界主义和全球传播视域中的"网络空间命运共同体"
理念［J］．浙江大学学报（人文社会科学版），2019（3）：11.

[24] 曼纽尔·卡斯特．传播力［M］．汤景泰，星辰，译．北京：社会科学文献出
版社，2018：1.

[25] 曼纽尔·卡斯特．网络社会的崛起［M］．夏铸九，王志弘，等，译．北京：
社会科学文献出版社，2003：3.

[26] VAN DIJCK J, POELL T, DE WAAL M. The platform society: public values in a

connective world［M］. NY：Oxford University Press，2018：1.

［27］邵鹏. 人类命运共同体：全球传播新秩序的中国方向［J］. 浙江工业大学学报（社会科学版），2019，18（1）：94-100.

［28］沈国麟. 全球平台传播：分发、把关和规制［J］. 现代传播（中国传媒大学学报），2021，43（1）：7-12.

［29］姜飞. 全球传播新生态呼唤国际传播新思想［J］. 新闻记者，2020，（10）：80-86.

［30］邵培仁，许咏喻. 人类命运共同体思想的历史超越性及实践张力——以新世界主义为分析视角［J］. 中国出版，2018，（1）：5-9.

［31］邵鹏，邵培仁. 全球传播愿景——新世界主义媒介理论研究［M］. 杭州：浙江大学出版社，2022：234.

［32］习近平在文化传承发展座谈会上强调　担负起新的文化使命　努力建设中华民族现代文明［N］. 人民日报，2023-06-03（1）.

［33］刘金河，崔保国. 论网络空间全球治理的范式创新［J］. 新闻与传播研究，2023，30（7）：75-91+127.

［34］杜骏飞. 网络社会治理共同体：概念、理论与策略［J］. 华中农业大学学报（社会科学版），2020，（6）：1-8+160.

［35］HABERMAS J. The structural transformation of the public sphere：an inquiry into a category of bourgeois society［M］. Cambridge. MA：MIT Press，1989：27-44.

［36］吕伟松. 论中华民族现代文明话语体系建构与全球传播［J］. 云南社会科学，2024，（2）：149-159.

［37］程曼丽. 从元话语理论看国际传播中的话语体系建构逻辑［J］. 对外传播，2023，（9）：47-53.

［38］孙利军，高金萍. 人类命运共同体全球传播范式与实践取径［J］. 湖南大学学报（社会科学版），2023，37（4）：154-160.

媒体融合下国际传播能力提升的创新路径[*]

王奕涵　黄楚新[**]

摘　要　在媒体融合作为国家战略整体推进的过程中，我国主流媒体在顶层设计的指引下，不断推进自身系统化的融合变革，有效巩固了主流舆论的地位，并通过地方传播主体的拓展、数智技术的融合应用、海外传播矩阵的构建以及可视化叙事的创新实践，为国际传播能力的提升提供了更丰富的手段。本文以媒体融合为背景，探讨了国际传播能力提升具有的新特征，分析我国在国际传播领域面临的迫切问题，并在此基础上深入讨论提升中国国际传播能力的实践进路。

关键词　国际传播　媒体融合　全媒体传播体系

一　引言

国际传播这一跨越国界的传播交流活动，因地缘政治、文化差异而产生，体现出强政治性和实践性[1]。当前，受多重因素影响，世界百年未有之大变局加速演进，中国与世界的关系正在发生根本性变化[2]，信息技术革命引发的全球传播格局和舆论生态变革加速推进，我国国际传播工作正处于新的关键时期。基于新形势下加强和改进国际传播工作的现实紧迫性以及对传媒技术发展趋势的深刻研判，习近平总书记从国际、国内发展大局出发，就我国国际传播工作作出了一系列战略部署。2021年5月31日，中共中央政治局就加强我国国际传播能力建设进行第三十次集体学习，习近平总书记对加强和改进国际传播工作提出了任务要求[3]，为新时代国

* 基金项目：中国社会科学院学科建设"登峰计划"资助计划（项目编号：DF2024YS40）。

** 作者简介：王奕涵，中国社会科学院大学新闻传播学院博士研究生；黄楚新，中国社会科学院大学新闻传播学院副院长、教授，中国社会科学院新闻与传播研究所研究员。

际传播工作提供了根本遵循。2022 年，习近平同志在党的二十大报告中指出："坚守中华文化立场，提炼展示中华文明的精神标识和文化精髓，加快构建中国话语和中国叙事体系，讲好中国故事、传播好中国声音，展现可信、可爱、可敬的中国形象。"[4] 2024 年，党的二十届三中全会提出："加快构建中国话语和中国叙事体系，全面提升国际传播效能"[5]，进一步明确了新时代国际传播工作的时代使命和目标任务。由此可见，加强国际传播能力建设是事关大国全球话语权和影响力提升的重大战略任务，国际传播能力的提升是新时代我国应对国际变局的迫切要求。

2020 年 9 月 26 日，中共中央办公厅、国务院办公厅印发了《关于加快推进媒体深度融合发展的意见》，进一步强调"努力打造全媒体对外传播格局，讲好中国故事，传播中华文化"[6]。在新的时代背景下，提升国际传播能力，增强国际传播效能，是全媒体传播体系建设的重要部分，是媒体融合发展的目标，也是推进主流媒体系统性变革的重要保证。纵观媒体的融合发展历程，在媒体融合作为国家战略整体推进的这些年中，我国主流媒体在顶层设计的指引下，不断推进自身系统化的融合变革，有效巩固了主流舆论的地位，并通过整合多元传播渠道、创新内容生产方式和应用先进技术，为国际传播提供了更广阔的平台和更丰富的手段，对国际传播能力的提升起到了一定的驱动作用。[7] 基于此，本文将国际传播置于媒体融合发展的视域下进行考察，研究增强国际传播能力的探索成效，分析我国国际传播领域面临的迫切问题，并在此基础上深入讨论提升中国国际传播能力的实践进路。

二 媒体融合下国际传播能力提升的概况与特征

（一）主体拓展：国际传播体系逐渐建立

习近平总书记在主持中共中央政治局第三十次集体学习时强调，"各地区各部门要发挥各自特色和优势开展工作，展示丰富多彩、生动立体的中国形象"[3]。近年来，作为向世界展现多元、立体中国形象的重要叙事载体，地方国际传播中心纷纷建立，凭借其在地性资源等优势，成为我国国际传播能力建设的重要力量。过去，我国的国际传播中心多为中央层面主导的组织机构。随着各地对国际传播能力建设的重视程度不断提高，自2022年以来，各地区各部门借助媒体融合发展经验开展国际传播中心建设工作，地方国际传播中心加速挂牌成立，并逐步向地市级及县（区）级拓展。截至2024年10月，全国已有超过70个成立了以"国际传播中心"为名称的媒体机构，形成了覆盖广泛的国际传播网络体系。

表 1　地方国际传播中心成立情况（不完全统计）

成立时间	名称	承办单位
2019 年 12 月	成都国际传播中心	成都传媒集团、清华大学国家形象传播研究中心
2021 年 10 月	江西国际传播中心	江西日报社
2022 年 3 月	四川国际传播中心	四川日报报业集团
2022 年 5 月	海南国际传播中心	海南日报报业集团、海南广播电视总台（集团）
2022 年 6 月	江苏 Now 国际传播中心	新华报业传媒集团
2022 年 8 月	甘肃国际传播中心	甘肃日报报业集团
2023 年 3 月	中山市海外传播中心	中山日报社
2023 年 4 月	广西柳州市国际传播中心	柳州市融媒体中心
2023 年 4 月	鄂尔多斯市国际传播中心	新华社新闻信息中心、鄂尔多斯融媒体中心
2023 年 5 月	武汉国际传播中心	长江日报报业集团、新华社新闻信息中心湖北分中心
	长江国际传播中心	中国日报社、武汉广播电视台
2023 年 6 月	兰州黄河国际传播中心	兰州日报社
	河南国际传播中心	河南日报社
	福建国际传播中心	福建省广播影视集团
2023 年 7 月	深圳广电国际传播中心	深圳广播电影电视集团
	湖南国际传播中心	湖南日报社
2023 年 8 月	西部国际传播中心	重庆日报报业集团
2023 年 9 月	广西崇左国际传播中心	崇左市广播电视台
2023 年 10 月	上海报业集团国际传播中心	上海报业集团
2023 年 11 月	今日广东国际传播中心	南方报业传媒集团
	山东国际传播中心	山东广播电视台
2023 年 12 月	陕西国际传播中心	陕西广电融媒体集团（陕西广播电视台）
2024 年 4 月	山西国际传播中心	山西日报社
2024 年 5 月	宁波国际传播中心	宁波广播电视集团、宁波日报报业集团
2024 年 6 月	天津国际传播中心	海河传媒中心

成立时间	名称	承办单位
2024年8月	宁夏广播电视台丝路传播中心	宁夏广播电视台
2024年9月	广西国际传播中心	广西日报社、广西电视台

　　地方国际传播中心通常由各级地方政府与主流媒体牵头，联合高校、智库、企业等多部门共同组建，或作为地方级融媒体中心，或为融媒集团的内设机构存在。此外，随着媒体融合向纵深推进，中央媒体逐渐加入地方国际传播中心建设，形成了"央媒+市媒"的多元主体联动运营模式。[8]总体而言，地方国际传播中心的设立赋予了地方媒体同等的国际传播主体地位与身份，优化了中央和地方在国际传播领域的角色布局，使得立体化、层级化的国际传播体系得到了进一步完善。中央级媒体在国际传播中发挥技术与资源优势，成为传播中国声音的重要舆论阵地，也成为国际舆论引导力的重要力量。例如，在中美高层战略对话、几内亚局势、阿富汗局势、俄乌局势、汤加灾情等重大报道中，中央广播电视总台发布的大量独家资讯频繁成为全球独家信息来源，被CNN、BBC等众多国际媒体广泛转载，将中国媒体的声音传递至全球范围。[9]地方国际传播中心的建立则为精准的国际传播提供了新的可能性。地方是由具体空间中特有的地域性特征及所处社会关系实践交叠形成的空间概念，由地理空间概念引申出的"地方感"，体现了人与所在地域及环境之间深厚的情感联系与认同感。[10]因此，地方国际传播中心深入挖掘地方特色，突出内容作品在地化、差异化和精准化优势，通过地方感叙事加强海外用户对本地的认知，释放地方活力，进而强化传播效能。例如，浙江长兴县融媒体中心成立的大唐茶都国际传播中心在YouTube、TikTok等海外社交平台推出"陶云兮"项目，精选长兴元素，突出浙江特色和优势，重点围绕"茶文化、地方文化、美丽乡村、特色美食"展开叙事，为展现真实、立体、全面的中国发挥了县域融媒的力量。① 贵州国际传播中心对"村BA""村超"的持续对外报道引发了海外媒体、国际球星的现象级关注，浏览量超200亿次。[11]

---

　　① 资料来自作者2014年11月19日对长兴传媒集团的实地调研。

（二）技术融汇：技术赋能国际传播丰富多样

2020 年 9 月，中共中央办公厅、国务院办公厅印发的《关于加快推进媒体深度融合发展的意见》中指出："要以先进技术引领驱动融合发展，用好 5G、大数据、云计算、物联网、区块链、人工智能等信息技术革命成果。"[6] 5G、大数据、云计算、人工智能等数智技术构成媒体深度融合的底层技术逻辑，也带来了国际传播变革的新机遇。从技术应用来看，生成式人工智通过对国际舆论及热点信息进行深度挖掘和分析来辅助新闻选题、内容创作，推动新闻生产智能化革新。文生图和文生视频技术可将文本自动转化为图像和视频，使信息呈现形式更加丰富多样。大数据与算法使得传播内容和策略不再主要依赖人工判断，信息传播的精准度和针对性也得以有效提升。部分媒体机构充分发挥智能技术在用户洞察、信息生产等不同领域的势能，形成了新型的智能驱动内容生产逻辑。通过运用 5G、大数据、云计算、人工智能等数智技术，国际传播的方式不断丰富，包括对全媒体、多模态内容的制作、生产与审核、把关，对国际传播的数据计算、分析与整合、优化，推动着国际传播更加智能化、精准化。例如《人民日报》（海外版）在 2024 年的"两会特刊"中，首次全程采用 AI 技术绘制海报，配以国潮风格的整体设计，实现了技术与内容的深度融合。[12] 此外，杭州文广集团通过 AI 机器人，实现了对全球 18 个外文网站的实时监控，能够不间断捕捉海外新闻动态，智能翻译和校准并精准发布内容。[13]

（三）渠道融通：国际传播渠道多向拓展

媒体融合是一项综合性、系统性工程，包含一切媒介及其相关要素的结合、汇聚和融合，涉及理念转变、体制机制建设、流程管理再造、渠道铺设、平台升级等一系列推进过程。平台作为全球化时代文化流动的数字基础设施与信息通道，将国家、媒体、企业和个人平等地连接起来，为彼此间的互动提供了畅通的渠道。鉴于国际舆论环境的复杂多变，强化海外传播渠道构建已成为提升国际传播效能的关键举措。近年来，我国媒体机构纷纷向外拓宽平台渠道，积极拓展海外传播矩阵，布局 Facebook、Twitter（已更名为 X）、Instagram、YouTube、TikTok 等海外社交媒体平台，利用多账号集群形成了与国内外受众的多维对接，在国际对话场域开展多元立体的传播叙事，国际传播层面的全媒体传播格局得到持续完善。目前，浙江省国际传播中心已实现全省国际传播资源的有效整合，构建起"网站+电视频道+海外社交账号矩阵"的传播网络。其中，海外社交账号集群由"In Zhejiang"与"Zhejiang China"两大系列组成，累计粉丝量突破 800 万。福建国际传播中心以"Hola Fujian"为核心 IP，在 Facebook、YouTube、Instagram 等海外社交平台建立自持海外账号矩阵，目前海外用户量已突破 3 亿。

（四）内容融合：可视化推动国际传播破圈

短视频是媒介视听形态融合的重要产物，正逐渐融入主流媒体的话语体系，"无视频，不传播"的趋势已成为主流媒体内容创作的共识。尼尔·波兹曼认为："一种新的信息传播形式，其价值远超其单纯传递的信息内容；它从根本上界定了信息的流速、源头、扩散范围及信息所处的环境，进而对特定时间与空间内的社会关系、架构及文化产生深远影响。"[14] 短视频正持续革新传统的新闻报道模式，重塑媒体版图与舆论生态。随着媒体融合的深入发展，利用短视频作为传播手段成为媒体机构应对去中心化、碎片化的传播环境的必然选择，也为开辟国际传播路径提供了重要机会。我国媒体机构将中国文化与现代数字技术相结合，以各类形象为载体，通过各类可视化方式包装，以短视频形态呈现在国际视野中，有效减少了跨文化传播过程中由于文化差异和语言习惯等方面不同而造成的理解障碍，为中国文化对外传播打开了新的窗口。成都传媒集团打造的短视频 IP "民乐也疯狂"，充分抓住了中国传统文化与互联网传播规律，将音乐要素与文化要素有效融合，以短视频形态实现了充分而高效的国际传播，在国内外主流视频平台收获了超百万的用户关注。2024 年，北京中轴线成功列入世界遗产名录之际，中国日报社"伟豪"工作室迅速响应，发布了《中美青年共探北京中轴线骑行之旅》等系列短视频，向海外观众展现北京中轴线深厚的历史文化底蕴与独特魅力。

三 媒体融合下国际传播能力提升面临的现实挑战

（一）传播主体发力有限，资源统筹能力不强

国际传播信息的发起者构成了国际传播的主体，是对国际传播过程产生直接影响的重要因素。不同传播主体在国际传播目标的实现过程中扮演着不同的角色并承担着特定的职责。有效激发多层次主体的传播力量是提升国际传播能力的重要一环。然而，在实践层面，虽然地方国际传播中心建设正在加速，在全国范围内形成了广泛覆盖面，但其发展仍处于起步阶段，存在定位模糊、内容不精、缺乏联动等问题，国际传播动能未被有效激发。此外，地方政府、企业、智库、高校、民间组织及公众等多元主体的参与度尚显不足，彼此间的协同合作较为薄弱，且各主体在国际传播领域的专业能力有限，资源统筹与布局规划尚待完善，在一定程度上制约了我国多主体国际传播体系的构建与发展。媒体融合的全媒体时代为新闻传播事业带来了巨大变革，也对国际新闻传播人才的培养提出了新的挑战，国际传播要求从业者具备跨文化沟通能力，要对不同语言、文化习俗和价值观具有深入的了解。作为传播主体，我国人力资源较为丰富，但人力资源发力不够，国际传播主体多为媒体从业人员，面对跨语言、跨文化、跨地域、跨行业等方面的传播多重难题，我国缺乏精通国际传播业务的专家型人才、外交型人才，导致与国际舆论场缺乏有效对接，信息传递的准确性和有效性受到影响。

（二）话语传播影响较弱，海外平台嵌入困难

媒体融合不仅是媒介形态的深度整合与演进，也标志着平台与渠道的广泛拓展，促进了全新交互模式与复杂网络架构的涌现。换言之，此过程不仅体现了媒介形态的升级转型，更深刻地揭示了平台拓展与渠道多元化驱动下的新型互动关系。在国际传播领域，我国主流媒体以账号入驻 Facebook、X 等平台的方式持续拓宽海外对话场域。然而，我国媒体机构在海外社交平台的信息传播网络中的渗透仍显薄弱，尚未能构建起中国话语在场的传播态势。首先，在国际舆论场上"高大上"的内容仍居多，有关百

姓日常生活和工作等方面的内容相对较少，在一定程度上阻碍了海外用户对中国文化的深度感知与理解。其次，我国主流媒体在海外社交平台上的传播策略多倾向于传统的大众传播模式，缺乏针对用户需求的智能化、个性化和精细化信息服务，与海外用户的互动性有待增强。此外，平台算法在国际传播秩序形成中发挥了重要作用，在很大程度上决定了信息传播的范围以及可见程度，制约了信息触达用户的有效性，进而影响了主流媒体在海外平台的议程设置效果。以 Facebook、X 等为代表的国际传播平台中的算法代表着西方发达国家的意识形态偏向和价值观。基于商业利益考量或意识形态驱动，国际传播平台会设计并实施差异化的分类、筛选、过滤及推送策略，这一过程实质上构成了对全球信息流动的隐性筛选和技术壁垒，导致我国在传播渠道的构建上处于弱势，加深了海外用户的刻板印象，进一步强化了国际传播领域的不平等，在一定程度上弱化了国际传播效果。[15]

（三）生成式内容真伪难辨，敏感问题难以把控

生成式人工智能技术在算法、算力和数据上的运用拥有突出优势，为媒体融合向纵深推进提供了客观条件，我国媒体也积极将生成式人工智能技术引入国际传播中，探索生成式人工智能技术与国际传播融合的新范式。在现有的技术能力和流程框架下，媒体机构通过生成式技术自动创造文本、图像、音频和视频等的多项能力，为多语种国际传播赋能，但其催生一系列价值维度上的问题仍值得进一步探讨。在技术层面，目前无法对生成式人工智能的回答进行前置性审核，海量回答包含严重虚假、错误信息且难以识别，极易形成"错误权威"，导致谣言迅速扩散。在政治层面，多语种内容的创作涉及不同民族国家的宗教、风俗、政治等敏感禁忌，或基于种族、民族、信仰、国别等因素产生偏见与歧视，这些内容如果在世界范围内大量生产和流动，将会加剧国际冲突。

四　媒体融合下国际传播能力提升的创新进路

（一）主体力量：多维联动激发主体传播活力

数智技术的迭代升级全面赋能媒体融合转型升级，媒体组织智能化融

合趋势凸显。从媒体深度融合的纵向技术架构来看，我国已基本建立起中央级、省级、地市级、区县级四级融媒体中心的纵向发展链条。主流媒体可利用数智技术不断完善自身技术体系，打造联通各级融媒体平台的国际传播体系，将中央级媒体的中央厨房建设、省级和市级媒体"云平台"的铺设，以及县级融媒体中心的技术升级有效服务于国际传播的资源盘活和流程再造，使各级媒体及地方传播资源在传播实践中发挥合力，实现跨级联动及多方面调度优势。例如，湖北广电国际传播中心已成功建立起覆盖省、市、县三级的国际传播网络体系，有效促进了湖北省内政府机构、企业及事业单位，以及 17 个地市州的国际传播资源高效整合与协同，确保了多方主体在国际传播总体目标实现过程中的沟通与协作。

从横向视角来看，应充分激发多元化国际传播主体的优势，加强媒体与政府、企业等多元主体的跨界协同合作与资源共享，清晰界定各主体的职责与使命，使不同场域的主体都能参与其中。同时，应不断壮大国际传播的主体队伍，联结华人华侨、中国海外留学生群体、国际化专家学者、跨文化网红、国际友人等多元传播主体，发挥其在情感认同、内容呈现、人文交流等方面的优势，使其充分参与国际互动对话和交流，向海外用户分享多元真实的中国，不断增强国际叙事的丰富性和感染力。例如，2022年 6 月，海南首个县级国际传播中心——海南自贸港（文昌）国际传播中心成立，以海外社交媒体账号运营为抓手，立足文昌本土文化，借助航天效应，发挥华侨优势，跨界跨域融合，多维发力，构建"中央媒体+省内媒体+县级融媒体+海外媒体平台"的文昌对外传播体系，进一步向全球讲好高水平对外开放的文昌故事和中国式现代化的海南故事。在南洋文化节期间，文昌海外社交媒体账号共计发布相关帖文 18 条，总覆盖量 116.44 万人次。在"村 VA"乡村排球赛事期间，文昌海外社交媒体账号积极与大 V 账号互动，账号发布的铺前宣传视频获中国驻加拿大大使馆参赞点赞转发，"村VA"铺前站中马友谊赛获马来西亚海南会馆联合会账号点赞转发。①

（二）内容生态：以他者需求构建国际叙事话语体系

"他者"是巴赫金对话理论中的一个重要概念，是构成对话精神的重

---

① 资料来自作者 2024 年 12 月 12 日对文昌市融媒体中心的实地调研。

要因素。[16] 强化"他者"对传播内容的认同感，是增强国际传播效果的重要途径。国际传播主体应以"他者"感受作为对外内容产品的建构目标之一，注重话语体系的创新变革，强化对外传播影响力。其一，以鲜活、生动的叙事手法创新话语表达。网络社会的赋权使普通用户拥有了信息生产传播、表达情绪观点的渠道，使得传播格局呈现去中心化、分散化、多元化特征。因此，应不断创新对外话语表达方式，既要通过宏大叙事和主题报道在国际重大议题中争夺话语权，也要结合平台特征和"他者"用户需求，以互联网思维打造融媒体创新产品，强化传播话语的"软表达"，通过对话和互动实现与用户强连接，以鲜活、生动、有温度的话语风格和轻量化的产品形态讲述"小而美"的中国故事，提升话语的可见度与影响力。还可通过 VR/AR/MR 技术赋能可视化内容的制作与呈现等过程，拓展沉浸式、全景式的表达空间，或充分运用 AI、5G、4K/8K 技术催生更多样态可视化内容，丰富海外用户的视听体验。其二，以开放包容的姿态构建对外话语传播体系。各传播主体应在国际舆论空间中寻找中国与世界其他国家的话语共同点以及利益交汇点，积极寻找融通中外的概念和范畴，用国外用户能听懂、能接受、能够产生共鸣的方式进行话语构建，在"共通的意义空间"中凝聚共识，壮大中国国际话语的声量和体量。其三，以分众化、垂直化内容提升中国话语影响力。"互联网网络传播在跨越地理疆域的同时，也通过语言的多样化、文化的适用化、社会的分众化来走向全球各个角落。"[17] 在全球范围内语言、文化多样化与传播受众圈层化的背景下，传播主体应通过深入分析不同国家、区域的社会发展变化、受众接受特征、文化特征等要素强化相关内容产出，以不同国家用户所熟悉、认同的风格和形式为基础进行有的放矢的内容创作，在跨文化语境中强化与国外用户的沟通交流，减少国际传播中的"排异现象"。

（三）平台策略：善用平台法则强化传播效果

加强国际传播能力建设，要以国际传播效能为导向，强化国际传播的效率与效果，意味着国际传播实践在策略上的全面调整和调适，做到以用户为中心。因此，要科学合理应对海外新媒体平台的传播法则，根据不同海外社交媒体平台的运营规则，调整不同内容的呈现方式，以差异化内容适应不同海外平台的用户需求，有针对性地调整话语方式和互动形态，从而增加"中国故事"传播的深度与广度。此外，"平台化"建设是媒体采用符合互联网传播秩序的组织方式融入智能化生态当中的趋势，是构建具有融合生产、用户开放、社交连接、资源聚集、智能推送等特征的媒体平台的过程。国外平台建设是融入智能生态的重要渠道，能够充分激活媒体自身与国外用户的链接属性。主流媒体可通过建设基于自主算法的新型互联网平台，拓展"中国内容"国际传播的出口。通过对自主平台内容以及用户数据的传播和处理，主动掌握内容"出海"的主动权，提升中国话语在国际舆论场中的能见度，有效打破西方媒体构建的"技术壁垒"。2018年，芒果TV打造的芒果TV国际App上线，除包含丰富的华语内容外，还内设"中国文化"专区、文化频道、国风频道特色板块，为优质华语内容、中华优秀文化、中国精神打开了海外传播新通道。2022年，由重庆国际传播中心研发的Bridging News陆海财经英文客户端在国内市场及海外市场同步启动运营。该平台专注于传递"一带一路"倡议及西部陆海新通道建设进程中的核心财经资讯，有效发挥了在实时新闻播报、直播服务以及用户行为数据剖析等方面的功能效用，为促进重庆的国际影响力扩展发挥了重要的桥梁作用。

（四）技术善治：完善治理机制规避技术风险

鉴于智能技术引发的全球性风险日趋显著，我们亟须在国际传播范畴内探寻生成式人工智能的风险治理路径，参与建设全球技术治理的新模式和新机制。首先，在全球技术治理中应以制度化的形式作为保障，建设包括生成式人工智能在内的跨国数字治理体系。一是强化智能平台的监管与问责机制，形成自上而下的监管机制，维护媒介技术行为的正当性和合法性。二是创新人机协同的内容生产与审核服务体系。这要求将人工审核的经验与人工智能、大数据相结合，并将其应用到国际新闻生产、内容风控等实际场景，有效规避国际传播中的"信息偏见和歧视"。在生产实践中，应重新审视国际传播的本质与目的，深入探究智能技术与传播者之间的新型关系，着重挖掘文化创意的产出与用户情感需求的契合点，并科学地认知及有效利用人工智能技术，为国际传播注入新活力。全球化背景下跨境信息流通将各国紧密相连，由技术所引发的风险已不再局限于单一国家或地区，而是对全人类社会构成的潜在威胁。因此，当前我们亟须深入探索能够平衡多方利益的治理框架，充分发挥国际组织在数字治理领域的关键作用。借助联合国、上海合作组织等在全球或地区层面具有显著影响力的国际组织平台，构建一个开放包容、多元化的技术治理生态系统，并清晰界定治理的规范、原则及标准体系。[18]

五 结语

国际舆论环境复杂多变，国际传播效能的提升不可能一蹴而就，而是需要政府、媒体、企业、智库、高校及公众等多方主体的协同合作。需要在以下方面发力：优化传播主体结构，激发各主体的传播活力；创新内容生产，以他者视角构建具有感染力和亲和力的国际叙事话语；拓展传播渠道，善用海外社交平台法则深化国际传播效能；加强技术治理，规避智能技术带来的内容风险。未来，随着媒体融合的不断深入和全球治理体系的持续变革，中国国际传播将迎来更加广阔的发展空间和前所未有的发展机遇。我们应该持续地努力探索，推动中国国际传播能力迈向新台阶，使中国声音能够在国际舆论场中更加响亮、中国文化能够更加自信地走向世界，为构建人类命运共同体贡献更多的智慧和力量。

参考文献

[1] 张毓强，潘璟玲.国际传播的实践渊源、概念生成和本土化知识构建 [J]. 新闻界，2021（12）：41-55.

[2] 李明德，乔婷.中国国际传播：历史演变、现实背景与前沿问题 [J]. 西安交通大学学报（社会科学版），2022，42（5）：123-135.

[3] 习近平在中共中央政治局第三十次集体学习时强调 加强和改进国际传播工作 展示真实立体全面的中国 [N]. 人民日报，2021-06-02（1）.

[4] 习近平：高举中国特色社会主义伟大旗帜 为全面建设社会主义现代化国家而团结奋斗——在中国共产党第二十次全国代表大会上的报告 [EB/OL]. https://www.xinhuanet.com/politics/leaders/2022-10/25/c_1129079429.htm.

［5］中共中央关于进一步全面深化改革、推进中国式现代化的决定［EB/OL］.
　　https：//www. gov. cn/zhengce/202407/content_6963770. htm.

［6］中共中央办公厅、国务院办公厅印发《关于加快推进媒体深度融合发展的意
　　见》［EB/OL］. https：//www. gov. cn/xinwen/2020-09-26/content_5547310. htm.

［7］李荃. 以媒体融合为驱动的国际传播能力提升路径探析［J］. 国际传播，
　　2020，（6）：16-23.

［8］黄楚新，许可. 数智时代我国地市级媒体融合的发展特征与趋势展望［J］.
　　南方传媒研究，2024，（4）：10-16.

［9］慎海雄. 坚持守正创新　深化媒体融合　奋力打造国际一流新型主流媒体
　　［J］. 中国网信，2022，（3）：26-29.

［10］方宇航. 脱域与再嵌入：短视频对城市地方感的重构［J］. 西部广播电视，
　　2024，45（5）：1-4.

［11］刘滢，陈昭彤. "本土全球化"：地方国际传播中心建设的现状、特征与提
　　升路径［J］. 中国记者，2024（6）：12-15.

［12］文龙杰，王宗汉. 创意、效能与传播失温："AI+国际传播"的问题与思考
　　［J］. 智慧东方（新传播），2024（4）：25-29.

［13］夏芬，毛晓慧. 试论地方媒体提升国际传播能力的策略和路径——以杭州文
　　广集团创新实践为例［J］. 传媒评论，2023（5）：44-45.

［14］尼尔·波兹曼. 娱乐至死［M］. 章艳，译. 桂林：广西师范大学出版社，
　　2011：3-63.

［15］田香凝，曾祥敏. 媒体深度融合背景下我国主流媒体的国际传播平台建设
　　［J］. 中国编辑，2022，（7）：23-28.

［16］刘雪丽，朱有义. 巴赫金对话理论视阈下主体的自我建构［J］. 俄罗斯文
　　艺，2019，（4）：117-124.

［17］胡正荣. 国际传播的三个关键：全媒体·一国一策·精准化［J］. 对外传
　　播，2017，（8）：10-11.

［18］赵永华，杨家明，李博. 生成式人工智能语境下的国际传播：机遇、风险与
　　治理［J］. 新闻战线，2024，（10）：48-50.

"互塑"之弈：中国生成式人工智能技术形象的国际新闻话语建构[*]

高北晨　吴　飞^{**}

摘　要　本研究聚焦中国生成式 AI 技术在国际主流新闻媒体上的形象构建，旨在探讨国际新闻话语如何通过不同策略塑造中国技术的国际认知，以及建构中国生成式 AI 技术形象的国际主流媒体话语博弈。本研究采用扎根理论，分析道琼斯数据库 Factiva 中的3015篇新闻文本，通过三级编码提炼出技术发展者、市场竞争者、关系链接者、安全威胁者、技术受制者五种主要技术形象。研究发现，中国生成式 AI 在正面形象方面被构建为技术实力和关系桥接的象征，但同时在负面形象被描绘为潜在威胁和技术受制方。研究在进一步分析国际主流新闻话语在构建中国生成式 AI 技术形象的策略机理中，着力揭示国际话语场域中关于技术价值、权力和契约的多重博弈。研究结论表明，国际舆论对中国生成式 AI 的形象构建不仅反映了中西方的技术认知分歧，也展现了国际科技发展领域的内在张力。

关键词　生成式 AI　技术形象　国际新闻　话语博弈　价值张力

一　引言

科学技术事业的发展不仅促进了各领域的协同进步，也成为衡量国家综合实力和塑造国家形象的关键因素之一。[1]《2024 年全球创新指数报

---

*　基金项目：国家社科基金重大项目"互联网环境下的新闻理论范式创新研究"（项目编号：21&ZD318）。

**　作者简介：高北晨，浙江大学传媒与国际文化学院博士研究生，研究方向：国际传播 传播与社会；吴飞，浙江大学国际传播研究中心主任、求是特聘教授、博士生导师，研究方向：数字传播 国际传播。

告》显示，中国在全球的创新力排名第 11 位，是排名前 30 的经济体中唯一的中等收入经济体，也是 10 年来创新力上升最快的经济体之一。[2] 这表明中国特色社会主义进入新时代以来，中国在科技创新领域已逐步跻身世界前列。中国技术的创新呈现既是现代文明发展的基本特征，也是解决中国发展不平衡问题的关键因素。[3] 因此，中国的技术创新将在未来逐步向前迈进的过程中通过"溢出"效应助力国家形象的建构[4]，同时也以合作共赢的态度使其他国家从中受益[5]。

2023 年被称为 AI 发展元年[6]，AI 技术的不断进步为各行业带来了颠覆性变革。美国 OpenAI 于 2022 年底推出的 ChatGPT 作为阶段性代表成果之一，此后，中国百度、阿里巴巴、腾讯等公司随即推出文心一言、通义千问、混元等大语言模型。生成式 AI 的兴起不仅便利了人们的工作与生活，也推动了经济和生产模式的变革。

当前对中国生成式 AI 技术展开研究既源于该技术的全球前沿性，更植根于中国技术生态的独特禀赋。第一，在政策与市场的双轮驱动层面，中国政府创新性地采取"包容审慎"的监管范式，通过制度设计，既保障了技术创新的政策空间，又建立了风险防控的前置机制。[7] 这种治理智慧的独特性，为观察前沿技术的治理模式提供了基础样本。第二，中国特有的数字生态构成了技术发展的根本优势，这源于中国庞大的互联网用户群和丰富的数据资源等要素与数字经济基础设施形成的正向循环。第三，更深层的独特性在于价值维度。相较于传统技术领域的追赶态势，中国生成式 AI 在算法价值观嵌入方面展现出主体性意识。通过将"科技向善"理念融入大模型训练，在数字空间的意识形态表达中探索出不同于他国技术市场的第三条道路。这种价值层面的创新与发展价值观，意味着中国正在从技术应用者向范式贡献者形象发生转型。

生成式 AI 这种基于深度学习模型的技术，不仅通过技术创新反映着国家科技竞争力，还基于国家技术的治理思路与应对态度，丰富着数字时代的国家形象符号系统。[8] 生成式 AI 的运用已渗透至经济治理、文化传播、国际政治等多维领域，形成国家话语权力的新型交流场域。基于此，当前研究视角聚焦于中国生成式 AI 技术形象，以国际主流媒体对中国生成式 AI 的报道为研究样本，探讨其中对技术形象建构的多维策略，并分析全球媒体语境下中国技术形象呈现的内在张力。

二 文献综述

（一）由技术至国家：中国技术形象的建构

科技力量推动大国的崛起，同时成为安全、竞争与权力博弈的核心要素。[9] 大国博弈是科技力量的较量，也是综合国力、制度优势与创新模式的全面博弈。因此，科学技术的演进不仅传递着国家的国力与制度优势等信息，也影响着外界对该国经济、政治与文化的认知。在经济全球化背景下，大国间的技术竞争愈演愈烈，中国在其中的主体地位愈发显现，但也面临相应国家的技术封锁、污名化与边缘化等敌对态势。[10] 数字时代的科技创新通过"后发优势"，为新兴国家创造了双重战略机遇：既构成撬动国际权力结构变革的技术杠杆，又形成塑造兼具合作、和平与发展特质的国家形象呈现系统。[11]

中国5G技术助力数字贸易与国际竞争力的提升，是中国技术形象"突围"的代表之一。[12] 中国已建成的5G基站占全球的70%，为制造业数字化转型和产业应用场景营造了重要条件。[13] 然而，在技术推广过程中，相应国家通过制定技术标准与建立联盟对中国产品进行抵制，相关媒体议程将中国5G技术形象建构为"威胁者"，并赋予其不稳定与低质量制造等负面意涵。[14] 国际舆论环境利用选择性策略在国际范围内"制造同意"，进一步强化外界对中国技术形象的负面认知。[15]

高铁技术作为"大国重器"，是中国高端技术走向世界的重要标志。高铁的符号价值有助于建构现代化国家形象[16]，结合"一带一路"倡议，中国高铁技术通过支援与合作增强了国际认同，并逐步从追赶者转变为领跑者。[17] 具言之，复兴号CR400BF型动车组的智能系统提升了技术效率同时也强化了中国在高速铁路领域技术标准制定的话语权，这实质上是中国在全球轨道交通技术话语体系中实现从跟跑到领跑的范式转换的现实表征。[18]

中国航天技术在提升国家科技实力的同时，也助力中国构建了和平与发展的国家形象。[19] 在航天合作的国际实践中，"天基丝路"作为多边航天治理机制的代表，展现了中国在航天外交实践中作为制度型合作者的形象定位，并且这一形象在整体实践中更注重技术协调、创新模式与合作共赢。[20] 此外，中央广播电视总台围绕神舟十三号载人飞船相关技术的系列报道，还传递了自强不息与创新超越的精神。[21] 尽管如此，国际话语场域中仍存在一定负面话语，如"太空战争论""太空威胁论"仍不绝于耳，因此中国航天技术的和平形象建构仍须进一步强化。[22]

丰富技术形象的多维度研究是应对他者化中国形象困境的途径之一。当前，一些国家通过多种方式压制中国科技发展，推动"中心与边缘"的技术分裂格局。[23] 在此格局中，生成式 AI 技术的长远发展仍依赖跨国合作与算法协作的生态基础，这便使得中国生成式 AI 技术形象的建构成为国际经济竞争中亟待深化的研究议题。[24]

基于以上梳理，本研究提出以下问题：

Q1：国际主流新闻媒体中，中国生成式 AI 技术形象如何被建构？

Q2：国际新闻媒体使用何种策略建构中国生成式 AI 技术形象？

（二）自塑与他塑的分野：国家形象的多维建构

国家可从政治、文化、经济以及物质、制度、精神等层面进行分解。[25][26] 国家形象也是一个集合性质的政治概念[27]，基于政府、民众、行为、文化等元素，通过"投射、呈现、透视和反映"形成政府、经济、媒体、旅游、国民、环境等方面具化的形象。[28] 学界关于国家形象的研究主要分为实用主义和建构主义两大路径。[29]

中国国家形象的"自塑"以官方叙事为主导，强调保障国家认知连续性和提升国际可接受性。[30]121 官方社交媒体通过顶层设计、叙事建构、话语表达和传播延展塑造国家形象[31][32]，亦通过地方形象、国家领导人演讲和个人故事等叙事手段增强宣传效果。[33] 同时，新媒体通过参与式生产、情感化呈现和社交化传播，展现国家形象的多样性和立体化特征，其多元叙事模式在视觉传播中可实现更为立体的建构。[34][35] 此外，电影这一叙事方式也可助力国家形象的多元塑造。[36][37]

国家形象是一个国家在世界中的自我展示，同时也在相互认同中得以再生产。建构主义视角下，文化传播作为形象塑造的重要媒介，有助于淡化甚至消除"中国威胁论"等国际误解。[38] 文化自觉、文化差异判断和传播载体的均衡发展是"他塑"国家形象的主要因素。[39] 尽管中国国家形象在传播过程中仍面临逆全球化倾向和表达渠道受限等困境，但学界、业界亦可通过多元主体互动和精准传播策略进一步建构可知、可感的中国形象，实现国家形象传播共识。[40] 从"自塑"到"他塑"，国家形象的研究视角虽已有确切范式与框架，但尚未充分覆盖国际媒介话语场域中对国家形象建构的内在张力。因此，本研究提出以下问题：

Q3：在跨文化技术传播语境中，国际主流媒体对中国生成式 AI 技术的话语表征与叙事之间的动态互构过程呈现了何种话语张力？这种话语张力通过哪些具体表征作用于全球 AI 治理场域中的技术权力分配领域？

三 研究语料库与研究方法

（一）语料库来源及概况

目前，道琼斯数据库已吸纳超过 14 亿篇文章，并且每日增长约 150 万篇文章。[41] 基于道琼斯数据库覆盖广泛和日更新迅速等特点，本研究选用道琼斯旗下涵盖全球主流新闻的数据库 Factiva 作为分析语料库主要来源。

生成式 AI 是人类迈进智能时代的标志性技术之一。2023 年是全面贯彻党的二十大精神的开局之年，是实施"十四五"规划承前启后的关键一年，也是中国智能互联网发展的元年。[42] 因此，本研究将样本检索时间设置为 2023 年 1 月 1 日至 2024 年 9 月 30 日（研究开展之际）。此外，本研究选用"China and Generative AI"这一精确关键词检索，共检索到 29898 篇文本，根据研究问题筛选掉与研究主题不相关的文本后，保留有效新闻文本共计 3015 篇。

（二）研究方法：扎根理论

格拉泽（Glaser）和施特劳斯（Strauss）将扎根理论引入定性研究，该理论强调研究人员基于数据收集和分析可以发现概念之间的重要关联。[43] 本研究选择扎根理论作为主要方法的原因为：其阶段编码流程（开放式→选择性）具有系统性，能够有效分析国际媒体对中国生成式 AI 技术形象的多层级表征。基于这一方法在关系挖掘上的优势，本研究既能全景描摹国际媒体对中国技术形象互塑的符号系统，又可穿透表层叙事解释跨国媒体间的新闻话语的互动机制，从而精准回应研究问题中技术形象建构与话语张力的双重探究诉求。

研究遵循扎根理论的开放式、主轴式和选择式编码三步骤。由于文本量大，在开放式编码前，先通过 LDA 主题模型进行文本预处理和主题识别（包括文本清洗、调用 Gensim、困惑度计算、主题优化）。经困惑度计算我们发现，当 K = 18 时文本概括效果最佳。研究以 18 个主题关键词组为切入点，对文本库进行精细编码并提取基本概念。为保证理论饱和度，在完成初步编码后，针对未编码文本继续进行开放式编码，直至不再出现新概念。在选择性编码阶段，基于主范畴挖掘其内在意涵和相互指向，确定核心范畴，并以此构建研究问题的理论框架。[44]

表 1 三级编码示例

主范畴	范畴	概念
技术实力	中国技术实践	增强计算、提升素养、智能汽车、智能医疗、金融、学习、旅游；游戏化身、芯片融合、语义解码、视听修复、引擎赋能、个性化定制、AIGC、降低门槛、企业赋能、记忆机制、外观改变、效率增加
	中国技术服务	礼宾服务、汽车智能服务、医疗服务、大数据分析服务、陪伴服务、声景搭建服务、学习辅导服务、观影服务、技术升级服务、代码开发服务、法律咨询服务
	中国技术发展策略	升级系统、多域合作融合、加强客群联系、行业数字化转型、政企合作、芯片组装、抢占市场、自主研发、技术引入、削减成本、转化生产力、技术超越、评级制度、突破限制、增强计算、语言解码能力提升、社区开发、行业投资、课程整合、多域延伸、框架协议、扩展场景、收入增长、投资回报
	中国技术经济作用力	份额增长、股价大涨、技术占据更多份额、技术引领市场
技术合作	国内企业合作	趣活、旅行助手、微生物控制、爱奇艺、麒麟芯片、淘宝、金融行业、美图、Ernie bot 引入 400 家公司、小米合作、小鹏与阿里云合作
	跨国企业合作	Terena、ModelScopeGPT、彪马、中泰智能合作、Global Mofy 加州办事处、FuxiAI 实验室与 ThunderFire 联合、高通与七鑫易维合作
	跨国政企合作	联合国教科文组织与阿里云合作、中国技术与非洲高等教育机构合作、中国技术与大型 AI 研究会议（非洲）、战略技术合作

续表

主范畴	范畴	概念
外部视角	中国技术期待	商业互利模式、多领域数字转型、参与者数量跨国流动、替代品需求、开创产品、比肩 OpenAI、多场景商业智能、非洲期待、AI 生态系统发展、国家安全与经济合作挑战、互联网行业重启、解决方案、经济稳定性与企业居民生活
	中国技术威胁	不确定性、未知性、隐蔽性、竞争与金融威胁、整合业务失败、数据隐私、中国制造威胁、军事威胁、事实性、技术野心、黑客技术、信息安全、版权问题
	中国政策限制	监管严格、多域联合制定、中国与欧洲接连封禁、230 条款、加强问责制、监管审查透明化、算法监管
技术困境	芯片战	技术黑名单、美国制裁、芯片全面限制、供应断裂、地缘政治、撤回投资、禁止合作
	内部环境	工期短、语言支持渠道有限、限制内容生产、少量训练材料、外国芯片短缺、国产芯片性能不足、技术依赖性

四　研究发现：形象建构、策略与话语博弈

将研究问题融入编码过程，对文本库进行系统性分析。通过概念比对、归纳和范畴确立，以及其中关系的建立，构建了一个可解释的"故事线"框架（如图 1 所示）。该框架透过文本关系，进一步丰富了国际媒体语境下中国生成式 AI 技术形象建构的理论解释体系。

（一）技术形象：发展者、竞争者、关系链接者、威胁者与受制者

在"技术实力"主范畴下，国际主流媒体将中国生成式 AI 技术建构为技术发展者和市场竞争者的正面形象。技术发展者形象聚焦技术实践、服务提供和发展策略三方面。AI 从垂直专业化向多模态大语言工具发展，需要算法、硬件等元素的合力支持。[45] 由于大语言模型的综合功能、使用体验和行业需求被国际市场广泛接受，中国企业如百度、阿里巴巴、腾讯等，正着力开发适应本土发展的大语言模型。本土企业采用"切片"策略，将 AI 技术应用于汽车、金融、医疗、游戏和教育等领域，并整合形成具有中国特色的 AI 综合产业。同时，中国企业通过模型迭代升级，推动国际经济与政治领域的多域合作。国际主流媒体在报道中既展现了中国 AI 技

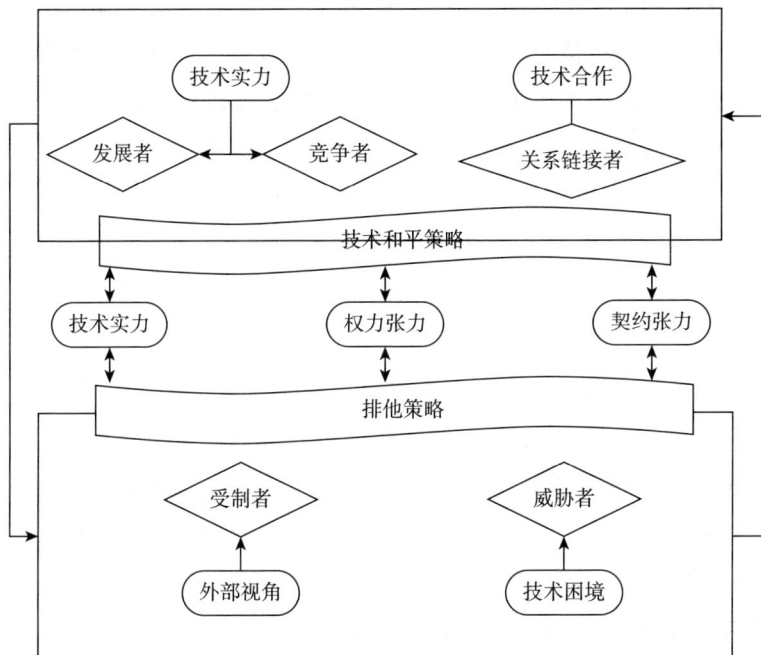

图 1　中国生成式 AI 技术形象建构的解释框架

术的综合实力，也塑造了其在该领域积极、突破、创新和服务的技术发展者形象。

　　竞争者形象映射在技术发展对企业经济领域的影响上，体现在不同企业在全球市场中的发展与竞争实践上。"作为新的战略竞争领域，国家间 AI 竞合关系中竞争大于合作将成为主基调"[46]。例如《华尔街日报》所言，"百度在美国周四交易中下跌了 7.5%"[47]，以及 GlobeNewswire 报道，"（阿里巴巴）上半年净收入增长了 106%，达 2650 万美元"[48]。这些数据并未单一强调中国在技术竞争中的成功或失败，而是从侧面反映了中国企业在全球竞争中面临的挑战与不确定性，尽管中国互联网企业在技术创新方面取得了不断突破，但它们仍需要在复杂的全球竞争格局中争取更多发展空间，这一话语现象也呈现出国家企业间技术竞争大于合作的基本现状。

　　在"技术合作"这一主范畴中，中国被构建为关系链接者的正面技术形象，尤其在全球技术合作日益成为国家关系发展的核心中介背景下。例如，相应报道阐明中国与联合国教科文组织国际高等教育创新中心（UNESCO-

ICHEI）以及泰国 iApp Technology 等多方的合作事实[49]，正显示出中国在推动国际合作中的桥接实践。尽管合作是全球技术发展的大势所趋，但国际报道更倾向于将中国生成式 AI 技术企业塑造为建立多国关联的中介角色。通过这一视角，生成式 AI 技术不仅改变了国际行为主体的互动固有模式，也在一定程度上丰富了中国技术形象在国际市场中的定位。进而言之，中国在生成式 AI 技术领域的合作实践更多侧重于点与点之间的链接与平台搭建。因此这一形象不仅符合当前国际技术合作的趋势，也反映出中国在全球科技竞争中的战略定位。

在外部视角和技术困境两大范畴中，中国生成式 AI 在"他塑"视角下被建构为安全威胁者与技术受制者的负面形象。经分析我们认为，中国生成式 AI 技术的显著进展在提升产业竞争力的同时，也在技术快速发展的态势下触发了国际技术伦理规制滞后与技术标准竞争加剧的双向压力。从技术困境维度观察，国内在伦理规范、内容监管及数据安全领域的严格政策，客观上对技术创新的市场空间形成制约，但这不失为一种长远的治理策略；就外部视角而言，国际舆论将中国企业的技术突破视为竞争威胁，如"文心一言大模型将上线，这场竞争迫使谷歌陷入困境"[50] 等报道话语所示，此类叙事正强化了全球技术竞争格局中的不安情绪。值得注意的是，核心技术与数据主权领域的国际争议，既放大了中国作为安全威胁者的认知，也从技术落后角度巩固了中国 AI 技术是受制者的形象定位。这种双重形象呈现最终使中国生成式 AI 技术形象超越纯粹的技术竞争范畴，潜在演变为国际政治话语博弈中的象征性符号。

安全威胁者与技术受制者的形象建构具有内在逻辑关联性，其表面上的对立性实为国际技术权力博弈中的策略性叙事。当中国技术发展突破"低端锁定"的认知时，国际社会进而借"畏强机制"同步强化这两种形象。换言之，相关报道既渲染其技术创新带来的系统性风险，又通过技术遏制反向塑造其发展的可制性。这种动态建构在"芯片战"叙事中得以具象化——国际舆论将贸易壁垒重新编码为技术规训话语，强调限制技术发展正当性的同时，解构了中国生成式 AI 技术声誉。如国际媒体报道一方面着力突显高端芯片封锁引发的供应链安全危机，另一方面又通过芯片性能代差论和技术结构缺陷说构建西方的技术强权，从而压制中国技术发展的正当权利。[51] 这种双重叙事不仅将贸易竞争升格为技术秩序主导权之争，更使受制者形象从技术能力评价转向制度性权力的关系影射。威胁者与受制者的悖论性共存，揭示了国际新闻正在调用"遏制升级"与"认知重构"的话语框架逻辑。

（二）建构策略：技术和平、政策解读与排他策略

中国生成式 AI 技术形象的三重定位——技术发展者、市场竞争者与关系链接者——本质上是技术和平主义话语体系的综合产物。这一建构过程遵循"价值导向、制度保障和实践转化"的合理逻辑，皮埃罗·斯加鲁菲（Piero Scaruffi）提出的技术和平发展双支柱理论（技术向善伦理与危机预测机制）[52]26，也在中国语境中可转化为具象化实践框架。

其中，"技术向善"原则转化为产业发展的价值基准，危机预测机制则演化为制度创新的操作规范。典型例证如 2023 年生成式 AI 监管新规，其通过"合成内容强制标识"条款[53]，在技术接纳层面实现了伦理前置——既以制度规范遏制认知操纵风险，又以透明度建设增强技术的可信度。这种"预防性治理"策略不仅巩固了技术发展者的形象，更通过治理概念共通重塑市场竞争的规则，使技术优势转化为标准配置权。值得关注的是，中国在建构技术形象时，始终强调"发展与安全"的动态平衡，这种策略选择既规避了西方技术强权的话语陷阱，又为国际技术合作创造了新的关系接口。由此，新兴技术形象的协同效应须突破单向度实力展示，形成具有范式革新意义的和平技术秩序话语路径。

国际传播中的技术和平叙事既凸显竞争驱动经济增长的核心动能，又系统呈现中国与各国政企在技术创新中的协同实践。在技术合作的核心范畴中，这一叙事涵盖了中国企业内部互动与跨国政企合作。例如："七鑫易维接受美国高通投资，其 AI 产品用于消费产品及军事和安全领域"[54]，"阿里云与联合国教科文组织国际高等教育创新中心合作，为高等教育机构提供生成式 AI 的数字化培训项目"[55]。国际主流媒体呈现了中国企业在全球技术网络中的链接实践。从内外两个维度来看，这些关系建立带来了双重效应：对内，技术平台在点与点的搭建中，促进了本土企业新型互动机制；对外，跨国关系链接不仅稳定了全球技术市场平衡性，还为新兴技

术与社会高质量长远发展铺设平台。这种合作进一步塑造了中国作为"关系链接者"的角色，强化了科技助力"人与人、群体与群体之间积极互动"[56]26的技术和平意涵，彰显了中国作为全球产业互联互通的重要使者角色。

排他策略着力塑造中国作为"安全威胁者"的技术形象。这一策略核心逻辑体现为三个层面的权力博弈：在地缘政治层面，主流国际媒体通过选择性报道将中国 AI 技术定位为"体系外来者"，例如相关媒体援引所谓"政府限制投资决议"的模糊信源，暗示中国技术扩张的威胁性[57]；在技术标准层面，通过强调规则制定权的排他性，建构技术联盟的合法性边界；在产业生态层面，则通过技术世界分裂论的话语框架，迫使相关国家进行阵营化选择，这种多层级的叙事体系共同服务于技术主导国的核心话语权。

排他策略的第二重维度着力建构中国作为"技术受制者"的弱势形象。相应报道的话语焦点集中在芯片、半导体产业的"卡脖子"困境上。2023 年 6 月，路透社与《华尔街日报》的连续报道构成典型样本：前者通过技术代际划分（仅限落后芯片销售给中方）确立技术等级秩序[58]，后者则以制裁时效性（阻止中方获取尖端芯片）强化发展制约的持续性。[59]这种双重技术权力叙事不仅放大中国在传统技术领域的追赶困境，更通过"受控与受制"的框架递进逻辑，将技术竞争转化为具有强权性质的新闻话语。

相应媒体借此策略多层面维护其技术权力。一方面，强化世界对中国技术发展为"可控、可限、可制"的印象，巩固自身技术核心话语权；另一方面，强调中国对芯片技术的依赖现实，深化国际社会对其先进技术国的崇拜，从而淡化对中国 AI 快速发展的警惕。排他策略不仅服务于技术竞争，同时也加深了国际舆论场域对中美技术差距的固有印象。

（三）话语博弈：价值、权力与契约张力

中国在科技政治空间的持续性张力可概括为价值张力、权力张力和契约张力。[60]在生成式 AI 技术逐渐被全球接受的背景下，这三重张力共同作用于中国技术形象的塑造，形成多维的话语博弈。具体而言，价值张力

体现在积极和平与消极和平的对立上，反映了中国在技术发展与全球技术价值观之间的平衡；权力张力衍生为技术权力与权利的多边博弈，折射出国际市场中的竞争与协作；契约张力则表现为共同治理与规则强权的冲突，凸显了技术发展在全球合作与单边控制中的利益权衡。这些张力不仅塑造了中国生成式 AI 的技术形象，也深刻影响其在全球科技发展格局中的定位。

在以中国生成式 AI 为核心的国际主流媒体话语中，中国技术的正面和负面形象博弈围绕着积极和平与消极和平之间的价值张力展开。这一张力反映了他方利益与全球价值观的冲突，包括不同文化背景与现代科技价值、公共利益与个体权利以及创新与监管之间的博弈。积极和平是一种持续的合作实践，体现为个体与群体在文化和平与社会结构和平中的协同努力，斯坦福和平创新实验室将积极和平定义为"深度互惠互利的合作状态"[61]15。相较之下，消极和平则是一种无暴力的封锁状态，表现在相应国家专注于自身发展而忽视长远合作。[62] 在当前国际媒介话语中，不同国家和主体基于自身立场，展开了以各自利益为导向的话语博弈。但中国以及中国的相关企业仍始终积极践行着"坚持以人民为中心的发展思想，坚持用发展的办法解决发展不平衡不充分问题，致力于增进人民福祉、促进人的全面发展、实现共同富裕"的核心价值观[63]，既通过技术普惠、利益共享等路径锚定自身发展坐标，又在多方博弈中以实践回应技术民族主义与全球化张力的结构性矛盾。

由于国家发展理念的差异，中国的技术发展价值观与其他国家并不完全契合。例如，相应国家通过关税壁垒和技术封锁等策略，减少全球贸易体系对本国劳动力市场、企业扩张及供应链的依赖，以凸显"本国优先"的价值观。[64] 相较之下，中国人工智能技术则始终倡导共生型技术治理观。其核心特征体现为三个维度的突破：在技术伦理维度，通过《全球人工智能治理倡议》确立"发展优先于遏制"的共享原则[65]；在合作模式维度，中国依托"一带一路"数字合作伙伴关系建立技术合作的互惠机制；在价值传播维度，运用"命运共同体"话语框架解构一味竞争的思维。这种治理观与他方"技术民族主义"相冲突，从本质而言也体现了多边主义与单极秩序在国际治理体系中的潜在博弈。

此外，中国生成式AI技术的正负面形象还体现在技术权利与权力的多边张力中，这组张力的持续拉锯将导致世界技术发展的进一步不对称。技术权利与权力的张力涉及三重维度：技术使用者权利与开发者权力的平衡、前沿技术垄断者与传统技术持有者的博弈、政府监管权力与企业创新权利的调适。当前，OpenAI、Anthropic和谷歌等企业作为前沿技术提供者，其大语言模型产品集中体现了技术权力集中化趋势。这种权力不仅源自算法架构的技术优势，更根植于权力主导方通过用户协议建构的技术权利让渡机制——普通用户在使用服务时将让渡的数据权利与内容生成权利，转化为企业持续强化技术权力的生产资料。生成式AI应用范围扩展和全球市场接纳也将重塑技术权利的范畴——发展中国家仍需维护技术主动性等正当权利和跨国企业技术标准对话之间的基本权利需求。

相应国家技术权力高度集中，正在打破过去相对均衡的市场格局。前沿技术的核心资源与资金流向少数科技巨头，强化了权力分布的不均现状。这种集中化结构也体现在国际舆论场中，尤其是百度大语言模型与阿里巴巴多领域交融时，西方媒体借此将中国塑造为威胁者形象。中国企业在国内外市场需求的推动下，一方面利用既有优势，另一方面通过稳步发展努力重获技术权力。然而，中国生成式AI技术的快速崛起与和平发展却被西方市场视为不可控的因素之一。

契约张力反映了技术发展与社会、国家间的隐性关系，主要体现为共同治理与规则强权之间的矛盾。这一层张力主要关注技术主权与全球治理规则之间的二元对立，具体表现为协同治理诉求与规则强权实践的制度性冲突。契约张力本质在于技术赋权与社会责任的动态平衡，这一平衡涵盖政企利益与公共福祉的权衡、技术迭代周期与可持续发展目标的适配，以及技术治理体系的公信力建构。[66]

进而言之，中国AI治理体系通过价值观嵌入、知识产权规制、数据主权建构的契约框架，呈现出更为鲜明的本土化特征。这种技术自主权在提升国家数字竞争力的同时，客观上形成了技术标准本土化与全球协同治理的契约张力场域。当前技术治理仍存有双重演进路径：在技术协同治理上强调标准互认、风险共治与价值共识的基本逻辑，而规则强权模式仍固守技术标准输出与治理优先权的内在逻辑。其中，中国倡导的自主创新技术路径始终秉持和平发展理念，但在全球技术治理权力重构过程中，仍难以规避技术标准竞争与治理话语权分配的结构性矛盾。这种契约张力本质上构成了技术政治化的趋势，这一趋势既是技术治理范式理论发展的焦点，也是大国战略竞争的关键隐性维度。

五　结论

（一）科技和平：助力国家形象多层次建构

科技符号作为国家形象建构的重要表征，代表了国家智力资源的凝结，既有助于对内建立文化认同，也有助于对外树立国家形象。[67] 国家形象需要不断丰富内涵，其中包含众多丰富的科学技术组成部分。因此，新兴技术发展是国家科技创新力与引领力的体现，在国际传播体系中，多层次呈现新兴技术是促进国际认同、推动国家平等交流和多维竞合的重要途径。

国际主流媒体对中国生成式 AI 技术形象的建构具有双重特征：一是正面形象自我塑造较为清晰；二是负面话语回应略显迟滞。为应对这一现状，我们需要识别话语来源与态度，并理解国际传播目标地域与受众的多样性。如部分媒体对中国技术发展持合作态度，且尤其关注芯片封锁对本土企业的发展，对此，本土企业及媒体应加强双边合作与正面交流，提升中国技术理念的国际认知。针对刻意抹黑中国技术的言论，新闻媒体则需要明确应对策略，强调技术发展以"人类命运共同体"为核心的框架，为技术形象建构提供理论支撑。借此，中国不仅可以强化技术形象的和平性与包容性，还可以助力解决全球发展中的不平衡问题，推进和谐的国际技术合作生态。

技术的创新不仅能够提高劳动生产效率，还能够推动国民经济、社会治理和国防等多领域的发展。[68] 创新的本质在于促进人类更好地发展，因此，国际传播中对技术发展的报道不仅应聚焦经济效益，更应突出技术在改善人类生活与生产实践中的实际应用价值。例如，生成式 AI 在提升工作效率、促进行业生产、便民医疗诊断等领域的应用，一方面展示了新兴技术与日常生活的紧密关联，另一方面也深化了技术服务人类发展的根本理念。

基于"人类命运共同体"理念塑造中国生成式 AI 形象，可以传递技术发展的包容性、普惠性与和平意涵，同时还可以展现中国技术在推动全球合作与发展中的积极作用。通过生成式 AI 技术的正面形象呈现，中国将以更精准的形式塑造整体的正面国际形象。

（二）策略对话：共建国家科技多向度发展

国家形象建构旨在展示自身优势，促使他者更清晰、正面地认知"我们"。当前中国技术形象传播的薄弱点主要表现为跨文化形象传播中的目标不够明确、传达效果有待提升以及信息表述略显模糊，同时缺乏对技术竞合关系的关键阐释。在这一过程中，仅靠话语博弈难以强化正面形象，但通过更有针对性的对话框架，或可巧妙地削弱负面话语影响，实现以点带面的传播效果。

国际主流媒体对中国生成式 AI 技术形象的负面叙述，主要集中在技术威胁者和技术受制者两个维度。然而，与之相对的正面形象，如技术发展者、竞争者和关系链接者，尚未形成有力对话，导致负面标签传播效应被独立放大。从排他策略看，其核心体现在两方面：一是将中国定位为技术和经济领域的他者，试图边缘化中国，阻碍其技术突破表达；二是通过强调"制裁"等行为，烘托相应国家技术强权的主导地位。

这种策略背后的动因是他国对中国技术发展的不确定性感知，以及对中国不可控的焦虑之感，这些因素强化了中国技术威胁者的形象。为了弱化负面形象表达，须从相应媒体表达的逻辑根源出发，制定明确的跨国产业合作框架，通过技术、信息透明化策略，逐步消解国际社会对中国技术的威胁感知，[69] 通过强调技术开放性与合作性，使中国在国际主流媒体传播中实现从威胁者到合作伙伴的形象转变。

针对技术受制者，排他策略正通过强调技术主权的边界，客观上凸显中国本土芯片技术的阶段性弱势，这种话语建构本质上服务于技术强权体系的话语再生产。揆诸当下，中国虽然通过和平发展的技术叙事初步构建了具有道义合法性的正面形象，但我们必须清醒地认识到：现代技术体系具有天然的全球性特征。历史经验表明，日本半导体的产业、荷兰光刻机地位、中国台湾台积电的代工优势，乃至"硅谷神话"的技术革命，本质上都是全球知识流动、技术协作与资本整合的产物。这种技术发展的共生特征，恰恰解构了排他性话语的立论基础——任何国家的技术突破都无法脱离跨国创新网络而独立实现。鉴于此，未来的技术形象传播需要构建双重逻辑：在价值层面，应以"互利共赢"原则统摄叙事框架，将中国技术发展嵌入全球产业演进史，借他国半导体联盟、技术协定等历史案例强化论证效度；在实践层面，可借"创新生态共建者"的角色定位，将人类命运共同体理念具象化为技术标准共商、研发风险共担、产业红利共享的具体方案，从而消解排他性话语的认知根基。

（三）张力平衡：共商人工智能技术的世界治理

"价值张力、权力张力与契约张力只有在适当范围内，才能促进科技与政治的良性互动。"[70]184 这三组张力相互联系并相互制约：张力过强会加剧科技与政治空间的矛盾冲突，张力过弱则难以为良性互动注入活力。因此，国际场域内建构技术形象的过程，是技术价值观、科学发展观和国家合作观的综合调适。通过话语博弈，技术形象的国际互塑能够在一定程度上促进科技与政治空间张力的协调对话。

在对齐策略部署上，我们需要以价值对齐为基础，平衡积极和平与消极和平的价值张力、科技权力与权利的张力，以及协调共同治理与规则强权的契约张力。伊森·加布里埃尔（Iason Gabriel）基于价值对齐提出了三点主张：重叠共识、无知之幕和共识协商。[71] 对此我们提出以下发展策略。

为实现"重叠共识"，技术发展与国际新闻传播框架应整合不同地域、政治和文化环境下共通的思想价值观，须明确积极和平与消极和平的价值张力既包含"追求和平"的核心共识，也涉及民众对安全性、隐私性等共同价值的关注。[72]40 基于此，共识建构需要完成双重转化：在价值维度，将"追求和平"的抽象共识转化为"意识培育、注意力管理、沟通机制、协调模式、合作路径"五要素协同的实践闭环，实现从认知基础到行动路径的范式转化；在传播维度，本土媒体应建立三级操作框架：以"数字赋权""可持续创新"等元价值为锚点凝聚底层共识。最终将气候智慧城市、跨境数据流动等具象议题转化为全球技术叙事的连接枢纽，通过这种"价值锚定、现象解析和议程转化"的递进策略，推动共识重叠从理念层面向关系网络的演进。

"无知之幕"理论为当代技术治理提供了规范性参照，其核心在于通过剥离决策者的身份属性来建构价值决策的"原初立场"。[73] 虽然新闻传播业无法复现理论假设中的绝对信息屏障，但仍可借鉴其中强调的公正、中立性原则，通过减弱对特定国家、利益集团或文化背景的偏向，追求更强的中立性和客观性。具体到中国技术形象的国际传播，可实施三重策略：首先须解构"技术民族主义"话语，将报道话语锚点从地缘政治博弈转向算法透明度、数据主权分配等元伦理维度；其次运用"溯源式叙事"穿透商业黑箱，建立技术演化谱系与劳动价值再分配的因果链条；最后构建"风险语法"转换机制，将 AI 治理争议转化为全球公共产品供给的制度创新议题。这种报道方式不仅能够有效降低因国家立场或商业利益引发的偏见，还可在技术规则制定者与全球公众之间构建"信息对称"的沟通桥梁，为技术发展与认知提供更具公平性与包容性的内容支持。

当前技术形象建构的单向度困境本质上源于跨国界、跨文化协商机制的缺位。为此，"共识协商"策略需要在公共领域建构双向赋能的对话机制：通过提升社会组织与公众的参与透明度，在价值交换过程中培育可协商的认知场域，进而形成动态平衡的技术伦理共识。我国国家技术形象建构事业的叙事革新，应当着力构建"发展与协商"的协同框架：在内容层面，需要超越对技术参数的单一呈现，转而强调跨国知识共同体通过技术协作优化教育医疗资源分配、弥合数字鸿沟等内容；在价值层面，应突破工具理性的叙事定式，借助对技术社会化过程（如人机协同重塑公共服务供给模式）的案例解构，揭示技术演进与全球治理转型的共生关系。这种协商驱动的叙事策略，其深层价值在于将潜在的技术垄断风险转化为重构全球治理秩序的建设性对话契机。

综上，三种策略在当前语境中的结构关系体现为基础提供、方法论指引与内核巩固。重叠共识为无知之幕与共识协商提供价值观基础，奠定价值观的普遍认可条件；"无知之幕"为国家技术形象国际传播提供思路指导，借助中立报道与内容共通实现利益平衡的信息传递；共识协商则在共同发展的讨论中强调技术发展的前景以巩固中国生成式 AI 技术形象建构的公信力。三种策略在不同进路的相互交织下，或可促进中国生成式 AI 技术的多领域价值表达，也可在平衡张力中激发国家技术空间发展的新活力。

参考文献

［1］孙烈．中国航天事业的强国之路［J］．人民论坛，2023，（5）：27-31.

［2］刘赫，刘仲华．世界知识产权组织《2024 年全球创新指数报告》显示——中国创新能力稳步提升［EB/OL］．（2024－10－10）［2025－04－21］．https：//www.gov.cn/yaowen/liebiao/202410/content_6978963.htm.

［3］戚聿东，沈天洋．以技术创新推进中国式现代化：逻辑、困境与路径［J］．四川大学学报（哲学社会科学版），2024，（4）：62-72+209.

［4］江红艳，吉峰等．企业形象对国家形象的溢出效应——基于有调节的中介模型［J］．软科学，2015，29（7）：94-97.

［5］韩强．当代中国世界影响力研究［M］．北京：外语教学与研究出版社，2023：135.

［6］［42］唐维红．中国智能互联网发展报告（2024）［M］．北京：社会科学文献出版社，2024.06.

［7］熊璋．未来教育新生态建构的趋势与关键［J］．人民论坛·学术前沿，2024，（17）：58-65.

［8］［30］孟建，于嵩昕．国家形象：历史、构建与比较［M］．南京：江苏人民出版社，2019.10.

［9］［24］［34］叶淑兰．战略科技力量与大国兴衰的逻辑——以二战后美国科技博弈为例［J］．亚太安全与海洋研究，2024，（5）：20-36+133.

［10］游启明．国家污名化策略何以成功？——基于美国污名化苏联与"一带一路"倡议的案例研究［J］．世界经济与政治论坛，2024，（3）：66-88.

［11］吉尔平．世界政治中的战争与变革［M］．宋新宁，杜建平译，上海：上海人民出版社，2007.

［12］姚战琪．5G 技术试点建设助力数字贸易国际竞争力提升［J］．学术探索，2024，（2）：24-40.

［13］刘军梅，谢霓裳．国际比较视角下的中国制造业数字化转型——基于中美德日的对比分析［J］．复旦学报（社会科学版），2022，64（3）：157-168.

［14］侯冠华．美国对华技术标准竞争：动因、举措与挑战［J］．国际论坛，

2024，26（1）：110-133+159.

[15] 邹欣，牛向洁．新闻驯化：美国媒体关于"华为事件"的议程网络研究
[J]．传媒观察，2021，（9）：33-38.

[16] 张洋，胡钰．国家形象建构中的科技符号遴选：以四国民众对中国高铁喜爱
度调查为例 [J]．新闻春秋，2023，（5）：31-41.

[17] 韩小红．中国高铁"走出去"中的国际技术转移战略研究 [J]．科技管理研
究，2020，40（17）：112-117.

[18] 陈向博，丁慧平．中国高铁快速崛起的创新机理 [J]．社会科学家，2022，
（7）：89-99.

[19] 孙风华．"神七"航天文化传播的国内和国际影响 [J]．新闻爱好者，
2009，（7）：7-9.

[20] 蔺陆洲．中阿共建"天基丝路"：现状、问题与对策 [J]．西亚非洲，2021，
（1）：97-121.

[21] 刘德寰，傅居正．主流媒体航天新闻实践中的全媒体传播建构——以中央广
播电视总台对"神舟十三号"的报道为例 [J]．传媒，2023，（9）：64-67.

[22] 王润珏，张若溪．国际传播视域下的航天故事讲述与国家形象塑造——基于
CGTN 的实践经验 [J]．电视研究，2022，（4）：71-73.

[23] CHENEY C. China's Digital Silk Road：strategic technological competition and ex-
porting political illiberalism [J]. Council on foreign relations，2019，19.

[25] 刘康．如何打造丰富多彩的中国国家形象？[J]．新闻大学，2008，（3）：
1-6.

[26] 张昆，徐琼．国家形象刍议 [J]．国际新闻界，2007，（3）：11-16.

[27] 江素珍．主流媒体短视频中的国家形象研究 [J]．中国出版，2022，（10）：
35-39.

[28] 张昆，张铁云．"共识"与"共识的程度"：国家形象认知的别种维度
[J]．现代传播（中国传媒大学学报），2019，41（6）：68-72.

[29] 韦路，谢点．全球中国形象研究的知识版图——基于 SSCI 期刊论文（1998—
2015）的文本挖掘 [J]．浙江大学学报（人文社会科学版），2017，47（1）：
95-105.

[31] 孟昀，王彦伟．中国官方社交媒体行为如何塑造国家形象？——一项基于推
特平台数据的扎根分析 [J]．广西大学学报（哲学社会科学版），2023，45
（2）：172-183.

[32] 徐明华．中国国家形象的全球传播效果研究 [M]．武汉：华中科技大学出

版社，2019.10.

[33] 赵新利，张蓉．国家叙事与中国形象的故事化传播策略［J］．西安交通大学学报（社会科学版），2014，34（1）：97-101.

[35] 王斌，黄心怡．平台环境下主流媒体的情感引导效果与传播机制——以抖音号暖新闻为例［J］．出版广角，2024，（3）：34-41.

[36] 王沛．中国国家形象内涵及塑造［M］．北京：社会科学文献出版社，2020：73-75.

[37] 李一君．烽火年代的中国形象——中国抗战电影的海外传播与国际银幕上的中国抗战（1937～1945）［J］．福建师范大学学报（哲学社会科学版），2016，（3）：124-133+170.

[38] 王敏，李雨．中国对外文化形象："西圈"指标、"出圈"壁垒与"破圈"机制［J］．新闻与传播评论，2022，75（2）：114-128.

[39] 刘继南．大众传播与国际关系［M］．北京：北京广播学院出版社，1999.12.

[40] 刘继南，何辉．当前国家形象建构的主要问题及对策［J］．国际观察，2008，（1）：29-36.

[41] JONES D. Factiva integration suite［EB/OL］.（2019-2-18）［2024-10-5］. https://www.dowjones.com/professional/factiva/integration-suite/.

[43] CHARMAZ K. Constructing grounded theory：A practical guide through qualitative analysis［M］. Sage，2006.

[44] 胡泽文，李甜甜．基于LDA主题模型和扎根理论的我国金融科技领域热点主题识别与进展分析［J］．情报科学，2023，41（10）：99-111.

[45] 喻国明．生成式AI：传播领域的新质生产力——传播的技术革命与传播实践逻辑的嬗变［J］．阅江学刊，2024，16（06）：27-35+178-179.

[46] 肖晞，刘坤烨．人工智能对国家间关系的冲击及未来选择［J］．教学与研究，2024，（8）：68-81.

[47] RAFFAELE H. Baidu hurries to ready China's first ChatGPT equivalent ahead of launch［EB/OL］.（2023-03-30）［2024-10-10］. https://www.wsj.com/articles/baidu-scrambles-to-ready-chinas-first-chatgpt-equivalent-ahead-of-launch-bf359ca4.

[48] XIAO-I CORPORATION. Xiao-I Corporation reports unaudited 2023 first half financial results［EB/OL］.（2023-10-20）［2024-10-10］. https://www.globenewswire.com/news-release/2023/10/20/2763976/0/en/Xiao-I-Corporation-Reports-Unaudited-2023-First-Half-Financial-Results.html.

［49］ HU Y. Guardforce AI launches AI robotic solution LinguaBot through strategic partnership with iApp technology ［EB/OL］. （2024－05－15）［2024－10－10］. https://www.globenewswire.com/news-release/2024/05/15/2882500/0/en/Guardforce-AI-Launches-AI-Robotic-Solution-LinguaBot-Through-Strategic-Partnership-with-iApp-Technology.html.

［50］ SAM S. Google follows Microsoft in unveiling AI search features ［EB/OL］.（2023－02－10）［2024－10－10］. https://www.wsj.com/articles/google-to-roll-out-AI-search-features-as-microsoft-rivalry-heats-up-11675835792.

［51］ 刘强. 新一轮"中国威胁论"的内因检视及对策思考——中国对外宣传的技术误区因素分析［J］. 世界经济与政治论坛，2018，（4）：74－90.

［52］［56］［61］［72］〔美〕皮埃罗·斯加鲁菲，牛金霞译. 科技与和平：科技创新如何促进人类信任与互联［M］. 北京：中国友谊出版公司，2019.6.

［53］ SHEN L. China cracks down on surge in AI-driven fraud ［EB/OL］.（2023－01－04）［2024－11－3］. https://www.wsj.com/articles/china-cracks-down-on-surge-in-AI-driven-fraud-c6c4dca0.

［54］ ANDREW D & RYAN T. U.S. grapples with potential threats from Chinese AI ［EB/OL］.（2023－01－16）［2024－11－3］. https://www.wsj.com/articles/u-s-grapples-with-potential-threats-from-chinese-AI-7d1f2e70.

［55］ KITTY W. Alibaba cloud expands global partnerships via AI growth ［EB/OL］.（2024－09－23）［2024－11－3］. https://technologymagazine.com/AI-and-machine-learning/alibaba-cloud-expands-global-partnerships-via-AI-growth.

［57］ DEEPA S. Elon Musk，Other AI experts call for pause in technology's development ［EB/OL］.（2023－03－29）［2024－11－3］. https://www.wsj.com/articles/elon-musk-other-AI-bigwigs-call-for-pause-in-technologys-development-56327f. 2023.

［58］ TIYASHI D. Broadcom forecasts third-quarter revenue above estimates on AI boost ［EB/OL］.（2023－06－2）［2024－11－3］. https://www.reuters.com/technology/broadcom-forecasts-third-quarter-revenue-above-estimates-2023-06-01/.

［59］ KAREN H. OpenAI CEO PUSHES for China COLLABORATION ［EB/OL］.（2023－06－10）［2024－11－3］. https://www.wsj.com/articles/openAI-ceo-calls-for-collaboration-with-china-to-counter-AI-risks-eda903fe.

［60］［70］ 徐治立. 科技政治空间的张力［M］. 北京：中国社会科学出版社，2006.11.

［62］ GALTUNG J. Peace and conflict research in the age of the cholera：ten pointers to

the future of peace studies ［J］. International journal of peace studies，1996，1
（1）：25-36.

［63］ 金轩. 深刻理解习近平经济思想的世界意义（深学笃行阐释习近平经济思
想）［EB/OL］.（2024-09-24）［2024-11-4］. http：//paper. people. com. cn/
rmrb/html/2024-09/24/nw. D110000renmrb_20240924_1-06. htm.

［64］ 李辽宁. 美国价值观的发展演变、影响与启示［J］. 社会主义核心价值观研
究，2019，5（04）：54-65.

［65］ 齐治平. 落实《全球人工智能治理倡议》加强人工智能全球治理［EB/
OL］.（2023-10-27）［2025-02-22］. http：//world. people. com. cn/n1/2023/
1027/c1002-40105034. html.

［66］ 中国政府网. 生成式人工智能服务管理暂行办法［EB/OL］.（2023-07-13）
［2024-11-04］. https：//www. gov. cn/zhengce/zhengceku/202307/content_68917
52. htm.

［67］ 张洋，胡钰. 国家形象建构中的科技符号遴选：以四国民众对中国高铁喜爱
度调查为例［J］. 新闻春秋，2023，（5）：31-41.

［68］ 彭双贞. 马克思主义生产力理论历史演进的学理探析——从"第一生产力"
到"新质生产力"［J］. 科学社会主义，2024，（3）：4-11.

［69］ WISCHMEYER T. Artificial intelligence and transparency：opening the black box
［M］//Regulating artificial intelligence. Cham：Springer International Publishing，
2019：75-101.

［71］ GABRIEL I. Artificial intelligence，values，and alignment［J］. Minds and ma-
chines，2020，30（3）：411-437.

［73］ BENTLEY D J. John Rawls：A theory of justice［J］. U. Pa. L. Rev.，1972，121：
1070.

国际政治传播中的情感交往研究[*]

赵国宁　赵云泽^{**}

摘　要　国际政治传播中，情感自始至终占据着重要的位置。本文聚焦情感在国际政治交往与博弈中的角色扮演与作用机制，为国际政治传播中的实践应对提供相应参考。研究发现，在角色扮演方面，情感是向内凝聚的重要联结，是向外对抗博弈的重要工具，同时还是对话与交往的重要前提。在作用机制方面，共情是凝聚、对抗与对话的基础。在多方因素的作用下，情感规范形塑情感秩序，进而影响宏观层面情感共同体的集体行动，并最终影响国际政治与传播方向。此外，对于情感动员的滥用，以及民众情感极化的负面社会效应也应当给予关注并加以预防和调节。

关键词　国际传播　政治传播　情绪传播　情感政治

2021年，中国云南的亚洲象群开始了它们的"远征"之旅，在这场迁徙中，象群穿越城市、乡村和农田，行程超过1300公里。其长达几个月的迁徙活动不仅成为国内新闻的焦点，也吸引了世界各大媒体的报道和讨论。尽管最初，外媒更多关注的是中国在生态保护方面的挑战和疑虑，但随着报道的持续跟进，中国媒体以充满情感的报道，深深打动了无数观众，也改变了国际媒体的报道倾向。中国媒体用无人机记录小象在田野中酣睡的场景和象群彼此守护的瞬间，引得全球网民在社交媒体平台上不断分享和传播。由此，国际媒体的报道也一改过去的政治偏见，焦点逐渐转向了中国在保护珍稀物种方面的努力

---

* 基金项目：国家社科基金重点项目"大众恐慌情绪传播机制与应对策略研究"（项目编号：22AXW005）。

** 赵国宁，中国传媒大学传播研究院讲师；赵云泽（通讯作者），中国人民大学新闻与社会发展研究中心情绪传播与社会心理研究所所长，新闻学院教授，博士生导师，中国人民大学吴玉章特聘教授，教育部青年长江学者。

和成效。尤其是在象群的迁徙过程中，中国民众展现出的对大象的关怀与保护措施——例如调动专业团队引导象群安全行进；在沿交通线的高风险区安装"动物探测"装置，为司机和象群预警，以保障安全距离等——触动了全球观众的情感。最终，这场关于动物迁徙的事件成为中国国际传播的一个亮点。

从上述案例当中，我们可以窥见情感在国际政治传播方面的重大作用。生理情感在社会建构下，促成情感的联结与集体表达，进而突破既有的政治框限。事实上，所有的政治原则都需要情感的支持，以确保它随时间推移的稳定性；并且，所有合时宜的社会都需要培养同情与爱的适当情感，以防止社会分离和等级分层。[1]2-3

但长期以来，理性和情感被假定为人类本性当中两个对立的基本特质，并且情感被视为理性的敌人[2]，是潜在的危害性因素；情感会随着科学知识的增长逐渐衰退，理性将成为人类主导性的核心力量[3]。但事实上，情感与理性是人类本性中相互依存的一体两面。缺乏情感的人难以依靠逻辑判断与推理做出合乎理性的判断与行为规划。[4] 基于对历史与现实的批判性反思，情感研究作为重要议题被各个学科纳入视野。其中，情感不仅仅被理解为生理上的神经过程反应[5]，还被定义为社会上可识别的感受反应和倾向的模式[2]。在情感产生的三级神经模型中[6]，第一级基本情感由基因和激素所控制；第二级是基于"刺激—行为"反馈机制的无意识情感反应；第三级则是有意识的情感学习和适应，情感的社会化由此得以完成[7]。因此，情感超越个体体验，在社会背景中得以理解[8]，并在日常生活实践中与政治格局演化相交织[9]。

然而，在国际政治与国际传播研究出现"情感转向"[10]的背景下，有关情感在国际政治交往与博弈中扮演了什么样的角色，又是通过怎样的机制发挥作用等问题，在中文语境中始终未能得到深入系统的探究。这既在理论层面使得对情感的研究较为欠缺，同时也难以有效启发实践，因而无法在国际传播与政治博弈中进行恰当的情感布局，以实现国际交往中传播与政治场域的双赢。因此，本研究将梳理国内外的情感政治与情感传播研究，希望通过对国际政治交往中情感角色以及情感作用机制的分析，为后续的理论与实践研究提供借鉴。

一　向内的凝聚：情感作为共同体的联结

在国际政治传播中，各国家之间以及各组织之间的互动并非完全基于理性，情感在国际政治交往中始终发挥着重要的作用。[11] 尤其是在国家、团体、组织同盟内部的凝聚方面，情感作为共同体的连接纽带，维系着政治的稳定[4]2-3，以及民众的参与热情[6]。从成本收益角度分析，民众积极参与政治获得的回报并不高，甚至成本远超过收益。[12] 民众积极参与是被情感所驱使。正如马志尼（Mazzini）所言，民众生活浸淫在贪婪和自利之中，因而需要一种指向普遍福利的强烈情感，来激励民众甚至以牺牲为代价支持共同利益。[13] 为此，国家使用各种战略策略，通过激发大众特定情感，来深刻影响并巩固民众对国家利益的忠诚。

在热点时刻，杰出的政治领袖多通过带有明显政治性意图内容的传播来培养适当的情感来支持其政治目标，并消解那些阻碍政治目标实现的情感。[4]3-4 他们通过展示愤怒、屈辱、嫉妒和焦虑等情感，促成国家的情感动员。[14] 例如林肯在葛底斯堡的演说，通过情感煽动，引发民众共情的情感体验[15]，加强群体内部的认同[16]，并最终促进了群体的冒险行为[17]，让人们愿意承担战争所带来的情感和身体的负担[4]229。他说：

> ……我们更应该献身于我们面对的这项伟大任务——我们要从这些光荣的逝者身上汲取更多的献身精神，投身于他们为之竭尽全力的事业——我们要再次下定决心，不让这些逝者白白牺牲——我们要使这个上帝福佑下的国家获得一种自由的新生……

这一简短的演讲成为美国重要的教育文献，作为一笔巨大的政治财富，在一代又一代人中动员情感。[4]229 当然，在各个国家、团体组织的宏大历史叙事中，都不乏类似的演讲。面对自然与社会的变动与挑战，灾难和危机不仅没有成为击垮群体的威胁性因素，反而促进了国家的凝聚，并使统治政权合法化。[18]

除了在特殊热点时刻的群体情感动员，情感还嵌入日常实践交流，如通过电影、音乐和文学作品等[19]，塑造民众对自我的身份认同和对国家的情感叙事，从而影响民众与政治的情感互动。例如，苏格兰原住民在音乐节的情感体验中构建起民族身份[20]；又如罗斯福在推行新政前通过影响媒介影像叙事唤起美国民众广泛共情①，为援助美国底层民众政策的通过铺垫了社会的情感认同等[4]282。

日常情感的形塑则主要通过个体与集体在情感交互中形成的情感规范来实现。一方面，个体高级情感的加工处理需要通过与外界互动来进行有意识的学习和适应，进而感受与他者的共情，个体情感通过与外界的交互[21]，从个体传导到集体，逐渐形成社会集体层面的情感表达规范；另一方面，个体在与外界进行情感互动与学习的过程当中，既有的集体情感规范与情感规则[2]，又从社会层面传达到个体，调整个体的情感习惯[22]，并逐渐固化为社会的情感倾向[23]。此外，在集体情感规范层面，由于集体情感具有影响政治议程的能力[24]，政治力量往往干预情感规范的塑造和维护[25]，他们规制了哪些情感表达是被允许和鼓励的[26]，以促进社会的联结和制度的建设[27]，以及哪些情感表达是不恰当的，因破坏现有秩序而需要被压制和被边缘化[28]。无论是基于个体与集体的交互，抑或是基于外界干预性力量的介入，当情感规范逐渐稳定下来时，在国家或者团体内部就形成了稳定的情感秩序[29]，民众稳定的内部情感联结也得以形成。

从古至今，各种政治团体与社会团体，都在不同层面和不同形式上，通过热点时刻情感动员和日常常规时刻的情感规范，凝聚集体范围内的社会共识，并基于此持续推进社会的变革与利益的重组。

因此，面对百年未有之国际大变局，以及国际政治传播的冲击与挑战，我国的国际传播不仅要重视对外的情感对话，更要重视国内的情感联

---

① 罗斯福之前，美国没有向除了遭受自然灾害的民众提供经济救助的传统，因为美国社会并不同情那些经济贫困的人，认为个人经济状况的窘迫是由个人的懒惰导致的。因此，罗斯福计划向大萧条中经济困难者提供救助的政策很难通过，因为这意味着所有的支出都要通过税收由美国民众共同负担。为此，政府召集了一批优秀摄影师，改变媒体上对经济窘迫的叙事，一改过去贫穷等于懒惰的主流媒介叙事，扭转公众对经济贫困的态度，引起公众的同情，让他们相信经济灾难与自然灾难一样，每个人都或将面临，每个人都无可指摘。最终，美国民众接受了这样的叙事，实现了情感上的认可，相关政策顺利推行。

结，明确主流情感叙事框架，联合多层级传播体系，以增强全民族的情感认同与自信。前些年，各种吹捧西式民主的言论在中国社交媒体上甚嚣尘上，究其原因，是国家情感塑造与维护的欠缺。近年来，相关情况则明显改观，无论是短视频等社交媒体平台爱国博主的情感烘托，抑或是主流媒体的情感引导，让民众在中外对比中逐渐感受到集体自豪。尤其是短视频平台的爱国自媒体博主，在一次次外部言论冲击下，成功顶住压力，凝聚国内民众情感认同，他们甚至成为境外势力的重点攻击对象。

对内情感认同与联结的加强，不仅帮助国内民众面对外部冲击时保持信心与冷静，同时还产生了诸多正面效应。如减少对西方模式的迷思，更加理解和支持国内政策，促进公共责任感的觉醒，积极参与爱国讨论，以及自觉维护国家形象等。

不过，作为团体内部联结的情感，也并不总是带来正面影响，当社会群体凝聚的情感走向膨胀，排他性的一面便会表现出来[4]211，从而带来群体极化，引发民粹主义的政治行动[16]，导致负面社会后果的产生。例如，马克思和恩格斯就曾批判德意志人的非科学的"爱国"现象，他们的爱国情感在社会运动中逐步积累并走向极端，直到将仇恨法兰西视为每一个正直德国人的道德责任，压制了理性的对话与思考。[30]

因此，国家在未来的情感秩序塑造与维系中，还应当注意情感浓烈度。尽管情感在向内的情感联结，以及集体内部政治稳定的维系与政策的平顺推行等方面具有重要作用，但其破坏性也不容忽视。情感共同体表现出过强的对外攻击性，也不利于和平稳定周边环境的维系。为此，在未来的国际政治传播中，国家一方面要继续完善国家、媒体和个人的情感表达与情感叙事，加强民族情感认同与凝聚力；另一方面，也要注意为过热的情感降温，明确行为的底线，限制情感的攻击性表达。

二 向外的对抗：情感作为博弈的工具

国际政治传播中，情感还被用作对外博弈的工具。尽管国家常常通过个体情感的唤起与集体情感的认同来顺利推行其政治决策，但实际上，政治中的情感是"情感争论的场所"[31]，民众的集体情感景观并不一定与政治设置的情感议程相吻合，有时候，国家的情感操控会遭到民众的反抗，进而引发国际范围内的政治矛盾。在国家政治传播与交往中，集体的悲伤情感往往能够挑战国家构建的情感叙事。

越南战争是国家情感议程设置失败的典型案例。战争初期，美国政府依托冷战时期的意识形态框架，试图将参战合理化，引发民众维护自由与民主的情感认同。然而这一情感议程后来逐渐失效。1968年美莱村屠杀事件被曝光，大量无辜平民遭屠杀的画面通过电视和报纸传递到美国公众的视野中，这些影像直接唤起了公众的悲伤情感，激发了人们对战争道德正当性的强烈质疑。在这一过程中，媒体突破了官方叙事，将战争的残酷与非正义性真实展现。尽管政府试图通过宣传压制反战情绪，但公众情感无法逆转。悲伤、愤怒的情感促进了广泛的反战运动，最终迫使美国政府调整其政策。

除了媒介叙事变化引发情感变化，给既有政治情感秩序带来挑战外，超脱政治框架的经济因素也是国家政治交往当中导致情感对抗的关键因素。研究表明，经济危机往往会导致民众情感的极化，引发民粹主义的激增。[32] 在情感政治经济学看来[33]，经济下行会引发全社会焦虑与愤怒情绪的盛行[34]，助长责备文化，使人们通过情绪来宣泄社会压力和不满，这些社会怨恨与对抗最终将引发民粹主义的盛行[15]。这很好地解释了近些年来国际政治和传播场域当中极右势力的抬头。[35]

情感智能理论（Affective Intelligence Theory，AIT）认为，这是由人脑对两个情感系统（倾向系统和监控系统）认知资源的差异化分配导致的。[36] 两个情感系统中的倾向系统（disposition system）决定着个体的习惯反应和常规行动[37]，在该模式下，个体更愿意用启发的路径进行行动决策[6]，不需要投入太多的认知努力，民众只需要沿着既有的情感规范习惯行事即可。当外界环境发生显著变化的时候，人的大脑会启动监控系统（surveillance system），此时，个体的注意力自动从习惯反应转向有意识的认知处理。尤其是当触发监控系统的情感是焦虑等负面情绪时，民众会更倾向于将注意力偏向负面、威胁性的信息[38]，这会持续影响后续的判断和态度[39]。人们只寻求与自我预设相符合的信息，从而带来情感极化的循环。

因此，在世界格局动荡之际，国际政治传播中对国际重要议题进行正向情感引导，促成建设性的情感交往与积极的国际对话显得尤为重要。尤其是在经济相对疲软和局部冲突频发的时期，正面情感基于其感染力可以为世界公众提供新的未来方案。我们通过发挥正面情感的这种效能，在为世界发展稳定贡献力量的同时，也将提高国家在国际政治传播中的情感话语影响力与引导力。

此外，在国际政治传播领域，国家与国家间的政治博弈也不乏将情感作为武器的情况。有学者按照不满现状国、守成国的主体将情感战略细分为三种情况：不满现状国向既有情感规范发起挑战、守成国通过维护既有情感规范维护自身利益、守成国诉诸违背既有情感规范的情感表达维护自身利益。[25] 西方媒体作为强势的传播者与情感议程设置者，已经形成了比较完善的情感规范，在民主、环保、环境等议题上，构建了利于其国家战略的情感秩序，并在国际事件中引领国际民众情感。非西方国家的情感与话语则被边缘化甚至被压制。

在当今的国际政治传播格局中，发展中国家的声音还较弱，中国各级对外传播体系要更加注意情感的嵌入。通过考察既有的对外传播实践我们可以发现，发展中国家基于理性与宏大叙事，剥离情感的话语表达依然占据常规和主导地位，这使得在海外社交媒体平台上发展中国家的传播效果不甚理想。因此，在国际传播战略的制定中，发展中国家首先要将宏观叙事嵌入情感话语体系，同国际传播建立情感的连接；其次要逐步突破既有的国际情感规范，建立既具有民族特色又不为世界民众所歪曲的情感表达。这样，发展中国家才能在情感交往中获得广泛的共情与支持，从而使得国家在政治利益的维护方面，以及对现有不合理的国际政治制度的突破方面，获得相应的话语引导权。

值得注意的是，在当下的国际政治传播博弈中，情感也存在着被过度使用的危险倾向。有研究表明，相较于非民粹政党，欧洲的民粹政党更愿意诉诸负面情感，进而逐渐塑造了一个充满对抗的倒退的政治环境。[40] 民众在情感刺激下认知过程发生改变，出现选择性的信息加工和注意力偏向，甚至记忆修正的现象[41]，促使侵略性和报复性行为频发[42]，己方乐于看到对方遭受痛苦[43]，这最终加深社会的分裂甚至国际政治局势的紧张[33]。

当下政治传播与国际传播领域出现情感转向，更加强调将情感作为博弈工具以获得相应的政治利益。面对这种情况，我们要注意对情感的适度调动，要处理好理性与情感间的平衡和协调，在理论与实践探索中找寻情感动员与善用的最大边界。

三　融入与吸引：情感作为对话的前提

汉娜·阿伦特（Hannah Arendt）曾提到情感在政治交往中的建设性作用，尤其强调人的共情机制，作为一种情感反应，它能够弥合思想与行动之间的差距，增进对彼此的理解，使人与人之间建立更深层次的联系[44]，进而促进交往与对话的开展。例如有研究将足球作为情感沟通的媒介，针对战后对立群体的沟通问题进行了探究，结果发现，与对立群体共同参与过足球训练的人更愿意理解和支持对方。[45] 这是因为，从"接触假设"观点来看，不同群体间增加平等的与合作性的接触行为，可以降低群体间焦虑度，引起共情，从而减少偏见。[46]

人的情感反应还是有意识和无意识的信息加工共同作用的结果。其中无意识的情感反应也被称作"情感启动效应"——当基于认知调节的情感反应在个体的成长发展过程中逐步形成固定的认知与情感习惯后，就会作为经验记忆存储下来，而当个体再次面临相似的外界刺激时，这种情感反应会被自动激活。[47] 这也就意味着，个体在形成对他者的习惯性情感反应后，会不自觉地表现出喜欢或厌恶的情感，以及接近和远离的行为。这一点在上述提到的研究中也有鲜明的体现。在实验结束后长达 6 个月的时间内，同对立群体共同参与过足球训练的队员，对对立群体成员表现出更加宽容的态度。不过略显遗憾的是，在除了足球场之外的其他社会场景中，研究未能发现该实验对两个群体建立更广泛的社会交往关系与形成更广泛的社会凝聚力具有显著效果。尽管如此，该实验让我们看到基于共情的不同群体间对话与交往的可能。至于实验中未涉及广泛社会场景的问题，则需要研究者继续加大干预力度，增加干预时间，以了解从量变到质变的边界。[45]

在国际政治传播中，世界民众对于中国的认知与情感反应，同样也是基于有意识的信息处理与情感调节，以及无意识的情感启动。甚至在形成情感惯习后，民众很难察觉自己行为中受到情感影响的部分。[48] 因此，未来中国在国际政治传播中应与世界民众进行充分且友好的沟通互动，铺垫好前期的情感联结，形成基于共情与认知的无意识友好情感反应，这或许能在关键时刻为中国赢得富有实效的对话机会。

目前我们在消解西方政客与媒体对中国负面刻板形象的塑造方面做出了富有成效的努力。在对外媒体传播中，如李子柒在 YouTube 上的出圈，是尤为值得称赞的传播实践，她让田园中国在海外获得广泛喜爱和共情，让外国民众感叹中国的美好。即便在停更的三年时间里，依然有诸多海外网民在评论区留言，表达对她的思念与期盼，希望她能够早日回归。粉丝更是不减反增，吉尼斯世界纪录发布，李子柒 YouTube 订阅量于 2021 年 1 月 25 日达到 1410 万，成为"订阅量最多的 YouTube 中文频道"。到 2024 年 5 月，其粉丝又增长了 500 万，订阅量达到了 1910 万，已经超过美国影响力较大的主流媒体 CNN；其最热的视频播放量已经突破 1 亿，也远超 CNN 最热视频播放量。2024 年 11 月 12 日，李子柒回归，上线两周后新发布视频即获得 60 万点赞，近 1400 万观看次数。诸多评论表达对她的爱意，并且表示看到李子柒回归感动得流泪。

此外，在通过增加民间接触交往增进彼此的了解、培养正向情感方面，中国推出的 144 小时过境免签政策也取得不错成效。该政策除了带动中国旅游与经济的发展外，更是让"China Travel"成为热门搜索词条，China Travel 标签的视频总播放量超 7 亿。"中国根本不是我们预想的那样"的感慨在社交媒体上引发广泛共情，充满科技活力、极具安全感以及充满包容性的开放中国印象，逐渐在国际网民间传播开来。[49] 国际舆论场中关于中国的偏见与误解在逐步消除，对中国的正向情感也逐步得以培养。中国对外的情感传播以及 144 小时过境免签政策都有助于在国际政治交往中的关键时刻，使中国获取世界范围民众的理解与支持。这是中国用自身人文与科技魅力吸引世界民众了解自我的良好开端。至于如何推进正面情感的建设性转换、提升中国在国际政治传播场域中的积极主动性，则需要我们在实践和理论方面继续进行深入探索研究，并制定出更加完善的战略方针。

四 结语

情感作为国际政治传播中的一种独特媒介，贯穿于全球政治交往的各个维度，从宏观层面的历史性个体与群体记忆，到微观层面的日常生活的共情互动，它不断塑造着国家之间的沟通模式，影响着国际关系的发展趋势。通过对情感在国际政治交往中的角色与作用机制的剖析，本研究强调情感不仅是国家对内凝聚力量的纽带，也是国家对外博弈的重要工具，更是国际沟通与理解的前提。其中共情作为重要的情感连接机制[50]，促进了情感动员的实现[51]、促成了情感秩序的形成，并最终促使行动的落地实践。

中国需要重视情感在国际政治传播中的战略意义，不断深化实践探索和理论研究，从而建构更加合理、有效、体系化的情感传播战略，提升中国在国际上的情感话语引导能力。同时也应当注意对情感的适度调动，避免情感极化带来的社会分裂与国际对立。这样我们才能将情感作为沟通、理解与合作的桥梁，积极推动人类情感共同体的构建，从而营造一个更加包容、和平的国际传播环境。

参考文献

[1] NUSSBAU M C. Political emotions：why love matters for justice ［M］. Cambridge：Harvard University Press，2013.

[2] GROENENDYK E. Current emotion research in political science：how emotions help democracy overcome its collective action problem ［J］. Emotion review，2011，3 (4)：455-463.

[3] MARCUS G E. The sentimental citizen：emotion in democratic politics ［M］. University Park：Pennsylvania State University Press，2002：2.

[4] DAMASIO A. Descartes' error：emotion，reason，and the human brain ［M］. London：Vintage Books，2006.

[5] LEDOUX J E. Emotion circuits in the brain ［C］. In：COWAN W M，SHOOTER E M，STEVENS C F，et al. (eds.). Annual reviews neuroscience. Palo Alto，CA：Annual Reviews，2000：155-184.

[6] PANKSEPP J. Cross-Species affective neuroscience decoding of the primal affective experiences of humans and related animals [J]. Plosone, 2011, 6 (9): e21236.

[7] SHAMAY-TSOORY S G. Empathic processing: its cognitive and affective dimensions and neuroanatomical basis [C]. In: DECETY J, ICKES W. (eds.) The social neuroscience of empathy. Cambridge: MIT Press, 2009: 215-232.

[8] SHAH T M. Emotions in politics: a review of contemporary perspectives and trends [J]. International political science abstracts, 2024, 74 (1): 1-14.

[9] RICO G, GUINJOAN M, ANDUIZA E. The emotional underpinnings of populism: how anger and fear affect populist attitudes [J]. Swiss political science review, 2017, 23 (4): 444-461.

[10] BEATTIE A R, EROUKHMANOFF C, HEAD N. Introduction: interrogating the "everyday" politics of emotions in international relations [J]. Journal of international political theory, 2019, 15 (2): 136-147.

[11] MERCER J. Rationality and psychology in international politics [J]. International organization, 2005, 59 (1): 77-106.

[12] DOWNS A. An economic theory of democracy [M]. New York, NY: Harper, 1957: 36-38.

[13] MAZZINI G. Thoughts upon democracy in Europe [M]. Florence: Editoriale Toscano, 2001.

[14] DE BRASI L, GUGLIELMETTI F, ROSATI A. Anxiety as a positive epistemic emotion in politics [J]. Critical Review, 2021, 33 (1): 1-24.

[15] HOPF T. The logic of habit in international relations [J]. European journal of international relations, 2010, 16 (4): 539-561.

[16] SMITH C A, ELLSWORTH P C. Patterns of cognitive appraisal in emotion [J]. Journal of personality and social psychology, 1984, 48: 813-838.

[17] BRADER T, GROENENDYK E, VALENTINO N A. Fight or flight: when political threats arouse public anger and fear [C]. Paper presented at the Midwest Political Science Association Annual Meeting, Chicago, IL, 2010.

[18] SCRIBANO A. Other emotions: a global look at the politics of sensibilities [J]. International sociology, 2021, 36 (4): 491-497.

[19] BOS D. Answering the call of duty: everyday encounters with the popular geopolitics of military-themed videogames [J]. Political geography, 2018, 63: 54-64.

[20] WOOD N. "It's like an instant bond": emotional experiences of nation, primordi-

al ties and the challenges of/for diversity［J］.The international journal of diversity in organizations，communities，and nations：annual Review，2007，7（3）：203-210.

［21］王敏，朱竑.情感地缘政治与心理学交叉研究的地理学逻辑［J］.地理科学，2023（08）：1423-1432.

［22］BRADER T，MARCUS G E.Emotion and political psychology［C］.In：HUDDY L，SEARS D O，LEVY J S.（eds.）.The oxford handbook of political psychology（2nd ed）.Oxford：Oxford Academic，2013，pp.165-204.

［23］LINKLATER A.The problem of harm in world politics：theoretical investigations［M］.Cambridge：Cambridge University Press，2011.

［24］SADL Z.Emotions and affect in political discourse［J］.Teorija in praksa，2021，58（2）：370-390.

［25］王蕾.情感博弈与国际制度中的情感秩序［J］.世界经济与政治，2024（07）：62-95+154-155.

［26］MOISANDER J K，HIRSTO H，FAHY K M.Emotions in institutional work：a discursive perspective［J］.Organization studies，2016，37（7），2016：963-990.

［27］ZIETSMA C，TOUBIANA M.The valuable，the constitutive，and the energetic：exploring the impact and importance of studying emotions and institutions［J］.Organization studies，2018，39（4）：427-443.

［28］JEFFERY R.Emotions and reconciliation rhetoric-banishing the dark emotions in Timor-Leste［C］.In：KOSCHUT S.（ed.）The power of emotions in world politics.Abingdon and New York：Routledge，2020：83-99.

［29］KOSCHUT S.Emotional（security）communities：the significance of emotion norms in inter-allied conflict management［J］.Review of international studies，2014，40（3）：533-558.

［30］王慧敏.马克思恩格斯对德意志"爱国"现象的剖析与批判［J］.社会主义研究，2023（05）：41-47.

［31］KOSCHUT S.Can the bereaved speak？emotional governance and the contested meanings of grief after the Berlin terror attack［J］.Journal of international political theory，2019，15（2）：148-166.

［32］VORLÄNDER H，HEROLD M，SCHÄLLER S.2018.PEGIDA and new right-wing populism in Germany［M］.Cham，Switz：Palgrave Macmillan，2018.

[33] RHODES-PURDY M, NAVARRE R, UTYCH S M. Populist psychology: economics, culture, and emotions [J]. The journal of politics, 2021, 83 (4): 1559-1572.

[34] WEBSTER S W, Albertson B. Emotion and politics: noncognitive psychological biases in public opinion [J]. Annual review of political science, 2022, 25 (1): 401-418.

[35] ALBERTSON B, GADARIAN S K. Anxious politics: democratic citizenship in a threatening world [M]. New York: Cambridge University Press, 2015.

[36] BRADER T, MARCUS G E, MILLER K L. Emotion and public opinion [C]. In: EDWARDS G C, JACOBS L R, & SHAPIRO R Y. (eds.). The oxford handbook of American public opinion and the media. Oxford: Oxford University Press, 2011, pp. 165-204.

[37] MARCUS G E, NEUMAN W R, & MACKUEN M. Affective intelligence and political judgment. Chicago [M]. IL: Chicago University Press, 2000.

[38] GADARIAN S K, ALBERTSON B. Anxiety, immigration, and the search for information [J]. Political psychology, 2014, 35 (2): 133-64.

[39] LODGE M, TABER CS. The rationalizing voter [M]. New York: Cambridge University Press, 2013.

[40] WIDMANN T. How emotional are populists really? Factors explaining emotional appeals in the communication of political parties [J]. Political psychology, 2021, 42 (1): 163-81.

[41] BANKS AJ. The public's anger: white racial attitudes and opinions toward health care reform [J]. Political behavior, 2014, 36 (3): 493-514.

[42] ASLAN S. Public tears: populism and the politics of emotion in AKP's Turkey [J]. International journal of Middle East studies, 2021, 53 (1): 1-17.

[43] ALLAMONG M B, PETERSON D A M. Screw those guys: polarization, empathy, and attitudes about out-partisans [J]. Political psychology, 2020, 42 (3): 349-69.

[44] ADLER-NISSEN R, ANDERSEN KE, HANSEN L. Images, emotions, and international politics: the death of Alan Kurdi [J]. Review of international studies, 2020, 46 (1): 75-95.

[45] MOUSA S. Building social cohesion between Christians and Muslims through soccer in post-ISIS Iraq [J]. Science, 2020, 369: 866-870.

［46］ CORNO L，LA FERRARA E，BURNS J. Interaction，stereotypes，and perform-ance：evidence from South Africa ［J］. American economic review，2022，112（12）：3848-75.

［47］ GREENWALD A G，BANAJI M R. Implicit social cognition：attitudes，self-es-teem，and stereotypes ［J］. Psychological review，1995，102：4-27.

［48］ CRAWFORD N C. Institutionalizing passion in world politics：Fear and empathy ［J］. International theory，2014，6（3）：535-557.

［49］ 韩维正. 真实中国，吸引八方客（金台随笔） ［N］. 人民日报，2024-08-06.

［50］ 高毅丹，陈虹. 跨文化情感共同体构建的国家战略与地方实践 ［J］. 新媒体与社会，2024（01）：210-222+398.

［51］ 谢耘耕，詹海宝. 网络认知战的运行原理与应对机制研究 ［J］. 新媒体与社会，2024（02）：273-287+411-412.

人类文明新形态视域下中国纪录片话语体系建构与全球传播*

张恒军　许林燕**

摘　要　人类文明新形态视域下中国纪录片话语体系构建有着较强的时代应然性，要求纪录片创作者坚持全面性、系统性和现代性原则，在内容维度上要聚焦共性情感，解决共性问题；在叙事维度上要重塑中国时空维度，纵向多维刻画中国形象；在制播维度上要构建高新技术引领体系，突出现代化制播能力。

关键词　人类文明新形态　纪录片　话语体系　全球传播

随着"百年未有之大变局"加速演进，向世界宣介中国式现代化的伟大成就和人类文明新形态的伟大创造，在不同维度不同领域构建中国话语体系，不断提高中国话语的国际影响力，已经成为战略传播的重要任务。在"世界被把握为图像"[1] 的时代，"视觉因素一跃成为当代文化的核心要素，成为创造、表征和传递意义的重要手段"[2]。作为重要的影视艺术形态和话语工具，中国纪录片已经深度参与对国家重大战略的阐释，自觉肩负起"讲好中国故事，传播好中国声音"的历史重任，以生动的形象提升意识形态的解释力和吸引力[3]，成为世界了解中国的重要窗口和展示中国模式、中国方案与中国智慧的媒介[4]。

过去十年，中国纪录片创作数量和质量均有显著提升，商业价值进一

---

* 基金项目：国家社科基金重点项目"人类文明新形态的对外传播策略研究"（项目编号：23AXW004）；国家社科基金重大项目"人类文明新形态话语体系构建与全球传播研究"（项目编号：22&ZD311）。

** 作者简介：张恒军，大连外国语大学新闻与传播学院院长、教授、博士生导师，大连外国语大学国际传播研究院院长、中华文化海外传播研究中心主任；许林燕，大连外国语大学新闻与传播学院硕士研究生。

步凸显，迈入高质量发展的关键阶段。《2023 中国纪录片发展报告》显示，
2023 年全国卫视频道播出 1108 部纪录片[5]。中国视听大数据显示，2024
年上半年各平台播出纪录片总数量超过 1000 部，与 2023 年同期相比，各
项播出指标明显上升[6]。第一财经研究院发布的《影像中国：中国纪录片
海外传播报告》显示，越来越多的纪录片走向世界，进入全球观众视野，
成为讲好中国故事、传播中国文化的重要载体。2010 年以来，中国纪录片
的海外热度整体呈现上升趋势。可以说，人类文明新形态的全球传播，必
然离不开纪录片的独特身影。立足实际，在审视我国纪录片发展现状的基
础上，明确人类文明新形态与纪录片的逻辑关系、中国纪录片话语体系构
建的原则遵循，不断构建中国纪录片话语体系并进行全球传播，是新时代
纪录片制作与传播的核心命题。以往研究聚焦这一领域的成果并不多。唐
俊等较为系统地提出中国纪录片应构建多维多层路径的话语和叙事体系，
在话语框架上彰显中华文化精髓与中国价值观，在话语策略上从"宏大-
封闭"转向"个体-开放"，在叙事美学上注重从优秀传统艺术中承继创
新，在叙事模式上探索新兴引领等[7]。韩飞提出中国纪录片的国际传播叙
事框架可从国情叙事、发展叙事、文明叙事、自然叙事、全球身份叙事等
五个维度统领[8]。田维钢等关注中国自然生态类纪录片如何从文化误读走
向文化共情[9]；唐然等提出中国纪录片国际传播对话性建构[10]；陆敏等基
于对中国历史文化纪录片海外观众的分析，关注国际传播中的文化共享、
文化折扣与解读偏移[11]；其他研究多聚焦于传播主体、纪录片作品的个案
研究。宏观研究总体缺乏，尤其缺乏人类文明新形态视域下将中国纪录片
话语体系建构与全球传播贯通的研究。

一　中国纪录片话语体系建构与全球传播的应然性

　　学者们对于话语有不同的定义。社会学理论认为，话语是一种基于某
些假设的特定言说和思考方式，可影响和形塑人们对某个话题的理解和行
动，因此与权力紧密相关。[12]福柯也认为，话语（discourse）不仅仅是语
言的使用，而且是一套关于知识和权力的实践。既然话语是借助语言进行
表达与思考的方式路径，就需要丰富语言的内涵。影像是必不可少的语言

媒介。全媒体时代的影像作品作为整个意义网络的重要构成，也是意义网络话语体系的核心表达，如果将话语视为沟通媒介，那么影像就是具体传达的符号内容。[13] 此外，话语体系并非独立存在的，其必然有着内在的历史基因与社会架构支撑，代表着特定的意识形态。[14] 中国话语体系不仅是符号表达媒介，客观反映中国式现代化的成就、诉求，而且是全球传播中讲好中国故事、塑造中国形象、提供中国方案、彰显中国智慧的理论支撑。其与人类文明新形态有着密切关联，互为因果，这就决定了人类文明新形态视域下中国纪录片话语体系构建的时代应然性，以及纪录片作为中国话语体系构建重要组成部分的现实必然性。

　　这些纪录片，特别是面向海外受众的中国主流纪录片，是中华民族共同体叙事的核心主体，在展示中国式现代化伟大成就、阐述人类文明新形态理论内核方面，发挥着不可替代的角色作用。如《习近平治国方略：中国这五年》通过中外联合制作，利用借船出海、二次传播等机制，在西方国家广泛传播，受到海外受众一致好评与认可。随后，《前线之声：中国脱贫攻坚》《和平使命》《我们新疆好地方》《中国奇妙之旅》等主流纪录片，都成为中国话语体系的影像表征，充分彰显了时代精神，打造了全新的文化范式，成为人类文明视域下中国话语体系构建的代表作品。部分代表性案例见表1。

表1　中国纪录片海外传播优秀案例

序号	名称	类目	主要播出平台	制作单位
1	《武汉战役纪》	社会现实类	中国国际电视台、美国广播公司等	中国国际电视台
2	《中国新疆，反恐前沿》	社会现实类	中国国际电视台	中国国际电视台
3	《习近平治国方略：中国这五年》	社会现实类	中国法院网络电视台、探索频道亚太电视网	五洲传播中心、探索频道
4	《中国春节——全球最大的盛会》	历史文化类	中央电视台、英国广播公司	五洲传播中心、英国广播公司、英国雄狮电视公司
5	《佳节》	历史文化类	腾讯视频、国家地理频道（国际）	五洲传播中心、企鹅影视、国家地理频道（国际）

续表

序号	名称	类目	主要播出平台	制作单位
6	《大上海》	历史文化类	东方卫视、"好奇心流媒体"中国专区、Alraddar 视频网站	上海广播电视台
7	《百年大党——老外讲故事·上海解放特辑》	历史文化类	东方卫视、SiTV 互动电视、"视听上海·北美综合运营平台"	上海广播电视台
8	《青海·我们的国家公园》	生态自然类	东方卫视、青海卫视、国外地区主流平台	上海广播电视台、青海省广播电视局
9	《武夷山·我们的国家公园》	生态自然类	东方卫视、东南卫视	上海广播电视台、福建省广播影视集团
10	《人生第一次》	社会现实类	央视网、东方卫视、腾讯视频、哔哩哔哩	上海广播电视台
11	《行进中的中国》	现代科技类	东方卫视、探索频道	上海广播电视台、探索频道
12	《永远的行走：与中国相遇》	乡土类	东方卫视、海外社交媒体	上海广播电视台、国家地理
13	《风味人间》	美食类	浙江卫视、腾讯视频	腾讯视频
14	《人生第二次》	社会现实类	央视网、哔哩哔哩、东方卫视	央视网、SMG、哔哩哔哩
15	《风味原产地》	美食类	腾讯视频、Netflix	腾讯视频
16	《早餐中国》	美食类	腾讯视频、海峡卫视	腾讯视频、福建省广播影视集团

这些纪录片在真实记录的基础上，强调文明内核、社会教育和价值属性，是阐明人类文明新形态的核心载体。中国式现代化作为人类文明新形态的实践支撑，不仅为人类现代化建设提供了新模式、新道路、新可能，而且为中华文明繁荣提供了新选择、新奇迹、新突破。加快人类文明新形态的国际表达与传播，既能够深化中华文明与其他文明的交流互鉴，又能够突出且丰富中华文明的全球价值。中国纪录片全面客观记录中国式现代化的伟大现实以及中华文明的重要成果，在提高中华文明全球传播效力的同时，有助于在更广范围内强化人类命运共同体意识。因此，在人类文明视域下，讨论中国纪录片话语体系构建的内涵价值、原则遵循、实现路径，具有非常重要的战略指导意义和现实引领价值。

二 中国纪录片话语体系建构与全球传播的原则遵循

人类文明新形态视域下中国纪录片话语体系的构建要想达到预期的良好效果，就必须坚持全面性、创新性、中国性和世界性的原则遵循，保证纪录片在内容、形式与内核上与人类文明新形态达成高度契合，以增强其全球传播的实效性、长效性。

（一）全面性原则

人类文明新形态视域下的纪录片创作，应立足新时代，找准历史定位，聚焦民族复兴伟业，全面呈现中国式现代化真实景象，讲好中国共产党带领广大人民群众全面建设社会主义现代化国家的故事，讲好中国共产党全面维护和推动全社会共同富裕的故事，讲好14亿人全面摆脱贫困、全面迈向小康社会的故事，以及中国共产党建设美丽中国、携手共建人类命运共同体的故事。也就是说，纪录片在题材选择上一定要立体多维，通过重大主题类、社会现实类、人文历史类、自然生态类、科技与工程类等的全景呈现，彰显时代精神，强化文化自觉与自信，确保中国纪录片话语构建的全面性，以及人类文明新形态纪录片影像表达的系统性。

（二）创新性原则

人类文明新形态的中国式现代化，有别于西方式现代化，是对人类现代化既有模式与底层逻辑的超越升华，蕴含着全新的理念价值与模式范式。这就要求纪录片话语体系构建坚持以我为主进行创新性表达，在媒体融合、数字技术的深层赋能下，打造"纪录片+"生态系统，实现纪录片美学与市场的逻辑重塑，在内容交融与价值延展中全面展现中国精神、中国方案、中国智慧、中国特色。进一步说，就是要坚持人民主体性，从时代演变、社会发展、群众诉求等层面入手，做好主题细化、题材萃取，主动满足受众个性化、多元化的精神文明需求，持续探索纪录片新样态、融入新元素，进而增强纪录片全球传播的圈层渗透性。

（三）中国性原则

人类文明新形态的中国式现代化颠覆了西方现代化迷思，为中国纪录片发展提供了精准的文化坐标和理论基调，凸显了时代使命、文明担当，夯实了实践基础和思想支撑。所以在纪录片话语体系构建中，必须坚守政治站位，提高思想认识和文化自觉，深入理解人类文明新形态的现代性本质逻辑，包括理论现代性、实践现代性、方法现代性等，要结合实际，将中国共产党先进理论转化为中国纪录片话语体系构建的精神动力、行为指南，深层次再现中国式现代化的伟大进程。

（四）世界性原则

纪录片作为一种重要的文化载体，是国家的名片、文化交流的重要桥梁。随着全球化的深入发展，受众渴望了解世界各地的文化、社会和生活。优秀的纪录片需要遵循世界性原则，满足全球受众的需求。这就要求中国纪录片在主体性上秉持文化的包容性与开放性，积极吸收和借鉴国际优秀纪录片的创作理念和文化元素，促进中国与世界的交流、对话与融合。在主题上，突出环境保护、人类命运、家庭情感等全球普遍关注和人类情感共通的作品，特别是关注跨国界故事，实现从"中国故事"到"世界故事"的跨越，建立起共同的价值和情感连接[15]。在叙事方式上，注重国际化与跨文化性，采用国际通用的叙事手法和语言表达，避免文化差异导致的理解障碍。在制作与传播上，加强与国际纪录片制作团队的合作，共同策划、拍摄和制作纪录片，共同致力于多平台全球传播，包括通过国际主流媒体平台、国际纪录片节以及全球知名的视频分享网站等渠道传播。

三　中国纪录片话语体系建构与全球传播的创新进路

在明确人类文明新形态视域下中国纪录片话语体系构建内涵价值与原则遵循的基础上，相关主体必须立足实际，加强角色重构，明确发展方向，聚焦中国式现代化内核，从主题、内容、传播等维度入手，积极寻求中国纪录片话语体系构建的创新进路。

（一）内容维度：聚焦共情，关注共性

人类文明新形态视域下中国纪录片话语体系构建的根本指向，是要实现海外市场的深层渗透，通过聚焦共性内核，深化文化交流与文明互鉴，进而转变传播范式，达成广泛共识，消解传播壁垒，构筑全球视野。[16]

1. 聚焦共同情感

人类文明新形态是物质文明和精神文明高度协同的新形态，是要全面满足人民对美好生活的需要，根本诉求是要实现人的现代化。纪录片关注个体价值，洞察人的发展，与人类文明新形态的现代化转向有着本质共通。因此，中国纪录片的创作实践要在宏观主题与思想之外进行微观补充、细节完善，将普通人作为主角，从普遍情感、共性道德等层面入手进行创作，以寻求深层次、广向度的情感共鸣。如《我们的赛场》是一部写实的贵州乡村赛事纪录片，不仅从小视角切入讲述一个个生动鲜活的百姓故事，刻画具有典型性的生活状态，建立与海内外受众的情感沟通，而且通过揭秘与"村BA""村超"有关的名人、名赛、名场面背后的故事，对极具地方特色、人物特征的生活状态进行特写，有助于满足国外网民的好奇心。从平日里在卷粉店工作、比赛时担任"村超"联队队长、被誉为草根"球王"的董永恒，到"单挑"著名球员马布里的乡村篮球少女杨慧轩；从未上过学却在劳作之余成为赛事核心的51岁苗族妇女杨昌美，到在中学教体育近20年、促成榕江校园足球火爆全网的本土教练赖洪静……一个个真实、朴实、可爱的普通人，让世界看到"打篮球对于贵州台盘村人来说，是最简单也是最重要的一件事"，这种热爱纯粹、真实、质朴，打动人心。纪录片将乡村生活、个体体验、体育运动、团结互助等进行巧妙联结，聚焦共性情感，并在多维交互中生发出人性光辉的力量，这就赋予了主题极强的包容性，形成天然消解文化隔阂的话语功能，自然形成海外传播的优势效能。

2. 关注共性问题

随着地缘冲突、贸易保护、气候变暖、经济下行等问题的加速演进，人类文明发展正处于关键的十字路口，面临着前所未有的挑战，携手共进，解决全人类发展的共性问题，成为打造人类命运共同体的根本要义，

也是人类文明新形态传播的逻辑驱动。基于此，纪录片创作必须形成全球思维和国际视野，聚焦人类共性问题，通过中国式现代化的方案呈现、智慧供给，强化共同体意识。[17] 大型纪录片《通向繁荣之路》，从基础设施"硬联通"、规则制度"软联通"、民心相交"心相通"等不同角度，展现十年来中国与"一带一路"共建国家携手共建、互利共赢的生动实践[18]。纪录片创作团队先后采访了 20 多个国家的元首政要和众多国际、国内专家学者，权威部委和国际机构负责人，不仅全面梳理了"一带一路"倡议的提出背景、推进过程、建设成果等，而且客观再现了中国与共建"一带一路"国家共建共享、合作共赢的故事。其中包括仅用十年时间就帮助乌兹别克斯坦人民成功建成、曾被专家认为施工期需要 25 年的卡姆奇克隧道；搭建起连接郑州和卢森堡的"空中丝绸之路"，在全球 15 个航空枢纽城市设立通航点，货运范围覆盖全球 200 多个城市；以 14000 个 4G 基站组建起巴基斯坦最大的 4G 网络，从交通基建到数字基建深层参与数智化转型。这部纪录片首次揭秘了"一带一路"共建国家突破旧有规则制度壁垒、弥合不同标准阻隔、联手解决共性问题的伟大历程。该纪录片既有宏阔视野、丰富细节，又有历史纵深、现实观照，成功将中国与世界的交汇共融置于人类命运共同体的维度考量，形成极为强大的情感感召力和传播合力。[19]

（二）叙事维度：重塑时空版图，刻画多维中国

人类文明新形态的根本内核就是中国式现代化伟大实践，这就需要纪录片在中国话语体系构建中重点突出中国叙事，立体全面展现中国景象，让世界看到真实完整的中国时空、中国形象，夯实中国话语体系的内容根基。

1. 重塑中国时空版图

中国纪录片话语体系构建既要面向历史求索，又要加强现状审视，在时间和空间维度进行持续性记录，借此规避因"时空切片、碎片"带来的认知偏见、曲解误解风险。也就是说，纪录片在创作过程中，要深入汲取中华优秀传统文化的营养，巧妙融入时代元素，通过古今联动构建完整的历史时空。[20] 2023 年，由中央广播电视总台与住房和城乡建设部联合推出的《文脉春秋》，聚焦 20 个各具特色的中国国家历史文化名城，以人物

为线、名城为体、文脉为魂，感受中华文明的悠久历史与人文底蕴。纪录片以中华五千年的历史地理变化为背景，以历史文化名城为单位，通过虚拟数字技术和现实世界视觉相结合的方式，描绘城市发展的文脉印记，展现新时代的万千气象，用观一城文脉、知古今春秋的崭新视角对"何以中国""中华民族何以伟大""中华文明何以不朽"做出回答。最令人印象深刻的是，创作团队从镜头、空间、色彩、音效等方面入手，以真实历史事件为剖面，以点带面打造"完全时空"，为受众提供了较强的沉浸式体验。就全球传播来讲，这种叙事结构可以更加立体地呈现中国人文历史的魅力，以及更加深入地挖掘中国历史文化的底蕴。当然，与时代共振是中国纪录片话语体系构建的底层逻辑支撑，从本质上来讲，纪录片的纪实性是由历时性和共时性构成的，这就要求纪录片创作要与时代发展同步，全面展示真实立体的中国形象。如《超级制造》《新丝路上的交响》《行进中的美丽中国》等，都是中国式现代化建设不同阶段创作出的共时性作品，共同构筑了历时性的中国当代时空景象。当受众被其中任何一部纪录片所吸引后，有很大可能会自动搜索其他历时性的作品，这样就可以形成内在的持续叙事，有利于在作品群的全球传播中完成中国话语的时空重塑，进而夯实中国话语体系构建的叙事基础。

2. 多维刻画中国形象

纪录片全球传播已经成为塑造中国国际形象的核心路径，特别是近年来国产纪录片对中国式现代化各个维度的记录，包括对自然景观、人文景观、个体故事、科技发展等的记录，有力促进了在纪录片叙事场域内形成更加完善立体的中国形象体系，并在人类文明新形态的主题观照下为人类文明未来发展提供了新视角、新范式、新内涵。第一财经研究院的《影像中国：中国纪录片海外传播报告》显示，近年来中国纪录片的出海题材范围不断拓宽，其中自然动物类、人文历史类以及社会热点现实类题材普遍受到海外观众青睐，如《海洋》《地球四季》《我们诞生在中国》《未至之境》《国家公园：野生动物王国》《星空瞰华夏》《习近平治国方略：中国这五年》《行进中的中国》《行进中的美丽中国》等。《行进中的中国》是上海电视台纪录片中心与探索频道合作的纪录片，该片选取了中国各地在过去十年里的治理典型，进一步向世界介绍真实的中国和中国治理智慧。

节目英文版登陆探索频道平台主要国家和地区的周末黄金时段，平均收视率超过节目播出前四周时段平均收视率的70%。2024年，由中央广播电视总台、生态环境部宣传教育中心和高等教育电子音像出版社联合摄制的《行进中的美丽中国》，共分为"绿色之路""生态之美""攻坚之战""治理之道""全球之约"5集，每集40分钟，展示了党的十八大以来，中国在推动生态文明建设、打好污染防治攻坚战、守护绿水青山、践行绿色发展方面的新思想、新作为、新格局、新探索，为全面推进美丽中国建设，加快推进人与自然和谐共生的现代化凝心聚力。截至2024年4月19日，首播5集平均收视率0.46%，收视份额4.02%，同时段全国上星频道排名第1位，首播累计触达观众1.4亿人次。近年来，随着我国科技创新的突破发展，科技类纪录片也受到广泛关注，并从记述中国基建成就、科学探索过程，开始转向新基建、航天、农业等体现中国打造人类命运共同体的重大科技行动，如《月背之上：太空变革的黎明》《智造中国》《栋梁之材》等。

（三）制播维度：高新技术引领，现代化制播

在中国纪录片话语体系的构建中，我们必须深入把握人类文明新形态的全球意义，不断加强叙事手法、传播方式的创新实践，在解构传统叙事机制的基础上，尽快形成现代化、国际化的中国叙事格局，既要展现中国式现代化的伟大实践，又要挖掘中华文化符号蕴含的精神特质，以及其在打造人类命运共同体中的人文主义倾向，借此实现内容、形式、技术、价值等维度的边界延展。

1. 构建高新技术引领体系

构建高新技术引领体系是中国纪录片产业实现高质量发展的必由之路。高新技术引领体系不仅能够提升纪录片的制作质量和艺术表现力，还能拓展其传播渠道和受众范围，增强中国纪录片在全球文化市场的话语权。高新技术包括虚拟现实（VR）、增强现实（AR）、超高清摄像、人工智能等技术，也包括对短视频平台、社交媒体等新兴渠道的利用。目前中国纪录片高新技术应用逐渐普及，越来越多的中国纪录片开始尝试运用高新技术，如一些历史文化纪录片采用了数字复原技术，重现了古代建筑

和场景；一些制作团队引入了人工智能辅助创作工具等。但目前在高新技术应用方面仍存在融合不够深入的问题。未来，需要进一步加大技术研发与投入：加大纪录片专业与计算机科学、信息技术等学科复合人才的培养；增加对纪录片相关高新技术研发的资金支持；鼓励科研机构与纪录片制作团队通过合作攻克技术难题；促进纪录片产业与高新技术产业协同发展；积极引进国外先进的纪录片制作技术和经验，参与国际合作项目等。随着高新技术的不断进步，中国纪录片产业将迎来更加广阔的发展前景和机遇。高新技术引领体系下的中国纪录片产业将更具创新活力和竞争力。

2. 突出现代化制播能力

中国纪录片话语体系的成功构建离不开前沿化制作体系、全球化宣发机制的驱动保障。要强调纪录片的产品属性，突出现代化制播能力，从工业层面赢得更多关注与认同。首先，锚定国际先进水平。从《舌尖上的中国》开始，中国纪录片在制作工艺上全面升级发力，并快速赶超国际第一梯队，先后推出了许多具有国际影响力的优秀作品，如《航拍中国》《中国》《如果国宝会说话》《零碳之路》《国道巡航》《万物之生》等。《万物之生·贵州篇》作为精品纪录片系列之一，以"8K超高清+全景声"等尖端技术和富于情感的生动视角，展现我国生态环境的现状与变化，阐释"人与自然的关系、传统与现代的融合、文化的传承与创新"，从而建构出多元立体的生态中国形象，是"生态兴则文明兴"的技术创新表达。其次，打造多元协同参与格局。全媒体时代，中国纪录片在中国话语体系的构建中注重横纵联动、多维协同，逐步形成开放的、多元的、动态的主体格局。一方面，中国纪录片越来越重视海外传播渠道的系统建设，特别是中国国际电视台的成立可以被视为分水岭事件，其专门设置的中央国际电视台纪录频道，不仅为国内优秀纪录片全球传播提供了重要平台，而且为创作团队与其他国家主流媒体的合作创造了有利条件，如在当地主流电视台、移动媒体平台上开设中国纪录片频道和栏目，进一步强化了纪录片全球化宣发的渠道优势。当然，通过中外合拍形成优势互补，能够有效降低制作成本，消解跨文化传播壁垒，这也是当前较为流行的渠道选择。[21] 如中央电视台与国家地理频道（国际）合作推出的《解密兵马俑：50年史诗旅程》生动展现两代考古学家解开秦始皇兵马俑秘密的美妙过程；与奥地利广播公司合作推出的《帕米尔：亚洲之心》聚焦帕米尔，铺开一幅位于亚洲中心的美丽高原画卷；与日本 NHK 合作推出的《回家啦！熊猫公主香香》独家跟拍旅日大熊猫香香回国后努力适应新环境、认识新朋友的全过程，展示中日普通民众因熊猫促进友谊交往的生动故事。另一方面，网络视频平台的加入进一步完善了我国纪录片制作发行体系，深层激发了中国纪录片行业的创新活力，特别是腾讯视频、优酷、B 站等头部平台的进军布局，极大地促进了中国纪录片多元化创作，并依托各大平台海外版渠道优势，全面消解了全球化制作发行的种种壁垒。如优酷与 Netflix 联合出品的体育竞技纪录片《竞技星球》已在全球 190 个国家和地区同步推出；与国家地理频道（国际）联合出品的《被点亮的星球》，从宇宙宏观视角审视地球发展及人类走向，豆瓣评分高达 9.3 分；与 Discovery 联手推出的《给我一点甜》，以全新的甜食主题讲述多样的甜品故事，成功在东南亚多个国家发行。《2023—2024 年度国家文化出口重点企业和重点项目名单》显示[22]，优酷荣获"2023—2024 年度国家文化出口重点企业"，成为连续三届获得该殊荣的企业。

四　结语

党的二十大报告明确提出"加强国际传播能力建设，全面提升国际传播效能，形成同我国综合国力和国际地位相匹配的国际话语权"[23] 的战略目标。为此，特别是在中国式现代化取得伟大胜利，人类文明新形态亟须理论升维的时代背景下，战略传播成为解决冲突的手段[24]，中国话语体系构建更是成为具有重大战略意义的命题构想。中国纪录片可以作为战略传播的重要组成部分，凭借独特的叙事优势肩负起时代使命，发挥角色优势，加强创新实践，不断挖掘释放在构建中国话语体系中的优势效能。归纳来讲，人类文明新形态视域下中国纪录片话语体系的构建，既要突出中国叙事，展现中国景象，又要聚焦共性内核，消解传播壁垒，同时要加强创新实践，拓宽多维边界。

参考文献

［1］周宪．视觉文化的转向［M］．北京：北京大学出版社，2008：7.

［2］海德格尔．世界图像时代［C］．孙周兴译．载孙周兴选编：《海德格尔选集》，上海：上海三联书店，1996：899.

［3］石敦敏，张宗伟．中国纪录片的话语变迁与叙事创新［J］．中国电视，2024（5）：14-20.

［4］中国纪录片海外传播报告［J］．上海广播电视研究，2023（3）：21-33.

［5］纪录的责任与创新的力量：首届中国广播电视精品创作大会纪录片论坛在京举办［EB/OL］．［2024-12-27］．https://www.nrta.gov.cn/art/2024/10/12/art_112_69104.html.

［6］齐鲁网·闪电新闻．俞虹：关于真实 关于纪录［EB/OL］．［2024-12-27］．https://www.163.com/dy/article/JBPRRDUI0514CFC7.html.

［7］唐俊，张延利．关于加快构建中国纪录片话语和叙事体系的思考［J］．当代电视，2023（3）：90-94.

［8］韩飞．中国式现代化语境下的纪录片国际传播：叙事框架与实践路径探析［J］．中国电视，2023（2）：45-50.

［9］田维钢，郎玉苗．如何从文化误读走向文化共情？——基于中国自然生态类纪录片跨文化传播的研究［J］．当代传播，2024（6）：105-109.

［10］唐然，陈比隆，唐宁．对话性建构：中国纪录片国际传播方法探析［J］．中国电视，2024（7）：51-57.

［11］陆敏，陈燕．国际传播中的文化共享、文化折扣与解读偏移——基于中国历史文化纪录片海外观众解读的分析［J］．现代传播（中国传媒大学学报），2022（12）：65-69.

［12］安东尼·吉登斯，菲利普·萨顿．社会学基本概念［M］．王修晓，译．北京：北京大学出版社，2019：5-8.

［13］STREGA S. The view from the poststructural margins：epistemology and methodology reconsidered. In LESLIE B，& SUSAN S.（eds.）Research as resistance：revisiting critical，indigenous，and anti-oppressive approaches，Toronto：Canadian Scholars Press，2005：199-235.

［14］萨义德．文化与帝国主义［M］．李琨，译．北京：生活·读书·新知三联书店，2016：403.

［15］张恒军，吴秀峰．"一带一路"视域下中华文化认同的内涵、原则和策略
［J］．出版发行研究，2019（1）：10-15.

［16］韩飞．中国纪录片的话语变迁与功能演进［M］．北京：社会科学文献出版
社，2021：245.

［17］彼得斯．交流的无奈：传播思想史［M］．何道宽，译．北京：华夏出版社，
2003：250.

［18］史安斌，朱泓宇．共建"一带一路"倡议视域下主流媒体的国际传播与构
建人类命运共同体理念的媒介化实践［J］．电视研究，2023（11）：25-29.

［19］盖奥尔格·西美尔．社会学：关于社会化形式的研究［M］．林荣远，译．北
京：华夏出版社，2002：512.

［20］扬·阿斯曼．文化记忆——早期高级文化中的文字、回忆和政治身份［M］．
金寿福，黄晓晨，译．北京：北京大学出版社，2015：24.

［21］何苏六，黄衍华，赵曦等．中国纪录片发展报告（2019）［M］．北京：社会
科学文献出版社，2020：36-37.

［22］中国商务部．关于2023—2024年度国家文化出口重点企业和重点项目的公
告［EB/OL］．［2024-12-27］．https：//m. mofcom. gov. cn/article/zcfb/zczxzc/
202310/20231003447472. shtml.

［23］习近平．高举中国特色社会主义伟大旗帜 为全面建设社会主义现代化国家
而团结奋斗——在中国共产党第二十次全国代表大会上的报告［N］．人民
日报，2022-10-26（01）.

［24］陈虹，张文青．中华文化国际传播效能提升的战略转向［J］．新闻大学，
2024（4）：1-14+116.

认知战信息操纵模式与影响机制[*]

谢耘耕　张伶聪[**]

摘　要　认知战正在成为世界范围内的战争新形态，而信息操纵是其中的核心机制。本文旨在深入探讨认知战中的信息操纵模式及其影响机制。通过文献综述和理论分析识别信息操纵模式，结合理论经验等构建信息操纵影响机制的分析框架，并进一步探讨应对认知战信息操纵挑战的策略。研究发现：认知战信息操纵主要有内容操纵、媒介操纵、受众操纵以及议程操纵四种模式；具体的影响机制可以概念化为内容偏差、激发情绪、引导行为循环系统。应对认知战信息操纵的策略主要有：升级媒介素养教育、强化信息监管与治理、提升公众信任与共识以及利用技术手段进行反制等。

关键词　认知战　信息操纵　媒介操纵

一　引言

人类战争形态伴随着国际竞争格局的持续变迁与各方力量博弈的不断升级而迭代，一种聚焦在认知领域的战争新范式正逐步形成。实际上，认知因素在人类战争中从未缺席，诸如舆论战、心理战、宣传战等概念与之密切相关，其核心在于通过精神和认识层面瓦解防线以实现"不战而屈人之兵"的效果。进入 21 世纪的第二个十年以来，认知科学领域的理论持续推进，信息技术领域尤其是社交媒体与人工智能的全新突破使认知战这一概念再度引起广泛关注。2017 年，时任美国空军参谋长大卫·L. 戈德

---

[*]　基金项目：国家社科基金后期资助项目"认知战的运作机制与治理体系研究"（项目编号：24FXWB014）。

[**]　作者简介：谢耘耕，上海交通大学媒体与传播学院教授；张伶聪，暨南大学新闻与传播学院博士研究生。

费因（David L. Goldfein）就明确提出未来的战争将取决于决策速度以及数据收集和共享的方式与程度，战争正处于从（物质）消耗战（wars of attrition）进入到认知战（wars of cognition）的新阶段[1]。此后，北约以及美国军方发布的战略文件中也多次强调未来战争将从传统的陆海空等区域作战延伸至认知领域。具体来说，认知战可被阐释为一种综合运用认知科学等相关理论知识，借助多种前沿技术手段，针对目标对象开展涉及观点、态度、观念、立场等认知层面的全方位争夺，旨在实现对其产生认知影响、认知塑造等效果，进而推动形成对己方有利的认知态势的作战形式和作战方式[2]。

"认知战"的底层逻辑在于信息的获取、处理、分析、传递和利用能力[3]。信息是思维认知的基础，是思考决策的战略资源，而人工智能对思维认知的影响，主要是用倾向性信息，诱导、影响思维认知按照既定方向和预期结果发展[4]。特别是，信息战正在从制造并传播虚假信息走向信息操纵——一种通过有意设计、选择、放大或隐瞒信息内容，以精准影响他人对特定事件或问题的理解和判断的行为。这种行为背后隐藏着明确的意图和策略，旨在通过操控信息流动来塑造公众的认知和态度。数字技术的迅猛发展，特别是大数据和人工智能技术的运用，为信息操纵提供了强大的支持。操纵者可以对目标用户进行精准画像和个性化定制，以达到最佳的操纵效果。同时，社交媒体和互联网的普及应用为认知信息操纵提供了更广阔的传播平台和更快的传播速度，使得其影响力和破坏力迅速提升。

根据传播研究范式，从控制研究、内容研究、媒介研究、受众研究、效果研究的角度分析，认知战信息操纵的特征主要体现在以下几个方面。首先，实施信息操纵的传播者具有明确的目的性。这使得信息操纵成为一种有组织的、系统性的行为，服务于特定的利益或目标。而这些操纵者可能是政治团体、商业组织或个人，他们凭借对信息的操控推进自身议程、达成战略目标，或者获取经济利益。这类目的明确的操纵行径使信息于传播进程中被强行赋予了特定导向与意图。其次，操纵性信息的内容表现出极强的隐蔽性。操纵者往往采用伪装、混淆视听或利用信息不对等手段隐藏其真实意图和行为。这种隐蔽特质使受众难以甄别信息的真伪及来源，从而更容易受到操纵者的影响。受众在毫不知情的情况下可能会接受并传播被操控的信息，进而加剧信息的误导性。再次，信息操纵于媒介渠道方面呈现出技术与心理深度交融的特征。操纵者借助人工智能、大数据分析等前沿技术手段，精准描绘受众心理画像并实施定向操控。他们通过算法推荐、个性化定制等方式，向受众推送符合其心理特点和兴趣偏好的信息，从而更容易地影响受众的认知和态度。复次，在信息操纵的受众到达上具有广泛性。随着信息技术的快速发展和全球化的推进，信息操纵已经不再局限于特定的地域或行业。操纵者可以借助互联网、社交媒体等渠道将信息迅速传播到全球各地，影响更广泛的受众群体。这种广泛传播的特性极大地增强了信息操纵的影响力，对社会稳定以及政府治理构成了严峻挑战。最后，从信息操纵的传播效果来看其影响力具有深远性。一旦受众被操纵者所影响，其认知和态度可能会发生根本性转变。这种改变不仅难以纠正，还可能对受众的行为决策产生持久作用，甚至破坏社会的和谐与稳定，导致社会分裂和冲突。

近年来，国内外学者开始关注认知战信息操纵的模式及带来的挑战。何飞[5]基于认知科学理论，分析了认知战的基本原理及其致效机制，如认知偏差的利用和认知压力的诱发。王海霞、徐宗煌[6]探讨了如何通过网络破坏或操纵数据流影响敌方的策略。阎国华、何珍[7]从传播学角度揭示了网络空间信息操纵的复杂性以及影响，包括通过对各种网络平台进行信息操纵来影响认知。这些研究表明，认知科学的应用可以显著提高认知战的有效性。吴爱军[8]基于反射控制理论探讨了信息操纵活动中的策略应用，如通过欺骗性信息影响对方决策过程。李月[9]、卢垚[10]分别从不同的视角深入探讨了心理战信息的传送过程和现代心理战信息的特点，如信息的潜意识层面影响和非言语信息的攻击内容等。韩娜、邹初好[11]探讨了国家安全视域下信息操纵的数字运行逻辑及风险应对策略；喻国明、郭婧一[12]分别从网络舆论战和认知争夺的实践范式的角度探讨了信息操纵的伦理问题和挑战。

目前关于认知战信息操纵的研究主要存在以下不足：第一，多集中于个案分析，缺乏系统的理论构建；第二，对信息操纵的影响机制研究不够深入；第三，跨学科整合不足，缺乏认知科学、传播学、心理学等多学科的交叉融合；第四，对数字时代新型信息操纵手段的研究相对滞后。本研究试图弥补这些不足，构建一个系统的分析框架，深入剖析信息操纵的影响机制，并结合数字技术发展探讨新型操纵手段。因此，本文拟从信息操纵的主体（谁在操纵）、客体（操纵谁）、内容（使用什么信息操纵什么议程）、渠道（如何操纵）、效果（产生何种影响）等维度构建一个系统的分析框架，以全面揭示认知战中信息操纵的运作机制。在此基础上，本文将重点分析信息操纵的主要模式、影响机制及应对策略。

二 认知战信息操纵的模式

在认知战中，信息操纵者运用多种模式和手段来干预和重塑目标群体的认知。基于前文构建的分析框架，本部分将重点探讨认知战中信息操纵的主要模式。这些模式反映了信息操纵在内容、渠道和技术手段等方面的具体表现，是理解信息操纵运作机制的关键。通过分析这些模式，我们可以更好地把握信息操纵的本质特征，为后文分析其影响机制奠定基础。

（一）内容操纵：信息来源操纵

数据源操纵是信息来源操纵的关键形式，其通过向信息来源输入大量误导性信息进而作用于传播内容，其核心在于篡改数据或注入错误、恶意、欺骗性的数据，以干扰数据分析模型的正常运行。这种操纵方式具有高度的隐蔽性和破坏性，能够直接影响基于数据分析的决策和预测结果，主要类型如下。

1. 制造虚假信息

制造虚假信息一直是信息操纵与认知战的基础类型，即通过生产、扩散虚假信息以影响对方的认知继而实现己方之目的。随着人工智能技术的持续进步，虚假信息在数量、类型、传播范围以及隐蔽性等方面均获得了显著强化，特别是在人工智能、深度学习、语音克隆、文本合成等技术的支持下正在形成一种伪造信息的新模式，即深度伪造（Deepfakes）。随着技术的使用门槛不断降低，深度伪造信息生成与扩散规模日益扩大。清华大学人工智能研究院等机构联合发布的《深度合成十大趋势报告（2022）》数据显示，2021年新发布的深度合成视频较2017年已增长10倍以上。

通过深度伪造技术传播者可以制作出几乎难以分辨真伪的图像与视频内容，这些虚假内容极易误导公众对于真实事件的判断与理解，严重情况下甚至可能诱发社会层面的恐慌情绪与不稳定态势。例如2020年美国总统选举期间，部分政治势力利用人工智能技术炮制出虚假的候选人演讲视频，并借助社交媒体平台进行广泛传播。视频中的候选人呈现出极端或不受欢迎的言论表达，致使公众对候选人的信任度大幅下降，最终对选举结果产生了严重影响，也极大地侵蚀了公众对于政治进程所秉持的信任根基。2024年初，世界经济论坛发布的《2024年全球风险报告》将因人工智能导致的信息错误与虚假信息相互交织带来的风险列为全球重大风险之一，彰显出这一问题的严峻性与紧迫性。

2. 信息投毒

信息投毒也被称为数据投毒，是一种高度技术化的数据源操纵手段。在数据投毒过程中，操纵者会将经过精心炮制的错误或恶意数据巧妙地注入训练数据集。如此一来，模型的训练进程便遭到破坏，其在后续部署使用时极有可能做出错误的决策或预测。例如，在选举场景中，操纵者有可能把虚假的选民信息蓄意添加到选民数据集中，这些虚假信息混入后，原本用于预测选举结果的模型在进行运算分析时就会受到干扰，最终的预测结果便可能朝着操纵者所期望的候选人方向偏移，从而对选举的公正性与客观性造成严重的破坏。以上操纵手段需要操纵者具备较高的技术水平和数据分析能力，以确保投毒数据能够有效地影响模型性能，达到其操纵目的。

3. 制造冗余信息

制造冗余信息也被称为制造噪音数据。相较于其他数据源操纵手段，其更注重制造大量无关紧要的"噪音"。这些噪音数据虽然不直接破坏模型，但会干扰模型的训练过程，降低模型的准确性和效率。在复杂且充满博弈的认知战当中，制造噪音数据更有可能成为一种极具隐蔽性与迷惑性的战术手段。敌对方常常会利用这一手段蓄意制造海量的无关信息或者虚假数据并散布出去，以此干扰政府或者企业的情报收集以及决策过程。例如，一些国家可能针对他国的军事情报系统进行噪音数据制造，注入大量的虚假情报，导致该国军事指挥层做出错误的判断和决策，进而影响其战略部署和战斗力。

4. 信息泄露

一是个人隐私泄露。个人信息泄露不但深度侵犯个人的隐私权，更可能被不法之徒当作实施身份盗窃、诈骗等违法犯罪行径的关键工具。对于个人而言，会深陷困扰，承受诸如财产损失等直接后果；从社会层面来看，大规模的信息泄露可能催生社会恐慌情绪，成为社会动荡的诱因。例如，在某些黑客攻击事件中，恶意行为者窃取了数百万用户的个人信息并将其放到暗网上，导致大量用户遭受诈骗和身份盗窃的侵害。更为严重的是，这些信息泄露事件还可能被用于认知战中，敌对势力通过制造社会恐慌和不安定因素，来干扰甚至破坏国家的社会稳定和经济发展。二是机构信息泄露。政府机构以及企业等组织所掌握的敏感信息一旦发生泄露，其后果更是不容小觑。这些信息往往涉及国家安全、商业秘密、客户隐私等敏感领域，一旦泄露并被恶意利用，将对国家安全和经济发展造成重大威胁。例如，恶意行为者可能通过网络入侵等手段获取政府机构的重要文件和信息，并将其泄露给媒体或敌对势力，以达到制造混乱和破坏社会稳定的目的。这种机构信息的泄露在认知战中尤为危险，因其极有可能被用于误导公众舆论，损毁政府形象，或者干扰国家的决策流程。企业敏感信息的泄露也可能导致商业机密被竞争对手获取，从而损害企业的竞争力，进而影响到整体的经济发展。

（二）媒介操纵：信息加工操纵与传播渠道控制

从认知心理学的视角来看，信息加工操纵是一个深刻影响个体认知形成和社会认知环境的过程。随着数字时代的到来，尤其是随着社交媒体和人工智能技术的迅猛发展，这种操纵变得更加复杂且难以察觉。信息操纵可以利用各种媒介技术手段，将操纵意图内化于媒介加工的过程，以实现信息操纵目的。

1. 扭曲事实和重构叙事

在自媒体泛滥的今天，信息的选择和呈现方式极大地影响着公众的认知。媒体和操纵者通过精心设计的叙事框架，能够选择性地强调某些事实，忽略或淡化其他信息，从而引导公众对特定事件或人物形成特定的看法和态度。这种策略在认知战中尤为常见，即通过构建虚假叙事来影响公众的认知和判断，进而达到操纵者的传播意图。例如，美国针对中国"一带一路"倡议编造扭曲事实的信息。其惯用的策略就是选择性使用、扭曲乃至捏造数据、信息和案例，以此引导事件相关人的看法，使其对事件的评价发生显著变化，以此达到认知操纵的目的。

2. 语言形式变异

在信息加工操纵的复杂体系里，语言形式的变异在信息加工操纵中扮演着重要角色。操纵者通过精心选择词汇、句式和修辞手法，将特定的价值观或倾向性语言嵌入信息，从而对公众产生多维度影响。一方面，它从根本上改变了信息应有的传播效果，使得信息不再单纯地传递客观事实，而是成为操纵者传播自身理念的工具。另一方面，从更深层次来讲，语言形式的变异还在一定程度上塑造着受众的思维模式以及价值观念体系。以政治宣传为例，在选举角逐中一方可能会使用具有特定含义或暗示的词来描述对方，以塑造公众对对方的负面认知，进而在受众心中埋下偏见的种子，最终影响选举结果和政治稳定。这种基于语言形式变异的政治宣传手段，无疑是对信息客观性与公正性的严重践踏。

3. 情感煽动和制造对抗

情感已成为信息传播的关键驱动力，部分别有用心的人捕捉到这一特点，利用人们的情绪反应来操纵公众认知。他们采用构建对立情境以及大肆煽动情绪等手段，来迅速吸引公众的目光，激起公众内心强烈的情感共鸣。这种操纵手法在社交媒体这一拥有庞大用户群体且信息传播极为迅速的平台上表现得尤为突出。操纵者发布的内容往往能够借助平台的传播特性实现信息的几何级的快速扩散，与此同时，受众的情绪也在这种信息浪潮的裹挟下迅速走向极化。这种情感煽动与制造对抗的行径，无疑从根本上严重损害了信息本应具备的真实性与客观性原则。更为严重的是，其极有可能成为社会分裂以及冲突产生的导火索。

4. 信息传播渠道控制

爱德华·卡尔（Edward Carr）认为"权力"有三种表现形式，分别是军事实力、经济实力以及支配舆论的力量[13]。近年来，美国一些社交媒体频频披露政府操纵的内幕。例如，2021年的"脸书数据门"① 和 2022年

---

① "脸书数据门"指的是 2021 年时任脸书产品经理的霍根（Frances Haugen）向美国证券交易委员会和《华尔街日报》提交了上万份脸书内部文件，举报脸书纵容虚假信息的行为。参见 "The Facebook Files," *The Wall Street Journal*, October 1, 2021, https://www.wsj.com/articles/the-facebook-files-11631713039。

的"推特文件门"① 爆出美国军方、全球接触中心、联邦调查局、中央情报局等机构秘密向美国社交媒体平台施压，要求其参与政府的反虚假信息行动，包括默许美国政府散播虚假信息，限制"敌对国家"账号发布部分言论。这种对社交媒体的操纵和控制是为了影响舆论走向，维护美国的国家利益。在这些事件中，社交媒体平台被用作传播政府立场和压制异见声音的工具，其独立性和公正性受到了严重质疑。比如一些西方社交媒体平台通过修改平台运营规则，限制了某些特定观点的传播。这种做法引发了关于言论自由和信息公正的争议。例如，在一些社交媒体平台上，支持俄罗斯的账号被无故封禁，相关话题被限制讨论，甚至一些客观报道也被打上"虚假信息"的标签。与此同时，这些平台大肆报道"反俄"声音，对俄罗斯的负面新闻进行过度渲染和炒作。这种明显的双重标准和不公正对待进一步加剧了国际舆论场的"一边倒"态势。

（三）受众操纵：精准传播

现代技术手段，如大数据分析、用户行为追踪、人工智能算法等，为深入挖掘用户的性格特征、兴趣爱好、消费习惯等多维度信息提供了强有力的支持，使得构建精细化的用户画像成为可能。凭借这种精准的用户定位能力，信息的施动方得以精准锚定不同用户群体的特征，进而为其定制极具个性化的信息内容，为实现信息的精确推送筑牢根基。通过深入探究目标用户的需求与偏好，施动方能够有的放矢地打造契合用户兴趣与需求的信息资料，以实现信息传播效果的最大化。

然而，个性化的推荐机制也可能被操纵者利用。他们可以通过精心设计算法，使得某些特定的观点或信息频繁地出现在用户的视野中，从而强化用户对这些观点的认知，甚至改变用户的观点和行为。比如，在某个社交媒体平台上，一些政治势力可能利用算法推荐机制，将特定政治观点的

---

① "推特文件门"指的是 2022 年马斯克（Elon Musk）完成收购社交媒体巨头推特之后，曝光了推特内部文件，揭露美国政府向推特施压，通过"黑名单"压制对手的言论，并通过"白名单"支持美国政府在海外实施影响力行动的社会账户。参见 Michael M. Grynbaum, "Elon Musk, Matt Taibbi, and a Very Modern Media Maelstrom," *The New York Times*, December 4, 2022, https://www.nytimes.com/2022/12/04/business/media/elon-musk-twitter-matt-taibbi.html? smid＝tw-nytimes&smtyp＝cur。

文章和视频推送给目标用户群体。这些用户由于长期只接触这些信息，对于其他政治观点的了解和认知逐渐减少，他们的政治观念逐渐偏向某一方向，甚至可能在实际投票行为中受到影响。信息过载则是另一种有效的操纵手段。在信息爆炸的时代，我们每天都面临着海量的信息输入。操纵者可以通过制造信息过载的情境，使公众无法有效地处理信息甚至分辨信息的真伪和价值。在这种情境下，公众往往更容易受到那些简单、直观、情感化的信息的影响，而忽视那些需要深入思考和分析的复杂信息。这样，操纵者就可以通过操控信息流来引导公众的认知和行为。

（四）议程操纵：塑造舆论议题与环境

1. 塑造议题，引导公众认知

塑造议题是公共讨论、媒体传播和政治活动中的一项重要策略，主导方通过精心策划信息发布、话语构建和公众引导，形成或改变公众对某个特定议题的认知、态度和行为。这一策略的运用对舆论的发展趋向以及整个社会针对特定议题所形成的集体性理解均产生极为深刻且深远的影响。

在塑造议题的过程中，媒体的角色尤为重要。媒体不仅是信息的传播者，更是议题的设置者和公众认知的引导者。以美国等西方国家在国际公共危机中的表现为例，它们经常捕风捉影，从刁钻的角度抹黑污蔑中国。其媒体会刻意突出中国的某些行为或政策，将其与危机事件相联系，甚至编造所谓的"战略阴谋"，以此塑造中国在国际社会中的负面形象。

2. 标签策略

标签策略是另一种常见的信息加工操纵策略，它通过账户培育、标签劫持和制造极化等手段影响公众的认知和判断。

一是账户培育。随着社交政治机器人的兴起，信息操纵变得越发隐蔽且高效。这些机器人伪装成真实用户，传播特定的信息，影响公众的认知。在认知战中，这种策略也被广泛应用。例如，某国可能利用社交机器人传播凸显己方实力的信息，以改善公众对政府处理冲突方式的认知，并塑造有利于己方的舆论环境。据研究，社交机器人在社交关系（例如关注数、粉丝数、发帖量等）上与普通用户存在差异，社交机器人的用户规模比例约为 12.92% ~ 19.47%，社交机器人的发帖规模比例约为 17.04% ~

28.69%[14]。二是标签劫持。在信息爆炸的时代，标签成为引导公众关注的重要工具。操纵者会迅速地识别并追踪各类标签，向其中注入大量的垃圾信息或者对立信息，以此来扭转舆论的走向。这种手法不仅破坏了信息的真实性，而且削弱了公众对特定议题的理性讨论能力。在认知战中，标签劫持也是一种有效的策略，操纵者可能利用标签劫持的手法，将公众的注意力从重要议题上转移，以掩盖其真实意图或行为。三是制造极化。网络水军和算法推荐机制的结合使得情绪激发和群体对抗成为可能。操纵者通过散播虚假信息、煽动负面情绪，迅速制造群体极化现象，加剧社会分裂。在认知战中，制造极化也是一种常用的策略。例如，操纵者可能利用网络水军和算法推荐机制，将虚假信息或极端言论推送给特定群体，从而引发群体间的对立和冲突，破坏社会稳定。

三 认知战信息操纵的影响机制

通过以上多种信息操纵模式，信息操纵者利用影响认知、影响态度、影响行为的递进机制来达到信息操纵的最终目的——破坏社会信任与稳定。认知战信息操纵是一个处在认知科学、传播学、技术哲学、叙事学等多重理论视域之下的议题，我们将综合运用上述理论资源对其中的核心环节与影响因素进行探查，以期揭示认知战信息操纵的影响机制。

（一）制造内容偏差：认知战信息操纵的核心策略

制造内容偏差是认知心理操纵中最直接且常见的一种策略，其核心在于通过提供错误、片面或具有误导性的信息，使个体对特定事物所形成的认知产生偏差，进而促使其做出与操纵者预期相符的行为抉择或决策判断。该策略巧妙地利用了人们于信息获取及处理进程中所存在的认知偏差特性，使人们在面对与既有观念相契合或者看似具备合理性的信息时，更易于接纳并陷入一种自我强化的"认知茧房"困境之中。为强化误导认知策略的效果，操纵者往往会注重内容融合，即将误导性信息与受众高度关注的热点话题、能够引发情感共鸣的观点或权威观点相结合，以此提升信息的吸引力和说服力。通过将误导性内容融入受众的日常生活和思维习惯中，操纵者能够更容易地对受众的认知和行为施加影响。

长期持续的虚假信息传播和误导性宣传会逐渐改变公众对特定事件、人物或政策的认知状态。这种认知改变往往是潜移默化的，不易被察觉。当公众的认知被操纵者所塑造时，他们可能会对真实情况产生误解或误判，从而做出不符合实际情况的决策或行为。

在政治宣传领域，误导认知的策略与内容融合的结合被频繁运用。政治团体可能会发布与当前社会热点紧密相关的虚假民意调查结果，夸大或虚构数据，以误导公众对候选人实际支持度的认知。同时，他们还会巧妙利用情感共鸣点来增强误导性信息的感染力。误导认知与内容融合策略的结合还被广泛应用于认知战中。尤其表现为信息操纵主体利用与对方文化、历史、价值观等相关的误导性信息，来影响对方的认知和判断，进而实现自己的战略意图。通过巧妙地运用误导认知和内容融合的策略，认知战的操纵者可以更容易地影响受众的思维和行为，进而推动局势的发展。

除了直接呈现误导性信息之外，构筑信息茧房构成了另一种借助限制性信息来源与种类，并与内容融合策略相互协同，用以操控个体认知的手段。其核心在于通过算法推荐、个性化定制等机制，为个体营造一个表面看似个性化实则封闭的信息环境。在此过程中，操纵者还会根据受众的兴趣和偏好，将误导性内容融入推荐的信息，使受众在不知不觉中接受特定信息的"洗脑式"灌输。信息茧房的构建以及内容融合策略的实施不但限制了目标对象的认知视野，还削弱了其独立判断以及批判性思考的能力。处于这样的信息环境之中，操控者可以更容易地引导目标对象的认知和行为，最终实现其操控目的。这种过滤失调与内容融合策略的综合运用，对个体所享有的认知自由权利以及社会的多元性特征构成了严重威胁。信息茧房的构建还有可能引发社会内部的分裂与冲突，对社会的和谐和稳定秩序造成破坏。

（二）激发情绪：认知战中的情感操纵策略

具身认知研究中的新取向生成论（enactionism）认为认知和情感密不可分，情绪的发生不仅涉及身体的生理变化，如心率的升高、肌肉的紧张等，还影响心理层面的思考、评估和解释[15]。在认知战中，信息操纵者还会通过精心设计的策略，激发公众的特定情绪（如愤怒、恐惧、同情等），进而影响其对待特定事件或政策的态度。这种情绪化的态度往往更加脆弱，更容易被操纵和利用，成为操纵者实现其政治或经济利益的工具。

情感在认知心理操纵中发挥着核心作用。操纵者通过巧妙地调动个体的情感，可以更容易地穿透理性的防线，影响公众的思维，使其按照预期的方向行动。在政治宣传领域，这一策略被广泛应用且效果显著。演讲者可能会使用煽动性的语言和画面，巧妙地激发听众的爱国情感、民族自豪感或对社会不公的愤怒，从而引导他们支持特定的政策或行动。这种策略之所以有效，是因为它充分利用了情感与认知之间的紧密联系。当人们的情感被激发时，他们的判断力和决策过程往往会受到影响，即他们更加倾向于支持那些能够引发他们情感共鸣的观点或行动。

在认知战中，各方往往会利用情感来影响受众的认知和判断，借助媒体渠道发布一连串具有强烈煽动性的报道以及图片，以此诱发受众产生愤怒、恐惧或者同情等情绪。这些情绪化的反应将促使受众在立场上更倾向于支持己方，同时对对立一方滋生出敌对情绪。通过巧妙地激发受众情感，认知战的操纵者能够更为轻松地影响受众的思维走向与行为表现，进而达成自身的战略意图。然而，这种情感操纵策略不但对社会的和谐稳定状态造成严重破坏，甚至还极有可能引发严重的国际冲突与危机，对全球的和平与发展秩序构成重大威胁。

（三）引导行为：信息操纵的进一步扩散与深远影响

在成功改变公众认知和情绪的基础上，操纵者还会进一步采取策略，引导公众采取特定的行为。这些行为往往与操纵者的政治或经济利益紧密相连，如参与游行示威、抵制特定产品、支持或反对某项政策等。当大量公众被有效引导，采取相同或相似的行为时，其影响力将显著增强，可能会对社会稳定和政府治理造成严重影响。

操纵者凭借精心规划设计的一系列策略，充分借助公众已形成的认知状态与情绪倾向，进一步深度激发公众的行动意愿。他们可能利用社交媒体、宣传册、集会等多种手段，向公众传达特定的行动呼吁，并强调行动的重要性和紧迫性。同时，操纵者还可能利用群体心理，通过渲染集体行动的力量和影响力，激发公众的参与热情，使他们认为自己的行动是正义的、有意义的，并有可能改变现状。

这些被引导的行为一旦形成规模，就可能对社会产生深远影响。例如，大规模的游行示威活动极有可能使社会陷入混乱无序的状态，给政府的治理工作带来严峻挑战，甚至有可能进一步引发更为广泛的社会动荡不安局面；大面积的抵制特定产品的行为可能会对相关企业造成重大经济损失，严重影响其生存与发展根基，进而在整个产业链条以及市场格局层面引发一系列连锁反应；支持或者反对某项政策的公众行动则有可能直接左右政策的制定与实施进程，最终改变社会发展的走向与进程。

操纵者还有可能利用对公众行为的引导策略来蓄意破坏社会的和谐稳定状态。他们有可能故意制造社会矛盾冲突焦点，激化不同群体之间的对立情绪，使社会陷入长期的动荡与不安之中。这种破坏性的行为不仅会对社会造成巨大的经济损失，更可能破坏社会的道德基础和价值观念，导致社会的分裂和崩溃。

四 应对认知战信息操纵挑战的策略

信息操纵作为认知战的核心手段，通过虚假信息、误导性宣传等方式对公众的认知和判断造成严重影响。为了有效应对这一挑战，本文提出以下多维度应对策略，并分析其可行性与实施路径。

（一）强化受众培养：升级媒介素养教育

媒介素养直接关系到个体认知被重塑的程度，是能否有效应对信息操纵负面影响的关键因素。实际上，早在 20 世纪 30 年代英国学者就开始提出媒介素养议题。进入数字时代以来，特别是在 Web2.0 技术背景下，公众已经从信息接收者变为共同生产者，随着以 ChatGPT 为代表的智能传播技术的兴起，个体的主体性与能动性得到进一步凸显，加之世界范围内兴起基于信息操纵的认知战的浪潮，媒介素养问题再次凸显且有诸多新要求。提高公众对虚假信息和误导性宣传的辨别能力是应对认知战信息操纵的基础。媒介素养教育应着重培养公众的批判性思维和信息筛选能力，使他们在面对信息洪流时能够保持理性，有效抵御信息操纵；还要通过"培养算法素养、人机协同素养、人机交流素养、个人权利素养等升级媒介素养以适配智能传播时代"[16]。

（二）控制信息流：强化信息监管与治理

政府和相关机构应加强对社交媒体、网络水军等的监管，严厉打击虚假信息传播和操纵性宣传行为。这需要建立健全信息审核和辟谣机制，确保信息的真实性和准确性，及时澄清虚假信息，减少误导性宣传的扩散。同时，政府还应与社交媒体平台合作，共同打击网络水军等恶意传播虚假信息的行为。严格的监管机制和高效的辟谣体系能够有效遏制信息操纵行为，提升公众的信息安全度。

（三）夯实社会基础：提升公众信任与共识度

如有学者所言，"认知因素确实为现代战争提供了另一种可能，但这绝不是说认知具备了本体论层面的决定性，发挥决定性作用的仍然是经济—生产、政治—民心等因素，特别是以经济基础、军事实力和科技水平为核心的'硬实力'"[17]。政府应通过加强透明度和增进与公众的沟通交流，提升公众对其的信任度。政府应更加开放和透明地运作，及时公开信息，回应公众的关切和质疑，以减少信息不对称和误解。同时，加强社会共识也是抵御认知战信息操纵的重要社会基础。认知过程绝非空中楼阁，而是植根于个体既有的文化传统与社会基础。"个人所具备的知识结构和技能影响其看待问题的视野与格局，进而影响个人在媒介信息加工时从编码到解码的全过程"[18]。中华优秀传统文化是中华民族在历史长河中积淀下来的智慧与财富，应当成为抵御信息操纵与认知塑造的防火墙。政府和社会各界应共同努力，促进不同群体之间的对话和理解，减少认知分歧和冲突，增强社会的凝聚力和共识。一个具有高信任度和较高共识水平的社会更能够有效抵御外部信息操纵。

（四）革新媒介技术：利用技术手段进行反制

大数据、人工智能等技术的应用为实时监测和虚假信息与操纵性宣传预警提供了可能。开发相应的反制工具、充分利用技术手段是应对认知战信息操纵的有效方法。智能化技术在信息识别和拦截方面已取得显著进展，为信息战防御提供了新的手段。例如，可以利用机器学习算法对社交媒体上的信息进行实时监测和分析，识别出潜在的虚假信息或操纵性宣传，并及时进行干预。同时，还可以利用自然语言处理技术对信息进行语义分析，判断其是否存在误导性宣传或煽动性言论。这些技术手段的应用将大大提高信息战防御的效率和准确性。

本研究对认知战信息操纵的深入分析，不仅有助于学术界更好地理解这一现象，也为政府和相关机构制定应对策略提供了理论依据。本研究主要基于文献分析和案例分析，缺乏大规模的实证数据支持，这在一定程度上限制了研究结论的普适性。未来研究可以考虑采用大数据分析、实验研究等方法，对信息操纵的效果进行更为精确的测量。此外，随着人工智能技术的快速发展，基于深度学习的信息操纵手段也日益复杂，这对未来的研究提出了新的挑战。后续研究可以重点关注 AI 驱动的信息操纵策略及其影响等方面。

参考文献

［1］BRISSETT W. The need for speed ［EB/OL］. 2024-11-11. https：//www. airands-paceforces. com/article/need-speed-russia-korea-china/.

［2］梁晓波. 认知作战能力域外观察 ［J］. 人民论坛·学术前沿，2023，（11）：73-85.

［3］付征南. 透析美国认知战的"拳脚套路"［N］. 解放军报，2021-12-02.

［4］陈东恒. 人工智能：认知战的制胜刀锋 ［N］. 解放军报，2021-11-04.

［5］何飞. 认知战的基本原理及致效机制研究 ［J］. 当代传播. 2024，（3）：61-65.

［6］王海霞，徐宗煌，石进. 反射控制：一个信息操纵理论的形成、发展与应用研究 ［J］. 情报杂志. 2024，（8）.

［7］阎国华，何珍. 网络空间"认知战"的生发背景、主要形式与应对之策 ［J］. 情报杂志. 2022，41（12）：98-103.

［8］吴爱军. 概念史视域下认知战及其基本问题审辨 ［J］. 海南师范大学学报（社会科学版）. 2023，216（6）：99-107.

［9］李月，余志锋，逯杰，王玉玺，杨旭．信息技术在认知战中的运用探析［C］．第十一届中国指挥控制大会．2023：740-743.

［10］卢垚．虚拟社会战争的新兴风险——变化信息环境中的社会操纵［J］．信息安全与通信保密．2020，314（2）：26-32.

［11］韩娜，邹初妤．国家安全视域下信息操纵的数字运行逻辑及风险应对［J］．公安学研究．2023，（4）：97.

［12］喻国明，郭婧一．从"舆论战"到"认知战"：认知争夺的理论定义与实践范式［J］．传媒观察．2022，464（8）：23-29.

［13］爱德华·卡尔．20年危机（1919-1939）：国际关系研究导论［M］．秦亚青，译．北京：世界知识出版社，2005：120-130.

［14］杜成斌，张骥．当前中国积极舆论环境建设面临的挑战与策略［J］．河北大学学报（哲学社会科学版），2020，45（1）：62-70.

［15］朱艳新，顾虹．情绪调节及其相关概念辨析［J］．河北大学学报（哲学社会科学版），2012，37（5）：132-135.

［16］彭兰．智能素养：智能传播时代媒介素养的升级方向［J］．山西大学学报（哲学社会科学版），2023，46（5）：101-109.

［17］张亮，宗益祥．北约认知战的技术构架及其哲学反思［J］．现代出版，2024，（5）：10-20.

［18］吴赟，潘一棵．困境与出路：媒介素养教育的多维理论反思［J］．中国编辑，2020，（1）：74-80.

长江文化国际传播的基本逻辑与路径选择*

严功军　　邹　雪**

摘　要　长江文化是中华文明的重要组成部分，在漫长的发展历史中形成了多元一体的特征，体现出历时性与共时性相结合的特质，具有国际传播的独特价值。长江文化的国际传播需要整体认识，统筹规划，也需要明确具体原则和基本逻辑，确立主要传播对象和路径。基于"两创"目标，全面开展长江文化国际传播，推动中外文明交流与互鉴，具有重要的现实意义。

关键词　长江文化　国际传播　河流文化传播

习近平总书记指出："长江造就了从巴山蜀水到江南水乡的千年文脉，是中华民族的代表性符号和中华文明的标志性象征，是涵养社会主义核心价值观的重要源泉。要把长江文化保护好、传承好、弘扬好，延续历史文脉，坚定文化自信。"[1] 2023 年 7 月，文化和旅游部、国家文物局、国家发展改革委联合印发《长江文化保护传承弘扬规划》，提出要"加强长江文化国际交流传播，提高长江文化走出去水平，向世界讲好长江故事，使长江文化成为展示中华文明的亮丽名片"[2]。全面开展长江文化国际传播，讲好长江故事，有助于提升中华文化国际影响力，通过文化交流互鉴坚定文化自信、增强中华文化认同，推动中华优秀传统文化创造性转化和创新性发展，展示中华文化的多样性与包容性，也有助于提升长江沿线各区域国际知名度，助力长江经济带高质量发展。

---

*　基金项目：国家社会科学基金项目"金砖国家传播共同体建设与国际传播秩序重构研究"（项目编号：20BXW063）。

**　作者简介：严功军，四川外国语大学新闻传播学院教授、博士生导师；邹雪，四川外国语大学新闻传播学院博士研究生、贵州省社会科学院助理研究员。

一 长江文化国际传播的整体认识

广义而言，长江文化可以理解为流域内各区域物质文化和精神文化的总和。在这一概念形成和发展过程中，考古学发挥了重要作用，它证明了中华文化"多元一体"的发展模式，"多元"的主体是黄河流域与长江流域。[3] 长江文化在中华文明的起源和发展中非常重要，"江河互济"支撑着中华文明绵延赓续，从未断流。[4] 长江文化历史底蕴深厚、覆盖范围广阔、区域特色鲜明，集多样性和丰富性于一体。作为一种河流文化，长江文化与世界其他河流文化对话的基础缘于河流是人类文明共同的起源，河流具有交通媒介的开放性。长江流域自古便是中国对外交流的重要区域，早在三国两晋南北朝时期，长江文化即通过海上丝绸之路传播，在海外发挥影响力；及至明代，长江文化向外辐射的区域已扩大到美洲大陆，并加强了对西方欧洲文化的接触与融合。[5] 新时代以来，长江文化的时代价值在创造性转化和创新性发展中不断彰显，推进长江文化"走出去"已成为中华文化国际传播的重要内容。

基于对长江文化内涵和重要价值的认识，考古学、历史学、文化学、经济学等领域的学者结合理论与实践，积极开展相关研究，推出了系列成果。各类专题研讨会议、大型课题调查研究，反映多方面成果的文集、系列整体研究专著、专业期刊专栏不断开办，为传播长江文化提供了理论指导、打下了坚实基础。已有学者开始从国际传播角度分析长江文化，认为长江文化蕴含的身份意识、文化观念和行为方式，与国家形象的主体性、价值性与实践性要素相契合，可通过长江文化的历史、发展、外交和道路叙事传播中国形象。[6] 国内学界与业界也积极推动图书"出海"，《长江文化史》和《楚文化史》均与海外出版集团签署了英文版权输出协议。[7] 但总体而言，长江文化国际传播的研究刚刚开始。长江文化蕴含的内在价值及其海外传播情况，长江文化作为大河文明的生成历史与独特性，长江文化与其他大河文明交流互鉴的潜在价值，长江沿线区域文化海外传播的情况（具体到某个领域、某种类型文化的海外传播）等，无论是总体思考、统筹谋划，还是具体的考察、路径与策略的反思等，都亟须专门深入的研究。

当前，国际传播格局呈现系列新特点、新变化、新形势，中华文化国际传播也面临新的机遇和挑战。长江文化国际传播可以"展示中国历史底蕴深厚、各民族多元一体、文化多样和谐的文明大国形象"[8]。构建更有效力的国际传播体系，可以将长江文化作为典型对象，关注其海外传播。长江文化绝不是一种简单的区域文化形态，它是包含物质、制度、习俗和精神文化等在内的结构复杂、分布面广、时段很长的综合文化体系。[3] 孕育这一文化的长江，是承载着中华民族过去、现在与未来的"超级文化母体"，是中华民族的典型象征。[9] 作为一个庞大的文化体系，长江文化的国际传播需要深入分析其历时性与共时性内涵与价值，坚持民族性与世界性、差异性与比较性原则，秉持"本土为主、全球共情"的立场，推动其创造性转化与创新性发展，明确传播的基本逻辑和路径。全面开展长江文化国际传播，推动长江文化"走出去"与"走进去"，具有重要的学术价值和现实意义，理应成为学界和业界思考的热点话题。

二 长江文化国际传播的基本逻辑

长江文化是一个多维度、多层次、涉及面广的复杂文化体系，可以从中华民族文化根脉、中华优秀传统文化、区域文化多元一体、符号象征、自然生态等多层面进行划分。长江文化国际传播需要厘清中华文化与区域文化、传统价值与时代价值、地方化与全球化等维度间的逻辑关系，并基于相关逻辑开展多元化传播。

（一）坚持文化共同体理念传播区域特色文化

作为我国南方文化的代表，长江文化在中华文明发展史上占据了重要地位。讲好长江故事，应以特色区域文化为底色，以多元化为表达，以文化共同体建设为最终的目标和价值追求。

长江文化是由各种异质元素交织形成的庞大地域文化系统，其国际传播要依托底蕴深厚的区域文化，对照内部各区域文化的差异性与相似性、本体文化与其他文化的区别与联系，讲清楚内含的共性文化精神和多元文化价值。从地方性视角看，长江横跨多个区域，各区域自然环境、社会条件和语言风俗不同，相互间存在较大差异，不同区域在物质文化、制度文化、社会风俗和价值观方面具有显著区别，并体现在建筑、乐舞、美术、诗歌、散文风格、手工艺品纹饰等方面。然而，尽管各区域间存在差异，但是各文化体系并未彼此隔绝，而是在长江的串联下相互连通、互为影响，使长江文化呈现出"你中有我、我中有你"的共通性、多元化和整体性。因此，长江文化的国际传播既要从细微处着眼，注重挖掘典型案例，通过展示地方特色提升长江文化对于国外受众的吸引力，也要由"点"连"线"及"面"，全面展现长江文化的丰富内涵，凸显长江文化的多元性、兼容性与开放性。

从整体性视角看，长江文化具有区别于其他文化系统的鲜明特征。以与黄河文化比较为例，两者分属中国两大文明起源地，又有交流融合，既有区别也有联系。差异体现于文化起源、发展次序、特质、相关性和景观等多方面，如长江文化是多元文化丛，黄河文化是一元文化丛；长江流域各地文化相关性较强，黄河流域各地文化相关性较弱。[10] 再如楚人重"忠"和"信"，儒家重"孝"和"仁"，也体现了两者的区别。[5]175 长江文化具有多元一体的鲜明特征，通过特色化和多元化的发展，最终形成长江文化共同体，成为中华传统文化的核心组成，是长江文化的历时性和主体性特质。长江文化的国际传播最终是要对其进行整体性把握，挖掘其本体文化、内部结构、基本特点、精神气质等内涵，将其置于中华文明发展的整体脉络中考察，在人与自然、人与人、人与社会间的复杂互动中进行阐释和传播。有学者从文化拓扑学入手，分析"长江文化带"内不同文化区之间的相互关系及文化空间本质，为从整体上传播长江文化提供了一种有益的宏观视角。[11]

长江文化国际传播要以民族文化共同体构建为旨归。文化共同体是基于共同或相似的价值观念和文化心理定式而形成，是一种特定文化观念和精神追求反映在组织层面的有机统一体。[12] 长江是地理性记忆场，赋予生于斯长于斯的人以家国想象和民族身份认同，在中华文化中富含符号、象征、价值、情感、记忆等多重意义。许倬云指出，其著作《万古江河：中国历史文化的转折与开展》一书的主书名，就缘于"记忆中的中国历史像长江水，江流万古不息，中国是切不断、砍不断的'江河万古流'"[13]。根植于特定自然环境和范围广泛的区域文化形成的普遍性群体认同、文化认同和归属感，为区域协同传播打下了基础。长江文化是中华文化历史悠久、多样丰富的生动体现，在国际传播中体现其丰富性和包容性，可以真正展示中华文化的独特魅力，促进世界文明的交流与融合。

（二）"两创"结合国际传播增强长江文化影响力

长江文化历史悠久，几乎可以追溯至人类社会之初。历经数千年演变，长江文化已成为一个具有重要历史内涵和当代价值的文化形态。长江文化的国际传播要做到"两创"结合，充分彰显其承载的历史和现代价值。

长江文化承载着中华文明丰富的历史记忆和人文精神，在国际传播中要厘清长江文化的来路，多模态展现长江流域世代演进积累形成的有形文化遗产和社会共同经验。从历史来看，史前时期长江文化已在生机勃勃地发展。物质文化方面，干栏式建筑住所、凿井技术、稻作农业、门类繁多的手工业、蚕丝业、生漆、玉器等已经出现；精神生活方面，巫术广泛存在，还出现了体现生活观念的民俗习惯，并且产生了文字和原始艺术，对中华文明的产生和发展起到了推动作用。自楚文化崛起于长江中游后，灵巧、清奇的文化风格融入长江文化中。秦汉时期，长江文化已成为中国古代最富有活力的文化。[5]325 隋唐时期，长江文化迎来发展的黄金时代，唐代经学、诗词、雕版印刷术的出现，为长江文化进一步发展奠定了基础。随着明朝中叶商品经济的发展，长江流域开始出现重商思潮。到清代，长江流域显现出奇特的名人群体效应和经济区域协同效应。[5]1182 有学者认为，还可以按照楚文化与吴越文化二合一时期，中国文化重心三次南移，晚清长江文化经历三次巨大冲击和振荡时期，以及长江文化自觉时期的重要节点，追溯其发展线索。[14]

从现代发展视角看，长江文化中蕴藏的精勤内敛、传承有序、开放包容、家国天下等传统精神，既与中华文化精神高度契合，也在中国式现代化进程中不断彰显时代意义和实践价值。改革开放以来，长江流域已成为中国高质量发展的战略区域，特别是随着系列国家战略持续推进，长江流域在中国现代化建设进程中占据重要地位。以上海为代表的沿江城市快速崛起，江畔的江苏、浙江、四川、湖北、重庆等省市，政治、经济、文化、社会快速发展，以雄厚的经济实力展现出非凡的活力，为长江文化现代化发展提供了坚实的物质基础。新时代长江文化建设正沿着中国特色社会主义文化道路稳步前行，展现出和合共生、创新创造、开放包容的特征[15]，积累呈现出在中华文明中的根脉性、互济性，在时代演进中的革命性、内省性，在人类命运中的自洽性、持续性的独特气质。[16]

长江文化具有发展的连续性、开放性和动态复杂性。从史前时期发展至今，长江文化积极吸收先进的文化因素，在前后相继和新旧演变中向前发展。同时，长江文化在经年累月中形成的相对固定的、稳定的精神要素，正在影响当下的社会实践。习近平总书记在进一步推动长江经济带高质量发展座谈会上强调，要"深入发掘长江文化的时代价值，推出更多体现新时代长江文化的文艺精品"。[17] 要推进长江文化创造性转化，对其有价值的元素和形式进行现代化表达，激活其新时代的生命力；要推进长江文化创新性发展，对其历史内涵进行延续、拓展与完善，赋予新的时代特征和内涵，增强长江文化新时代的影响力和感召力。要高度关注长江文化与时代的互构作用。改革开放以来，长江文化持续为沿岸经济社会发展注入精神伟力。跨越山水建起"8D魔幻城市"和中国"桥都"、"世界光谷"加快建设、上海自贸试验区引领开放等，反映出长江文化的创新创造、敢为人先、开放包容等特点。与此同时，中国式现代化建设不断丰富长江文化的人文精神与价值理念，使新的长江文化成为推动沿线各区域发展和中国式现代化实现的重要内生动力。

（三）"球土化"国际传播推动文明交流互鉴

"球土化"国际传播强调本土化与全球化的结合。推进长江文化国际传播，首先应秉持"以我为主"的本土化文化主体意识，坚定文化自信，基于文化自觉，围绕中华民族的历史与中国式现代化建设的现实，向世界讲好长江的故事，彰显长江文化价值在人类文明历史和未来中的作用。要遵循"全球对话"的价值追求，以命运共同体理念为指导，实现全球化表达，推动内涵认同与情感共通，讲好不同国家、民族河流文化的故事，基于河流文明的比较，推动不同类型文化的交流与互鉴。

文化自觉指"生活在一定文化中的人对其文化有'自知之明'，明白它的来历、形成过程、所具有的特色和它发展的趋向……自知之明是为了增强对文化转型的自主能力，取得为适应新环境、新时代而进行文化选择时的自主地位"。[18] 立足本土化原则开展长江文化国际传播，要认真梳理长江文化在中华文化中的发展脉络与谱系，突出弘扬长江文化与延续中华民族历史文脉的紧密关联，在与多元文化的交流碰撞中确立长江文化的源头地位；要通过国际传播充分展示长江文明历史遗产与现代化成果，体现中华民族的历史创造与百年未有之大变局下取得的突出成就，服务于"讲好中国故事"的战略大局；要在区域与整体、历史和现实的长江物质文化、制度文化、精神文化的国际传播中，充分体现其历史性、丰富性、发展性、包容性、整体性特色，展示中华民族生生不息的精神动力与中华文化共同体发展的磅礴力量。

要有全球视野，传播作为世界文化组成部分的长江文化。长江既是中华民族的母亲河，也是世界第三长河，是人类文明东亚分支的发祥地。长江文化远传四海，在世界交往中体现出独特价值，深刻影响了人类文明，具有河流文化的全球意义。从"地方"到"全球"，是扩大长江文化影响力，与多元文化交流融通的过程；是主动开展世界大河流域文明对话，筑牢人类命运共同体的文化根基的过程。要基于人类文明的共同发展推动长江文化全球传播，讲好长江文明与世界文明的交往史、相互影响的发展史。要基于人类文明的共同价值推动长江文化国际传播，体现长江文化价值的共通性，使其成为全人类的共同财富。河流是人类文明的源头，从尼罗河、幼发拉底河、底格里斯河、恒河到我国的长江、黄河，人类聚居在河流边，孕育了璀璨的文明，构筑了基本的文明形态。不同河流文明形成了不同的民族、国家，既有差异性，也有广泛的共性。因此，要以广阔的视野展现长江文化的过去、现在和未来，也要通过比较长江文化与世界上其他河流文化，以河流文化为共性议题，通过挖掘全球河流文明的故事，寻找全球背景下的价值共识，唤起不同文化历史身份的关系想象。要在长江文化的国际传播中，寻找融通中外的文化资源，根据国外受众的文化背景和偏好，选择恰当的媒介符号和传播方式，使归属于不同河流文化的群体在多种模态呈现、多种叙事面向下产生情感共鸣，实现文明互鉴。

三 长江文化国际传播的路径选择

长江文化国际传播是一个系统工程，挖掘长江文化符号、呈现长江文化资源、体现长江文化价值，需要通过多元路径予以推进。

（一）加强系统谋划，夯实长江文化国际传播基础

长江文化国际传播涉及多地域、多方面、多层次，需要从国家层面制定总体规划和实施方案，从战略定位、战略方向、目标体系、实施路径和保障措施等方面进行谋划。战略定位可以从长江文化国际传播的使命来考虑，如通过传递国家发展理念与成就、提升国家文化软实力和中华文化影响力、助推长江经济带发展，明确长江文化在国际传播体系中的准确位置。基于战略定位制定长江文化国际传播的目标，明确长江文化国际传播的长期战略目标、子目标及相应传播策略，从整体上对管理体制、任务举措、完成时间、传播成效提出要求。地方政府应围绕长江文化国际传播的总目标，明确主体责任，相应做好具体执行方案，发挥本地资源、区位、文化、技术等多重优势，有序推进辖区内长江文化相关历史文化遗产的挖掘、梳理与研究，为开展长江文化国际传播提供组织、制度、政策、人才、资金保证，营造地方参与长江文化国际传播共建的良好生态。

长江文化国际传播需进行积极的原创知识和话语生产。社会各界应高度关注长江文化，围绕长江文化的历史与现实、内涵与外延、地域文化的逻辑关联和现代化发展等问题，组建专门机构和团队，设立重大课题，持续开展广泛的实践调查与学术研究，形成能充分体现长江文化特色的自有资源体系与自主知识体系，构建具有标识性、传承性和生命力的话语体系，打造融通中外河流文明的新概念新范式新表述，为长江文化国际传播创造良好的软性条件。

长江文化国际传播要加强区域间协同，整合资源，共同推进。依托长江经济带发展、长江国家文化公园建设等国家重要战略项目，强化上中下游各区域、各省市间交流，充分调动不同地区共同参与的积极性，明确不

同地区在国际传播工作格局中的使命任务和功能定位，在内容、渠道、平台等方面实现资源共享和分工合作，构建起整体性的有机协同传播体系，实现长江文化的统筹发展。要尽力发挥毗邻地区文化相近、市场相通、资源共享的优势，以长江文化为纽带凝聚传播合力，由文化共同体转向国际传播共同体，提升地区间国际传播合作的开放性和有效性，共同制定推进区域国际传播合作的规划与举措。如重庆、武汉与上海分别作为长江上中下游中心城市，各具地域特色和优势，可以通过成立长江文化研究院、长江文化国际传播中心进行通力合作。武汉联合上海、重庆、成都、宜昌、南京共同制作的特别节目《家住长江边》，展示了长江边六个城市的生活风貌，为协同传播长江文化提供了新思路。

（二）构筑共通空间，提升长江文化国际传播效能

人类是一个河流物种，世界上约2/3的人口生活在距大河20千米的范围内，约84%的大城市位于一条大河的沿岸地带，93%的世界特大城市沿河而建。[19] 河流创造了相似的生活经验与文化生态，人类对河流有共通的情感和普遍性价值认识。长江文化国际传播必须基于比较视角，挖掘河流文化中蕴含的共同人文价值与生态理念，关注文化叙事、环境叙事、发展叙事等多方面与河流相关的共同议题，围绕自然景观、人文景观、区域生态保护、文化历史记忆等进行传播。譬如可以通过搭建学术交流平台，定期举办"大河文化"论坛，探讨不同河流文明的关系，在全球河流文化发展与治理格局中共享长江文化的建设成果，重构连接传统与当代、地方与全球的河流价值观，在广泛性和多样性的河流议题交流中，体现"地方"与"全球"之间的张力，构建具有可通约性的文化共识。

要以长江文化作为交流的桥梁，推动文明交流互鉴。长江文化在形成与发展中既对周边国家文化产生了影响，也积极吸收其他文化的精华。长江文化国际传播要注重发掘具有"普遍意义"的文化理念或符号，以水文化、河流生态、河流传说、习俗仪式等为切入口，实现地方文化与全球文化的有效连接与互动。赵启正与路易·帕罗在《江边对话》中所说："黄浦江可以和密西西比河作比较，它们的美丽相映成辉，彼此并不嫉妒"[20]，体现的就是这样一种开放包容、和而不同的对话原则。如以河流为"交

点"，加强与巴西、印度、埃及、俄罗斯等河流文明历史悠久国家的交流，推动长江文化与世界大江大河文化对话，加强沿江城市与国外沿河城市的友好交流，打造多元化国际交流平台，实现长江文化的"精准"传播与互动。中埃推动白鹤梁题刻与罗达岛尼罗尺联合申遗、中俄以"长江—伏尔加河"青年论坛作为两国合作机制框架下的重要人文合作项目、巴西学者积极推动"一带一路一河"项目等，对于推动长江文化与其他河流文化交流互鉴，促进中外文明相通，具有重要的启示作用。

要以情感共鸣为目标，推动长江文化国际传播。长江通达四方、流域广阔，在流动中带来了精神文化和物质文化的多样性，在发展中形成了独特的空间气质，应该在国家文化公园、世界旅游目的地建设等战略中，整体打造长江文化走廊，建成一批长江文化旅游体验目的地。针对长江文化景观的形象感知研究表明，游客难以形成整体、连续的长江文化形象[21]，对于海外受众来说，更要避免其对长江文化的认知局限于少数景观性符号而难以形成整体印象。因此，长江文化国际传播要重视其整体文化价值凝练和多类型景观构造，塑造多元文化意象，形成能引发海外公众微观情感认同的复数场景空间，使海外公众在深度体验中全面认知长江文化。如将稻作文化、手工技艺、园林建筑、诗性文化、书画文学、戏曲艺术、工商文化等要素融入景观空间、文创设计、活动场景中，通过"长江遇见塞纳河"快闪活动、武汉渡江节等各种人文交流形式，依托"长江流域博物馆联盟"等，推动长江文化创造性发展，实现民心相通。

（三）创新传播模式，构建长江文化国际传播体系

构建多主体、多层次、多渠道的长江文化立体式国际传播格局。推动政府、媒体、企业、社会组织、公众等多元主体广泛参与长江文化国际传播，充分发挥不同主体的优势。政府除出台指导性传播方针、跨区域整合传播资源外，还可以通过文旅活动、对外交流、地方宣介提高长江文化"走出去"水平，提升长江文化节、长江文化艺术季等活动在海外的知名度和吸引力。拓展多层次传播网络，将官方与民间同时纳入长江文化国际传播体系，注重发挥公共外交在影响他国公众直接感知方面的重要作用，引导有条件、有基础开展长江文化国际传播的民间力量参与其中，加强政

府与民间机构合作，多渠道实现长江文化的精准传播，构建渠道与平台互通的长江文化国际传播格局。同时，要有意识培养公众的文化素养和传播素质，改善国际交往方式，倡导全员参与的长江文化国际传播。积极与海外媒体、社交平台对接，"借筒传声""借船出海"，"自塑"和"他塑"相结合。如日本导演竹内亮于2010年和2023年分别拍摄的长江纪录片《长江天地大纪行》《再会长江》，从日本文化视角下传播长江文化，取得了良好的效果。

强化精准选择，丰富长江文化国际传播的叙事内容。从空间维度看，既要关注藏羌、巴蜀、滇黔、荆楚等主要长江文化片区，也要重视文化资源富集的其他地区；既要关注干流旁上海、南京、武汉、重庆等城市，也不能忽视众多支流、湖泊周边地区的文化实践。从时间维度看，既要盘活长江文化传统"存量"，也要拓展新时代发展的内容"增量"。对于在国际上已经具有一定影响力的文化元素，如以三星堆文化、屈家岭文化、良渚文化为代表的长江考古文化区系，以川菜、茶文化、越剧、陶瓷、运河等为代表的地方特色文化，已入选联合国教科文组织非物质文化遗产名录的羌年、侗族大歌、昆曲、宣纸制作技艺、龙泉青瓷烧制技艺、南京云锦织造技艺等，可以多方联动、重点打造，作为长江文化国际传播的核心内容。要将城市形象作为新时代长江文化国际传播的"新名片"，讲好长江文化的现代故事、发展故事，将城市文旅、体育赛事、乡村文化、红色革命文化、作为媒介符号的长江大桥等作为展示长江文化时代价值的素材，推动长江现代化发展成果海外传播。如杭州亚运会的三个机器人吉祥物"琮琮""莲莲""宸宸"，分别代表良渚古城、西湖和京杭大运河，组合名称"江南忆"来源于白居易的名句"江南忆，最忆是杭州"。这些巧妙融合了科技、人文与自然生态元素的国际传播作品，成为长江文化内容创造性转化并有效传播的生动案例。

推动手段创新，多模态传播长江文化。综合运用多种表现形式，打造系列体现长江文化内涵、展现长江文化美学、弘扬长江文化精神的图书、戏剧、影视、游戏等多种类产品，使长江文化国际传播的内容更符合国外受众的个性化喜好和情感需求。提升长江文化国际传播叙事效能，充分发挥主流媒体、专业媒体、有影响力的自媒体讲好长江故事的作用，精细化、网络化、特色化设置议题，既从宏观层面叙事，也从小切口、小角度讲好长江故事。立足长江文化寻找融通中外的文化资源，提炼具有共同点和普遍性的价值观，根据国外受众的文化背景和偏好选择恰当的媒介符号和传播方式。要特别重视数智技术赋能长江文化研究和文化表达。借用数字人文的实证研究方法，挖掘长江文化资源，如基于长江流域不同区域的语言文字、文献史料、图像视频等的收集分析，通过人工智能技术进行元素可视化、共同元素挖掘，实现以可视化手段展现区域文化共同性要素和长江文化特征，推动长江文化的数字化国际传播。此外，还可以借助传播新技术，提升长江文化表现力。如通过人工智能技术实现人与物的交互，搭建起"虚实相融"的长江文化智能国际传播场景，创新长江故事的视觉化、沉浸化、体验化表达方式等。积极探索数智技术在非物质文化遗产保护、传承和传播中的作用，如通过元宇宙平台展示巴蜀文化、楚文化、吴越文化中的非遗项目等。三星堆文化目前已打造形成基于短视频、动画、H5、小游戏、慢直播等多维传播形式，小游戏"Sanxingdui Culture"在海外社交平台引发热烈反响，参与体验的用户累计已达 10 万人。[22] 南京推出全球首个长江主题数字大展《何以长江》，使用 4K 交互、Unity3D、AI、3D Mapping 等技术，以数字视角展现长江文化，用有时代气息、沉浸感强的影像纪实，呈现了长江文化厚重的历史和时代精神，展现了东方美学。

四 结语

习近平总书记强调，"要加强对中华优秀传统文化的挖掘和阐发，使中华民族最基本的文化基因与当代文化相适应、与现代社会相协调，把跨越时空、超越国界、富有永恒魅力、具有当代价值的文化精神弘扬起来"[23]，这为中华优秀传统文化和当代先进文化海外传播指明了方向。长江文化是中华优秀传统文化与当代先进文化融合发展的代表，加强长江文化国际传播，是推动中华文化走出去、增强中华文化传播力与影响力的必然要求，也是一个浩大、艰巨且具有重要意义的理论与实践工程。目前长江文化的国际传播研究还处于起步阶段，未来我们应围绕构建更具效力的长江文化国际传播体系，探索以河流文化传播为纽带提升我国国际传播效能的新路径。

参考文献

[1] 习近平主持召开全面推动长江经济带发展座谈会并发表重要讲话 [EB/OL].
[2020年11月15日]. https://www.gov.cn/xinwen/2020-11/15/content_5561711.htm.

[2]《长江文化保护传承弘扬规划》出台实施 [EB/OL]. [2023年7月5日]. https://www.gov.cn/lianbo/bumen/202307/content_6890135.htm.

[3] 贺云翱."长江文化"与"考古学"刍议 [J]. 长江文化论丛, 2001, (0): 43-63.

[4] 傅才武. 谈谈长江文化的历史底蕴和时代价值 [J]. 求是, 2024, (22): 64-69.

[5] 李学勤, 徐吉军. 长江文化史 [M]. 南昌: 江西教育出版社, 1995: 481、1080.

[6] 何淼, 曹劲松. 长江文化助推国家形象传播的叙事表达与实现路径 [J]. 学习与实践, 2024, (9): 130-140.

[7] 韩晓玲. 向世界传播长江文明和荆楚文化——来自第30届北京国际图书博览会的观察 [N]. 湖北日报, 2024-6-25.

[8] 习近平. 习近平谈治国理政（第一卷）[M]. 北京: 外文出版社, 2014: 162.

[9] 傅才武, 程玉梅."文化长江"超级IP的文化旅游建构逻辑——基于长江国家文化公园的视角 [J]. 福建论坛（人文社会科学版）, 2022, (8): 13-25.

[10] 王进. 长江文化与黄河文化之比较 [J]. 社会科学动态, 1997, (11): 22-26.

[11] 李越, 傅才武. 长江文化共同体: 一种基于文化拓扑的解释框架 [J]. 学习与实践, 2022, (6): 113-124.

[12] 傅才武, 严星柔. 论建设21世纪中华民族文化共同体 [J]. 华中师范大学学报（人文社会科学版）, 2016, (5): 63-74.

[13] 许倬云. 长江小史 [M]. 长沙: 湖南文艺出版社, 2024: 16.

[14] 邓剑秋, 张艳国. 论长江文化的发展线索、文化特征及其研究方法 [J]. 求索, 1996 (1): 119-124.

[15] 张永新. 深刻把握长江文化内涵 [N]. 学习时报, 2021-02-08.

[16] 王光艳, 邹梦瑶. 论长江文化的丰富内涵、主要特征与传承弘扬——兼论长江国家文化公园建设 [J]. 老区建设, 2024, (4): 12-22.

［17］ 习近平主持召开进一步推动长江经济带高质量发展座谈会强调：进一步推动长江经济带高质量发展 更好支撑和服务中国式现代化［EB/OL］.［2023 年10 月 12 日］. https://www.gov.cn/yaowen/liebiao/202310/content_6908721.htm.

［18］ 费孝通. 费孝通全集（第 16 卷）［M］. 呼和浩特：内蒙古人民出版社，2009：454.

［19］ 劳伦斯·C. 史密斯. 河流是部文明史——自然如何决定文明兴衰与人类未来［M］. 周炜乐，译. 北京：中信出版集团，2022：295.

［20］ 赵启正，路易·帕罗. 江边对话——一位无神论者和一位基督徒的友好交流［M］. 北京：新世界出版社，2006：99.

［21］ 方程，张宇昊，许丹莹，等. 长江文化的景观形象感知研究——以长江中下游若干滨江历史公园为考察对象［J］. 现代城市研究，2024，（3）：39-46.

［22］ 姜飞，袁玥. 传播与中华文明走向世界：三星堆的国际传播——对话四川日报报业集团党委副书记、总编辑，四川国际传播中心主任李鹏［J］. 新闻界，2022，（11）：89-96.

［23］ 习近平. 习近平在哲学社会科学工作座谈会上的讲话［N］. 人民日报，2016-05-19.

图式理论视角下海南省国际形象构建研究

——基于 X 数据的实证探索*

邓元兵 楚 晨 张 宇**

摘 要 在全球化传播背景下，社交媒体已成为城市国际形象传播的重要渠道。本研究以图式理论为指导，结合关键词提取、情感分析和主题建模技术，系统探讨海南省在 X 上的国际形象构建。研究利用 KeyBert 技术识别公众对海南热点的关注，通过情感分析揭示正面情感主要聚焦于生态环境与旅游优势，负面情感则集中在自然灾害和经济挑战等方面；进一步结合 LDA 主题建模提炼多维主题，提炼出国际影响力、发展潜力等核心维度，并提出针对性传播策略，为提升海南的国际认知度和吸引力提供理论支持与实践参考。

关键词 海南省国际形象 图式理论 国际影响力

城市国际形象是提升城市国际知名度与竞争力的重要手段。[1] 社交媒体凭借其参与性和对话性，成为跨文化传播的重要场域。[2] 它赋予用户信息生产与传播的权力，弱化"官方舆论场"，强化"民间舆论场"在城市形象传播中的作用。[3] 海南作为中国对外传播窗口，凭借独特的旅游资源与国际定位吸引全球关注，尤其是在海外社交媒体平台表现突出。然而，社交媒体的碎片化和多样化增加了分析公众认知的难度，全面揭示海南省国际形象与公众认知变化成为亟须解决的问题。图式理论为理解公众构建

---

* 基金项目：国家社科基金一般项目"海外社交媒体上的中国城市形象研究"（项目编号：22BXW033）、河南省优势特色学科平台项目"中国城市国际形象传播现状、问题与路径研究"（项目编号：24XKJS002）。

** 作者简介：邓元兵，郑州大学新闻与传播学院教授，博士生导师；楚晨，郑州大学新闻与传播学院博士研究生；张宇，郑州大学新闻与传播学院硕士研究生。

与解读城市形象提供了理论支持。图式、形象和刻板印象本质上都是表征外部对象的知识结构。[4] 公众对城市形象的认知基于大脑中的先验图式，涵盖地理位置、历史文化与经济发展等。当新信息出现时，公众通过比对和匹配动态更新城市形象图式。本研究探索海南省国际形象在 X 平台上的动态构建过程，揭示网民认知图式的激活、强化与重构机制，并提出针对性的传播优化策略。

一　相关研究

（一）海南省国际形象

城市国际形象是国际社会对城市自然资源、文化与经济发展的总体认知。[5] 早期研究多聚焦传统媒体的作用。[6] 叶晓滨将媒体分为传统媒体和新媒体两类，其中报刊、广播和电视对城市国际形象传播影响深远。[7] 如《纽约时报》关于南京的报道显示，国际形象以文化和经济为主，旅游形象贯穿其中。[8] 社交媒体的兴起使城市国际形象传播突破时空限制。学者通过文本挖掘、情感分析等技术，研究中国城市国际形象传播与公众认知。如 Huimin Qua 等利用词频技术挖掘微博文本，构建情感分析模型，综合评估城市形象。[9] 蔡馥谣抓取抖音平台上辽宁的相关短视频及热门评论，进行词频、语义网络共现及评论情感分析，结合数据分析与具体案例呈现，总结抖音短视频中所呈现的辽宁主要城市形象。[10] 海南省国际形象的研究受媒介演进影响显著。2000 年，周文彰提出海南形象建设的重要性，强调其对后续研究的指导意义。[11] 符耀彩指出，传统媒体如《海南日报》应注重挖掘历史文化内涵、整合文化元素，并探索未来意义以优化海南省国际形象。[12] 在网络媒介环境下，林颖通过 KH coder 分析 NOW 语料库中的海南省国际形象数据，发现海南的国际形象与其国际定位高度一致，为后续研究提供了数据支持。[13] 孙丹等通过来琼留学生调查，揭示了其对海南形象的认知特点，并提供了一手数据与重要受众视角。[14] 海南省国际形象研究已发展为多维跨学科体系。这些研究为形象塑造提供理论支持，具有重要的学术与实践价值。

（二）图式理论

图式理论源于康德在《纯粹理性批判》中提出的"图式"概念，指连接已有知识与感知对象以赋予新概念意义。[15] 1932 年，巴特利特（Bartlett）定义图式理论为吸收和处理信息的认知过程。[16] 20 世纪 80 年代，鲁梅尔哈特（Rumelhart）完善了该理论，强调已有知识结构对认知的决定性作用。[17] 图式理论指人脑中有组织的知识结构，包含对事物特征及关系的抽象，以及对外部环境与事件信息的整合。[18] 图式理论被广泛应用于心理学和外语教学。杨柳研究外语阅读障碍，证明图式理论能帮助学习者克服困难；[19] 周相利探讨其在英语听力教学中的应用，认为图式可消除听力理解障碍。[20] 乐国安总结图式理论在社会心理学中的影响，指出图式加工揭示个体如何用已有知识解读新信息。[21] 鲁梅尔哈特（D. E. Rumelhart）与奥托尼（A. M. Ortony）认为，图式是记忆中表征认知对象的知识结构，可影响信息加工与存储。[22] 费斯克（S. T. Fiske）指出，图式包括认知与情感成分，既能高效处理信息，也可能引发偏见。[23] 数字媒介技术发展推动图式理论进入传播学研究。安德森（R. C. Anderson）发现，个体接收新信息时激活已有图式，影响理解与记忆。[24] 该理论为公众构建和解读城市形象提供传播基础。图式的层级结构和关联性为理解旅游目的地形象的形成提供了独特的视角。[25] 有效传播依赖内容与受众认知图式的互动，掌握公众认知图式有助于正向传播国家形象。[26] 葛岩提出，基于图式理论的国家形象测量可揭示公众认知结构与情感倾向，为传播策略提供理论支持。因此分析图式与形象关系，能为理解公众认知及国际形象管理提供参考。[27]

（三）研究述评

城市国际形象研究伴随媒介演进不断发展。早期研究主要关注传统媒体在形象传播中的作用，强调报纸、广播和电视通过文化与经济叙事塑造城市形象。然而，这些研究忽视了受众认知过程。社交媒体的兴起为城市国际形象传播带来新机遇，研究逐渐转向公众互动与认知分析。譬如通过内容分析法等探寻城市形象短视频传播效果的影响因素。[28] 图式理论则为解析公众对城市国际形象的认知过程提供了独特视角，揭示了已有知识结构如何影响信息解读，以及认知与情感交互如何塑造公众认知。如葛岩构建的图式模型展示了记忆结构与形象传播的互动机制，为形象传播研究提供了理论支持。然而这些研究仍主要聚焦于静态传播内容和图式的结构性功能，缺乏对动态传播、认知机制和图式理论在城市形象传播中更深入应用的探讨。海南作为中国面向全球开放的重要窗口，以自贸港政策、生态保护和"一带一路"倡议中的关键地位，成为国际关注的焦点。研究其国际形象传播，不仅能够深化人们对城市形象认知的理解，也能够为类似地区提供实践借鉴。

基于上述分析，本文从理论与实证层面探讨海南省国际形象传播中的认知机制与实践路径，提出以下问题：

（1）如何从图式理论视角理解社交媒体上公众对海南省国际形象的认知与建构过程？

（2）海南的国际形象在公众认知中体现出哪些主题特征和情感态度？

（3）如何为海南省国际形象传播提供实践应用的新思路？

二　研究设计

（一）分析流程

在全球化传播与社交媒体兴起的背景下，X 作为全球性社交平台，用户多元，传播即时且互动性强，有助于捕捉网民对海南形象的动态认知。同时数据获取便捷，支持情感分析和主题建模，契合海南面向海外传播的目标。本研究通过 Python 爬虫技术，抓取了 2019 年 10 月 23 日至 2024 年 10 月 23 日期间 X 平台上与"Hainan#"相关的推文数据，这些推文数据覆盖海南自贸港政策实施、博鳌亚洲论坛等重要事件，有助于全面分析海南省国际形象的动态变化。此外，该时间范围内的推文数据量适中，便于通过技术手段进行爬取和分析。在数据预处理阶段，剔除无效信息及冗余数据，确保研究数据的完整性和有效性，共计获取 49933 条有效样本。

在关键词提取阶段，利用 KeyBert 技术从推文文本中提取核心关键词，分析海外网民对海南形象的关注热点与认知特征。在情感分析阶段，采用 Hugging Face 提供的预训练模型对推文文本进行正负面情感分类，揭示网民对海南省国际形象的情感态度特征。随后，将情感分析结果中的积极与消极情感数据分别输入 LDA 主题建模算法，深入挖掘不同情感倾向下的主要讨论主题，全面揭示用户对海南形象的多维认知结构。

（二）研究方法

本研究采用多种自然语言处理技术，从数据语义提取到主题分析，构建海南省国际形象的认知框架。首先，采用 KeyBert 技术提取文本中的核心关键词。KeyBert 基于 BERT 模型的上下文语义分析能力，通过计算文本与关键词之间的语义相似度，能够精准识别文本的核心内容，特别适用于关键词提取任务。其次，利用 Hugging Face 提供的预训练情感分析模型进行分析。该模型基于深度学习技术，结合大规模语料库训练，具有较高的情感识别精度，可将文本情感分类为正面或负面，全面刻画网民对海南形象的情感分布特征。最后，使用 LDA（Latent Dirichlet Allocation）模型进行主题建模。LDA 是一种生成式概率模型，通过假设文档由多个潜在主题构成，揭示文本的语义结构。该方法适用于文本主题的归纳与挖掘，能够系统提炼关注热点与认知维度。

三　海南省国际形象建构

（一）海南省国际形象的认知图式特征

图式理论认为，个体接触新信息时，大脑中的先验图式会被激活。激活的图式不仅影响信息解读，还可能因新信息输入而被强化或重构。因此，分析高频词可揭示网民对城市形象的认知图式，反映其对海南省国际形象的关注与评价。基于 KeyBert 技术提取核心关键词，统计关键词频率分布并绘制词云图（见图 1）。

图 1 显示，网民对海南省国际形象的关注集中在自然资源与旅游文化、经济开放与国际合作、科技创新与航天实力、自然灾害与挑战，以及文化与社会生活等方面。高频关键词如"旅游"（2.53%）、"海口"（2.52%）、"三亚"（2.24%）和"自然"（2.24%）反映了海南作为热带旅游胜地的吸引力；"台风"（1.84%）则揭示了其面临的自然灾害挑战。"自由贸易"

图 1　词云分析图

和"航天"等关键词占比虽低,但凸显了网民对海南在经济开放与科技创新领域的关注。这些关键词既展现了国际受众对海南形象的多维认知,也体现了认知图式的外显表现。基于关键词统计结果,本文进一步对核心节点进行认知维度的分类,系统揭示网民如何基于不同的认知图式来构建和解读海南的国际形象(见表1)。

表 1　网民认知图式

序号	认知维度	关键词
主题 1	自然与气候特色	台风、热带风暴、美丽自然、自然风光
主题 2	旅游文化与休闲度假	三亚、美食、海南鸡饭、地图、徒步旅行
主题 3	经济开放与贸易发展	自由贸易、博览会、贸易、投资、零关税、消费品
主题 4	科技创新与航天实力	发射、航天、航空、天问一号、文昌、火箭
主题 5	区域城市与生活气息	南海地缘、周六、新闻、探索海南、海南日报

由表1可知,自然与气候特色维度关键词如"台风""自然风光"等,既反映了海南的自然资源优势,也揭示了其在极端天气传播中的挑战。旅游文化与休闲度假是海南省国际形象的核心,关键词如"美食""三亚"等凸显海南作为热带旅游胜地的吸引力。"自由贸易""零关税"等展示了海南自贸港的全球影响力,强化其经济开放枢纽的国际形象。科技创新与航天实力的"航天"和"文昌"彰显海南的现代化品牌,成为全球传播亮点。"探索海南""南海地缘"等关键词展现了海南的区域中心地位与人文特色。这些多维度特征展现了海南省国际形象的复杂性与多元化,为后续

情感分析提供数据基础。

（二）海南省国际形象图式情感分析

情感是认知图式形成与演化的重要驱动因素，不同情感倾向会强化、干扰或扭曲公众的认知图式。下文利用 Hugging Face 模型对推文情感进行正负面情感分类，探讨情感对海南省国际形象认知图式的动态影响（见图2）。

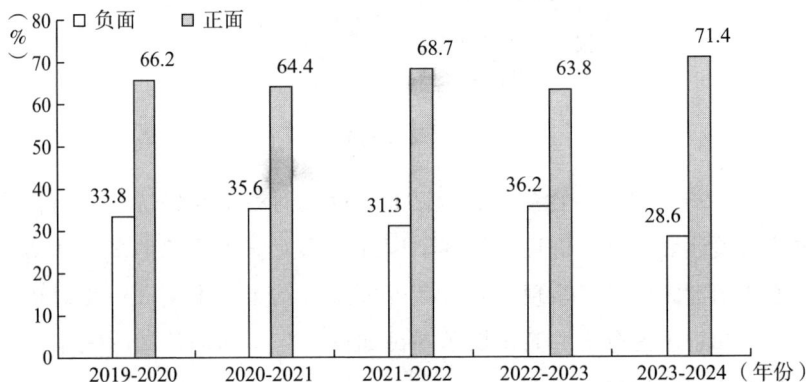

图 2　情感分析趋势

网民情感倾向中正面情感占比超过60%，在2023~2024年达到71.4%的峰值，显示网民对海南正面形象的持续强化。负面情感占比虽小，但在2022~2023年升至36.2%，显示该阶段用户情绪的短期波动。正面情感集中于旅游文化与自然资源，关键词如"旅游""美食""三亚""自然风光"强化了网民海南"生态宜居、休闲度假胜地"的认知图式；社交媒体传播进一步巩固海南的形象认知，形成情绪与认知的良性互动。负面情感集中于自然灾害与经济挑战，关键词如"台风""灾害"激活了网民对海南自然风险的担忧。"经济"和"政策"类负面情感虽占比不高，但在2022~2023年集中，反映网民对海南经济开放政策的短期忧虑。从图式理论看，正负情感体现认知图式的动态性：正面情感强化海南自然、旅游与科技优势图式，负面情感则扭曲自然灾害与经济开放的认知图式。情绪分析为后续图式主题建构提供情感基础，具体主题将在下一部分通过 LDA 建模探讨。

（三）海南省国际形象图式建构

城市形象研究中，安霍尔特（Simon Anholt）提出，存在（Presence）、地点（Place）、人民（People）、潜力（Potential）和生活方式（Lifestyle）构成公众评价城市形象的基本图式。[29] 何国平将城市形象分为精神、行为和视觉三类。[30] 陈映提出城市形象可分为"实体形象"与"虚拟形象"，实体形象涵盖城市景观、环境和文化等物理元素，虚拟形象则指公众对城市的整体认知，受文化接近性和意识形态影响。[31] 为系统探讨网民对海南省国际形象的讨论内容及认知图式，本研究基于图式理论，将情感分析结果与 LDA 主题建模结合，并结合语义特征归纳命名主题。然后利用主题建模结果与前人框架，抽象出海南省国际形象的五大核心维度：国际影响力、发展潜力、人文活力、城市风貌与基础设施。本研究构建了海南省国际形象的多维认知框架，揭示了网民对海南形象的认知建构过程及内容（见图3）。

图 3 海南省国际形象

从图 3 可以看出，五大维度在网民认知中呈现核心与外围的层次关系。"国际影响力"和"发展潜力"为讨论核心，通过博鳌论坛、自贸港政策等事件提升全球认知度；"人文活力"和"城市风貌"展现文化特色与自然魅力，增强形象吸引力；"基础设施"作为辅助维度，影响较为间接。同时，各维度看似独立却相互影响，共同构成海南省国际形象的图式结构。图3最外层代表了用户对于城市国际形象的表面认知，中层代表了一般认知，内层代表最深层次的深度认知。其中最外层的城市国际形象认知程度不够且容易改变，内层由于认知程度的增加而提高了印象改变的难度，每个维度看似独立实则相互影响。

综上所述，本研究首先提取网民讨论的核心关键词，这些关键词作为认知图式的起点，反映了他们对海南省国际形象的初步认知。随后，通过情感分析揭示关键词中的正负情绪特征，激活网民既有图式结构；接着，结合主题分析进一步将关键词抽象为具体主题，展现认知的多维内容。最后，这些主题被整合到五大维度中，形成系统的认知框架。接下来，本文将围绕五大维度解析网民认知图式的具体特征以及对应的传播策略。

四 海南省国际形象解析

（一）国际影响力维度

情感分析显示，与国际影响力维度相关的推文中，正面情感占比高达75%，显著高于负面情感的25%。关键词如"博鳌论坛""自由贸易港"频次较高，体现了网民对海南全球合作与经济成就的认可。@HiHainan发布的一条推文"博鳌亚洲论坛展示了海南在全球经济合作中的独特角色"，浏览量4876次，点赞数12，成为讨论热点；@ChinaDaily关于海南自由贸易港政策的推文浏览量达3452次，也进一步彰显海南经济开放成果的广泛传播。相比之下，与"地缘争端""军事威胁"相关的负面推文传播广度较低，平均浏览量仅1356次，但其负面情感得分较高（-0.86），表明该类信息对部分用户情绪产生了显著影响。整体而言，网民对海南国际合作的认知以正面情感为主，成功案例不断强化国际影响力的正向图式。

传播数据还显示，不同地区网民对海南国际影响力的认知存在显著差异。海外用户更多关注经济开放与全球合作，正面推文如"海南自由贸易港成为全球投资新热点"占海外讨论关键词的45%；国内用户则关注政策执行和区域安全，讨论"博鳌论坛"相关内容的关键词占国内推文的33%。这种差异反映了海南国际影响力传播中的正负图式博弈：正向图式在经济开放领域通过广泛互动得以强化，负向图式则在地缘争议等敏感话题中激活部分网民的负面认知。总体来看，海南国际影响力传播展现了公众认知的整体优势，同时也揭示了部分议题的传播挑战。

（二）发展潜力维度

海南的发展潜力作为其国际形象的重要维度，集中体现了科技创新与经济活力的双重特性。从图式理论视角来看，航天科技的成功发展与投资环境的改善强化了正向图式，海航集团危机和政策不确定性则激活了负向图式，对公众认知产生干扰。数据分析显示，正面情感推文占比68%，主要聚焦"高新科技"与"航天发射"等主题，关键词如"文昌航天"（30次）和"技术突破"（18次）高频出现。例如，@ ChinaSpace 发布推文"海南文昌航天发射中心再次圆满完成发射任务，展示了中国科技创新的实力"，浏览量6874次，成为传播热点；@ InvestmentHainan 提到"海南推进新能源投资，为区域经济注入新动力"，其推文浏览量4032次，反映公众对海南经济活力的积极认知。

与此同时，负面情感虽然传播范围较窄，但在特定领域引发较强情绪波动。与"海航集团危机"和"政策波动"相关的推文尽管浏览量相对较低（如@ AstroCritic 的推文浏览量仅1236次，情感得分-0.78），但反映了网民对经济稳定性的担忧。普通网民更多关注政策变化和工业挑战，推文如@ HainanCitizen 的"海南政策变化频繁削弱投资者信心"，浏览量850次，情感得分-0.72，展现了负面图式的情绪反应。此外，传播分析显示，高影响力用户（KOL）如@ ChinaSpace 更倾向于发布航天科技的正面内容，其推文平均浏览量显著高于普通用户，国内网民则更关注经济政策及其实施效果。这种正负图式的动态交织不仅反映了网民认知的层次性，也揭示了海南在区域经济与科技发展中的双重机遇与挑战。

（三）人文活力维度

在人文活力维度，海南通过文化遗产与教育交流两大主题展现其国际传播特性。在文化遗产领域，情感分析显示推文平均情感分数高达0.90，正面情感占主导，网民对海南的文化保护与历史传承高度认可。例如，@ChinaCulture发布的"黎族传统文化节展现海南深厚历史底蕴"推文，浏览量2403次，点赞29次，成为传播亮点。从时间分布来看，文化相关传播具有显著的节庆效应，例如春节（2月）和文化节（6月）期间，文化主题的推文数量达到年度高峰，仅2023年6月就发布20条文化主题推文，表明海南的文化传播高度依赖特定时间节点。少数负面情感推文（情感分数低至-0.99）提及文化保护不足，反映用户对文化遗产管理的进一步期待。

在文化与教育交流领域，海南通过国际合作与学术项目增强全球传播力。情感分析显示，教育主题推文平均情感分数为0.59，整体正向，但互动表现略低于文化主题，平均点赞数为11.29。例如@HainanEducation的推文"海南大学携手多国高校开展学术交流项目"浏览量达1190次，是教育传播中的典型案例。教育传播在秋季（9～11月）和毕业季（6月）活跃，2024年7月推文数量达16条，呈现周期性特点。部分负面推文提及教育设施与留学生体验问题（情感分数低至-1.00），表明海南国际化教育质量仍需提升。整体来看，人文活力维度的传播在时间节点上高度依赖节庆和学术周期。

（四）基础设施维度

在基础设施维度，海南在国际形象传播中展现了医疗科研、生态保护及航空航天等多领域的潜力与挑战。情感分析显示，医疗健康与科研创新领域正面情感占主导，网民普遍认可海南国际医疗试验区的成果。然而，该议题传播热度较低，例如@HainanHealthcare推文"海南国际医疗试验区推动多项国际合作"仅有633次浏览，传播范围有限。相比之下，生态保护与可持续发展议题吸引力更强，正面情感占比达75%，如@EcoGuardian推文"海南红树林修复取得显著进展"获得1797次浏览和26次点赞，成为生态传播的亮点。

航空运营与航班中断、航天发射失败等事件则显著激发负面情感。航班延误推文多以负面情感为主，例如@TravelHainan发布的"高峰期航班延误让游客苦不堪言"推文情感得分-0.80，转发量达57次，反映出用户对该问题的高度关注。同样，航天发射虽具有较强传播力，但失败事件对网民情感的冲击更为显著，如@ChinaSpace 推文"海南航天发射中心火箭发射失利"浏览量1148次，情感得分-0.70，展现了负向传播的深度扩散。整体来看，海南基础设施传播构建了医疗与生态保护的正向图式，但航班延误与航天失败事件引发了负面情感的局部冲击。

（五）城市风貌维度

海南的城市风貌在国际传播中展现了热带自然资源与现代化城市建设的双重特性，成为网民认知的重要维度。热带旅游与休闲度假相关推文整体以正面情感为主，平均情感分数为0.53。@ChinaTravel 推文"热带天堂三亚，阳光明媚的海滩和清澈的海水等待您的到来"，浏览量1723次，点赞21次。与此相比，基础设施建设相关推文情感两极化，正面内容集中于机场和交通设施的现代化成果，负面情感则聚焦于设施老化或交通不便。例如，@GlobalObserver 发布的"海南机场高峰期旅客拥堵问题再现"推文，点赞量虽仅12次，但转发量达57次，显示负面内容在传播深度上的优势。

自然灾害与生态破坏进一步加剧了海南负面情感的传播，相关推文平均情感分数仅为-0.01。@EcoAlert 发布的"热带雨林砍伐威胁海南的生态平衡"推文，浏览量2348次，反映网民对生态问题的高敏感性。台风相关内容传播尤为显著，例如@WeatherUpdate 的"台风'尤里'重创海南沿海地区"推文，转发量高达89次，情感得分低至-0.96，强化了负面认知的扩散。从传播地域看，国内用户更关注基础设施与政策执行，倾向于功能性评价；国际用户则更聚焦自然景观与生态保护，生态管理不足常成为负面传播的触发点。

五　结论与讨论

（一）海南省国际形象评价与启示

针对研究提出的问题1，本研究从图式理论视角出发，通过以关键词作为认知图式的起点，采用情感分析进一步揭示了关键词中的正负情绪特征，采用主题分析最终整合五大核心维度，形成了层次化的认知框架。针对问题2，研究发现正面情感集中于航天科技、自由贸易港等主题，强化了网民的积极认知；负面情感则聚焦于自然灾害、航班延误等，激活了负向图式，导致情感分布的两极化特征。针对问题3，提出以下优化新思路。

第一，强化国际合作与精准传播。以博鳌亚洲论坛和自由贸易港政策为核心，扩大国际合作成果的传播影响。通过多语言视频、政策解读图文和案例研究，提升海南在经济开放领域的全球影响力。同时，针对东南亚和欧美等受众定制传播内容，如免税政策宣传视频和科技创新案例，增强传播的针对性与精准性。

第二，加强基础设施现代化建设与透明传播。针对航班延误、基础设施老化等问题，加大升级投入，并通过透明化传播传递改进成果。例如，通过社交媒体实时更新机场扩建、环岛高铁建设等项目进展，提升网民对海南交通现代化的信心。展示航班延误率降低等具体数据，改善游客出行体验，减少负面传播影响。

第三，扩大生态保护与绿色发展影响力。通过视频故事、VR体验展示红树林修复、濒危物种保护等生态成果，塑造绿色海南品牌。与国际环保组织合作推出认证标识，推广海南生态成就。透明数据支持和案例宣传将增强网民对海南生态形象的认同。

第四，优化旅游推广与人文传播模式。以热带旅游资源和文化活动为基础，策划"春秋海南游"等主题营销活动，淡季通过社交媒体强化推广力度。鼓励游客使用"#DiscoverHainan"标签分享真实旅行体验，提升旅游真实性与吸引力。在文化传播方面，通过短视频和直播展示黎族文化节、美食节等活动的多样性，扩大海南的国际文化影响。

第五，应对挑战与增强国际竞争力。加强高校国际合作，提升留学生服务体系和教育设施建设水平，吸引更多国际学生。围绕航天科技优势，通过直播成功案例强化传播效应，并针对技术事故及时发布官方解释，减少负面影响。针对台风等自然灾害，通过社交媒体实时发布预警、防灾措施和恢复动态，展示高效管理能力，结合生态保护宣传，提升网民对海南灾害应对的信任感。

以上策略围绕国际合作、生态保护、基础设施等维度展开，既强化优势，又针对网民关注的负面议题提出具体措施，能够为海南省国际形象传播注入新动能。

（二）研究不足与未来展望

本文围绕海南省国际形象的五大核心维度，通过社交媒体数据分析，揭示了网民认知与情感传播的特性，并为优化传播策略提供了重要参考。然而，研究仍存在以下不足。

第一，数据来源主要集中于 X，更多反映海外网民的观点，未能涵盖国内用户及其他平台（如新浪微博、Instagram）的讨论。

第二，情感分析采用二分类模型（正面与负面），未对情感类型进行细分，难以揭示复杂情感在传播中的深层影响。

第三，未深入探讨图式理论与情感传播、多模态传播结合的可能性，限制了理论框架的系统性与创新性。

未来研究应拓展数据来源，整合多平台与多文化背景的讨论内容。同时，引入更精细的情感分析方法，细化情感类型，探索复杂情感在传播中的深层机制。采用纵向研究设计，结合时间序列分析，动态考察网民对海南省国际形象的认知与情感演化特性，识别重大事件的短期冲击与长期效应。此外，可结合多模态数据分析，探讨文字、图片与视频等传播形式的协同作用，为海南省国际形象传播策略提供更全面的理论支持与实践指导。

参考文献

［1］杨凯．城市形象对外传播的新思路——基于外国人对广州城市印象及媒介使用习惯调查［J］.南京社会科学，2010，（7）：117-122.

［2］辛静，叶倩倩．国际社交媒体平台中国文化跨文化传播的分析与反思——以 YouTube 李子柒的视频评论为例［J］.新闻与写作，2020，（3）：17-23.

［3］邵云．国际社交媒体中的城市形象传播效果研究——基于北京市政府在 Face-book 平台官方账号的实例分析［J］.新闻与写作，2020，（11）：89-96.

［4］葛岩，秦裕林，徐剑．作为图式的地域形象：结构、功能和测量［J］.新闻与传播研究，2019，26（2）：19-37+126.

［5］姚宜．城市国际形象对外传播的策略创新［J］．新闻知识，2013，（7）：14-16.

［6］张利平．城市形象国际传播的媒体策略——以武汉国际城市形象传播为例［J］．湖北经济学院学报（人文社会科学版），2012，9（9）：21-22.

［7］叶晓滨．大众传媒与城市形象传播研究［D］．武汉大学，2012.

［8］张琪，宋祖华．《纽约时报》中南京的城市国际形象研究［J］．传媒观察，2015，（10）：37-40.

［9］QUAH，TEHA B，NORDINA N，et al. Analysis of Guangzhou city image perception based on weibo text data（2019-2023）［J］．Heliyon，2024，10（17）：1-17.

［10］蔡馥谣．抖音短视频中城市形象的呈现与传播策略——以辽宁为例［J］．新媒体与社会，2023，（2）：407-421.

［11］周文彰．海南形象建设论析［J］．琼州大学学报，2000，（1）：1-5.

［12］符耀彩．新闻报道的文化元素——《海南日报》的"海丝路""寻路行"［J］．新东方，2017，（4）：78-79.

［13］林颖．基于 NOW 语料库海南省国际形象研究［J］．现代英语，2023，（1）：70-74.

［14］孙丹，李军，潘磊．来琼留学生对海南的认知及"海南形象"的建构——基于词汇联想和语料库的研究［J］．华文教学与研究，2024，（1）：17-25.

［15］KANT I. Critique of pure reason［M］．Translated by GONGWU L. Beijing：Commercial Press，1981：139-144.

［16］BARLETT F. Remembering：a study in experimental and social psychology［M］．Cambridge University Press，1932：189.

［17］RUMELHART D E. Schemata：The building blocks of cognition［M］．Theoretical issues in reading comprehension. Routledge，2017：33-58.

［18］蒲泓宇，马捷，葛岩，等．新媒体环境下深阅读驱动模型与检验——以图式理论为视角［J］．图书情报工作，2018，62（20）：14-23.

［19］杨柳．图式理论：外语知识性阅读障碍的心理学新探［J］．中国特殊教育，2011，（6）：48-51.

［20］周相利．图式理论在英语听力教学中的应用［J］．外语与外语教学，2002，（10）：24-26.

［21］乐国安．图式理论对社会心理学研究的影响［J］．江西师范大学学报，2004，（1）：19-25.

［22］ RUMELHART D E，ORTONY A M. The representation of knowledge in memory ［M］. School of Cognitive and Computing Sciences，1977：99-135.

［23］ FISKE S T，LINVILLE P W. What does the schema concept buy us? ［J］. Personality and social psychology bulletin，1980，6（4）：543-557.

［24］ ANDERSON R C，PEARSON P D. A schema-theoretic view of basic processes in reading comprehension ［M］. Lawrence Erlbaum Associates，1984：255-260.

［25］ 王雨莎，高凌云，张高军. 目的地形象错位与调控：基于社会图式理论的刻板形象研究 ［J/OL］. 旅游学刊，1-17 ［2024-11-05］.

［26］ 赵莉，叶欣. 英国公众眼中的中国环保形象——基于图式理论的访谈研究 ［J］. 新闻与传播评论，2021，74（2）：118-128.

［27］ 葛岩. 基于图式理论的国家形象测量 ［J］. 海南交通大学学报（哲学社会科学版），2022，30（3）：5-16.

［28］ 黄骏，陈雪薇. 城市形象、用户生成视频与传播效果——对抖音平台武汉城市话题挑战的内容分析 ［J］. 新媒体与社会，2020，（1）：327-343.

［29］ ANHOLTS. The Anholt-GMI city brands index：how the world sees the world's cities ［J］. Place brand public diplomacy，2，2006，18-31.

［30］ 何国平. 城市形象传播：框架与策略 ［J］. 现代传播（中国传媒大学学报），2010，（8）：13-17.

［31］ 陈映. 城市形象的媒体建构——概念分析与理论框架 ［J］. 新闻界，2009（5）：103-104+118.

中国主流媒体平台建设的实践路径与挑战

——基于中西方差异视角的分析*

蔡 雯 张 宇**

摘 要 平台建设已成为中国主流媒体推进媒体深度融合的重要路径，然而，平台化在中西方新闻实践中的内涵与实践存在显著差异。本文对比中西方新闻业平台化实践在话语观念、实践形态和结构关系上的差异，认为中国主流媒体的平台化是一种系统性、生态化的资源配置实践，结合对《人民日报》、《北京日报》和《新京报》三家媒体平台建设历程的案例分析，总结了中国主流媒体平台建设的微观、中观与宏观三条实践路径，并分析其在定位布局、技术功能和运营管理三个方面存在的问题与挑战。本文认为，主流媒体平台建设需要政府、企业、媒体、公众等多方协同、系统推进，从而推动主流媒体实现更高效、更有力的舆论引导和社会服务功能。

关键词 主流媒体 平台化 平台建设 新闻资源配置 中西方比较

一 前言

数字时代的新闻业受到平台的广泛影响，平台过多已成为当今新闻生态的特征之一。[1] 平台建设已然成为主流媒体推进媒体深度融合的重要路径，新闻媒体的平台化以及新闻业与平台的关系也成为数字时代新闻研究

* 本文系教育部人文社会科学重点研究基地重大项目"国家治理视域下的新型主流媒体建设研究"（项目编号：22JJD860015）阶段性成果；本成果受中国人民大学 2023 年度中央高校建设世界一流大学（学科）和特色发展引导专项（项目编号：23RXW199）支持。
** 作者简介：蔡雯，中国人民大学新闻与社会发展研究中心主任，中国人民大学新闻学院教授、博士生导师；张宇，中国人民大学新闻学院博士研究生。

的核心议题。然而，作为新闻研究重要关键词的"平台"究竟指向什么？对其内涵的准确界定，是理解中国主流媒体平台化实践的前提。

从词源学角度，"平台"（platform）一词最早的含义是"平坦的地方"，后来引申为一种支持各种活动的突出平面或松散结构。[2] 在不同学科的研究中，平台有不同的指向和应用，[3] 工程学中的平台是开展作业的工作台，经济学中的平台是交易的空间或场所，管理学中的平台是一种商业模式。塔尔顿·吉莱斯皮（Tarleton Gillespie）将平台一词分为四个面向：[4] 计算性（computational）的平台是由硬件和软件组成的可计算系统；物理架构性（architectural）的平台是可承载人或物的物理平面；比喻性（figurative）的平台作为一种抽象意义上的概念，是指能够提供机会以努力达到某种地位、成就或状况的基础；政治性（political）的平台是向所有人开放的中立交互机制或组织。"平台"概念含义的多样性说明对"平台"的理解其实是一个认识论问题，在不同学术与实践语境中有比较大的差异。

在西方学界，基于商业研究、政治经济学和软件研究的视角，"平台"通常被定义为作为技术架构与数据基础设施的应用程序和服务，以及部署相关服务的商业公司，[5] 如搜索引擎、社交媒体平台、资讯聚合平台等。新闻媒体的平台化被认为是这样一种过程：平台基于技术可编程性（programmability）与商业运营逻辑承担新闻分发责任，[6] 以数据化（datafication）、商品化（commodification）和选择性（selective）重塑新闻的生产与流通。[7] 相关研究主要聚焦商业平台与新闻机构在短期的依赖性和长期的不信任中构成的非对称共生关系，以及这背后蕴含的商业平台公司之商业逻辑与新闻机构之新闻逻辑的冲突。[8]

然而，西方学界对于"平台"与"平台化"的界定并不完全适用于中国的新闻实践语境。在中国，媒体融合、全媒体传播体系建设等政策要求主流媒体充分利用平台逻辑，平台化作为一种政策引导下的制度安排，被认为是中国主流媒体变革的重要基因与路径。中国数字新闻业中的平台并不只指向基于用户数据和算法分发的互联网商业公司，若沿用西方学界商业属性的定义，主流媒体的平台化发展似乎成为一种悖论。

西方学术议程与中国社会复杂现实经验之间存在高度的不匹配情况，[9]中国主流媒体的平台化与文化、政治、经济等因素密切相关，必须结合社会背景具体考察和理解。因此，本文通过质化文献分析和对公开文本的分析，梳理了中西方新闻平台化实践的区别，在此基础之上，结合中国新闻实践场域中的典型案例，分析中国主流媒体平台化的具体内涵、实践过程以及存在的问题和挑战。

二 比较中西方新闻业的平台化实践

中西方新闻业的平台化实践在技术层面的运作机制上存在相似性，两者均通过外部社交媒体、信息聚合平台等渠道分发新闻，同时也不断推进自有平台的建设，在新闻实践中融入数据、算法等技术逻辑。然而，由于中西方新闻媒体在各自社会系统中的属性和角色定位不同，其平台化实践在话语观念、实践形态和结构关系等社会维度上表现出显著差异。

（一）话语观念

业界对于"平台"的认知直接决定了平台在新闻机构乃至在整个数字新闻业中的角色和功能定位。[10] 总体上，西方新闻媒体普遍将平台视作威胁自身独立性与经济生存能力的外部入侵力量，而中国主流媒体则将平台视为推动自身转型变革、助力国家治理与社会发展的重要实践方向与目标。

在西方语境中，新闻媒体对平台的认知大致分为"对手"和"机会"两种。作为"对手"，商业平台会影响新闻内容可见度和新闻媒体品牌影响力，并且夺取数字广告收入。[11] 道琼斯的首席执行官称谷歌为"数字吸血鬼"（digital vampire），其夺走了原本属于新闻机构的广告收益。[12] 数字原生媒体 Gawker 的创始人也曾公开表示自己的媒体组织正在成为 Facebook 算法的奴隶，必须调整内容以迎合平台的算法规则才能生存。[13] 但作为"机会"，平台聚集大量用户和广告商，甚至能为内容方提供运营团队和促进技术优化，一些新闻业的"后起之秀"能在平台上获得更多发展资源。BuzzFeed 的首席执行官乔纳·佩雷蒂（Jonah Peretti）在 2015 年表示，希望 BuzzFeed 的内容获得更多的关注度，更倾向于将其内容通过各类平台向外发布。[14]

对于中国主流媒体来说，新闻体制决定了平台化转型不仅关系自身的生存与发展，更是维护社会稳定和信息安全的大事。[15,16]中国新闻业对于平台化的认知与话语表达基本遵循着党和政府的政策论述，经历了从专注于媒体属性的媒体内部转型到拓展出具有服务属性的社会功能转型的转变。2014年，习近平总书记提出"推动传统媒体和新兴媒体在内容、渠道、平台、经营、管理等方面的深度融合"[17]，主流媒体对于平台化的话语表达主要是关于媒体内部机构的数字化转型与内部资源统一调配。[18]《人民日报》、新华社等主流媒体表示要打造全媒体新闻平台、新媒体平台，把内容、渠道、资源、媒体和受众连在一起，重构采编发流程，向现代全媒体机构转型。[19,20]2018年以来，习近平总书记针对县级融媒体中心建设、全媒体传播体系建设多次表示，要打造新型传播平台，把县级融媒体中心建成主流舆论阵地、综合服务平台和社区信息枢纽。这一阶段，主流媒体对平台化的认识与话语表达从单一信息传播、单独作战更新拓展为嵌入深度媒介化社会生态的系统性发展，[21]"平台"在中央与地方媒体公开言说的话语叙事中都是凸显自身转型力度、拓展社会功能的关键词：澎湃新闻总编辑刘永钢、时任人民日报社新闻媒体中心主任丁伟都曾表示，平台建设是从生产者转型为整合者，集政务、商务、生活等不同场景于一体，为社会生态赋能；[22,23]多地融媒体中心以"新型电子商务公共服务平台""城市运营商"作为实践目标。[24,25]

（二）实践形态

中西方新闻业对于平台的认知差异直接导致了平台化实践路径的不同。总体上，西方新闻媒体的平台化是一种应变实践（resilient practice），而中国主流媒体的平台化则是一种资源实践。

应变是指实体、个人、系统等在经历外部干扰之后能够通过调整、重组来保持基本功能、结构、身份以及恢复正常状态。[26]平台在用户数据、商业模式、内容推荐规则等方面对新闻生产进行限制，新闻媒体需要根据平台的数字物质性变化调整叙事方式与内容类型，并对工具、技术、工作人员等方面进行再配置。[27]为获取流量、保持竞争优势，很多平台选择接受平台对自主性的限制，[28]但同时也会进行平台抗衡（platform counterbalancing），通过自建平台、调整分发策略、改变商业模式、在多个平台分散发布内容等方式减少对平台的依赖。[29,30] 新闻媒体有能力选择性地追求与其战略重点一致的平台创新，说明其平台化不只是对平台数字物质性变化的下意识反应，而是在持续反身性下开展的有意识的应对。[31]

中国主流媒体的平台化是一种资源配置和整合的过程。毛天婵与曾培伦在对中国机构媒体的研究中发现，一线新闻从业者所说的平台并不是狭义的技术平台公司，而是具有技术平台、资源平台和品牌平台三种含义，其塑造出的新闻平台化是镶嵌在具有央地结构的机构媒体系统内部的资源实践。[10] 主流媒体会主动在组织内外部开展资源整合、合作和拓展实践，在组织内部调整人员、技术、技能等资源，在外部与其他机构开展合作，吸纳、置换外部资源，并且将平台功能深度嵌入社会系统中进行资源拓展，呈现出系统化的资源联动实践。主流媒体的实践路径将在后文第三部分具体分析。

（三）结构关系

综合来看，中西方新闻平台化中对于平台的定义不同，两种社会语境下新闻业与平台的结构关系有本质差异。西方新闻业将平台视为外部的商业化技术力量，两者存在协商（negotiation）的结构关系；中国的平台化实践则将平台视为一种资源配置手段，平台被"正常化"（normalization）为内生性的新闻实践逻辑。

在西方新闻业的平台化过程中，新闻业与平台之间构成二元对立且动态变化的"协商空间"（the space of negotiation）：[32] 一方面，新闻机构需要平台的流量，平台依赖于新闻机构的内容以维持用户黏性；另一方面，双方为实现自身利益最大化，在内容分发、收益分配等方面进行持续性的博弈。这是在平台对于新闻业的内容审核、分发渠道等环节施加强有力的捕获（capture）行为的基础上形成的权力不对等关系，这一关系的形成深受西方民主制度与自由主义市场经济的影响。西方新闻媒体和互联网平台公司均是高度市场化的独立机构，随着新闻媒体的信任危机与专业神话的日渐式微，[33] 平台背后的大型科技公司因其能推动技术进步、提供资源、吸引众多政治力量的合作，新闻机构更显弱势，不同类型的新闻媒体需要在平台主导的社会信息系统中开展广泛的市场竞争。

　　中国新闻业中的平台化实践是以"为我所用"的方式将平台"正常化"，内化进新闻业的规范和运作模式中，作为维系其资源配置能力的实践路径。[34,35] 因为中国的互联网技术平台本身受国家政策规制，其与主流媒体的使命和任务高度一致；再加上主流媒体平台化建设的首要目的并非商业变现，而是维持、提升互联网影响力与发挥社会效用，所以主流媒体不仅将外部平台影响力视为传播力体系的重要组成部分，而且自身借鉴平台的技术架构与运作机制，将自建平台与外部平台结合，提升对新闻资源与社会各界资源的深度开发能力和有效配置能力。[36] 在这一过程中，平台不仅仅是信息传播的"门槛"，而且是打造内容生态、深化资源整合、构建全媒体传播格局、提升舆论引导能力的有效工具。

三　中国主流媒体平台建设的三条路径

　　基于上述中西方新闻平台化的对比分析，可以发现中国主流媒体的平台化实践并非被动地应对外部环境的变化，而是主动的资源整合与平台建设行为。为更系统地探讨中国主流媒体在平台化发展过程中的路径与成效，本文选取《人民日报》、《北京日报》和《新京报》三家主流媒体作为核心案例，结合公开可查阅的资料，以时间顺序系统梳理三家媒体的平台建设历程与成就，并结合对主流媒体从业者的访谈，对中国主流媒体平台建设形成较为全面的认识。选择这三家媒体的原因如下：首先，三家媒体分别属于中央级党媒、省市级党媒以及以都市报为代表的次级主流媒体，比较全面地覆盖了主流媒体的不同层级与类型；其次，三家媒体具有全国影响力，在中国新闻语境下具有一定的代表性；最后，三家媒体均位于北京，所处的新闻生态较为相似，并且前期观察发现三家媒体的平台化实践及其发展过程各有特色，具有充分的可比性。

表1　三家主流媒体平台建设历程

时间	《人民日报》	《北京日报》	《新京报》
2009年			·提出"办互联网时代的报纸"，开办新京报网站，开通新浪微博官方账号

续表

时间	《人民日报》	《北京日报》	《新京报》
2010 年		·开通微博	
2011 年		·推出北京日报移动端 App	
2012 年	·在人民微博、新浪微博平台开通账号		·推出新京报客户端、iPad 版 HD 阅读器、"即时新闻"报道
2013 年	·在腾讯微博平台开通账号 ·人民日报微信公众号开通	·北京日报微信公众号开通	·各部门先后开通 20 多个微信公众号，包括"新京报""新京报书评周刊""新京报评论"等
2014 年	·人民日报客户端正式上线	·建设微信公众号矩阵，包括"长安街知事""北京最新鲜""东张西望""艺绽"等	·明确提出全媒体转型目标，成立全媒体编辑部 ·创办传媒研究院 ·数字版 iPad 上线 ·推出"动新闻"
2015 年	·正式推出"中央厨房"这一新闻内容集约化制作平台		·打造"动新闻"工作室（与小米、奇虎 360、三胞集团合作） ·推出话题内容型 App"热门话题"（与三胞集团合办） ·大燕网上线（与腾讯合作），是面向京津冀一体化的生活互动门户
2016 年	·启动"融媒体工作室"计划，成立"侠客岛""学习小组""麻辣财经"等融媒体工作室		·上线"我们视频"（与腾讯新闻合作），专注报道以时政、社会热点、突发事件为主的新闻
2017 年	·上线全国移动直播平台"人民直播"（与新浪微博、一直播合作建设） ·全国党媒公共平台建设正式启动	·出台媒体融合顶层设计方案，确立移动优先发展战略，构建四级融媒体矩阵	
2018 年	·内容聚合平台"人民号"正式运营，并发布"人民号"生产力工具平台"创作大脑"（与快手、百度旗下"百家号"合作） ·人民日报官方抖音号正式开通并认证	·关停生存困难、影响力弱小的报刊，腾出资源和采编力量转场融媒体 ·成立融媒体中心，新媒体采编力量合署办公，各端口一体化运营管理 ·北京日报客户端 2.0 版上线，以"新闻+政务"为定位	·新京报新闻客户端正式上线，全员办 App ·锚定"移动优先、视频优先"的发展路径，搭建全媒体矩阵 ·正式运营快手和抖音账号

续表

时间	《人民日报》	《北京日报》	《新京报》
2019 年	·成立智慧媒体研究院，全面布局智能媒体 ·推出短视频聚合平台"人民日报+"（与快手合作） ·人民日报客户端推出7.0版本，主流算法推荐系统作为核心亮点之一	·京报集团融媒体中央厨房物理平台建成 ·完成融媒体组织机构框架调整，全面实施移动优先战略 ·以北京日报和北京晚报为主的采编部门全面整合 ·推出"北京号"，全面对接北京各区、各委办局及其他重要机构	
2020 年	·客户端与外部多次合作建设服务平台，如新冠肺炎求助者平台、慢性病缺药求助信息平台、"暖春行动"全国求职招工云对接平台、"筑梦青春"毕业大学生云招聘平台、"为鄂下单"直播带货活动与"湖北好货征集平台"等		·开启包括政务、财经、音频、智库和5G实验室在内的16项采业务 ·创办"新京号"，采用"优中选优"的邀请制
2021 年			·8月1日起，报纸从每日出版改为每周五刊，逢国家法定节假日报纸版休刊，新京报App及新媒体平台保持7×24小时全天候、全平台内容生产发布
2022 年	·人民日报视频客户端"视界"正式运营	·开启融媒体工作室建设，鼓励采编人员跨部门组建融媒体工作室 ·"北京号"开办微信公众号和视频号"北京号发布"	·新京报客户端开启新一轮转型升级，升级政务+、服务+和商务+
2023 年		·升级打造超级客户端，聚合旗下报、网、端、微、屏所有内容。以"一端多貌，多种模式自由切换"的方式有机整合不同纸媒品牌	·新闻客户端5.0版本升级，品牌栏目、服务端口等升级改版 ·新京报成为百度文心一言首批生态合作伙伴，全面体验并接入文心一言的能力，打造全链路人工智能产品与服务

续表

时间	《人民日报》	《北京日报》	《新京报》
2024年		·客户端推出新一代"AR魔法报纸" ·超级客户端推出第七版"服务版"，提供100多项便民服务	

（一）三家媒体平台建设的总体特征

虽然三家主流媒体平台化历程中的实践举措并非都以"平台"命名，但它们都从不同角度进行了资源配置，呈现多样的平台化实践形态。在媒体组织内部，传播平台有客户端、平台号等自建平台和微信公众号、微博、抖音、快手等外部互联网平台，以及作为平台实践基础的内部开发的技术平台、变革而成的组织平台、提供智慧支持的智识平台等。在媒体组织外部，新闻产品化身服务平台满足社会需求，媒体还可以基于技术操作、实践经验等，联合外部其他机构形成经验分享平台或合作平台。

在时间维度，三家媒体基本在2010年前后开始初步探索平台化道路，此后的平台化实践大致可以分为四个阶段。需要注意的是，各阶段侧重点不同，但相关举措有连续性和交叉性，并非严格限定在某一阶段内。在第一阶段，处于数字化转型进程中的新闻媒体尝试入驻新平台渠道，扩大外部影响力。在第二阶段，主流媒体逐渐将重心转向移动端，推出自主可控的客户端，搭建平台号体系，并进一步加大对外部互联网技术平台的建设力度。在第三阶段，媒体变革"由浅入深""由表及里"，构建内部融媒体平台，整合内部生产与组织资源。在第四阶段，智能技术赋能平台化实践，特别是助力媒体自有客户端的拓展与升级；此外，媒体致力于与社会系统建立更多连接，形成更具社会价值的媒体生态体系。

尽管三家媒体在平台化的时间维度上存在一定相似性，但其具体发展路径和实践重点各有特色，反映了各自发展定位与策略选择的区别。

《人民日报》作为我国四级媒体格局中的中央级媒体，致力于打造新型主流媒体"航母""旗舰"。注重自身技术引领与创新示范的作用，"中央厨房"、"人民号"、直播平台、视频客户端、智慧媒体研究院等涉及技术、组织架构、媒介形态、平台功能等各方面的改革均走在前列；注重主流价值引领，开发"主流算法""党媒算法"，将政治方向、舆论导向和价值取向等维度加入算法推荐体系；以高站位积极承担社会责任，在日常信息服务方面以及社会重大事件发生时利用平台为公众提供权威信息和便捷服务。

《北京日报》作为中共北京市委机关报，主要在集成本地资源、服务本地市民方面发力。依托地域优势，通过"北京号"等平台对接北京各区、各委办局等，成为北京政务信息重要的首发平台之一；聚焦本地生活需求与服务资源，为市民提供一站式本地生活服务平台；超级客户端集成旗下所有内容资源，"一端多貌"的平台模式实现品牌传播的统一性，优化新闻消费体验。

《新京报》重视新闻产品的内容创新与形式突破，以高质量原创内容发挥平台优势。在平台布局上坚持移动优先，全面转型构建新媒体矩阵，将工作重心放在以新京报 App 为主导的新媒体平台上；坚持视频优先，在动画、视频平台等视觉化内容产品方面着重发力，通过外部合作开发有创意、有深度的作品；重视内容的原创性与多元性，提供深度报道、书评、时评等高质量原创内容，同时对优质内容进行有限度的聚合。

（二）系统认识主流媒体平台建设的三条路径

作为一种资源配置实践，三家主流媒体的平台建设总体上呈现出连续性、系统性和综合性特征，体现出在多个维度和领域优化整合资源的努力。基于前文案例梳理，结合对包含但不限于这三家主流媒体的调研与访谈，可以从微观、中观和宏观三个维度总结认识主流媒体平台建设的实践路径，分别对应媒体机构内部、媒体行业以及社会系统三个层面。

微观媒体机构层面的平台建设是指媒体机构通过组织架构调整、技术赋能、智识支持和传播矩阵拓展四个方面对媒体内部资源进行整合。第一种是组织平台，是指在媒体组织内部调整组织架构、调度人才资源，常见的组织平台包括三类：一是整合式协作平台，打破传统部门壁垒，实现采编、制作和传播全链路整合；二是临时的项目导向型结构，根据项目要求从不同部门抽调人员，组成临时项目团队；三是工作室、实验室等更具灵活性与扁平化特征的部门，打破部门、行业、工种间壁垒，灵活调配资源。第二种是技术平台，是指媒体内部搭建的、服务于新闻生产传播的技术工具，用于支持某一特定功能或整合不同生产流程。第三种是智识平台，是指媒体内部建立的研究团队，为平台建设中的资源调配实践提供理论指导与方向引领。第四种是传播平台，是指媒体内部自建平台或入驻外部互联网平台，这也是媒体机构内部建设组织平台、技术平台与智识平台最终的落脚点与成果体现。

中观媒体行业层面的平台建设是指不同媒体机构之间通过合作、互补等方式协调彼此的资源，构建整体媒体生态，主要体现为资源合作、资源分享与资源整合三种关系。资源合作是指不同媒体机构在新闻产品创作与传播中充分发挥各自优势开展合作，具体包括三类：内容、技术等优势技能互补，比如在"北京号"与百度的合作中，百度为"北京号"提供平台号的技术架构，"北京号"为百家号提供号主单位提供的内容；直接建立工作团队或部门开展合作，如《新京报》与腾讯合作的"我们视频"；此外也有针对某一新闻选题、新闻产品进行采编资源、传播推广等方面的合作。资源分享是指具有成熟平台建设经验的新闻媒体将自身信息资源、实践方法和技术技能分享给其他媒体，比如新闻选题、新闻线索、技术操作分享、经验交流会等。资源整合是指每家媒体在不同平台上提供多种介质、多元内容、多样风格的新闻产品，相互补充与配合，整体构成新闻媒介生态。

宏观社会系统层面的平台建设是指主流媒体在新闻实践中融入对社会需求与社会资源的考量，将新闻资源与社会系统运作相结合。媒体不仅仅作为信息的传播者，而且借助自身品牌资源、行政资源等优势为社会提供互联互通平台，比如求职、助农等特定需求以及客户端的服务板块。此外，平台号等开放性平台的功能是盘活社会系统中外部创作资源的有效途径，并通过联络运营提升用户和号主单位的黏性，增加创收机会；这同时提升了外部账号内容的传播力，搭建起开放、和谐的社会沟通平台。

四　主流媒体平台建设存在的问题和挑战

由于新闻资源的多样性及其所涉实践维度的广泛性，作为一种资源配置实践的平台建设注定是一个长期且系统性的过程。在这一过程中，主流媒体需要综合考虑定位布局、技术功能以及运营管理等方面的协调性问题，以保障平台建设的效能。

（一）定位布局问题

在定位方面，主流媒体与社会系统中其他各类主体交织，尚未明确自身职能和定位。从信息传播平台到公共服务平台，主流媒体通过"新闻+""媒体+"领域的平台建设逐步深入社会治理体系。然而由于主流媒体与公共部门间角色定位与权责划分尚不清晰，两者可能存在潜在的职能重叠和竞争关系，这可能会导致主流媒体平台的功能开发受限，或者造成公共服务的重复建设与资源分散。[37]

在布局方面，主流媒体仍需要更精准和有针对性的平台布局策略，避免盲目跟风、广撒网的低效做法。目前许多主流媒体已经意识到平台建设并非简单的功能或端口叠加，而是系统性的资源配置行为，采取关停电视频道和广播频率、整合与关停客户端等改革行动。针对平台号的建设，主流媒体目前还存在"融"数量而不"融"质量的问题，难以调动号主的积极性。在外部平台的内容分发上，过于机械化、无差别的广泛内容分发不仅造成人力、财力等资源浪费，而且在某些平台上不佳的数据表现可能会损害媒体的品牌影响力。

媒体应以效果为导向，持续评估不同平台建设路径的效果，不断调整优化自有平台布局和外部平台分发结构，避免资源在低效平台上的无谓消耗。随着区域或媒体机构内部融合系统性改革的推进，对于过往媒体融合探索过程中实施的同质化、成效低的举措应及时叫停。

（二）技术功能问题

技术平台及其提供的技术功能是支撑新闻平台建设的重要因素，媒体应在技术"是否应用""如何应用""应用多少"等方面谨慎判断，避免资源的错用、乱用或无效使用。并非所有技术都适用于新闻生产的全部类型和过程，AI等技术在新闻评论等需要主观意识与创新思维的新闻内容创作中并不适用，盲目的技术包装可能会淹没新闻内容的深度价值；机构内部技术平台的新技术装置只是用于"装点门面"，反而会拖累工作效率；地方媒体对前沿技术的使用应立足于媒体本身的资源水平，谨慎评估和选择；从业者没有建立起使用内部技术平台的意识，一些有价值的技术没有得到有效应用，也难以通过意见反馈进一步改进完善。

面向用户的传播平台中，技术功能板块的建设也需注意效果导向，使之成为"桥接者"而非简单的"入口"，避免形式堆砌。不少媒体平台的公共服务板块功能丰富，但存在操作烦琐、功能下线的情况，影响用户体验。此外，一些媒体平台缺少公众反馈与评价机制，导致公共服务功能只能停留在简单的端口连接与信息罗列阶段，未能有效发挥媒体理应具备的社会沟通与互动功能。[38]

（三）运营管理问题

外部行动者是主流媒体平台建设的重要用户资源以及内容生产和传播资源，所以开放性是平台建设的重要原则。但平台的开放性与内容把关之间有时存在冲突，例如直播类型平台因内容传播的实时性而难以进行审核把关，存在较大风险；以平台号为代表的开放性平台需要人工审核，数量多、压力大。

在新闻机构内部，客户端与外部平台运营部门之间没有较多交流和接触，在不清楚对方工作需求的情况下难以跨部门协调资源、开展合作；尽管许多媒体以客户端作为平台建设核心，但并没有在外部平台建设中为客户端提供有效的引流入口，不同端口之间缺少连接功能；存在一名编辑同时负责多个平台分发工作的情况，不仅给编辑带来较大的工作压力，而且容易导致资源分散、内容同质化以及分发效果差等问题。

平台建设的评价体系存在错位与单一的问题。目前自建客户端主要扮演自主可控的"自留地"以及内容聚合的"品牌代言人"角色，外部各类互联网平台则是开拓用户、提升影响力的渠道。但一些媒体在绩效考核时以自建客户端的数据表现为主，将外部平台的数据指标作为次要考核标准，评价体系的错位可能导致平台建设中相应的发力错位。此外，单一地使用文章阅读量或平台拓号量作为绩效考核标准，固定且简单的评价体系会导致一些有助于平台建设但难以被量化的创新实践被忽视，特别是对于体制内的员工来说更容易缺乏创新动力。

五　结语

平台化发展已成为新闻业转型的重要趋势，但平台与新闻业的关系究竟如何、平台对新闻业的影响是怎样的，回答这些问题需要回到具体的实践语境中，对平台内涵、平台实践路径等进行具体分析。

中国主流媒体的平台建设是一种系统性资源配置实践，不仅是技术手段的革新，更是对新闻生产方式、传播路径与社会角色定位的重塑。过往实践已经在这些方面取得了明显的成果和不俗的成效，但其中也存在诸多现实挑战，限制了平台建设的效率和效果。媒体平台化实践不只限于媒体内部，同时也是与党和政府的领导与管理、公众的认知、社会的发展等深度交织的复杂过程。未来主流媒体的平台建设需要在解放思想、与时俱进的实践探索中进一步深化，这不仅要求主流媒体自身完善对平台逻辑的认识，提升技术应用能力，优化资源配置模式，还需要党和政府在政策上更系统化的支持，以及公众对主流媒体平台建设对于社会稳定与舆论生态重要性的认识，这样才能促使各方在理解与协作的基础上推进平台建设走向更加成熟、健康的阶段。

参考文献

[1] LAMOT K, KREUTZ T, OPGENHAFFEN M. "We rewrote this title": how news headlines are remediated on Facebook and how this affects engagement [J]. Social media + society, 2022, 8 (3).

[2] 方兴东，钟祥铭. 基于 TES 框架透视平台社会影响与治理路径 [J]. 未来传播，2022 (3)：53-64+141.

[3] SCHWARZ J A. Platform logic：an interdisciplinary approach to the platform-based economy [J]. Policy & internet, 2017, 9 (4)：374-394.

[4] GILLESPIE T. The politics of "platforms" [J]. New media &society, 2010, 12 (3)：347-364.

[5] GORWA R. What is platform governance? [J]. Information, communication & soci-

ety, 2019, 22 (6): 854-871.

[6] NIELSEN R, GANTER S A. Dealing with digital intermediaries: a case study of the relations between publishers and platforms [J]. New media & society, 2018, 20 (4): 1600-1617.

[7] VAN DIJCK J, POELL T, DE WAAL M. Platform society: public values in a connective world [M]. New York: Oxford University Press, 2018.

[8] 白红义."平台逻辑"：一个理解平台——新闻业关系的敏感性概念 [J]. 南京社会科学，2022 (2): 102-110.

[9] 姬德强，李喆. 平台研究的进化及其中国框架 [J]. 浙江学刊，2024 (3): 90-101+2.

[10] 毛天婵，曾培伦. 平台重塑数字新闻业？中国机构媒体的平台依赖性研究 [J]. 现代传播（中国传媒大学学报），2024, 46 (8): 161-168.

[11] NIELSEN R K, GANTER S. The power of platforms: shaping media and society [M]. Oxford: Oxford University Press, 2022: 17.

[12] HEINING A. Rupert Murdoch: get lost, Google [EB/OL]. https://www.csmonitor. com/Technology/Horizons/2009/1110/rupert-murdoch-get-lost-google.

[13] MAHLER J. Gawker's moment of truth [EB/OL]. https://www.nytimes.com/ 2015/06/14/business/media/gawker-nick-denton-moment-of-truth.html.

[14] KAFKA P. BuzzFeed's new strategy: fishing for eyeballs in other people's streams [EB/OL]. https://www.vox.com/2015/3/16/11560308/buzzfeeds-new-strategy-fishing-for-eyeballs-in-other-peoples-streams.

[15] 辜晓进，王敏. 用足体制优势：当前中国报业融合转型的实践特征——基于全国 10 家报业集团的调研 [J]. 新闻记者，2024 (3): 3-9.

[16] 周子杰. 重新发现国家：一次拓展中国媒体信任概念的尝试 [J]. 国际新闻界，2024, 46 (7): 28-53.

[17] 习近平：推动传统媒体和新兴媒体融合发展 [EB/OL]. http://media.people. com.cn/n/2014/0818/c120837-25489622.html.

[18] 丁伟. 新媒体内容生态演进的 8 个方向 [J]. 新闻与写作，2018 (11): 78-79.

[19] 人民网-传媒频道. 互联网大会首场论坛聚焦新媒体新生态 [EB/OL]. http:// media.people.com.cn/n/2014/1120/c192370-26063066.html.

[20] 新华网."新闻+创意"：构建主流媒体融合发展"新常态" [EB/OL]. https:// www.cac.gov.cn/2014-11/18/c_1113293904_2.htm.

［21］宋建武，黄淼，陈璐颖．平台化：主流媒体深度融合的基石［J］．新闻与写作，2017（10）：5-14.

［22］网络传播．澎湃新闻总编辑刘永钢：媒体融合，从"转型"到"赋能"［EB/OL］．https://www.sohu.com/a/295742033_181884.

［23］甘居鹏．媒体融合如何爬坡过坎？人民日报丁伟：平台化发展成为重点突破口．［EB/OL］．https://baijiahao.baidu.com/s?id=1714147389100693038&wfr=spider&for=pc.

［24］谢新洲，朱垚颖，宋琢谢．县级媒体融合的现状、路径与问题研究——基于全国问卷调查和四县融媒体中心实地调研［J］．新闻记者，2019（3）：56-71.

［25］郭全中．县级融媒体中心建设的进展、难点与对策［J］．新闻爱好者，2019（7）：14-19.

［26］SELLBERG M, RYAN P, BORGSTRÖM S, NORSTRÖM A, PETERSON G. From resilience thinking to resilience planning: lessons from practice［J］. Journal of environmental management, 2018（217）：906-918.

［27］TANDOC E C Jr, MAITRA J. News organizations' use of native videos on Facebook: tweaking the journalistic field one algorithm change at a time［J］. New media & society, 2018, 20（5）：1679-1696.

［28］STEENSEN S, WESTLUND O. What is digital journalism studies［M］. London, New York: Routledge, 2021.

［29］CHUA S, WESTLUND O. Audience-centric engagement, collaboration culture and platform counterbalancing: a longitudinal study of ongoing sensemaking of emerging technologies［J］. Media and communication, 2019, 7（1）：153-165.

［30］MEESE J, HURCOMBE E. Facebook, news media and platform dependency: the institutional impacts of news distribution on social platforms［J］. New media & society, 2021, 23（8）：2367-2384.

［31］CHUA S. Platform configuration and digital materiality: how news publishers innovate their practices amid entanglements with the evolving technological infrastructure of platforms［J］. Journalism studies, 2023, 24（15）：1857-1876.

［32］POELL T, NIEBORG D B, DUFFY B E. Spaces of negotiation: analyzing platform power in the news industry［J］. Digital journalism, 2022, 11（8）：1391-1409.

［33］陈红梅．情感、阶级和新闻专业主义——美国公共传播危机的话语与反思

［J］．新闻与传播研究，2019，26（9）：38-56+127.

［34］ VOBIČ I. The normalization of the blog in journalism：online newspapers of Slovene traditional media ［J］. Medijska istraživanja，2007，13（2）：59-82.

［35］ SINGER J B. The political j-blogger："normalizing" a new media form to fit old norms and practices ［J］. Journalism，2005，6（2）：173-198.

［36］ 王然．传统媒体自主可控平台的突围——以北京日报客户端实践为例 ［J］．新闻战线，2023（4）：23-27.

［37］ 赵瑜，周江伟．转型、整合与"新闻+"：中国媒体融合的三种在地化实践 ［J］．新闻界，2023（11）：4-11+22.

［38］ 丁和根．媒体介入基层社会治理的现状、角色与维度 ［J］．新闻与写作，2021（5）：5-13.

当谈论 AI，舆论学在谈论些什么

——基于 LDA 模型的文献主题挖掘与演化分析

孟　威　何镇辉*

摘　要　本研究基于 LDA 主题模型，对舆论学关于人工智能技术的学术文献（2017~2024年）进行主题聚类和分析，形成"舆论生成""社会情绪""意识形态安全""政治安全""舆论生态""舆情管控""技术赋能""媒体建设"8个主题。基于技术变迁的视角，分析人工智能技术发展如何影响舆论学研究的问题意识和主要议题，以及舆论学的学术生产实践如何与人工智能的技术发展、社会应用和政策实施等实践展开互动，最终融入社会治理和技术规范的框架之中。在此基础上，进一步反思舆论学研究的结构性失衡问题，并探索未来的出路。

关键词　舆论学　人工智能　LDA 主题模型　学术生产

随着以 ChatGPT、文心一言等大语言模型为代表的新一代人工智能技术的兴起，全球不同行业生产方式迈向新的变革，在人文社会学科，这表现为研究视野、对象、方法乃至学术生产流程的革新。[1] 对于舆论学而言，人工智能技术提供了前所未有的数据资源和分析工具，极大地拓展了研究的广度和深度。但技术的快速发展也带来了诸多伦理、法律和社会问题，这些问题成为舆论学研究的重要议题，促使研究者们不断反思和调整已有的研究对象与理论框架。可以说，媒介技术发展和社会环境变迁成为舆论研究热点变迁的重要推动力。[2] 马丁·海德格尔（Martin Heidegger）认为，技术先于人而存在，人的各种实践被置于技术的"座架"之上。[3]

---

*　作者简介：孟威，中国社会科学院新闻与传播研究所二级研究员，中国社会科学院大学教授，博士生导师；何镇辉，中国社会科学院大学博士研究生。

换言之，人在进行各种社会活动过程中，必然受到技术逻辑与规则的约束，并在社会现实中显现。那么在以人工智能为代表的技术框架之上，舆论学研究作了哪些回应？又是如何回应的？

为了解答这一问题，本研究借鉴知识社会学的思路，回溯并审视在人工智能技术背景下舆论学研究的学术实践活动，同时依托相关文献展开经验性分析。具体而言，研究聚焦于国内舆论学领域内与"人工智能"紧密相关的学术文献，运用科学工具从中提取出若干个主题。然后，对这些主题进行深入分析，探讨它们各自所指向的问题域，包括提出的"诊断性、处方性的论述"[4]，以及这些论述背后所隐含的逻辑和观念。在此基础上，本研究进一步考察文献不同主题在数量比例上随时间变化的趋势，并将其与人工智能技术的实际发展历程相结合，从而揭示技术发展与舆论学学术生产活动之间的互动关系。本研究期望通过这一系列的计算分析、批判性审视与理论探讨，为人工智能背景下舆论学研究的发展提供富有启发性的思路和方向指引。

一 知识社会学的反身性、文本取向与技术之维

知识社会学这个研究领域最早由马克斯·舍勒（Max Scheler）开创，经过卡尔·曼海姆（Karl Mannheim）的发展与彼得·伯格（Peter L. Berger）和托马斯·卢克曼（ThomasLuckman）的完善而日趋成熟。[5] 知识社会学重视知识形态与社会形态之间的关系，认为"各种思想理论的产生和发展不是由思想本身决定，而是由思想理论之外的社会境况所决定，包括社会历史环境和社会状况的综合"[6]。因此主张对知识生产开展社会学考察，从而理解特定知识生产群体如何"从对他们的共同处境所具有的某种典型情境所作出的无休止的系统反应中，创造出一种特定的思维模式"[7]。知识社会学对"知识"的理解十分宽泛，既包括在专门机构（例如学校）系统学习获得的"关于的知识"（knowledge-about），也包括来自常识、习俗和生活经验的"熟识的知识"（knowledge of acquaintance）[8]。但无论是何种知识，话语和文本作为知识的载体始终成为知识社会学重要的研究对象。例如，米歇尔·福柯（Michel Foucault）把知识定义为一种话语体系，并

从"话语形构"的角度，考察各种陈述遵循特定规则和程序而形成的动态组合，如何体现并成就其所处的政治、经济、社会等历史条件。[9] 在潘忠党看来，这些规则和程序构成了包括知识生产在内的开展一切社会生活所必需的"认知秩序"[10]。因此，知识社会学的研究路径不仅关注知识文本本身，并且把知识生产看作一种社会实践，将文本放置在具体历史和社会情境下，考察它与其他社会要素之间的勾连，即特定的文本"时刻"[11,12]。对于社会科学而言，这一进路要求将研究者的工作——确认和概念化科学研究对象的过程——客体化为研究对象，从而"批判地审视知识生产过程本身的社会性，包括研究者自身的历史、社会地位和实践，并在此基础上评估知识的宣称（knowledge claims）"。[13] 因此这是一种"反身性"的实践，或用皮埃尔·布尔迪厄（Pierre Bourdieu）等的话来说，是一种"反身的社会学"[14]。

不断发展的知识社会学，在今天已经延伸出多条研究分支和脉络，但无论是认识论的知识社会学还是建构论的知识社会学，都有意无意地回避或忽视了媒介技术在社会中的能动作用，对技术如何影响知识生产的研究仍然付之阙如。正如尼克·库尔德利（Nick Couldry）和安德烈亚斯·赫普（Andreas Hepp）对《现实的社会建构》所批评的，这部知识社会学经典之作对"媒介"的讨论只字未提。[15] 尤其是在媒介化不断深入推进的当下，媒介以及各种经由传播技术实现的"中介化互动"应成为理解社会现实的关键。[16] 在海德格尔看来，媒介技术是一种解蔽和呈现，每一种新技术都会让使用者看到一个全新的世界。[17] 换言之，技术以特定的方式向人们展现他们所处的周遭世界，这个过程本身即包含着技术自身的观念和意识形态，并形塑着包含知识生产在内的人的实践。因此，技术应成为知识社会学理所当然的观照对象，并整合过往的研究进路，发展出"基于技术的知识社会学"，[3]112-119 为研究者打开新的视角和问题域。这一研究进路不仅强调以媒介技术视角理解知识的社会性生产，并且站在技术与社会相互建构的立场解释问题。

基于此，本研究对相关文献进行了深入的计算分析和批判性审视，旨在不仅于元分析的层面上，系统总结人工智能背景下舆论学研究的发展脉络、最新进展与存在的局限，而且从技术的知识社会学这一独特视角切入，深入探讨人工智能是如何嵌入舆论学的知识生产实践之中的。这一探讨涵盖了研究热点随技术演进的变化趋势、相关学术词汇在不同语境下的策略性运用，以及这些变化所反映出的舆论学研究对人工智能技术的响应与适应。进一步地，本研究从舆论学研究的立场出发，考察这一相对独立的学术领域如何在人工智能技术的冲击下，构建并巩固其独特的"认知权威"。这种"认知权威"不仅体现在对人工智能的理解、评价与应用上，更在于舆论学如何作为社会结构的一个有机组成部分，一方面积极响应技术最新发展和国家政策调整研究动向，另一方面把学术生产实践作用于社会层面关于人工智能的认知和政策转型，从而实现对这一新兴技术的学术"驯化"。

二 研究设计

为了搜集国内舆论学研究中包含"人工智能"主题的文献，本研究以"中国知网"为数据来源，在高级检索功能中输入"（主题：'舆论' + '舆情'）AND（主题：'人工智能' + 'AI'）"（即检索主题包含"舆论"或"舆情"字段，且同时包含"人工智能"或"AI"字段的文献）进行文献检索，对检索结果初步筛选了来源类别为"北大核心"或"CSSCI"的期刊文章，并剔除了综述、卷首语、新闻资讯、行业报告、盘点、作者介绍以及与研究主题无关的论文，获得121篇具有一定学术价值的期刊论文。鉴于后续研究主要依赖于对摘要内容进行关键词和主题提取，本研究进一步对缺失摘要的论文进行了筛除，以确保分析样本的完整性和准确性，最终确定进入分析环节的论文数量为105篇。

在分析方法上，本研究采用潜在狄利克雷分布（Latent Dirichlet Allocation，LDA）模型进行文本聚类和主题生成。LDA模型作为一种强大的概率主题模型，能够有效识别大规模文档集中的关键词，并挖掘出潜在的主题信息。其非监督学习的特性使得模型能够自动发现文档中的隐含主题结构，而无需事先定义主题类别。其前提假设是：①文档是由若干个隐含主题构成；②主题是由文本中若干个特征词语构成；③忽略文档中的句法结构和词语出现的先后顺序。[18]

在具体实施阶段，本研究将 105 篇论文的摘要部分整合成文档集，并利用 Python 编程语言实现 LDA 模型的分析。主要采用的数据分析库包括 Pandas（用于数据处理）、Scikit-learn（用于机器学习）、NumPy（用于科学计算）。主题建模使用 sklearn 提供的 LDA 模型，并基于 CountVectorizer 的词袋模型实现文本向量化。数据可视化主要使用 WordCloud 生成各个主题的词云图。文本预处理主要使用 jieba 分词工具在精确模式下对文档进行分词，对于无法正确分词的词汇，人工补充到 jieba 词库中，从而提高分词的准确性。停用词表综合参考"百度停用词表""哈工大停用词表"和"川大智能实验室停用词表"等数据集，剔除无分析价值的词汇。在训练 LDA 模型过程中，主题数量的设置对建模效果的影响非常大，对于主题数量 K 值的确定参考一致性（Coherence Score）这一指标。一致性衡量主题内部词汇聚合程度，数值越高表示主题内部的词汇越相关，主题越稳定。当一致性在某个区间内达到最高或处于上升趋势的拐点处，此时对应 K 值为最优主题数量。使用 Python 计算不同主题数量情况下的一致性并生成趋势图（如图 1 所示），可见当主题数量 K 值为 8 时一致性最高，因此将最优主题数量确定为 8。经过上述处理后，迭代训练 LDA 模型直至收敛。

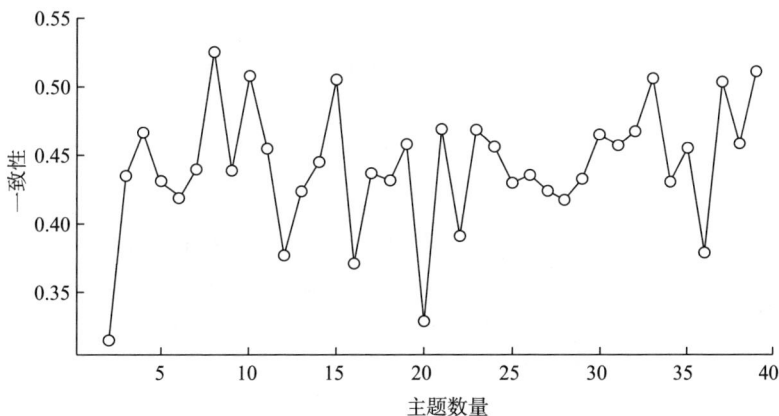

图 1　不同主题数情况下的一致性趋势

三　文献主题分布与解读

经过 LDA 模型训练和人工调试，形成由 8 个主题构成的模型，每个主题包含多个特征词，涉及若干篇文献。根据特征词的含义，结合与主题高度相关的文献进行人工检验，从而对每个主题进行标识和命名。具体主题、词项分布以及各主题强度如表1所示，每个主题所对应的词项依照出现概率，由高到低选取15个进行呈现。主题强度反映了某个主题在一定时间内受到关注的程度，根据该主题涉及的文档数目和主题在文档中出现的概率计算得出。主题强度越高，越有可能被认为是热点主题。[19]

由LDA模型生成的8个主题，分别涉及人工智能背景下舆论学研究对象的本体论、认识论和方法论。其中，本体论涉及"舆论生成"和"社会情绪"两大主题，认识论涉及"意识形态安全""政治安全""舆论生态"三个主题，方法论包括"舆情管控""技术赋能""媒体建设"三个主题。以下将分别进行解读。

表1 主题、词项分布及各主题强度

	主题标识	词项（与主题相关的高概率词）	主题强度
主题一	舆论生成	传播；数据；ChatGPT；主题；语义；AIGC；模型；风险；网络；信息；生成；理论；安全；社交机器人；引爆	0.0857
主题二	社会情绪	社会；情绪；主题；网络；情感；应用；知识图谱；传播；模型；方法；发展；治理；热点；情绪识别；技术	0.0857
主题三	意识形态安全	意识形态；治理；技术；风险；网络；应用；安全；建设；主流；颠覆性；发展；智能化；智能；社会；智能技术	0.0762
主题四	政治安全	政治；西方；传播；发展；输入；算法；智能化；公共；治理；技术；网络；ChatGPT；公众；生成；智能	0.0952
主题五	舆论生态	信息；传播；社会；智能技术；技术；伦理；公众；算法；行为；治理；用户；网络；内容；价值观；机制	0.1619
主题六	舆情管控	信息；风险；预警；模型；研判；内容；技术；网络；舆情监测；事件；教育；精准；数据；安全；预测	0.1810
主题七	技术赋能	治理；技术；意识形态；网络；传播；信息；政府；现代化；发展；社会；算法；现实；机制；理念；谣言	0.1904
主题八	媒体建设	技术；传播；治理；新闻；发展；媒介化；应用；社会；传媒业；风险；媒体；算法；挑战；机遇；主流媒体	0.1238

（一）本体论：舆论生成、社会情绪议题

主题一"舆论生成"围绕舆论/舆情的生成、扩散与演化展开研究，

并采用大数据挖掘、语义网络、知识图谱等技术手段，总结其主要特征、影响因素和运作方式。如果把舆论界定为"社会公众对特定事态的公开评价及其一致性的意见"[20]，那么是何种评价和意见，这种评价意见如何形成，又是如何表达或传播，则属于本体论角度的思考。该主题所统摄的文献探讨技术嵌入社交媒体平台的舆论生成图景[21]、突发公共事件的舆情主题发现[22]，以及基于大数据和人工智能的舆情传播模式分类[23]和传播特征挖掘[24]等。与以往对舆论的本体论认识不同，该主题的逻辑起点在于，以人工智能为代表的新兴技术不仅推动了社会生产力的发展，而且颠覆了原有的信息传播秩序，使舆论的本质和生成过程相较于过去发生了变化。根据这一"诊断"所开出的"处方"同样强调对技术的运用，即认为对于技术嵌入的舆论本质，只有通过技术方法才能获得理解。

主题二"社会情绪"围绕情绪和情感的内在机理展开探讨。正如陈力丹所言，舆论的直接表现是公开的意见，但有时人们并没有清晰地表达意见，只是各种情绪的流露，这也应视为舆论的表现[25]。因此社会情绪在舆论学研究中同样具有本体地位。这一主题体现出明显的学科交叉特征，综合了传播学、心理学、计算机等多个学科领域，例如人工智能背景下网络社会的情绪传播[26]、舆论极化现象的情感效应[27]、人工智能对焦虑心理的影响[28]等。随着情绪识别研究的不断深入，其学术场域亦不断拓宽。[29]这一研究领域的基本假设是，隐藏在社会表象之下的情绪，可以通过大数据、机器学习等人工智能技术进行挖掘。之所以有必要采用新技术和建立复杂的模型，是因为这与现代社会日益复杂的人际关系与社会心态的认知有着一定的联系。

图 2 "舆论生成"主题词云

图3 "社会情绪"主题词云

（二）认识论：意识形态安全、政治安全、舆论生态议题

从认识论出发，意味着研究舆论学从何种立场或角度认识以人工智能为代表的技术嵌入舆论的影响。在主题模型中，分别体现为意识形态安全、政治安全和舆论生态三个面向。其中，主题三"意识形态安全"从意识形态层面切入，认为人工智能技术不仅嵌入舆情传播，而且由于舆情与意识形态有着密切的关系，进一步体现为技术对意识形态安全的威胁和挑战，因此有必要对这一问题展开研究。例如，研究智能化舆情对主流意识形态的削弱[30]、"深度伪造"等颠覆性技术带来的价值异化[31]、生成式人工智能构成的意识形态风险和治理契机[32]等。这些研究体现出对人工智能抱有的警惕甚至批判态度，技术被研究者赋予一种负面价值倾向，并通过"技术至上""功利主义"等话语得以呈现。在提供的解决方案方面，一些研究把强化舆情沟通、回归价值理性、注重社会建设作为主要手段[33]，进一步强调舆论在认识论意义上的意识形态功能。

主题四"政治安全"从政治角度理解人工智能对舆论的嵌入。舆论学研究中的政治维度包括舆情的政治指向性，以及舆情管控的成效等议题。面对人工智能对舆论生态的冲击，政治安全议题在舆论研究中的重要性进一步凸显。一方面，该主题从国内政治传播切入，讨论 ChatGPT、深度伪造等人工智能技术以生成逻辑介入政治舆论生态，以及由此带来的公共政治舆论转型和公众政治参与的改变[34]；另一方面，该主题从国际政治格局切入，讨论 AIGC 带来的国际舆论生态变革，以及利用机器人和计算宣传等方式操纵社交媒体，对中国进行污名化、妖魔化。[35] 为了应对人工智能嵌入舆论带来的政治风险，制度建设和多方主体的协同为研究人员所重视[36]，反映了舆论学研究对政治和国家治理的积极介入。

主题五"舆论生态"考察人工智能背景下舆论空间的生态变化，剖析新媒体技术对大众传播模式和舆论格局的形塑。与"意识形态安全"和"政治安全"两个议题相似，该议题同样在"风险"框架下审视人工智能对舆论的负面作用，具体表现为指出智能传播时代舆论生态风险的多重不确定性[37]，并把这种风险归因于人工智能等技术对传统舆论格局的解构，以及主体界限消解带来的多元复杂性和碎片化。[38] 诸如舆论极化、网络谣言、舆论暴力等网络不良现象更多地与社交机器人（social bot）、深度伪造、ChatGPT 等新型 AI 应用结合在一起，研究认为后者对舆论生态秩序构成威胁和挑战。此外，部分研究结合具体案例展开对国内外舆论生态的分析，例如针对新冠疫情的复杂舆情[39]、网络战、舆论战等，体现出一定的现实关怀。

图 4 "意识形态安全"主题词云

图 5 "政治安全"主题词云

图6 "舆论生态"主题词云

（三）方法论：舆情管控、技术赋能、媒体建设议题

基于舆论学研究对人工智能技术的多维认识和评价，在方法论层面上应落地为有针对性的操作方式和实践路径。主题六"舆情管控"主张建构在人工智能背景下有效应对舆情的管理体系，包含舆情信息监测、研判、预警和决策支持等多个环节，并建立网络舆情治理的一体化决策支持体系、决策仿真平台、人工智能新范式、信息资源共享机制，阻遏网络舆情的不当蔓延，防止其向风险转化。[40] 相关研究具有明显的实用性色彩，关注具体的管理环节，其价值目标在于实现复杂社会环境下舆情的精准研判和有效决策。例如基于机器学习的网络意识形态风险识别的行为传播模型[41]、基于 NLPIR 框架的食品安全网络舆情管控指标体系[42]，还有借助人工智能技术建立司法舆情监测的数据库和案例库等。[43] 这些研究对舆情管控的技术化和智能化做了实质性的探索，并具体到不同社会领域和事件场景。

主题七"技术赋能"是强度最高的主题，关注如何把人工智能等技术应用到舆论治理的不同领域和主体当中，尤其是以技术和数据赋能政府精准决策以及社会共识的形成。[44] 这体现了认识论和方法论层面之间的自反性，一方面，正如在认识论层面的主题所揭示的，智能技术对传统规则尤其是舆论格局的消解被定义为各类风险和威胁的根源，这在一定程度上表现出对技术的批判和某种悲观主义；但另一方面，舆论学研究又把技术视为解决问题、重建秩序的主要思路，主张"以技治技"，强调了技术的建设性与社会功用。这种批判主义和实用主义并存的学术立场，是以技术向善的价值立场，以及科学把握人工智能时代的舆论生成和演化规律为前置条件。[45]

主题八"媒体建设"从新闻媒体的层面探讨人工智能技术背景下的舆论治理。主流媒体作为反映舆论、引导舆论的主体，同时也是社会治理的主体。在网络成为媒体重要信息源的今天，主流媒体的内容比拼首要问题已不再是时效和速度，而是如何凸显权威与专业性。[46] 新闻媒体应在传播优质信息、引导舆论、监督治理主体等方面发挥重要作用。[47] 这进一步要求主流媒体积极拥抱新兴技术，推进媒体融合，打造智能全媒体传播体系[48]，从而以主流价值导向驾驭算法，为受众提供"更具情感温度和人文关怀"的信息服务。[49] 研究认为主流媒体必须"有所为"，要积极应对人工智能新技术，适应新变化。

图 7 "舆情管控"主题词云

图 8 "技术赋能"主题词云

图 9 "媒体建设" 主题词云

四 技术变迁视野中的舆论学热点主题变迁

对所搜集的文献按照年份统计其数量，结果如图 10 所示。可见舆论学对人工智能的探讨在发文量上呈现波动上升趋势，说明舆论学对人工智能的关注度在整体上不断提升。其中三个波峰对应的年份分别为 2018 年、2020~2021 年以及 2023 年。学术生产相较于社会事件的发生在时间上具有一定的滞后性，不同时期文献热点主题的分析需要把研究时间起始坐标推至事件变动产生之前，从而校正文本"时刻"。从人工智能相关的社会热点出发，本研究认为，2018 年舆论学关于人工智能的文献发表高峰与2016~2018 年人工智能在社会层面广受关注，以及国内一批基于算法推荐的新闻客户端的爆发性增长有所联系；2020 年到 2021 年的讨论高峰，受到该时期深度伪造（如"AI 换脸"）问题，以及"元宇宙"概念火爆的影响；2023 年的发表高峰则与以 2022 年末 ChatGPT 为代表的生成式人工智能的兴起有关。本研究根据这些标志性事件，将舆论学关于人工智能的学术生产划分为与之对应的三个时期，分别解读各个时期具有代表性的热点主题，包括其在数量和具体内容方面的变化。此外，将有关的学术实践与该时期人工智能的最新发展、社会层面应用和反响，以及政府层面的管理模式进行勾连，从而对学术生产与社会实践的互动情况作描述性分析。

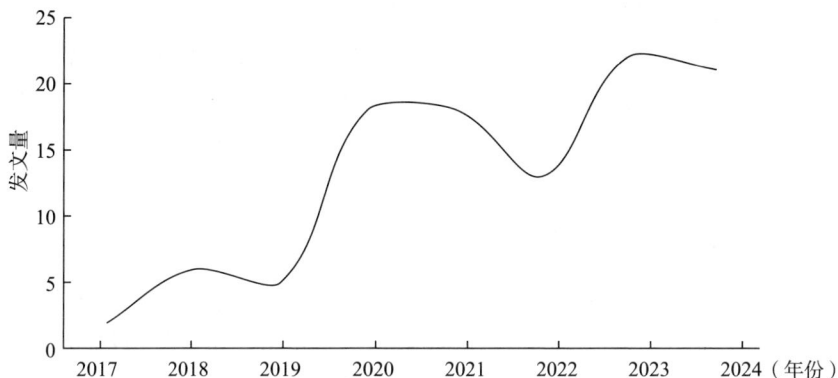

图 10　发文量总体趋势

（一）　2017～2019 年：人工智能成为国家战略，算法推荐与传统媒体构成张力

2016 年，谷歌旗下公司开发的 AlphaGo 击败当时的围棋世界冠军李世石，引发了全球对人工智能的关注。尽管计算机领域对人工智能的探索已有较长的历史，但是人工智能获得社会广泛讨论，则以这一事件为起点。同年 10 月，美国白宫发布《准备迎接人工智能的未来》（Preparing for the Future of Artificial Intelligence）和《国家人工智能研发战略计划》（The National Artificial Intelligence R&D Strategic Plan），人工智能首次进入社会和公共政策视野。面对人工智能的发展趋势，我国政府主动把握机遇，提前布局，把"人工智能"写入国家"十三五"规划纲要，国家发改委和科技部等四部门联合印发《"互联网+"人工智能三年行动实施方案》。2017年，"人工智能""数字经济"等新名词首次出现在政府工作报告中，两会期间多份议案和提案聚焦于人工智能。[50] 之后，国务院正式印发《新一代人工智能发展规划》，并把"人工智能"写入党的十九大报告。人工智能发展上升到国家战略的层面。

这一时期人工智能在社会层面最为广泛的应用当属于算法推荐，尤其是以今日头条、一点资讯为代表的新闻客户端，聚合了多家新闻机构和自媒体信息来源，基于用户行为和兴趣的数据抓取以及算法系统的精准分析，为用户提供量身定制的新闻内容。这一举措使今日头条等资讯应用获得巨大商业成功，但它对传统的新闻分发模式的冲击也引发社会各界的警惕与担忧，包括价值观缺失、低俗化和信息茧房等问题。但担忧并未影响算法推荐被进一步应用到网络购物、音乐流媒体和社交媒体等领域，其中最为突出的是抖音和快手等短视频平台在2018年的崛起。抖音与今日头条同属于一家母公司，基于算法推荐系统根据用户的观看习惯推送个性化内容，使得抖音吸引了大量用户。据《2018中国网络视听发展研究报告》，2018年我国各短视频应用的用户规模达到了5.94亿，占整体网民规模的74.1%。[51] 与之相伴的是外界对算法透明度与公平性的质疑以及健全监管的诉求增加。2019年，国家一系列政策和指导意见公布，如《网络信息内容生态治理规定》《网络音视频信息服务管理规定》，要求平台提高算法的透明度和可解释性，使网络综合治理体系更加完善。[52]

可以说，算法推荐受到社会的广泛关注，是从它被应用到新闻分发和社交媒体开始的，而这些领域与网络舆论的形成和传播相关，因而成为舆论学研究的重要议题。以此为契机，舆论学开始讨论人工智能和算法等问题。我们筛选了2017年到2019年发表的相关文献，并依据主题模型，发现这一时期讨论度最高的主题是"媒体建设"和"舆情管控"，分别占该时期文献总数的31%和23%（见图11）。算法推荐被最早应用到新闻内容分发，媒体机构不仅要面临网络时代的众声喧哗，其分发和传播渠道也开始受到算法平台冲击，这一时期研究者最为关心的便是主流媒体如何"跟上发展潮流"[53]，并通过媒体建设解决舆论生成失衡[54]等问题。在"舆情管控"主题下，这一时期的侧重点之一是将人工智能技术的威胁视为一种"非传统"安全，并建立一种基于技术的新的治理范式[40]9-13，解决诸如"算法偏见"和"信息茧房"的伦理失范问题[55]，这一思路顺应国家关于人工智能的发展战略和管理规范。

（二）2020~2022年：人工智能"深度"发展，网络舆论生态治理不断加强

2019年6月，工信部向四大通信运营商发放5G商用牌照，标志着中国进入5G商用元年。一方面，5G技术的落地使人工智能在移动互联网中的应用有了更多可能，并不断走向深化和融合发展。其中，机器学习/深度学习等人工智能技术面向图像、语音、自然语言处理等领域加快迭代创

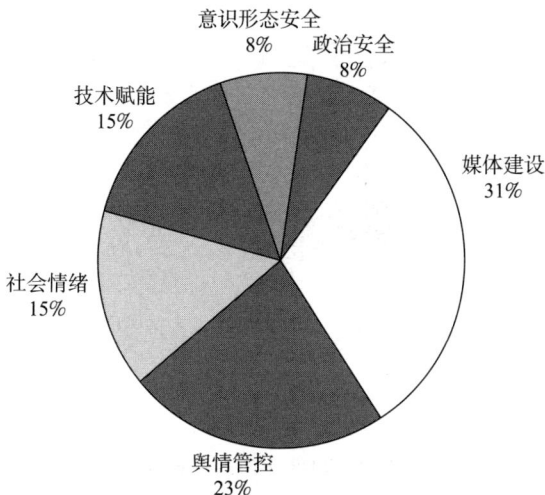

图 11　2017～2019 年文献主题数量分布

注：由于"舆论生成"和"舆论生态"主题在该时期占比较低（接近 0），因此在图中未显示。这也反映出在人工智能兴起早期这两个主题未能得到舆论学研究的重视。

新，使算法推荐与算法决策的精准度和效率大幅提升。另一方面，随着5G、区块链、物联网、虚拟现实（VR）、增强现实（AR）等技术与人工智能融合，人们对于未来世界的想象被进一步激发。2021 年，Facebook 创始人扎克伯格宣布把公司更名为 Meta，并计划在未来几年内构建元宇宙（metaverse），推动了全球对元宇宙的关注和投资热潮。在国内学界，元宇宙也成为学术研究热点，计算机、经济学、新闻传播学等领域纷纷开设专栏和举办多场学术会议展开讨论。

在信息传播领域，深度伪造（deepfake）通过篡改视频图像制造出大量的虚假新闻，扭曲和操纵人们对于事实的理解。[56] 社交机器人在西方政治事件中成熟运用[57]，计算宣传作为一种基于机器人的传播方式开始被国内学界重视，技术和反思都指向"虚"与"实"的问题。这一时期，"舆论生态"成为舆论学相关研究的热点主题之一，占总发表数的 21%（见图12）。这些研究指出人工智能对舆论的影响不仅体现在媒体等主体角色方面，而且表现为对整个舆论生态或传播秩序的扭曲和颠覆。通过对诸如"伪舆论"、机器人"水军"和计算宣传等现象的讨论，研究反思经由伪造的信息或活动如何"制造同意"并产生"虚假民主"[58]。研究回应了这一时期人工智能技术的最新发展情况，体现了舆论学的议题和热点如何随着技术的发展而发生转移。

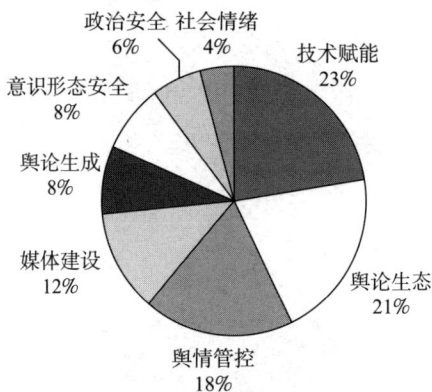

图12　2020~2022年文献主题数量分布

随着人工智能的深入发展，国家相关立法和治理措施出台。例如，2021年出台实施《中华人民共和国数据安全法》、2021年出台《新一代人工智能伦理规范》、2022年出台《互联网用户账号信息管理规定》《互联网信息服务深度合成管理规定》等。在治理层面，政府部门专项整治和管理规范行动遏制了网络乱象滋生和蔓延。如2021年国家互联网信息办公室部署开展"饭圈"乱象整治、春节网络环境整治、用户账号运营乱象整治等15项"清朗"系列专项行动，清理处置大量违法不良信息和账号，关闭和下架一批应用程序、小程序以及网站。[59]与此相对应，与网络舆论治理相关的研究在这一时期的研究中最为突出，具体包括"技术赋能"和"舆情管控"两个主题，分别占论文总数的23%和18%。这些主题注重宏观的体系建设，主张运用新技术实现对舆情的实时监控、精准分析和科学应对。其研究起点不仅是出于应对技术带来的各种风险，也体现出探讨社会治理如何提高技术嵌入作用的超前意识。

（三）2023~2024年：生成式人工智能兴起，技术治理体系基本形成

2022年11月底，OpenAI上线了基于GPT-3.5模型的聊天机器人ChatGPT，其功能是理解和生成复杂的自然语言，从而实现与用户的高质量对话。在上线的短短数天内，ChatGPT掀起了全球讨论热潮。除了聊天

问答，ChatGPT 还能实现文本生成、翻译、编程辅助、信息总结等功能。面对 ChatGPT 掀起的技术浪潮，国内各大互联网公司纷纷推出自家研发的 AI 大模型，其中以百度的文心一言、阿里云的通义千问以及科大讯飞的星火为代表。2023 年，OpenAI 发布 GPT-4，人工智能从自然语言处理扩展为多模态内容处理，能够实现图像识别与生成。而类似的 AI 绘图程序 Midjourney 也在这一时期"出圈"，成为文本生成图像的代表。2024 年 2 月，OpenAI 推出文生视频大模型 Sora，实现了根据用户文本提示创建 60 秒的逼真视频。由于这类应用能够"从无到有"地创造内容，因此也被称为"生成式人工智能"（Generative Artificial Intelligence，GAI），而其生成内容则被称为"人工智能生成内容"（Artificial Intelligence Generated Content，AIGC）。

那么，面对生成式人工智能的冲击，舆论学研究又是如何回应的？对近两年的文献回溯发现，大量文献针对 ChatGPT 等生成式人工智能和内容，主要讨论"舆论生态""舆情管控""技术赋能"这三个高热度主题，这些主题在本研究选取的样本中所占的比例均为 16%（见图 13）。首先，在"舆论生态"这一主题下，生成式人工智能被看作是对舆论安全的"冲击"，主要体现为机器伪装传播主体、高效制造信息噪音以及虚假信息的弥散。[60] 此外，有研究认为，生成式人工智能技术在与受众信息交互中将重构舆情发展路径，增加了网络舆情的安全风险，导致频繁的舆情反转，加剧受众间的认知对立与价值冲突。[61] 从方法论的层面，"舆情管控""技术赋能"依然是舆论学研究人工智能技术的热点主题，但具体内容取向与上一时期有所区别。例如，有研究认为，ChatGPT 可以在舆论研究中发挥重要作用，具体表现在数据收集、情感分析和跨语言舆论研究。在舆论治理方面，ChatGPT 能够检测和纠正舆论中的噪音和偏差。[62] 还有研究基于"技术管控技术"的理念，提出将生成式人工智能运用于社交机器人的监测识别，从而剖析社交机器人如何操纵舆论。[63]

2023 年 10 月，习近平主席在第三届"一带一路"国际合作高峰论坛开幕式主旨演讲中宣布中方将提出《全球人工智能治理倡议》，同日，该倡议全文正式发布。该倡议阐述了"以人为本、智能向善"的中国方案。[64] 同年颁布的《人工智能安全标准化白皮书（2023 版）》《网络安全标准实践

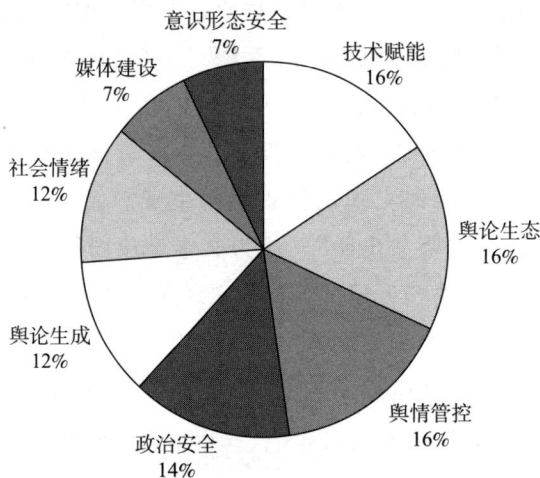

图13 2023~2024年文献主题数量分布

指南—生成式人工智能服务内容标识方法》以及2024年颁布的《生成式人工智能服务安全基本要求》等文件，对人工智能数据标注、语料安全、模型安全等方面提供细化指引，基本形成对于新技术新应用的安全标准体系。[65] 这一阶段，舆论学研究较上一阶段并不突出的"舆论生成""社会情绪"占据相当的比例（12%），舆论学对于技术嵌入舆论展开进一步研究，希望推进技术规范、对策研究和相关产业的发展。

五 总结和讨论

本研究基于LDA主题模型，对人工智能爆发性发展以来舆论学关于这一技术的研究文献进行了主题挖掘，在本体论、认识论、方法论层面形成了8个主题。从人工智能技术发展的视野，分析在不同时期舆论学对人工智能关注的侧重点及其变化，呈现出技术发展如何影响舆论学研究的问题意识和主要议题，以及舆论学如何介入人工智能的社会话语中，如何融入社会治理和技术规范的框架之中。在这个过程中，舆论学研究的学术话语与社会话语走向融合，诸如"信息茧房""机器人水军"等概念在两个话语场域中均获得了某种程度的共识。社会层面的技术规范和舆论监管可依据舆论学所提供的认知获得启发，舆论学研究则基于现实基础，一定程度地建构起作为知识生产主体的影响力。

回到舆论学的本体发展，本研究对 8 个主题采取了类似"元分析"的研究进路。可以发现，尽管舆论学对人工智能的探讨涉及本体论、认识论和方法论，但存在明显的结构性失衡问题，主要表现为对"舆论生成"和"社会情绪"等主题的研究在数量上和学理思考上相对不足。这类研究通常采用数据挖掘和建模等方法，强调以科学工具解读舆论或舆情这一社会现象在人工智能背景下的本质。舆论学研究目前依然缺少一种跨学科的研究思维，倘若从行动者网络理论（Actor Network Theory，ANT）视角来看，技术和自然科学等主体也并未完全纳入舆论学研究的社会网络之中，尚未与舆论学形成稳定的联结。从"反身性"出发，可以看出舆论学倡导各治理主体积极拥抱技术发展，但其自身对技术的采纳仍然有较大的空间。所幸的是，近年来生成式人工智能的发展将进一步降低技术使用的门槛，尤其在辅助编程方面将为那些非理工科出身的研究者赋能，我们也能看到对舆论本体的数据挖掘和研究将成为舆论学研究的一种新趋势。此外，"技术赋能""舆情管控"等方法论主题一直以来都是舆论学研究最为热门的领域，但如果对人工智能时代舆论的本质和发展规律缺乏基本把握，又从何谈起这些方法论层面的应对措施？这些措施是回应了社会之切实所需，抑或仅仅是为了缓解技术加速引发的焦虑？当面对学术话语不断生成的社会影响时，我们又当如何解读当下的技术和社会现实？本研究采取知识社会学的"反身性"立场，正是希望当舆论学在剖析技术对舆论这一社会现象的影响时，也可以从技术发展的视角反观自身，从而调整对自我的认知，更好地向前出发。

参考文献

[1] 张梅芳 . ChatGPT 的媒介逻辑与学术生产：类人性与学术对话 [J]. 编辑学刊，2023（4）：58-62.

[2] 潘佳宝，喻国明 . 新闻传播学视域下中国舆论研究的知识图谱（1986-2015）——基于文献计量学的研究 [J]. 现代传播（中国传媒大学学报），2017（9）：1-11.

[3] 胡翼青 . 论大众传播的历史性与意识形态性：基于技术的知识社会学视角

［J］. 南京社会科学，2018（3）：112-119.

［4］ 於红梅，潘忠党. 近眺异邦：批判地审视西方关于"后真相"的学术话语
［J］. 新闻与传播研究，2018（8）：5-24+126.

［5］ 刘文旋. 知识的社会性：知识社会学概要［J］. 哲学动态，2002（1）：
42-45.

［6］ 刘易斯·A. 科塞. 社会思想名家［M］. 石人，译. 上海：上海人民出版社，
2007：382.

［7］ 卡尔·曼海姆. 意识形态与乌托邦（一）［M］. 姚仁权，译. 北京：九州出
版社，2007：7.

［8］ 威廉·詹姆斯. 心理学原理（第1卷）［M］. 方双虎等，译. 北京：北京师
范大学出版社，2019：235.

［9］ 米歇尔·福柯. 知识考古学［M］. 谢强，马月，译. 北京：生活·读书·新
知三联书店，2003：32-34.

［10］ 潘忠党. 认知秩序及其面临的挑战［J］. 新闻记者，2023（2）：3-14.

［11］ HARVEY D，BRAUN B. Justice，nature and the geography of difference［M］.
Oxford：Blackwell，1996：78-79.

［12］ 李艳红，陈鹏. "商业主义"统合与"专业主义"离场：数字化背景下中国
新闻业转型的话语形构及其构成作用［J］. 国际新闻界，2016（9）：135-
153.

［13］ MATON K. Reflexivity，relationism，and research：Pierre Bourdieu and the epi-
stemic conditions of social scientific knowledge［J］. Space & culture，2003，6
（1）：52-65. 转引自於红梅，潘忠党. 审视关于"后真相"的文献——一
个"认知的反身性"的视角［J］. 新闻与传播研究，2021（10）：57-
75+127.

［14］ BOURDIEU P，WACQUANT L. An invitation to reflexive sociology［M］. Chica-
go：The University of Chicago Press，1992：71-74.

［15］ COULDRY N，HEPP A. The mediated construction of reality［M］. Cambridge：
Polity Press，2017：6-7.

［16］ 戴宇辰. 库尔德利与赫普为数字时代重写了"知识社会学宣言"吗？——
兼论现象学社会学的当代发展［J］. 国际新闻界，2024（2）：56-76.

［17］ 海德格尔. 技术的追问［C］//海德格尔. 演讲与论文集. 孙周兴，译. 北
京：生活·读书·新知三联书店，2005：56-66.

［18］ 姚全珠，宋志理，彭程. 基于LDA模型的文本分类研究［J］. 计算机工程与

应用，2011（13）：150-153.

［19］巢乃鹏，韩少卿，吴兴桐．数字新闻学研究主题发现及其演化分析：基于 Web of Science 文献的考察［J］．新闻界，2021（9）：4-13.

［20］孟威．习近平的新闻舆论观——深入学习习近平总书记在党的新闻舆论工作座谈会上的讲话［J］．当代传播，2016（3）：4-11.

［21］易臣何，周佳瑾，赵雨芊．类 ChatGPT 嵌入微博网络舆情生成图景的实证分析［J/OL］．情报杂志，https：//link.cnki.net/urlid/61.1167.G3.20240903.1416.004.

［22］邵琦，牟冬梅，王萍，等．基于语义的突发公共卫生事件网络舆情主题发现研究［J］．数据分析与知识发现，2020（9）：68-80.

［23］唐红梅，唐文忠，李瑞晨，等．基于变分推理的网络舆情传播模式分类［J］．北京航空航天大学学报，2022（2）：209-216.

［24］罗平，武斌．基于人工智能的网络舆情大数据传播特征挖掘系统［J］．现代电子技术，2020（4）：176-179.

［25］陈力丹．关于舆论的基本理念［J］．新闻大学，2012（5）：6-11+21.

［26］张爱军，师琦．人工智能与网络社会情绪的规制［J］．理论与改革，2019（4）：34-46.

［27］王晓培．从技术赋权到平台逻辑：社交媒体舆论极化形成与治理［J］．中国出版，2023（14）：11-17.

［28］何勤，朱晓妹．人工智能焦虑的成因、机理与对策［J］．现代传播（中国传媒大学学报），2021（2）：24-29.

［29］丁汉青，刘念．情绪识别研究的学术场域——基于 CiteSpace 的科学知识图谱分析［J］．新闻大学，2017（2）：119-132+152.

［30］张彦华，顾秦一．智能化舆情嵌入意识形态安全的风险、逻辑与治理路径——基于传播政治经济学的分析视角［J］．西南民族大学学报（人文社会科学版），2023（5）：187-196.

［31］苗争鸣，尹西明，许展玮，等．颠覆性技术异化及其治理研究——以"深度伪造"技术的典型化事实为例［J］．科学学与科学技术管理，2020（12）：83-98.

［32］洪晓楠，刘媛媛．人工智能时代网络意识形态安全建设的发展契机、潜在风险与调适进路［J］．思想教育研究，2022（10）：138-144.

［33］庹继光，马君．试论人工智能助力网络舆情沟通——基于社会建设的视角［J］．西南民族大学学报（人文社科版），2019（8）：151-155.

［34］张爱军，贾璐．ChatGPT 的公共政治舆论情感驱动及其调适［J］．探索，2023（3）：162-175.

［35］邵雷，石峰．域外势力操控社交媒体的手段路径及应对策略［J］．情报杂志，2022（2）：65-70+56.

［36］耿旭，刘华云．智能时代下中国主流政治价值观传播：模式、挑战与引领路径［J］．贵州社会科学，2020（8）：11-18.

［37］孟威．以内容建设涵养网络舆论生态［J］．中国报业，2018（20）：7.

［38］苏宏元，王月琳．智能传播时代网络舆论生态变化及其治理［J］．中国编辑，2022（12）：21-25+31.

［39］王天恩．新冠肺炎疫情的批判性思维启示及信息生态平衡的人工智能应用［J］．社会科学，2020（6）：122-130.

［40］曾润喜，陈创．基于非传统安全视角的网络舆情演化机理与智慧治理方略［J］．现代情报，2018，38（11）：9-13.

［41］秦博，徐浩铭．利用机器学习技术防范网络意识形态风险的理论模型与逻辑进路［J］．党政研究，2024（4）：4-13+124.

［42］徐博．基于 NLPIR 框架的食品安全网络舆情管控指标体系建构［J］．食品科学技术学报，2023（5）：165-174.

［43］康兰平．司法舆情监测评估的人工智能路径研究［J］．兰州学刊，2019（8）：70-80.

［44］王倩．数字化时代舆论引导参与基层数字治理的逻辑与范式［J］．南昌大学学报（人文社会科学版），2023（6）：93-102.

［45］张涛甫．人工智能推动舆论生态转型及其治理进路［J］．学术月刊，2024（2）：149-157.

［46］孟威．主流媒体网站内容建设的三个维度［J］．人民论坛，2016（19）：30-32.

［47］王博，杨松．新闻价值：人工智能治理的新闻参与［J］．青年记者，2022（7）：44-46.

［48］段鹏．试论我国智能全媒体传播体系建设的实践路径：内容、框架与模式［J］．现代出版，2020（3）：11-18.

［49］李春艳．科学应对传播媒介变革带来的机遇和挑战——以 ChatGPT 为例［J］．传媒，2024（2）：43-46.

［50］21 世纪经济报道．政府工作报告首提 AI、数字经济 互联网、科技界代表委员聚焦 AI．［EB/OL］．https://www.gov.cn/xinwen/2017-03/07/content_5174

503. htm.

［51］ 中国网络视听节目服务协会.《2018 网络视听发展研究报告》发布 ［EB/
　　　 OL］. http：//www. cnsa. cn/art/2018/12/16/art_1504_22951. html.

［52］ 国家互联网信息办公室. 数字中国建设发展进程报告（2019 年）［EB/
　　　 OL］. https：//www. cac. gov. cn/2020-09/10/c_1601296274273490. htm.

［53］ 张志安. 人工智能对新闻舆论及意识形态工作的影响 ［J］. 人民论坛·学术
　　　 前沿，2018（8）：96-101.

［54］ 张志安，汤敏. 网络技术、人工智能和舆论传播的机遇及挑战 ［J］. 传媒，
　　　 2018（13）：11-14.

［55］ 靖鸣，娄翠. 人工智能技术在新闻传播中伦理失范的思考 ［J］. 出版广角，
　　　 2018（1）：9-13.

［56］ 陈昌凤，徐芳依. 智能时代的“深度伪造”信息及其治理方式 ［J］. 新闻与
　　　 写作，2020（4）：66-71.

［57］ 张洪忠，赵蓓，石韦颖. 社交机器人在 Twitter 参与中美贸易谈判议题的行
　　　 为分析 ［J］. 新闻界，2020（2）：46-59.

［58］ 罗昕. 计算宣传：人工智能时代的公共舆论新形态 ［J］. 人民论坛·学术前
　　　 沿，2020（15）：25-37.

［59］ 国家互联网信息办公室. 数字中国发展报告（2021 年）［EB/OL］. https：//
　　　 www. cac. gov. cn/2022-08/02/c_1661066515613920. htm.

［60］ 黄日涵，姚浩龙.“再塑造”与“高风险”：生成式人工智能对舆论安全的
　　　 影响 ［J］. 情报杂志，2024（4）：121-127.

［61］ 张爱军，贾璐. 类 ChatGPT 人工智能语境下网络舆情安全的风险样态及其规
　　　 制 ［J］. 情报杂志，2023（12）：180-187.

［62］ 刘旸，喻国明. 智能互联时代舆论治理的价值重构 ［J］. 传媒观察，2023
　　　（4）：30-34.

［63］ 邵雷，石峰. 生成式人工智能对社交机器人的影响与治理对策 ［J］. 情报杂
　　　 志，2024（7）：154-163.

［64］ 央视网. 热解读丨从这八个字理解人工智能治理中国方案 ［EB/OL］. https：//
　　　 news. cctv. com/2024/06/14/ARTIdnF67WrVhdElN6zThZu5240613. shtml.

［65］ 国家数据局. 数字中国发展报告（2023 年）［EB/OL］. https：//www. digitalch-
　　　 ina. gov. cn/2024/xwzx/szkx/202406/t20240630_4851743. htm.

认知战主体协同模式探究：基于行动者网络理论的视角[*]

谢耘耕　吴潇阳[**]

摘　要　信息时代的认知战作为一种新兴的战争形态，其复杂性与日俱增，对国家安全战略优势构成了威胁。本研究旨在通过行动者网络理论的透镜，深度剖析认知战主体的协同模式，揭示认知战主体间如何通过互动促进信息共享、协同行动，共同塑造目标对象的认知、态度和行为。研究发现，美国的认知战主体构成多元，包括政府、军方、私人企业、主流媒体、智库和非政府组织等多层次、多类型的行动者之间形成了深层协同的联动机制。通过逐级推进的转译策略，美国构建了一个基于共同利益的叙事联盟，持续推进削弱中国国际话语权、压制中国国际话语空间的战略目标。在社交媒体平台的加持下，军（官）民、公私、国家内外之间的界限不再清晰，美国政府凝聚了全社会合力的认知战行动网络共振效应初步显现。结构性因素、情境性因素和主体性因素都会影响认知战主体协同模式效能的发挥。面对美西方认知战的复杂性与挑战性，我们必须从信息传播、信息鉴别、公众教育和国际合作四个关键维度深化、拓展现有的应对策略体系，保障国家的认知安全。

关键词　认知战　认知战主体协同模式　行动者网络理论　国家安全战略　信息时代战争形态

随着信息技术的迅猛发展与全球信息环境的日益复杂，认知战已悄然成为国家安全战略中的重要一环。它超越了传统战争形态的物理界限，直

* 基金项目：国家社科基金后期资助项目“认知战的运作机制与治理体系研究”（项目编号：24FXWB014）。

** 作者简介：谢耘耕，上海交通大学媒体与传播学院教授；吴潇阳，大连外国语大学新闻与传播学院讲师。

接作用于敌方的认知系统，通过影响信息、感知和决策过程，以非对称的方式达成战争目标。在此背景下，认知战主体如何高效协同、形成合力，成为决定战争胜负的关键因素之一。

在现代战争与冲突的背景下，认知战的概念与实践逐渐成为学术研究的热点。有研究者从认知科学的角度出发，分析了认知战的基本原理及其致效机制。[1] 还有研究者从概念史的视角对认知战的基本问题进行审辨，探讨了认知战的概念发展及其与现代战争的关系。[2] 另外也有研究聚焦于美国同盟体系中的认知战战略及其实践，提供了实际案例来理解认知战的战略运用。[3]

当前关于认知战的研究多集中在其概念界定、战略意义、技术手段等方面，而对于认知战主体协同模式的分析则相对匮乏。本文通过借鉴行动者网络理论中的核心概念，如行动者、转译、网络等，深入剖析认知战主体间的互动关系，揭示协同机制的运行规律，为认知战主体协同模式的优化提供理论支撑，同时为国家层面的认知战能力建设和安全保障提供前瞻性的实践指导。

一 行动者网络理论

20世纪80年代中期，法国社会学家布鲁诺·拉图尔（Bruno Latour）、米歇尔·卡龙（Michel Callon）和约翰·劳（John Law）等人提出了行动者网络理论（Actor Network Theory，ANT）。这一理论诞生于知识社会学的语境下，随后发展成为一种重新审视"社会"的路径，即将社会视为相互联结的科学。

ANT作为一种方法论，主要探讨科学技术与社会之间的相互建构。[4] 该理论认为，科学技术是社会构建的产物，这一构建过程涉及社会中各类资源的参与，包括非人类因素。从某种意义上说，ANT为建构主义提供了一个新的路径，它主张人类和非人类的行动或参与能力在本质上是相同的，特别是对于一个社会系统或网络而言。[5] ANT不仅对科学社会学研究产生了深远影响，还作为分析框架广泛应用于经济学、哲学、政治学、教育学、地理学等多个学科。有学者认为，ANT也适用于研究国际信息传播活动，比如分析国际传播实践中媒介基础设施所建构的行动者网络及其变化背后隐藏的资本冲突、地缘政治和社会不平等问题。[6]

行动者网络理论主要围绕三个核心概念展开：行动者（agency）、转译（translation）和网络（network）。

第一，行动者。通常来说，行动者指的是人类个体，但基于广义对称性原则，ANT扩展了这一概念。根据ANT，行动者指任何通过制造差别而改变了事物状态的东西。[7] 卡龙和拉图尔曾指出："行动者是任何能使周围空间弯曲、使其他要素依赖于它并将其他人的意志转译成它自己语言的元素。"[8] 因此，行动者不仅包括人类，也包括非人类行动者，例如技术、观念和生物体等。在ANT的框架下，行动者不存在主动与被动、主体与客体的差别。此外，ANT还认为行动者具有能动性，反对功能主义将行动者视为处于某个特定结构中特定位置个体的观点，而是将社会理解为诸多行动者所构成的联结网络。[9]

第二，转译。转译指行动者将其他行动者的利益和兴趣转化为符合自己语言和框架的内容，[10] 这是行动者之间相互影响、相互作用的关键环节。卡龙提出，转译过程分为四个阶段：问题化（problematization）、利益绑定（interestment）、招募（enrolment）和动员（mobilization）。[11] 在"问题化"阶段，核心行动者试图定义问题，并定义与其利益一致的其他行动者的身份和利益，以此成为重要的角色。"利益绑定"则是核心行动者通过一系列方式将其他参与者固定在特定的角色中。"招募"阶段通过吸纳更多行动者加入网络，最终"动员"使得核心行动者能够代表整个网络中其他行动者的利益。这四个阶段是交替发生的，而非严格按照顺序执行。[12] 通过转译，行动者之间形成了"表达—认知—理解"的互动关系，最终逐渐发展成为一个利益网络联盟。[13]

第三，网络。网络在ANT中是描述行动者之间相互联系和协作的概念工具。人类行动者和非人类行动者以同等的身份彼此构成节点和链条，形成扩散到社会各处的网络结构。网络不只是行动者之间存在的静态物理连接，而更多地体现为他们之间的互动过程和动态模式。在拉图尔看来，网络既非纯技术层面的连接（如互联网），也不是人类行动者之间表征出来的非正式联结［如格兰诺维特（Mark Granovetter）的社会网络］，而是一系列行动，一种描述连接的框架。[10]

有学者认为，行动者网络理论需要更注重多元主体的结构与互动，避免以往研究中只注重一对或几对社会关系的不足。[14] 鉴于此，本研究主张在探讨认知战的战略叙事时，应扩展研究视野，关注国际信息传播中多元行动主体所扮演的不同角色，深入分析这些主体如何通过相互协作来实现资源的优化整合。以美国为首的北约国家通常调动极为多样的行动主体来实施认知战，ANT 的现实主义视角能够较好地用来分析这一现象。第一，ANT 关注互动网络中复杂关系的交织，并且不明确区分行动者的主客体属性，这一点与美西方认知战的"复调化"主体特征高度契合。第二，ANT 擅长对创新实践进行理论解释，强调创新是一个持续的转译过程，[11] 它注重观察"正在形成的科学"，而非"已经形成的科学"，[15] 因此可以从理论层面解释诸如认知战这类动态迭代的新兴现象。综上，ANT 不仅为理解社会及科技发展进程提供了全新的思路，也为国际信息传播领域提供了有力的分析工具。

二 行动者网络视角下的认知战主体协同模式分析

（一）多元主体的深层协同联动机制

认知战作为现代信息战和心理战的高级形态，其核心在于通过精心策划的信息活动和心理战术，主动影响、塑造或改变目标对象（国家、群体或个人）的认知、态度和行为。当今的认知战主体不仅限于传统意义上的政府相关机构和军事力量，还包括私人企业、主流媒体、非政府组织、智库等多方行动者，形成了一个复杂的多元化结构。

ANT 认为，行动者的角色可以分为核心行动者与非核心行动者，前者在行动者网络的建构中发挥主导作用。[15] 在美国的多元认知战主体中，政府和军方扮演了核心行动者的角色，私人企业、主流媒体、智库、非政府组织等非核心行动者之间相互关联。美国政府通过政策、法律和技术手段引导其他主体，依靠他们在全球范围内开展全方位的认知战行动。每种类型的认知战主体都凭借其独特的资源、技术和能力，在各自领域发挥优势，从而形成一个跨机构、跨部门的整体协同网络。

近年来，美国的多元认知战主体之间已经形成深层协同的联动机制（见图1）。该机制以"网络化""扁平化"为特征，旨在实现多主体、多层级之间的高效联动。多个主体之间密切合作、共享信息，确保认知战能够高效、系统地实施，达到有效影响公众认知和社会舆论的战略目的。虽然美国的认知战主体构成多元，但他们能够通过深层协同联动机制，在认知战中保证战略目标的统一和战略信息的一致，并根据不同的情境灵活调整认知战策略。

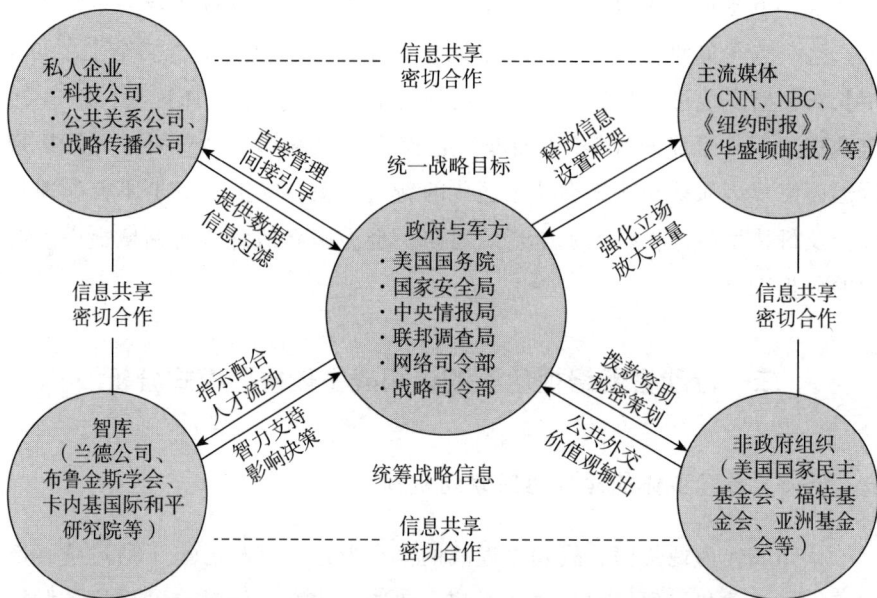

图1 美国认知战的多元主体及其深层协同联动机制

1. 政府情报部门与军方的密切合作

在政府层面，美国国务院、国防部、国家情报体系和国会等机构，都是主导认知战的关键力量。其中，负责外交事务的美国国务院一般被视为战略运作的核心。[16] 美国政府情报机构（如中央情报局、国家安全局）与军方之间的合作，在认知战的实施中起着核心作用。情报机构能够提供敌方的精确信息、进行数据分析和社会动态评估，军方则运用其技术和战术来实施信息战。比如，通过网络攻击（如 DDos 攻击、信息篡改等）或渗透行动，扰乱敌对国家的媒体、社交平台和其他信息基础设施，达到认知战的目的。此外，美国军方的两大机构——网络司令部（USCYBERCOM）和战略司令部（STRATCOM）也常常联合起来进行认知战的策划与执行。网络司令部负责执行网络战，战略司令部则负责协调与计划在全球范围内的战略传播和信息战，两者之间的协调能够确保认知战的广泛传播和深入实施。

2. 政府与私人企业的技术协同

数据收集、分析与处理是美国认知战的基础。私人企业（如 Facebook、Google、X 等科技公司）提供的大数据和智能技术，成为政府认知战的支撑力量。通过对用户行为、情感、兴趣等数据的深入分析，政府可以精准设计认知战策略，并通过社交平台、新闻媒体等渠道传播特定信息，影响目标群体的认知和行为。这种以技术为驱动的协同机制，使得认知战具有高度的精细化和个性化特征。私人企业（如社交媒体平台）还会应政府的要求，采用自动化信息过滤、删除虚假新闻、屏蔽不符合政府立场的内容等方式，控制信息流的走向和内容。这一机制不仅加大了信息操控的力度，还在全球范围内构建了信息的"回音室效应"，进一步巩固特定认知议题的传播。此外，在计算政治宣传中，一些国家的政府还会雇用专门的国际公关公司作为中介渠道，用以疏通和各国媒体之间的关系，进而改变舆论场中的信息及其流向。

3. 政府与主流媒体的相互协调

美国政府与主要的新闻机构之间存在着一种复杂的互动关系。在重大政治事件（如选举）或国际危机事件中，政府往往通过简报会、新闻发布会、专家引导等方式直接影响媒体报道的框架，确保新闻报道符合政府的认知目标。可以说，政府和媒体共同塑造了公众对某一事件或问题的理解。在对华舆论战中，美国政府首先释放具有价值倾向的信息内容，美国媒体随后跟进扮演加强政府立场、扩大政府声音的关键角色，以此吸引全球公众关注并支持美国的对华战略叙事。美国主流媒体在报道国际新闻时，常常在表面上体现出"客观真实"的样貌，声称在捍卫全球民主与自由。然而实际上，它们与政府的政治目标相辅相成，在推动政府利益方面起到了合谋者的作用。目前，美国政府对媒体的战略资助力度不断加大，持续巩固其在国际对华舆论中的话语权。根据美国全球媒体署 2024 财年预算，美国政府相较 2023 年增加了 5930 万美元的资金支持，进一步加强媒体机构在全球信息战中的战略部署。[17]

4. 政府与智库、非政府组织的联合互动

美国的智库和非政府组织在认知战中的作用不可忽视。智库与美国政府通过"旋转门"机制①相联系：一方面，智库为政府决策提供参考，将研究成果转化为认知战策略，并最终影响政府的对外政策走向；另一方面，美国政府也能指示智库配合政策，发布与其对外目标相一致的报告或言论。美国目前有2000多家智库，在排名前十的智库中，兰德公司、传统基金会、美国企业研究所等多家机构都以涉华议题作为主要研究方向，且其报告的内容往往也与美国政府的立场高度相似。[18]

美国政府还经常通过非政府组织（NGO）进行公共外交，并借助全球性的媒体、社交平台以及国际会议、论坛等途径，传播其核心价值观，如自由、民主、人权等。NGO与政府的协同，使得美国能够在全球范围内推动认知战，强化其国际形象并扩大其政治影响力。与官方组织的战略投射不同，NGO并不采用发布报告、进行演讲等活动方式，而主要通过资助当地实体机构或者其他组织来达到目的。例如，美国国家民主基金会资助了各类活动来对华进行民主叙事投射。近年来，该基金会在中国大陆的拨款比例增长正是配合美国政府对华政策调整，希望通过投射民主叙事影响中国社会内部，试图鼓动政治变革。

总体来说，美国政府和军方机构在认知战中扮演主导性的决策角色，它们负责确立战略目标、提供经费支持，并敲定最终的执行方案。私人企业、主流媒体、智库和非政府组织等主体负责执行认知战，它们会对认知战目标进行情感化或学术化的叙事包装，并以定向传播的形式施加影响。[19] 认知战主体之间的深层协同机制本质上依赖于信息的流动与共享。政府、私人企业、主流媒体之间存在广泛的信息交换，特别是在数据收集、情报分析和公众舆论引导方面。美国政府还通过与智库和NGO等主体的合作，继续在美国之外推广其意识形态、价值观和政策议题。美国的认知战并不限于特定地区，而是跨区域、多维度的全域作战。政府和相关主体借助多渠道、多平台（如社交媒体、新闻、文化产品等）形成立体化的

---

① "旋转门"机制（Revolving Door Politics）是美国智库的特色，指一些智库研究人员可以在政府与智库之间穿梭任职、双向流动。因此，智库不仅能为政府提供智力支持，还具有为政府培养和输送人才的功能。

信息传播网络。这种全域认知战极大地扩展了美国影响力的外延，使其能够在全球范围内影响不同文化、背景和立场的群体，有效塑造国际公众对美国及其政策的认知与态度。

（二）叙事联盟的逐级推进转译策略

根据行动者网络理论，转译过程是此类网络得以构建并维持动态稳定的核心机制。ANT认为，所有行动者既是转译的主体，也是被转译的客体，不同行动者通过相互的转译行为达成共识。[4] 在美国开展的对华认知战中，众多行动主体通过战略叙事的层层转译，形成了叙事联盟，共同推进削弱中国国际话语权、压制中国国际话语空间的战略目标。

首先，在行动者网络构建的初期即"问题化"阶段，美国通过不断制造概念化议题，刻意丑化和攻击中国的政策与制度，试图将中国定义为对美国利益和全球秩序构成威胁的"邪恶势力"。与此同时，美国还通过价值观绑定的方式，将盟友的利益与自身战略诉求捆绑在一起，推动盟友协同遏制中国。这一策略不仅促使美国建构了一个以共同价值观为基础的联盟，还为其在国际舆论场上指责中国、在国际事务中对中国实施制裁提供了"合理性"支持。

2016年，美国利用南海仲裁案，塑造了一个"霸权大国欺压民主小国"的舆论框架，将中国维护主权的正当行为污蔑为对地区和平与国际法的破坏。这一叙事通过广泛传播，不仅弱化了中国的国际话语权，还加深了特定区域对中国的负面认知。2020年新冠疫情全球蔓延期间，美国再次捏造虚假话题，抹黑中国为"病毒制造国"，联合盟友引导国际舆论将矛头指向中国，显著转移了外界对美国疫情应对失当的关注。2021年3月，美国政界、学术界、媒体等密切配合，又炮制出涉疆的虚假指控，包括所谓"强迫劳动""集中营""种族灭绝""强制绝育"等谎言。"强迫劳动"是美西方及新疆分裂势力炮制出的一个典型的认知战概念，其本质可以视为中美两国在政治和经济方面的竞争。这一舆论攻势通过叙事转译的方式，将多个行动主体的立场整合，污蔑中国在新疆的政策，试图在国际上制造对中国的普遍敌意。经由一系列"妖魔化"中国的认知战叙事，美国的政治推动者将其战略意图融入多个精心构建的故事中，并在全球范围广泛传播。

其次，在"利益绑定"阶段，美国通过强调共同利益的方式，构建主客体之间的叙事契合点，以提升对华叙事的吸引力和有效性。根据后结构主义理论学者詹姆斯（James Paul Gee）的观点，话语的使用可以折射出人们的社会身份和政治立场，因此具有政治性，能够"创造和建构我们周围的行为和世界"。[20] 例如，在"TikTok出售门"事件中，美国运用战略叙事强化外部话语认同，将TikTok塑造为可能危及国家安全的"负面符号"。这一举措极大地影响了其他国家民众对中国科技企业的认识和想象，印度政府于2020年7月封禁TikTok在其国内市场运营便是显著例证。

再次，在"招募"阶段，美国不断扩展行动主体的参与范围，形成完善而复杂的战略叙事网络。在对华认知战中，美国政府需要尽可能吸纳多元化的行动者，通过特定叙事话语建立内部一致性与外部传播协同机制。美国利用战略叙事强化话语控制，在行动主体之间形成广泛共识，促使对外战略合作的落实。随着数字技术的普及，美国的对华叙事开始借助隐秘渠道向外扩散。根据相关报告，美国在社交媒体平台上搭建了一个巨型宣传网络，通过设置虚假账户、传播重复内容和制造热点话题等方式，实施针对中国的政治宣传和谣言传播。[16]

最后，在"动员"阶段，美国与盟友协作，扩大战略叙事利益网络的覆盖范围，从而构建更紧密的对华叙事联盟。在欧洲，美国持续深化与北约盟友的合作，不断拓展基于"民主对抗威权"叙事的价值观同盟。这种精心策划的舆论操控，表面上声称基于民主和自由的价值观，实质上服务于其对抗中国的地缘战略需求。2019年以来，北约官员在各类公开场合对中国的无端批评显著增加。2020年5月，北约副秘书长米尔恰·杰瓦讷在演讲中提到，中国在安全与经济领域对北约构成挑战，并呼吁北约成员国共同应对。[21] 2022年4月，北约秘书长斯托尔滕贝格再次指责中国未谴责俄罗斯在乌克兰的军事行动，并号召西方国家联合抵制所谓"威权主义国家"的威胁。[22] 同年6月，北约在《北约战略概念2022》报告中，首次将中国视为对西方利益、安全和价值的威胁与挑战。[23] 在亚洲，美国为维持其在印度—太平洋地区的利益，不断强化原有的军事同盟，大力推动美日印澳"四国机制"的发展。同时，美国一边开始加强与印度的双边关系，一边积极促成美、日、韩三边合作，进一步扩展由美国主导的同盟集团，推广有利于美国的网络规则。[24] 这一安排不仅便于美国在盟国网络中安插信息操作人员，还能通过管控信息流通，增强对竞争国家的排斥与限制。

通过战略叙事的四个转译步骤，美国将对华认知战的国外参与者编织成一个协调联动的叙事同盟。他们能够不知不觉地塑造全球民众的认知，不断强化、扩大中国的负面政治形象，使后者逐渐接受并认同美国的政治话语，进而达到遏制中国发展的战略目标。

（三）社会合力的行动网络共振效应

行动者网络由多个行动者协同合作，建立利益一致的关系，从而形成推动共同目标实现的合力。美国政府成功调动了多方资源和行动者的协同参与，打破了以往军（官）民、公私、国家内外之间的界限，打造了能够凝聚全社会合力的认知战行动网络。在认知战主体深层协同机制的运作下，认知战行动网络表现出一种系统共振、集体放大的综合效应。这一效应主要通过以下步骤产生作用。首先，围绕目标国家的一个焦点事件，利益相关方精心设计传播策略，借助意见领袖的参与和解读，逐步重塑议题框架，直至将问题政治化、国际化。然后，策划计算政治宣传活动，通过社交机器人大规模转发刻意制造的虚假信息，经由意见领袖之间的相互转发和网站之间的交叉引用，混淆信息来源，导致信源难以追溯、查证。最后，通过线下活动吸引媒体关注，同时雇用水军在线发酵，提升相关议题的热度。这类舆论操控策略一般以民生议题作为切入口，以便吸引民众关注，并能在一定程度上绕过网络监管。之后，迅速转化为对目标国人权状况、社会治理或制度问题的攻击。在美国政府的主导下，认知战多元主体一同推动议题的生成与扩散，形成了复调式的传播闭环，通过多渠道交互的形式，持续传递特定价值观，实现深度洗脑式的重复灌输。[25]

在计算政治宣传盛行的当下，社交媒体平台已然成为实施认知战的主要"战场"。依托移动互联网和智能算法技术的认知战不仅能够轻易达到深度伪造事实的目的，还能大幅提升议题的可信度和关注度。然而，若想产生认知战行动网络的共振效应，除了技术手段，还必须依赖心理战和情感操控。通过公共舆论的集体发酵，认知战主体能够有效制造或激发特定情感（如恐惧、愤怒、民族主义情绪等），从而使目标群体的情绪和决策偏离理性，达到战略目标。借助社交媒体平台上的各类（伪）草根行动者（如普通网民、意见领袖、虚拟社媒账号、社交机器人等），认知战的参与方可以通过"沉默的螺旋"机制①有效压制反对声音，成功营造有利于某些国家的国际舆论和意见气候，极大地增强认知战的战后效果。依托社交媒体平台操控社会情绪，美国得以实现对目标国国际话语空间的干预与压制，其认知战的行动网络共振效应初步显现。

三　认知战主体协同模式的影响因素

认知战主体协同模式的效能受到多种因素的共同影响，这些因素可以归纳为结构性因素、情境性因素和主体性因素三大类。通过对具体案例的拓展分析，我们可以更深入地理解这些因素如何在实际中发挥作用。

（一）结构性因素

1. 国家政治体制

国家政治体制对认知战主体协同模式影响深远。以美国为例，其政治体制为总统制，权力相对集中，这使得其在认知战决策和资源调配方面能够迅速形成统一意志。在冷战期间，美国通过中央情报局等机构，在全球范围内进行信息收集和认知战行动，展现了高效的协同能力。然而，这种集权体制也可能导致决策过程中的信息不对称和决策失误，如美国在伊拉克战争中的情报失误，就部分归因于决策层对基层信息的忽视。

2. 政治、军事战略

政治战略与军事战略作为国家战略的两大核心要素，共同构建了认知战主体协同模式的框架，并深刻影响着其运作效率与效能。具体而言，政

---

① "沉默的螺旋"机制是指针对一个有争议的话题，随着时间推移，与大众传媒一致的优势意见不断扩大，而在媒介中缺乏代表的少数意见保持沉默，从而形成一方声音越来越大，另一方声音越来越小的螺旋式舆论发展过程。

治战略通过价值观塑造、国际规则建构与公共话语权争夺，为认知战提供合法性基础与叙事方向；军事战略则依托信息作战体系构建、战场态势感知能力与技术装备革新，为认知战提供执行路径与技术支撑。二者在目标设定、资源配置和行动时序三个维度形成动态协同，能够大幅提升认知战效能。

3. 法律法规

法律法规的完善程度对认知战主体协同模式的效率和效能具有重要影响。近年来中国加强了网络安全和信息管理方面的法律法规建设，为认知战主体提供了明确的法律框架。这有助于保障信息安全、促进主体之间的有效协同，并提升认知战的整体效能。

（二）情境性因素

1. 作战环境

作战环境的复杂性和不确定性对认知战主体协同模式提出了更高要求。以阿富汗战争为例，美国及其盟友在阿富汗面临复杂的战场环境和多变的敌情。为了有效应对这些挑战，美国军事情报机构和特种部队等认知战主体加强了协同作战，通过信息共享、行动协调等方式，提高了对敌方认知系统的干扰和破坏能力。

2. 信息技术发展水平

信息技术的发展水平对认知战主体协同模式同样具有重要影响。例如，以色列在信息技术方面处于领先地位，其军事情报机构和网络安全机构等认知战主体充分利用大数据、人工智能等先进技术，提升了认知战的精准度和效率。在多次冲突中，以色列通过精确的信息收集和智能分析，成功预测了敌方的行动和意图，为军事行动提供了有力支持。

3. 社会文化环境

社会文化环境对认知战主体协同模式具有潜在影响。以中东地区为例，该地区的社会文化背景复杂多样，不同民族和宗教之间的差异显著。这种社会文化环境对认知战主体之间的信息交流和协同作战构成了挑战。认知战主体需要深入了解当地的社会文化背景，加强文化融合和相互理解，以促进更有效的协同作战。

（三）主体性因素

1. 能力

认知战主体的能力是其参与协同网络的基础。以美国海军陆战队为例，该部队在认知战方面具备强大的能力，包括信息收集、分析、处理和传递等。在多次海外行动中，美国海军陆战队与情报机构、媒体等认知战主体紧密协同，通过精确的信息收集和快速的行动响应，成功完成了多项认知战任务。

2. 意愿

认知战主体的意愿包括战略共识、利益契合度及价值认同等，极大地影响到认知作战网络的结构密度与行动效能。以美国在乌克兰"颜色革命"中的操作为例，美国国际开发署与中央情报局通过意识形态纲领的深度整合，将民主价值观输出与政权更迭目标相结合，激发起当地反政府组织的协同意愿，最终推动亲美政府上台，削弱了俄罗斯在东欧的影响力。

3. 动机

动机是驱动认知战主体参与协同的内在动力。以以色列情报机构为例，其动机主要源于对国家安全的深切关注。在多次冲突中，以色列情报机构以保卫国家安全为动机，积极参与认知战行动，与其他认知战主体紧密协同，为以色列政府提供了重要的决策支持。

四 认知战主体协同模式的应对策略

面对美西方对华认知战的复杂主体协同模式，我们必须构筑一套全方位、深层次且高度灵活的应对策略体系，以确保有效抵御并有力反击其对我国认知空间的侵蚀，坚决维护国家的认知安全与国际形象。

（一）构建多元化、国际化的信息传播体系

在已构建的全球传播矩阵基础上，我们需进一步深化与国际知名媒体的战略合作。通过共同策划、制作高质量的媒体内容，提升中国故事的国际传播力与影响力。同时，应充分利用海外社交媒体平台的优势，精准推

送中国声音，扩大其在国际社会的覆盖面。此外，我们还应积极探索新技术在传播中的应用，为国际受众提供更为丰富、立体的传播体验，从而更直观地展示中国文化的独特魅力、历史深度和社会发展成就。我们还需注重国际传播人才的实战能力培养，提升他们的战略思维、创新思维以及应对国际舆情危机的能力。

（二）提升信息鉴别与应对能力

为有效应对虚假信息与谣言的传播，我们必须建立高效、智能化的信息监测、预警与响应系统。利用人工智能与大数据技术，实现对信息的快速识别与分类，确保在第一时间发现并应对负面舆情。同时，我们还应加大技术研发投入，注重技术的自主可控性，确保信息安全与战略自主。在管理层面，需构建标准化的信息鉴别与应对流程，确保在发现虚假信息时能够迅速、准确地采取应对措施，防止其扩散与蔓延。

（三）加强公众教育与媒体素养提升

提升公众的媒体素养、加强公众的认知战防范意识，是抵御认知战的重要一环。我们应将媒体素养教育纳入终身学习体系，通过学校教育、社区培训及在线课程等多种方式，不断提升公众的媒体素养与信息鉴别能力。同时，鼓励公众积极参与认知战的防御工作，如设立举报奖励机制、组织辟谣行动等，形成全社会共同防范认知战的强大合力。通过持续教育和全民参与，整体提升公众的认知战防御能力，共同维护国家的认知安全。

（四）深化国际合作，构建国际认知安全共同体

面对认知战的全球性挑战，我们必须加强与国际社会的合作与交流。通过与国际组织、外国政府及媒体机构建立紧密的合作关系，加强信息共享与交流，充分应对认知战的威胁。我们还应积极推动构建国际认知安全共同体，呼吁其他国家共同维护全球认知空间的和平与稳定。此外，我们必须积极参与国际传播规则的制定与修订工作，为各国提供平等的传播机会与平台，促进全球信息的自由流动与共享。只有通过深化国际合作、推

动建设国际认知安全共同体，我们才能共同应对认知战的挑战，实现共享安全与共同发展。

参考文献

[1] 何飞．认知战的基本原理及致效机制研究［J］．当代传播，2024（3）：61-65．

[2] 吴爱军．概念史视域下认知战及其基本问题审辨［J］．海南师范大学学报（社会科学版），2023，36（6）：99-107．

[3] 张景全，巩浩宇，周帝言．美国同盟体系认知战战略及其实践［J］．现代国际关系，2023（4）：59-78+151．

[4] 王增鹏．巴黎学派的行动者网络理论解析［J］．科学与社会，2012，2（4）：28-43．

[5] 刘文旋．从知识的建构到事实的建构——对布鲁诺·拉图尔"行动者网络理论"的一种考察［J］．哲学研究，2017（5）：118-125+128．

[6] 陆国亮．国际传播的媒介基础设施：行动者网络理论视阈下的海底电缆［J］．新闻记者，2022（9）：55-69．

[7] 吴莹，卢雨霞，陈家建，等．跟随行动者重组社会——读拉图尔的《重组社会：行动者网络理论》［J］．社会学研究，2008（2）：218-234．

[8] CALLONM, LATOUR B. Unscrewing the big Leviathan：how actors macro-structure reality and how sociologists help them to do so［C］//CETINA K K, CICOUREL A V. Advances in social theory and methodology：toward an integration of micro-and macro-sociologies. London：Routledge, 2014：277-303．

[9] 戴宇辰．"旧相识"和"新重逢"：行动者网络理论与媒介（化）研究的未来——一个理论史视角［J］．国际新闻界，2019，41（4）：68-88．

[10] 王佃利，付冷冷．行动者网络理论视角下的公共政策过程分析［J］．东岳论丛，2021，42（3）：146-156．

[11] 肖鳕桐，方洁．内容与技术如何协作？——行动者网络理论视角下的新闻生产创新研究［J］．国际新闻界，2020，42（11）：99-118．

[12] AKA K. G. Actor-network theory to understand, track and succeed in a sustainable innovation development process［J］．Journal of cleaner production, 2019, 225：524-540．

[13] 袁红，李佳．行动者网络视角下突发公共事件的谣言协同治理机制研究
[J]．现代情报，2019，39（12）：109-120.

[14] 谢元，张鸿雁．行动者网络理论视角下的乡村治理困境与路径研究——转译
与公共性的生成 [J]．南京社会科学，2018（3）：70-75.

[15] 布鲁诺·拉图尔．科学在行动：怎样在社会中跟随科学家和工程师 [M]．
刘文旋，郑开译．北京：东方出版社，2005：418.

[16] 万立良．美国对华舆论的战略叙事机制及中国国际舆论斗争叙事体系探赜
[J]．边界与海洋研究，2023，8（6）：90-108.

[17] U. S. AGENCY FOR GLOBAL MEDIA. USAGM FY24 budget responds to growing
threats to information [EB/OL]. 2023-03-13，https://www. usagm. gov/2023/
03/13/usagm-fy24-budget-responds-to-growing-threats-to-information/.

[18] McGANN J G. 2020 global go to think tank index report [EB/OL]. 2021-01-28，
https://repository. upenn. edu/entities/publication/9f1730fa - da55 - 40bd - a1f4 -
1c2b2346b753.

[19] 张一飞．美国对华心理战的操作、逻辑、影响与应对 [J]．东北亚论坛，
2023，32（6）：33-47+125.

[20] Paul G. J. An introduction to discourse analysis：theory and method [M]. London：
Routledge，2000：2-11.

[21] NATO. Speech by NTAO deputy secretary general Mircea Geoana at the Hudson In-
stitute in Washington DC. [EB/OL]. 2022-05-11，https://www. nato. int/cps/
en/natohq/opinions_195193. htm.

[22] NATO. Press conference by NATO secretary general Jens Stoltenberg ahead of the
meetings of NATO ministers of foreign affairs on 6 and 7 April 2022 [EB/
OL]. 2023-06-02，https://www. nato. int/cps/en/natohq/opinions_194325. htm?
selectedLocale = en.

[23] NATO. NATO 2022 new concept [EB/OL]. 2023-06-02，https://www. nato. int/
strategic-concept/.

[24] 唐睿．美国信息战的新特征与新动向 [J]．人民论坛，2023（19）：72-75.

[25] 史安斌．"图文信息战"正向"算法认知战"迭代 [J]．经济导刊，2022
（3）：5.

ChatGPT 影响舆论的内在转变、潜在危机及其应对路径[*]

赵双阁　张雨桐^{**}

摘　要　每一次媒介技术发展都会引发媒介形态、传播方式和舆论生态的巨变。生成式人工智能驱动舆论生态发生从有序到无序的结构性重塑，舆论场域中的多元媒体渠道、丰富的传播图景和情感导向元素都在不同程度上发生偏移或是被消解。通过进一步分析发现，需要在舆论格局变动的表征之下，审视 ChatGPT 生成式人工智能对我国乃至全球的舆论发展带来的深层次危机和挑战：民族身份认同危机、政府舆论管控危机以及东西方话语失衡加剧。面对 ChatGPT 等生成式人工智能对新闻舆论格局的冲击，应从多领域、多维度进行应对和布局，采取算法模型升级、智能平台搭建和公众智能素养培育等方法，达成多域联动，以维护智能时代下我国的舆论安全以及全球舆论生态的健康发展。

关键词　ChatGPT　生成式人工智能　舆论　传播机制

生成式人工智能的代表作品 ChatGPT 一经推出，一石激起千层浪，强势开启了智能媒体在全球应用的新局面。ChatGPT 在推出不到两个月时间内吸引活跃用户约 1.23 亿，成为有史以来用户增长速度最快的应用。[1]其作为智能助手接入了用户日常生活和工作场景的各个方面，深度嵌入了人类社会生产劳动过程和信息流通系统，并作为一种全新的、具有强烈垄断性的媒介形式正在颠覆我们的认知与生活。[2]

从历史传播演变来看，每一次媒介技术的变革，都引发了媒介形态、

＊　本文系国家社会科学基金项目"区块链技术下新媒体产业版权集体管理制度创新研究"（项目编号：20BXW049）的阶段性研究成果。

＊＊　作者简介：赵双阁，河北传媒学院特聘教授，西北大学新闻传播学院教授、博士生导师，西北大学新媒体与法治研究中心主任；张雨桐，西北大学新闻传播学院硕士研究生。

传播格局和传媒生态的巨变。[3] 作为新一代的知识调用工具，ChatGPT 的产生加深了技术对信息生产和传播的介入程度，技术演进与舆论发展之间的联系也更加密切。作为深度参与网络信息收集、再加工和生产"新"信息的工具，社会主体对 ChatGPT 的使用行为必然不可避免地参与到公共舆论的生产和传播当中。[4] 随着智能技术与人类社会更深度绑定，生成式人工智能必然会成为舆论空间中争夺话语权的新兴主体，其产生也将构建新的传播逻辑，重塑舆论演化的环境，对现有的舆论生态格局和舆论生产轨迹产生深刻影响。麦克卢汉说过，要以恰当的方式理解媒介的威力。[5] 我们的研究视野也要从关注 ChatGPT 的性能调适和功能应用，转向探究 ChatGPT 智能媒介自身的"能动性"及其对传播和社会秩序建构的重要意义。[6]

一 从有序到无序：ChatGPT 对舆论生态环境的结构性重塑

加拿大政治经济学家哈罗德·伊尼斯指出：一种新媒介的长处，将导致一种新的文明诞生。[7] 技术的快速发展和迭代孕育了不断革新的传播范式和层出不穷的新舆论场域。ChatGPT 作为生成式人工智能的代表作品，全球范围内的大量用户入驻使其成为舆论场中的重要主体和影响因素。其对知识的生产方式和传播模式将会改变以往媒介空间的运行逻辑，动态构建新的舆论空间秩序和传播渠道，重新锻造舆论产生和发展的各个机制和环节。哈罗德·伊尼斯进一步指出，"每当引进新的技术发明，就会产生全新的服务环境，社会经验随即实现大规模的重新组合"。[8]

（一）舆论主体颠覆：用户对媒体渠道的依赖进一步降低

作为一种新生媒介，ChatGPT 与传统媒介最大的区别是：传统媒介以提供信息服务为主，满足用户的求知欲；ChatGPT 则以提供问题的答案或解决问题的方案为主，提升用户的效率或效益。[9] 在传统媒体和平台媒体时代，用户需要自行判断事件发展的阶段、选择合适的媒体渠道、搭建自己的信息接收体系并不断更新和补充信息。在这个过程中，受众需要面对冗杂的信息搜索和整合流程。ChatGPT 则是完全相反的应用场景。它将之前所有媒介创造的内容消化后变成了自己的内容基础，[10]34 配合大语言预训练模型可以有效理解人类发出的问题指令，并按照人类语言习惯输出高质量回复文本，一站式解决用户的信息需求。21世纪社会学家穆特·罗萨提出的著名的社会加速批判理论就指出，在高强度快节奏的现代社会生活的裹挟下，绝大多数人有意识或无意识地想要或者觉得必须在更少的时间内做更多的事，获取更多的信息。[11] 用户使用ChatGPT获取信息服务时可以节约时间成本和劳动力，得到一份具有针对性的私人定制报告，相比于通过传统媒体获取信息，与ChatGPT的互动似乎更符合当下及未来社会对效率的追求和个性的需要。未来一旦ChatGPT等生成式人工智能得到广泛应用，其与用户之间点对点的互动方式将跨过媒体和社交平台，用户对媒体渠道的依赖将大大降低。媒体一旦失去其发挥舆论载体和引导功能的主体地位，其在舆论空间中的关键行动主体位置将缺失，舆论演化链条将从源头断裂。

（二）传播过程压缩：一站式传播下多元舆论图景被解构

社交媒体是基于社交关系建立起来的交流图谱，具有层层递进式的传播环节和立体丰富的讨论图景；而智能媒体是基于数据和算法相结合的匹配程序，是从信息到信息的去社交化的极简传播。有学者将智能媒介定义为一种在技术助力下出现的更懂得人类需求的信息服务介质或机制。[10]35 智能媒介与社交媒体真正的区别就在于底层的传播机制，在于传播中数据的依赖程度和算法的角色地位。[10]35 基于ChatGPT等生成式人工智能对信息的处理和输出模式，其传播过程可以被概括为一站式传播。

当下这种以算法算力作为智能传播底层逻辑的构建路径，渐渐助长了"数据主义"的思想风潮，例如学者赫拉利曾提出的数据流组成了宇宙的概念推理，[12] 但这种将复杂的传播活动精简为数据处理的理念是失之偏颇的。[10]36 正常传播活动涉及多方主体，受多重因素影响。在这个过程中虽然运用社交媒体网络进行有效信息堆叠的方式比智能媒体低效，但是可以在每个传播环节进行"人的把关"，自主选择相关领域想要了解的内容本体、舆情变化以及次要信息，并且在这个过程中被精准搜索的智能媒体筛掉的"无用信息"也可能会引发下一次的传播行为。传播行为的过程路径越多元，传播活动得到的图景和信息越丰富，舆论讨论的发展方向也越广泛和开放。而遵循精简传播的智能媒介，其传播过程掩盖于算法黑箱之下，用户无法对智能媒介进行除内容指令外的其他标准设定以及公开讨论，用户得到的信息只是基于事实或信息内容上的转述和描摹，舆论传播和发展过程中正常出现的附件信息被剥夺，用户的控制权也在这个过程中被极致压缩。高效智能技术辅助下的一站式传播剔除了多重传播过程，也解构了多元的舆论图景。

（三）舆论导向失焦：重组后信息的情感因素和价值隐喻被切碎

ChatGPT 的本质就是信息生产方式的一次变革，是 AIGC 的一种具体实现方式。[15] 有学者将其定位为"智能搜索引擎+智能文本分析器+智能洗稿器"。[13]17 说它是智能洗稿器，是指 ChatGPT 即使搜索出了与问题直接相关的信息，也不会直接将文字内容粘贴过来，而是会重新进行文字组合、遣词造句，进而表达相同的观点。[13]17 其内容生产本质上是对已有文本内容的打碎和重组。一般情况下，重组文本的生产方式对于要求不高的文本创作任务可以胜任，但是当将其运用于需要发挥文化属性和价值导向作用的新闻工作和肩负起隐性的舆论引导任务时，其中就有舆论导向丧失和价值偏移的隐患。

与 ChatGPT 的对话本质上是一场符号意义的交换。[14] 符号语言作为最后将被机器攻克的领域，可见其创造和准确运用的难度，究其原因主要在于语言的灵活性和隐喻价值。语言文字经过历史发展的洗礼和积淀，其背后往往蕴含着多重文化基因、情感隐喻和价值共识。尤其是在一些高语境文化国家，文字和话语背后通常深藏着丰富的情感、隐喻、文化常识以及近现代媒介事件下创造的社会共同记忆，例如网络社会一直流传"梗"的存在，就是隐喻的具象化体现。这些隐喻和常识没有明文规定，没有专业注释，甚至往往需要用一个"梗"来解释另一个"梗"，是人们在某一特殊历史时期留存下来的共同的互动记忆，它们存在于人们的成长经历或是"词不达意"的通俗话语中，是人类社会实践参与下共同的"秘密"，无法与机器共享和共用。但 ChatGPT 等生成式 AI 对话语内容的重组加整合式传播，会彻底打破内容本身的谋篇布局和用词的弦外之音，淡化原有话语内容的情感态度和价值导向，被切碎重组的内容文本在舆论空间难以显现出应有的神韵。作为影响力与日俱增的信息传播媒介，其影响力辐射至舆论场，将间接导致舆论空间中的价值引导元素缺失，舆论发展失去方向指引。

二 从表征看本质：ChatGPT 给我国及全球舆论格局带来的潜在危机

马歇尔·麦克卢汉指出，媒介对人类联合、行动规模和形式发挥塑造和控制作用。[15] ChatGPT 作为智能内容生成媒介，对知识生产和传播的高效调度使其成为新的舆情控制工具，激发舆论和传播领域的生态级变革。舆论形成模式演化为从大众传播时期受物理空间限制的区域内信息和意见交换，到社交媒体时代的开放式平台讨论，再到如今向人机互动下的半封闭状态演进，本质上体现了舆论引导权的集中、多元、再集中的过程，体现了传播的控制属性和技术变革下的权力关系。何塞·范·迪克（Jose van Dijck）最近指出，全球数字生态系统图景正在发生重大转变，如果我们对数字基础设施和平台的依赖程度不降反升，那么技术力量的积累将决定国家和公司之间的全球关系，[16] 因此我们必须重视技术力量对深层次的人类认知和宏观视野下传播格局的影响。

（一）调试危机：西方技术主导下的文化单向输出消解民众的民族身份认同

新智能技术的代表 ChatGPT 的再中心化属性正不断突破民族国家的传统政治属性，数字技术也正在建构技术主义的意识形态话语，促使国家间竞争不仅是硬件支撑、算力算法等技术层面的信息博弈，民族国家的身份认同建构博弈也随之展开。身份认同程度指个体在某一文化群体间的身份确认度。身份认同与传播行为之间存在着紧密关系，[17] 很多时候个体的身份认同都是通过传播行为和媒介交往行为建立和维持的。民族主义研究学者本尼迪克特·安德森提出民族是"想象出来的共同体"。[18] 民众对他人、社会和民族国家的共同体想象主要依靠媒介来完成，媒介通过源源不断的信息发布描绘民族共同的生存图景，形成了民众对他人和国家的想象，发挥出建构民众身份认同的关键性作用。当下媒介技术的发展和全球化冲击了民族国家或区域文化的封闭性，逐渐解构了民族成员自己由内而外形成的"我是谁"的意识以及扰乱了能够判定个人归属的依据，民族国家认同同时面临着全球化的冲击和国内族群认同的挑战。[19]

进入智能传播时代，数字基础设施的加速迭代升级催生全球数字平台的新一轮博弈，而数字角力场中的广大发展中国家仍面临严重的"话语权赤字"。[20]66ChatGPT 是西方先进科技的发展成果，在创建过程中自然结合了西式的思想观念并辅以西方话语体系，是权力与技术互嵌下的产物，与东方国家尤其是我国的传统文化传承和当代意识形态的价值体系存在着文化与价值对冲。随着 ChatGPT 等生成式人工智能的用户数量逐渐庞大，各专业领域工作对其依赖程度逐渐加深，植根于西方土壤的数据语料喂养的智能机器会向我国用户传播与我国文化价值体系相排斥的西方意识形态，描绘西方社会图景。长此以往，中西方国家民族生活图景的混杂传输会对冲消解我国民众的民族共同体想象和民族身份认同，造成本土性文化身份的解构和重塑，最终演变成全球文化的同质和身份认同障碍。

（二）管理失控：政府组织在与生成式人工智能展开的舆论调控博弈中处于劣势

现如今，经历了从数字媒体时代到智能媒介时代，数据治理成为当今世界最具挑战性的共同难题。[21]世界经济论坛曾声称：个人数据将成为新的"石油"，这是 21 世纪的宝贵资源……一种可以与资本和劳动相提并论的新型原材料。[22]而 ChatGPT 作为全球性的知识调用和传播平台，能够接入的数据信息和发挥的舆论影响力是无法估量的。但 ChatGPT 的所有者始终是 Open AI 而非全球用户，这一私有特性可能会造成数据被非法攫取与不合理利用的风险。[23]并且其标榜的服务全球的公共技术工具属性，使其在对信息的占用、存储和调用过程中取得了公共属性和管理豁免权的广泛认可。尼克·库尔德利（Nick Couldry）提出：这是当代数据生产实践下的殖民主义。[24]数据殖民主义隐藏在信息交往的和平情境之下，通过攫取与侵占人类生活所转化的数据取代传统殖民时代占用自然资源与社会生产力，并演化为一种全新秩序。[25]这种秩序建构的是不平等的信息权力和传播影响力（也即舆论调控），并且智能技术的持续发展正在将这一权力不平等局面进一步固化和垄断。

生成式人工智能从数据和传播两方面逐步对信息权力和舆论引导力进行了垄断。一方面，ChatGPT 中的数据存储库形成了客观意义上的"深网"，而深网是比表层网络更加重要的舆情信息来源[26]，其更能反映民众真实的社会心理和舆情态势。ChatGPT 背后的西方资本公司会先于各国政府和媒体组织掌控舆情现状和舆论走向，也就具备了引导和控制全球舆论、左右全球民众情绪的先决条件。另一方面，生成式人工智能在未来会具有更强的传播效力。人们普遍有一种认知倾向，会过于相信电脑、人工智能自动做出判断，并且囫囵吞枣地全盘接受这些判断，这就是自动化偏见。[27] 有学者指出，ChatGPT 人工智能技术在与受众信息交互中通过信息转化的方式成功将舆情重构，引起受众间的认知对立与价值冲突，造成网络舆情安全风险多样化。[28] 因此，在受众普遍具备智能媒介素养并完成对智能技术的祛魅之前，人们对技术的信任和依赖将使我们不得不重视生成式人工智能左右舆论的力量。

总的来说，ChatGPT 主要作用于人类核心的知识生产和思想领域，其内部未知的算法模型及对舆论的获知力和掌控力将成为各国数据管控和舆论安全的"定时炸弹"，使得政府组织在与生成式人工智能展开的舆论调控博弈中处于劣势；同时作为美国技术公司研发的应用产品，ChatGPT 平台的监测准入性难以取得，ChatGPT 的数据仓库和智能系统将成为世界最新的巨型深网，汹涌地吞吐着来自全世界的海量数据信息，持续拥有着掌控舆论的力量。

（三）政治陷阱：算法模型隐形输出东方刻板印象，这将加剧我国舆论危机

形象是建立在一定的客观物质基础上的主观镜像，它既是一种意象（image），也是一种主观的知觉。[29] 作为承载、传递和展现国家形象的基本载体和主要方式，国家形象传播高度依赖媒介技术和传播渠道。[30] 媒介可以超越物理空间和时间的限制，成为展现各国文化形象的中介和窗口。但这种呈现不是镜像式的复刻，而是在政治利益和国际关系的裹挟下有意建构和扭曲。

回顾历史不难发现，近代以来西方媒体所呈现的中国大都不是真实的中国，而是西方文明优越论视域下的产物，是由这一思维、心理定势形成的偏见。[31] 长久以来以美国为首的西方话语体系将中国有关话题纳入国际社会整体的议程设置和预设框架中，依托辐射全球的话语强权持续加深国际社会对中国形象的认知偏见。张洪忠等学者认为，在声量大小影响逐渐超越话语权威性和合理性的情境下，国际传播和国际形象建设正在向技术间的博弈转变。[32] 相关研究显示，ChatGPT 预训练语料库所使用的数据有60%是来自 Common Crawl 语料库，有22%是来自 Web Text 语料库，16%是来自书籍和报刊，另外还有3%是来自维基百科。[33] 不难发现，宣称拥有多样性数据来源的 ChatGPT，其中大部分数据源于服务西方用户的信息数据库。多语言的表达方式掩盖了训练文本所暗含的以英语为母语用户的文化价值观，语料库实则内嵌"西方中心主义"的政治棱镜，[20]69 存在着政治和意识形态等领域的数据偏差。[34] 而以此作为重要参数进行模型训练的 ChatGPT 在涉及相关议题时，其生成的内容必然会隐含对我国形象认知的偏差和先入为主的负面评价，继而在全球信息传播中进一步强化对我国固有的刻板印象，加重我国处于舆论的劣势地位现象。目前 ChatGPT 的全球布局和技术的快速迭代升级也预示着其将有更大的撬动国际传播话语权的潜力。智能技术和媒介一旦被利益集团和西方国家操控，成为实现话语霸权的强有力工具，我国的国际舆论危机将进一步加深。

三 ChatGPT 浪潮下应对全球舆论危机的实践路径

（一）技术革新：分级标记数据来源可靠性，提升高质量信息算法的匹配率

目前 ChatGPT 生成内容存在的最大缺陷是生成内容的真实性偏差问题，需要从算法模型设定和数据来源标记两方面进行升级和改造。首先要实现智能媒介生成内容的高质量输出，就需要对语料库中的数据参数进行进一步的调整，即对其进行数据来源的分级标记。InstructGPT 中提到，针对 ChatGPT 进行数据标注的三个考量指标分别为：有帮助（helpful）、真

实性（truthfulness）和无害性（harmlessness）。[35] 虽然 ChatGPT 在创作中考虑到了信息真实性的问题，但从本质上来说，让一切听从指令和算法程序的生成式人工智能做到对复杂物质世界和人类社会真实现状的呈现无异于建空中楼阁，呈现出的真实也必然不是整体真实。因此 ChatGPT 等生成式人工智能可以将考量标准中的真实性具象为信息来源的权威性（authoritativeness），以降低实现难度。通过人类专家系统审核的权威内容在真实性、社会影响和意识形态层面都会有较高的安全性和可靠性，因此进行基于数据来源权威性的分级标记对于保证 ChatGPT 输出内容的质量尤为关键。例如，在 ChatGPT 进行基于关键指令的内容匹配时提升对更权威信息内容的匹配概率和内容输出占比；对与权威来源信息存在表述出入、含义矛盾的信息内容降低使用率和优先级；对来源混杂和难以查找到有效权威来源的信息，在回答结束后标记数据的来源和出处，为用户提供除内容本身以外的扩展参考信息。以上方法都可以让用户自行判断 ChatGPT 生成内容可使用的程度和领域，审慎进行人工智能生成内容的使用，在信息流向的最终环节进行"人"的把关。更多的真实、权威信息进入社会信息和传播系统，有利于促进社会面上高质量信息的正循环。谣言的剔除和信息误差的减少会大大减少舆论交锋时的南辕北辙现象和情绪战争，促进构建全舆论环境的有机生态。

（二）渠道搭建：加快发展我国生成式人工智能技术，搭建自有传播平台

ChatGPT 将我们带入智能时代，未来人工智能技术将是带动全球发展的先进技术，也将是传播本国意识形态和价值观、左右全球舆论的关键武器，有关智能技术研发和市场争夺的无声的战争已经打响。

2023 年 7 月，国家互联网信息办公室审议通过实施《生成式人工智能服务管理暂行办法》，该办法指出，鼓励生成式人工智能算法、框架、芯片及配套软件平台等基础技术的自主创新，平等互利开展国际交流与合作，参与生成式人工智能相关国际规则制定。[36] 国家政策导向要求加快发展我国的生成式人工智能技术，形成智能化技术的发展体系和应用规模，抢占全球智能媒介的应用市场。而本土的智能技术开发组织在对我国语言

文化和知识信息进行破译、训练和应用方面具有天然的文化基因和无可比拟的主场优势。搭建我国自有的内容生成智能传播平台，需要建立本地化的中文语料库和语言大模型，以提高对中文文本的自然语言理解和文本生成能力。在当前国际形势下，技术本土化不仅要引进国外 AIGC 技术，更要开发具有"中国式"特色的 AIGC 技术模型，这既是我国抓住新一波科技浪潮发展机遇的重要着力点，也是在国内市场建立稳定舆论生态和提升我国网络舆论安全的关键环节。在巨大市场利益的驱使下，已有很多大型互联网公司相继开发出自己的人工智能产品，国内也正在孕育一场巨大的智能媒介创新革命。文化基因是一切文化产品和媒介的核心因素，由我国本土企业自主研发生产的智能产品是植根于我国土壤、符合本国用户使用习惯和文化审美的独特产品。并且基于我国的行政管理制度，政府的有关部门能够对其进行有效的监管和引导。智能互联网时代，信息传播的平台化已成为显著特征，[37] 搭建自有生成式人工智能平台是应对智能革命浪潮的必要举措。

（三）意识培养：提升公民智媒时代下的数字媒介素养，自觉抵御隐形操控

ChatGPT 热潮席卷全球，由于我国网络信息安全的保护和防治措施，国内用户无法访问 ChatGPT 官网或使用其服务。但是在未来全球深度合作、信息无界流通的背景下，国内无法成为不受国外信息传播和话语侵扰的"桃花源"，越来越多的观点和意图会随着全球深度合作搭乘技术共享的快车渗透进国内信息市场。这是一个长期过程，也给了我们充足的时间来应对未来人工智能技术席卷全球的智媒时代。未来能否抓住发展智能技术的机遇，关键不在头部的互联网企业，而在于我国民众能否具备足够的智能媒介素养来迎接智能时代的种种挑战。

在全面智能化的时代，智能素养既是一种媒介素养，更是一种新的生存素养。[38]101 面对无处不在的智能环境，需要培养民众与之相适配的媒介素养。首先，要继续加强数字素养教育以及人工智能基础设施建设。在民众智能素养的培育中，个人对智能技术的接触和实践是最基本的方式。通过给民众提供更多接触智能技术和使用智能设备的机会，让民众在实践中

培养自己对智能机器的指挥和驯化能力，逐渐提升自己描述问题、下达指令、对话反馈的人机协同能力，最大限度激发智能机器为人类服务的工作潜力。更进一步，智能素养也包括对算法风险的识别、抵抗的意识和能力。[38]102 智能机器在延伸了人的感官能力和资源触达范围的同时，也将人囚禁在算法的认知牢笼中。因此，需要在全社会开展系统而广泛的算法知识科普和算法技能教育，使人们意识到关系建构中算法的作用，以及相应的控制机制，促使人们积极寻找对抗控制的方式，自觉抵御算法的隐形操控和意识形态渗透。[38]102 社会哲学家芒福德指出，若要电脑应用得恰到好处，首先须有明智的人类操作者，他们能保持清醒头脑，不仅善于完成复杂的编程，更需要在关键时刻保留权力，靠自己做出最后决断。[39] 今天，面对更高级的生成式人工智能，学会对抗认知操控、保留人的主体性和决策力才是最需要培养的智能媒介素养。

四　结语

兰登·温纳提出的"现代技术强烈地塑造了政治生活"观点再一次得到印证，[39] 智能技术的应用是在算法和科学进步的华丽伪装下，以"服务人类"的嵌入方式参与公共事务讨论和价值规训的，未来这种潜移默化的影响方式将在社会公众的行为选择中占据越来越大的比重，ChatGPT等生成式人工智能对我国和全球发展带来的潜在影响是难以估计的，并且由于其带有的西方政治立场，也将给我国的舆论安全工作带来一定的挑战，而国际政局间的博弈和国际话语权的争夺必然包含着文化和价值观的较量。2023 年 3 月 15 日，中共中央总书记、国家主席习近平在中国共产党与世界政党高层对话会上，提出"全球文明倡议"，指出要以宽广胸怀理解不同文明对价值内涵的认识，不将自己的价值观和模式强加于人，不搞意识形态对抗，[40] 这也是我国在进行国家治理和国际合作时的基本态度。未来已至，变革已显。虽然目前 ChatGPT 的发展和实践影响尚不明朗，我们需要时刻关注以 ChatGPT 为代表的一系列生成式人工智能技术导向和全球布局，对未来可预见的思想领域争夺战和国家舆论安全保卫战未雨绸缪，并采取有效应对措施。

参考文献

［1］WODECKI B. USB：ChatGPT may be the fastest growing App of all time［EB/OL］. https://aibusiness. com/nlp/ubs-chatgptis-the-fastest-growing-app-of-all-time.

［2］焦勇勤. 大模型媒介：ChatGPT 引发的智能传播革命及其社会影响［J］. 海南大学学报（人文社会科学版），2025（1）：1-8.

［3］付海钲，涂凌波. 新时代我国舆论引导观的历史溯源与主要特征［J］. 现代传播（中国传媒大学学报），2019，41（12）：65-71.

［4］黄日涵，姚浩龙. "再塑造"与"高风险"：生成式人工智能对舆论安全的影响［J］. 情报杂志，2024，43（4）：121-127.

［5］马歇尔·麦克卢汉. 指向未来的麦克卢汉媒介论集［M］. 理查德·卡维尔编，何道宽，译. 北京：机械工业出版社，2016.

［6］黄旦. 理解媒介的威力——重识媒介与历史［J］. 探索与争鸣，2022（1）：142-148+180.

［7］哈罗德·伊尼斯. 传播的偏向［M］. 何道宽，译. 北京：中国人民大学出版社，2003：7.

［8］哈罗德·伊尼斯. 帝国与传播［M］. 何道宽，译. 北京：中国大百科全书出版社，1950：4.

［9］高菲，王晴川. 人工智能聊天机器人 ChatGPT 的媒介属性、影响与局限［J］. 新闻爱好者，2023（4）：36-39.

［10］方兴东，顾烨烨，钟祥铭. ChatGPT 的传播革命是如何发生的？——解析社交媒体主导权的终结与智能媒体的崛起［J］. 现代出版，2023（2）：33-50.

［11］罗萨. 新异化的诞生：社会加速批判理论大纲. 郑作彧，译. 上海：上海人民出版社，2018：21.

［12］赫拉利. 未来简史［M］. 林俊宏，译. 北京：中信出版社，2022：289.

［13］王迁. ChatGPT 生成的内容受著作权法保护吗？［J］. 探索与争鸣，2023（3）：17-20.

［14］邱立楠，顾倩莲. 从情境搭建到情境再分离：人机传播中用户与 ChatGPT 的互动实践［J］. 中国编辑，2023（10）：91-96.

［15］McLUHAN M. Understanding media：the extensions of man［M］. Cambridge，Massachusetts：The MIT Press，1994：8-9.

［16］何塞·范·迪克. 平台的生态系统：权力与变迁［M］. 全球传媒学刊，2023

（5），1-3.

[17] 李沁，王雨馨. 华人华侨身份认同程度与中华文化传播行为研究 [J]. 当代传播，2019（2）：55-60+64.

[18] 本尼迪克特·安德森. 想象的共同体：民族主义的起源与散布 [M]. 吴叡人，译. 上海：上海人民出版社，2016：6-7.

[19] 金玉萍. 身份认同与技术转向：新受众研究的发展态势 [J]. 国际新闻界，2011，33（7）：40-44.

[20] 沈珺，马上茗. 协同、博弈、共生：ChatGPT对国际传播体系升维的路径构建 [J]. 现代传播（中国传媒大学学报），2023，45（11）：66-71+153.

[21] 方兴东，何可，钟祥铭. 数据崛起：互联网发展与治理的范式转变——滴滴事件背后技术演进、社会变革和制度建构的内在逻辑 [J]. 传媒观察，2022（10）：49-59.

[22] SCHWAB K，MARCUSA，OYOLA，J O，HOFFMAN W & LUZI M. Personal data：the emergence of a new asset class [M]. An initiative of the world economic forum，2011：1-40.

[23] OPEN AI. Introducing ChatGPT [EB/OL]. https://openai.com/blog/chatgpt/.

[24] 常江，田浩. 尼克·库尔德利：数据殖民主义是殖民主义的最新阶段——马克思主义与数字文化批判 [J]. 新闻界，2020（02）：4-11.

[25] COULDRY N，MEJIAS U A. The costs of connection：how data are colonizing human life and appropriating it for capitalism，2020，50（3）：223-224.

[26] 谢耘耕，李丹珉. 网络舆情监测分析的十大趋势 [J]. 新闻记者，2020（12）：69-76.

[27] 王俊秀. ChatGPT与人工智能时代：突破、风险与治理 [J]. 东北师大学报（哲学社会科学版），2023（4）：19-28.

[28] 张爱军，贾璐. 类ChatGPT人工智能语境下网络舆情安全的风险样态及其规制 [J]. 情报杂志，2023，42（12）：180-187.

[29] 叶淑兰. 权力·文化·心理——国家自塑与他塑形象鸿沟的生成动力 [J]. 探索与争鸣，2023（8）：96-108+179.

[30] GUMMESSON E. Relationship marketing in the new economy [J]. Journal of relationship marketing，2002，1（1）：37-57.

[31] 程曼丽. 新时代中国价值的国际传播与国家形象建构 [J]. 中国出版，2023（13）：5-12.

[32] 张洪忠，任吴炯，斗维红. 人工智能技术视角下的国际传播新特征分析

[J]. 江西师范大学学报（哲学社会科学版），2022，55（2）：111-118.

[33] FU Y，PENG H，KHOT T. How does gpt obtain its ability？tracing emergent abilities of language models to their sources［EB/OL］. https://yaofu. notion. site/Howdose-GPT-Obtain-its-Ability-Trancing-Emergent-Abilities-of-Languang-Models-to-theirSources-b9a57ac0fcf74f30a1ab943e36fa1dc1.

[34] BUBECK S，CHANDRASEKARAN V，ELDAN R，GEHRKE J，HORVITZ E，KAMAR E，…& ZHANG Y. Sparks of artificial general intelligence：early experiments with gpt-4.［J］arxiv preprint arxiv：2303. 12712. 2023.

[35] OUYANG L，WU J，JIANG X，ALMEIDAD，WAINWRIGHT C L，MISHKIN P，…& LOWE R. Training language models to follow instructions with human feedback［J］. https://doi. org/10. 48550/arxiv. 2203. 02155.

[36] 中国政府网. 生成式人工智能服务管理暂行办法［EB/OL］. https://www. gov. cn/zhengce/zhengceku/202307/content_6891752. htm.

[37] 张文祥，杨林. 智能网络信息传播中的平台责任及其治理［J］. 新媒体与社会，2021（1）：96-111.

[38] 彭兰. 智能素养：智能传播时代媒介素养的升级方向［J］. 山西大学学报（哲学社会科学版），2023，46（5）：101-109.

[39] 芒福德. 机器神话（下）：权力五边形［M］. 宋俊岭，译. 上海：上海三联书店，2017：196.

[40] 兰登·温纳. 自主性技术——作为政治思想主题的失控技术［M］. 北京：北京大学出版社，2014.

[41] 国务院公报. 携手同行现代化之路——在中国共产党与世界政党高层对话会上的主旨讲话［EB/OL］. https://www. gov. cn/gongbao/content/2023/content_5748638. htm.

生成式人工智能的国际舆论影响与风险治理

—— 第三届中国国际舆论学年会综述

尹　佳　汤志豪[*]

摘　要　生成式人工智能的发展正在重塑国际舆论生态，为国际传播实践和舆论学研究带来新的机遇和挑战。在此背景下，中国舆论学研究亟须深入探讨生成式人工智能等新技术引发的舆论风险及其治理策略，并在人机共生的新国际舆论格局下完善中国舆论学自主知识体系，进而助力提升我国在国际舆论场的话语权和影响力。2024年6月16日，第三届中国国际舆论学年会在重庆举行，来自全国舆论学领域的专家学者齐聚一堂，重点探讨了生成式人工智能对认知主权、国际舆论、国家形象与文化安全等方面的影响，同时提出构建网络安全治理体系和促进国际传播战略转向等应对策略，并强调应结合新技术以实现舆论学理论与研究方法的创新，从核心概念、命题范畴等维度全面阐释新时代下的国际舆论实践。

关键词　人工智能　国际舆论　风险治理　自主知识体系

生成式人工智能（Generative Artificial Intelligence）已然成为影响国际舆论格局的关键变量，并成为社会风险治理的重要工具。以 ChatGPT、Sora 为代表的生成式人工智能正作为基础设施深嵌人类日常生活，不断重构着传统以人为主的信息传播主体，构建起一个自动化的信息生产模式与人机共存的舆论生态。这不仅加快了信息传播的速度和增加了复杂程度，还形成一种技术主导的信息认知与表达逻辑，促使国际舆论在酝酿、生成、发展及爆发等环节发生结构性变化，深刻影响着国家形象的塑造与文化安

---

[*]　作者简介：尹佳，四川外国语大学新闻传播学院博士研究生；汤志豪，四川外国语大学新闻传播学院（重庆国际传播学院）讲师。

全的维护。同时，生成式人工智能凭借其强大的大数据分析与预测能力，以及信息传播方面的智能化与精准化优势，为应对各类社会风险提供了全新的解决方案，也为国际舆论研究带来了多元的研究视角和方法上的创新。在此背景下，由中国新闻史学会舆论学专业委员会（CAPOR）、四川外国语大学主办，四川外国语大学新闻传播学院（重庆国际传播学院）承办的第三届中国国际舆论学年会在重庆举行，来自全国舆论学领域的专家学者，围绕"人工智能与国际舆论""国际舆论流变与展望"等前沿议题，共同探讨了生成式人工智能如何深刻改变国际舆论生态，并评估了这一变革性新技术在社会风险治理领域所展现出的潜力及其面临的挑战。

一 生成式人工智能的国际舆论影响

（一）国际舆论与认知主权

当代中国与世界研究院区域国别研究中心主任沙涛基于国际涉华舆论的总体态势指出，随着新一轮科技革命与产业革命的持续深化，国际力量的对比正悄然发生变化。然而，"西强我弱"的国际舆论格局尚未得到根本性扭转，西方媒体依旧在国际舆论场上占据涉华舆论的主导权。它们针对一系列传统的涉华负面及敏感议题，持续向我国施加舆论压力，牵引着国际受众的对华认知。在人工智能浪潮下，美西方国家凭借其技术优势，正不断强化在国际舆论领域的垄断地位，这进一步加剧了国际舆论场中的信息鸿沟现象与信息茧房效应。但值得注意的是，自党的十八大以来，外媒对中国的报道数量显著增加，深度报道与多元化解读的趋势愈发明显。与此同时，以 ChatGPT 为代表的人工智能技术正引领国际传播范式的创新，开辟出短平快的新赛道，重塑着全球信息传播秩序。大数据、云计算、5G、人工智能等前沿传播技术的涌现，推动不同文化间的交流碰撞，在给国际传播带来新挑战之际，也为我国在国际舆论场中抢抓机遇、提升话语权提供了更多可能。

云南大学新闻学院院长、复旦大学新闻学院教授廖圣清基于媒介间属性议程设置理论，考察了主流媒体与社交媒体账号在新浪新闻中发布的关于新冠疫情的新闻及其网民评论的纵贯数据。他表示，互联网技术的飞速发展与社交媒体的广泛普及，赋予了公众更为自由与便捷的言论空间，但也导致身处不同群体的公众极易受到非理性网络舆论的左右，使得意见表达的群体极化现象愈发频繁，甚至可能引发实际的对抗，造成大规模的公共危机事件，进而威胁到社会的稳定与和谐。在他看来，现有研究已探究了传统媒介环境中媒体报道形式对公众意见表达群体极化的影响，但忽略了媒体报道属性这一核心要素的影响。事实上，媒体报道的"事实属性"与"情感属性"都是影响公众意见表达的重要因素，前者是指构成新闻的认知元素，即新闻事件的特征；后者描述的是媒体对新闻事件或新闻对象的情感反应，蕴含在新闻文本的基调、情感诉求或是新闻选择的价值偏好中。相较而言，媒体报道的事实属性比情感属性更具"工具性"，更不容易引发意见表达的群体极化。媒体报道的不同属性相互联结，意见表达群体极化也会受到媒体之间互动的属性议程影响。

兰州大学新闻与传播学院张硕勋教授和硕士研究生何海静结合 2016 年美国大选的"机器人水军"这一案例，分析了人工智能时代下国际舆论的新特征和演变趋势。他们认为，人工智能凭借其"类人"特性，已作为一个"技术行动者"活跃于国际舆论场中，而算法技术的不断革新正进一步强化其自动化信息生产的效能。生成式人工智能在多领域的深度嵌入，不仅促进了多模态信息的广泛生成与传播，实现了个性化推荐与精准触达目标受众，还引发了诸如对外技术依赖度加深、技术不对等加剧文化差异的风险。与此同时，社交机器人通过情感议程的设置，助力国际舆论的迅速造势，使得国际舆论展现出交互日常化、信息同质化、观点极化以及多元观点融合的态势。

天津师范大学新闻传播学院副院长林靖副教授从主体性的角度阐释了人工智能时代的网络图像舆论问题。她指出，图像作为一种视觉呈现，本具有直观、真实、偶然、短暂、原初、意涵丰富等特征，而生成式人工智能的应用使图像信息的生产变得更加便捷、随意和趋于碎片化，且更多地融入了生产者的主观色彩，致使观众对特定图像的关注度显著下降。随着舆论主体嵌入机器与人工智能的生产过程，人类在与图像、符号的交互中逐渐失去了部分认知主权。原本符号与真实之间的指涉关系变得模糊甚至消失，符号本身成为真实。舆论内容因此呈现出能指与所指相互交织、漂浮不定的特征。同时，主体之间基于真实物质基础的连接也逐渐削弱，导致彼此间难以达成知识性共识，情感认同更是无从谈起，整个舆论场域濒临瓦解。

（二）国家形象与文化安全

华中科技大学新闻与信息传播学院余红教授关注了国家形象塑造中的旧问题与新趋势。她认为，全球公众对中国国家形象的认识仍存在区域性、类别化、刻板化的纠结想象等问题，"中国故事"出海依然存在障碍。外籍人士来华之前"印象里的中国"与来华后看到的"实际中国"之间普遍存在 10 年甚至 20 年的时间差，尽管社交平台的兴起使得越来越多的海外受众能在日常生活中接触到关于中国的信息，但后真相时代碎片化的信息传播容易让事实变得错综复杂，有时甚至加剧仇恨情绪。由于美西方国家持续的舆论抹黑，我国国际传播长期面临固有刻板印象与"文化折扣"等困扰。随着"机器人水军"、深度伪造等智能技术的强势介入，以及国际局势的持续动荡，全球舆论场的竞争愈发白热化，文化差异导致的解码误差与刻板印象也愈发难以消除。在此背景下，提升我国的国际话语权已成当务之急。我们在反思过去国际传播中西方视角主导型叙事问题的基础上，基于"全球南方"媒体与文化进行"替代性叙事"，或可增强我国在国际传播实践中的叙事能力，进而逆转西方主导的国际舆论格局。

数字技术的发展带来了数据殖民。相比传统的殖民关系，数据殖民具有形式上的软暴力性和隐蔽性、剥削内容上的深刻性与彻底性、空间上的无限性和开放性、手段上的欺骗性和强制性等特点。[1] 华东政法大学传播学院院长范玉吉教授以"智能传播中的数字殖民风险"为题，指出数据殖民是一种重新定义人与经济、政治关系的新社会秩序，主要表现为数字寡头和发达资本主义国家基于软件、硬件和网络连接对一切"线上生活"进行持续跟踪，并收集和处理大量的数据来占有、控制和重组人类生活，以此谋求经济利益和政治权力的行为。数据生产作为数据殖民的重要手段，已经成为新的数字化阶级社会中最重要的剥削方式。数据殖民更多地表现为基于数据的文化操控与文化影响，其根源在于数据权力与数据霸权的存在。数据特权介入平台会造成数据垄断、价值操控及权益失衡等叠加风险，数据与技术权力的耦合则容易进一步放大安全风险。训练人工智能大模型的数据本具有文化属性，而这些数据又面临着总量不均衡、价值失衡乃至有意污染等问题。这些存在问题的数据则可能催生具有价值偏见的人工智能产品，一些强权国家也容易通过算法生成的内容来实施意识形态和舆论操控，进而引发数据霸权与数据殖民等文化安全方面的风险。

成都体育学院新闻与传播学院院长石磊教授从技术应用的层面分析了生成式人工智能对国际舆论的冲击。他表示，当前生成式人工智能尚未开发出精准识别谬误信息的能力，容易遵照用户的错误指令，生成难辨真伪的文本、图像、视频等内容，这不仅增加了普通民众的辨识难度，还导致了虚假信息的肆虐，严重扰乱了信息秩序，进而对国际舆论场构成了侵扰。"机器人水军"能够全天候地输出同质化舆论内容，迅速抢占舆论空间，并有针对性地制造舆论热点和主导议题，引导国际舆论的走向。正因如此，它们正逐渐取代传统水军，成为全球范围内国家、政党、机构组织用于影响和控制舆论的新型有力工具。当前，ChatGPT大模型的预训练语料库主要来源于西方信息数据库，其多语言表达方式实际掩盖了西方文化价值的渗透，可能强化美国意识形态渗透能力，威胁中国数据安全。随着强人工智能的大规模应用，自动化信息生产、精准化算法推荐与情感化交互对话正深刻改变舆论场景、主体、客体、内容与形式，推动网络舆论环境的生态化转型。这一转型在带来内容生产与传播新机遇的同时，也引发了认知重塑与价值固化的风险，对国际冲突、网络安全以及数字平等构成了严峻挑战。具体而言，强人工智能有可能沦为舆论认知战的工具，延宕国际冲突，成为极端言论新管道，危害网络与数据安全，加剧全球数字不平等，削弱人类文化多样性。一言以蔽之，智能传播赋能下的网络空间舆论战已逐渐转向认知战范式，智能舆论战正孕育成形。

重庆大学新闻学院院长郭小安教授以"国际舆论战中的深度伪造技术及宣传武器化策略"为题，指出宣传武器化就是利用通信工具和信息渠道达到特定的战略目的。他认为，宣传不是软实力，而是一种武器；宣传武器化则是一种手段，旨在影响他人的认知域。宣传武器化已经由物理域、信息域拓展至认知域，从有形战场扩展到无形战场，由人的精神和心理活动构成的认知空间已成为其新的作战空间。宣传武器化现象已广泛渗透至社会的各个层面，深刻影响着政治认知领域，导致信息认知群体间的对立加剧、社会分裂加深，并进一步固化着信息壁垒。对于信息能力较弱的国家而言，这一趋势更可能使其面临来自信息强国的网络殖民主义威胁。尤为值得注意的是，人工智能技术在宣传武器化中的应用趋势日益显著，其根本目的在于攻击政治人物、国家政策及政治主张，而谣言则成为其主要手段，旨在塑造公众的社会观念，影响人们的认知。

二 生成式人工智能的风险治理

（一）构建网络安全治理体系

大连外国语大学新闻与传播学院院长张恒军教授聚焦生成式人工智能环境下的网络空间安全治理问题，指出网络安全治理有利于依法保护公民的个人网络信息安全，有利于维护国家安全、确保社会秩序和公共利益，也有助于为人机共存社会提供妥善的伦理解决方案。因此，面对生成式人工智能与云计算结合的新兴趋势，各界应当加强云提供商的安全功能配备，提升身份和访问管理（IAM）、密钥管理、加密和虚拟私有云（VPC）等方面的安全性能，不断创新安全范式。对于生成式人工智能不断渗透和重构业务应用程序的情况，则需不断更新现有安全协议，重新定义新环境下保障安全性的方法，进而建立更具预测性的防线，在威胁升级之前及时消除风险。总而言之，我们应构建起系统性网络安全综合治理体系，实现内容治理、技术治理和人才治理三位一体的多元融合：一是以内容治理为首要任务，加强网络平台内容监管、数据库和算法审核及隐形权力准入平衡；二是以技术治理为核心环节，强化本体风险治理，规避人工智能技术因本身发展不成熟、不完善而在算法、数据等方面可能产生的问题，并增强主体风险治理能力，提升参与者熟练掌握系统程序和明晰底层逻辑的能力；三是以人才治理为重要抓手，在深化校企合作的同时，优化管理和激励机制，加强在职技能培训。

暨南大学新闻与传播学院林爱珺教授关注了生成式人工智能的价值对齐问题。她强调，"人是万物的尺度"和"以人为本"是全人类的共识；

机器智能是人类智慧和创造力的结晶，不应被视为人类的威胁。人工智能带来人机共生共存的关系，人的社会化与自我塑造过程，不再局限于与人交往，还需要与智能机器打交道。人与机器的交往是一个互相规训的过程，人类不断对机器进行驯化，智能机器也会逐渐将人类对机器的认知、评价、需求内化。在人工智能编织的人与技术互相渗透与驯化的网络中，人的意义及人与人、人与物的关系会被不断重塑，人也存在被深度异化的风险。因此，我们需要对人工智能技术保持警惕，发展以人为本的人工智能，实现价值对齐，引导技术向善，防范一切政治风险、信息灾害与人的异化。同时，在价值对齐的框架下，我们还应建立起生成式人工智能的伦理道德过滤机制和风险的预警机制，避免数据的不恰当、静态数据等问题带来价值观对抗。

西安交通大学新闻与新媒体学院陈强教授和李彤钰博士针对数智时代自媒体传播乱象提出"敏捷治理"路径。他们表示，敏捷治理是一种推进政府数字治理的新路径，其主要通过多元主体分权共治的模式、"迅速感知—灵活响应—持续协调"的行动方法，试图为规范自媒体传播乱象找到更加有效的解决方案。数智时代的自媒体传播乱象存在"新黄色新闻"挤占市场、无底线蹭炒社会热点、营销虚假人设、制造群体对立、虚假宣传和违规盈利等主要表征，且面临技术门槛降低带来不可控性、隐性违规加大风险识别难度、注意力争夺催生越轨行为、舆论极化冲击上层监管、单向度治理具有不可持续性等治理困境。从理念价值、运行模式以及行动方法三个层面上看，敏捷治理对于治理自媒体传播乱象具有一定的指导价值。立足敏捷性理念，敏捷治理从底层逻辑上适配于数智社会的信息传播与规范，能为自媒体传播乱象的治理提供方向性指导。立足敏捷性运行模式，敏捷治理的灵活性与快速性特质使其能够及时应对自媒体传播乱象，并基于协同性架构的组织形式，推动各方在信息传播全流程中共同参与，形成有效的防范和处置机制，弥补传统监管规范的空缺，重塑自媒体传播乱象的治理结构，优化治理流程。立足敏捷性行动方法，敏捷治理强调持续优化和快速调整问题解决模式，意在通过实践和反馈不断提升治理效果和适应性。

网络辟谣的舆情生成往往是多种因素共同作用的结果，北京师范大学新闻传播学院博士研究生蒙柯键和渠润泽基于 36 个典型的网络辟谣案例，分析了在风险的社会放大框架下网络辟谣的舆情动态演变与影响机制。他们引入 fsQCA 研究方法，探寻了舆情主题、政府介入、媒体报道、公众关注、意见领袖参与、结果性放大这六种因素对网络辟谣舆情生成的影响。在此基础上，他们认为谣言治理必须突破原有经验的局限性，与时俱进，开拓创新，力求构建文明、健康的网络舆情环境。为有效应对网络辟谣舆情的产生，我们一方面应着眼于提升政府公信力，构建政务诚信新体系，规范运行行政权力，健全监管体制，推动政务公开透明，创新管理模式，打造官方媒体品牌，推动舆情回应，并在此基础上提升公众的媒介素养，调控公众对信息的认知和反应，发挥意见领袖作用，塑造网络舆情新格局；另一方面，我们也应致力于优化媒体报道力，塑造人性舆论新景观，促进媒体及时跟进报道，注重报道的"以人为本"的基调，积极探索前沿媒体的应用。

（二）促进国际传播战略转向

四川大学文学与新闻传播学院蒋晓丽教授和钟棣冰博士基于"人本主义"的立场，探讨了如何规避智能技术带来的价值风险这一问题。他们指出，社交机器人操纵舆论事关意识形态安全斗争、话语权争夺、国家形象塑造以及我国文化软实力的提升，破解智能技术因意识形态偏向、信息不对等造成的权力结构差异，是实现智能技术从实践和价值双重维度赋能国际传播实践的关键路径。未来的国际传播实践更需要探索一种人机协同、共生互融的方式，将对中华文化的彰显、技术发展的关注、价值理性的关怀共同渗透进国际传播的核心议题，因为智能技术只有在良善价值观的导引下，才能真正从实践和价值双重维度切实赋能国际传播实践。具体而言，我们既要从技术伦理的视角看待智能技术，坚守人类的基本价值观，为技术发展设定最基本的伦理底线；同时，我们也应将"构建以智能体为中心的机器伦理"提上议程，立足于机器的深度学习机制，推动智能技术向善并走向透明。此外，我们还需要确保人类拥有干涉 AI 决策过程与结果的权利，并掌握对 AI 决策内容的最终控制权。最后，我们应不断反思新兴智能技术带来的风险，在伦理规范的框架下，加强技术伦理和科技向善理念的教育，特别是注重对国际传播从业者的伦理教育，以弥补滞后于技术发展的伦理观念的局限。

华东师范大学战略传播研究中心主任、教授陈虹以"中华文化国际传播效能提升的战略转向"为题，阐述了中华文化国际传播效能评估模型。她强调，提升国际传播效能是当前亟须解决的问题，而解决这个问题的关键在于明确两个转向——一是从效果转向效能，二是从国际传播转向战略传播。由此，提升中华文化国际传播效能也需要从战略传播的框架出发来进行思考与研究。战略传播理念包含以塑造共识为目标、以话语修辞为战术策略、以多主体协同为传播模式、以关键受众为传播对象这四个要素。[2] 评估是判断战略传播成功与否的基石，也是判断战略主体是否有目的地通过传播实现目标的基础。伴随从国际传播到战略传播的转变，评估也应提升至战略层面，即从效果评估转向效能评估。相比较而言，效能评估不仅关注传播效果，更强调提升整体传播能力，突破以往依赖即时数据量化传播效果的局限，重视战略叙事对受众潜移默化的影响，关注受众在认知、态度和情感层面的反馈。中华文化国际战略传播的评估逻辑应包括目标层、阐释层和行动层等，基于战略传播的流程和关键影响因素来构建，重点关注战略目标的实现与战略叙事的有效性，并以提升战略传播效能为核心。要实现从中华文化国际传播到国际战略传播的效能提升，还需充分发挥三大机制的作用，即通过多元主体协商实现整体战略目标，通过多重叙事整合完成意义阐释，以及通过多链关系共建实现行动价值最大化。

西南政法大学新闻传播学院副教授刘大明和硕士研究生赖洁淼思考了百年未有之大变局背景下的国际舆论引导策略。他们认为，当前"东升西降"的国际局势显著，世界大变局不断向纵深发展。美国已经将中国确定为战略竞争对手，在此战略框架下，美国舆论界进行了一系列的议程设置和话语建构。面对这些污名化行为，我国需要主动向国际社会解释自身的理念和现状，以应对在国际舆论中所处的被动地位。对此，我国首先应以文化为传播介质，进行系统的传播策划。一方面，我们可以在新闻报道、汉语节目、短视频中，以生动的形式注入仁义、忠恕、包容、共同发展等共享价值观，从而形成共享叙事，推动异域人士增强对文化产品的认同，减少因文化隔阂带来的误解；另一方面，我们可以加强文学、影视特别是短视频和综艺等文化产品的多语种翻译与传播，促进我国文化产品的对外传播实践。其次，我国需要以在华外籍人士和华人华侨为纽带，提升跨文化交流议程的接受度。具体而言，我们应注重培植"他者形象"的重要资源，加大高校对留学生的培养力度。我们也应鼓励在华外籍人士拍摄 Vlog 等短视频，并上传至脸书、TikTok 等社交媒体，以此推动中华文化在短视频平台的流通，增加中国信息在海外的曝光量。同时，我们还应当充分发挥中国侨联的主渠道作用，积极开展华商会、华博会等活动，增强华侨华人中华民族共同体意识和自豪感，激发华侨华人自觉自愿地传播中国正面形象、中国故事和中国精神。此外，我们还需要全面调研并了解华人社团情况，充分认识其优势和潜力，根据各地区、各类型社团的特性做好总体设计与规划指导。

南京师范大学新闻与传播学院周小雯博士基于"亲诚惠容"这一外交理念，阐释了我国国际传播的空间拓展向度。她认为，"亲诚惠容"体现了中华文明的深厚内涵，形成了传播对象的差序格局和传播的动力机制，能够作为我国国际传播的基本理念。作为中华文明的代表性外交理念，"亲诚惠容"在提出的十年间，不仅促成更多国家之间文明交流互鉴，也成为指导我国国际传播从内涵向度到外延空间不断拓展的四字箴言，在一定程度上改变了我国在国际传播中的不利局面。"亲诚惠容"理念的实施正在多维度层面拓展着国际传播的空间，其通过践行共建"一带一路"倡议拓展地理空间，推动"新公共外交"拓展渠道空间，融入共情思维深化交流空间，并通过放大民间声音拓展话语空间。在当前多文明共存的全球政治格局中，"亲诚惠容"有助于构建人类命运共同体，而人类命运共同体也为国际传播的扩容升级提供实践指导。二者相互传播产生共振，共同推动了我国从周边国家到全球的国际传播"同心圆"的构建。随着网络空间的出现，国际传播和全球交往迎来了新的范式革命。无限开放和实时互联的特性要求我们打破以国家为主体的传统思维，更多地思考多维度的主体性及主体间性，从而实现空间的进一步拓展和策略的优化。未来的国际传播应继续秉持世界主义精神，从传播的实证主义视角和在地经验出发，综合考量各种国际传播理念、视角和方法在国际社会主客交融与互相渗透的复杂现实中的适用性。

西部国际传播中心副主任、总编辑陈冬艳基于2024（第二十六届）重庆国际车展的海外舆论，分析了中国品牌出海的优化策略。她表示，此次车展期间的海外舆论聚焦中国汽车的竞争力、迅速崛起的势头及行业内卷现象，欧美市场正将中国的代表性汽车品牌视为威胁。相关数据也反映出，重庆作为汽车产业的集聚地，正展现出其独特的吸引力和影响力。面对国际舆论，我们应充满信心，充分利用潜在空间，讲好中国新能源汽车快速发展和中国经济健康增长的故事。在未来的国际传播实践中，我们可以采取以下措施全面提升国际传播效能：一是继续加强顶层设计，延续产业化的传播路径，结合重大主题、事件和重要节点展开报道，并注重报道的视频化、智能化和社交化呈现；二是有效整合渠道资源，联动国内外社交圈，提升国际传播力，扩大影响范围；三是增强舆情和数据分析能力，进一步提升议程设置和活动策划的能力。

"国家形象"不仅是政治性的、经济性的、传播性的，也是语言性的，一切言语行为都是修辞行为，一旦出现语言叙述，也就出现了修辞问题。[3]西南大学新闻传媒学院刘丹凌教授和硕士研究生黄江源由此分析了国家形象修辞的五维策略。她们强调，要塑造良好的中国形象、增强中华文明传播力影响力，有必要从话题、文本、叙事、表征、情境等多维视角探析中国国家形象的修辞策略，回应共建"一带一路"背景下中国文化软实力建设问题，对内增强全民族的向心力和凝聚力，提升文化认同、社会认同和民族认同。修辞展开的第一步是修辞发明，而修辞发明所强调的是对修辞议题的确立、修辞主题的选取、修辞框架的建立与争议宣认。沿此思路，我们既应基于中国文化哲学的丰富内涵，巩固中华民族文化主体性，善用既有修辞资源促进文明交流互鉴，柔性输出人类命运共同体框架，也可以巧借国际热点，把握时机设置议题，顺势而为创新话题，从而引导国际舆论以凸显中国正面形象，扩大中华文化传播力影响力。同时，我们在国际传播实践中，还应注重生产具有说服力与可沟通性的国家形象修辞文本，持续探索西方语境下中国故事的叙事理性，注重"中国故事"的真实与逻辑连贯以维系叙事的可能性及忠实性，具备认知"客体意识"。此外，我们也有必要有效利用文本的表征策略，不断挖掘传统文化符号，打造融通中外的新概念、新范畴、新表达，嵌入技术媒介装置，在"人—媒介—空间"的有效互动中建构国家形象。最后，我们应当精准把握传播时机和锁定具体情境以输出优秀国家形象文本，借助多元文化象征符号创设海外受众"情感认同"的视点。

湖北大学新闻传播学院廖声武教授以"国际传播的实质与中国国家形象传播的策略"为题，指出国际传播所强调的增强话语权和提升传播力，其最终目标是创造良好的国际舆论环境，树立积极的国家形象，以促进国家经济和社会的发展。国家形象涵盖政治、经济、文化、科技、社会等多个维度。因而，我们向外国人讲述中国故事时，可以从以下几方面展开：一是充分考虑文化差异和接受习惯的不同，巧借外国人的视角来实现跨文化传播；二是通过外国人的视角来讲述中国故事，以增强新闻的接近性，使外国受众更容易接受媒体传播的内容，从而克服中外文化和意识形态差异带来的传播障碍；三是注重文化主题的报道，尝试利用文化唤起共有观念，促进外国受众对中国形象产生积极的认知；四是尝试借助国家之间发生的历史事件，激发情感共鸣，从历史事件的周年纪念日、纪念活动、国际热点话题等方面寻找最佳报道时机，以吸引国内外受众的关注；五是在对外传播过程中融合传统媒体与新媒体的话语表达，因为两者的融合能够赋予报道更多的趣味性和可受性，可在国内国际舆论场获得较好的传播效果。

三 国际舆论学自主知识体系建设

当代中国与世界研究院区域国别研究中心主任沙涛认为，我们的国际舆论研究还需进一步拓宽研究内容和信息来源。当前，区域国别舆论研究仍偏向以美、英、日、印等国为研究对象，而对其他国家的涉华舆情研究尚未形成完善的研究体系。同时，相关研究以英语为主，许多与中国关系密切的国家和地区的小语种舆情信息尚未纳入长期跟踪研究的范围。此外，信息来源也主要依赖西方传统媒体的涉华新闻报道，而新媒体舆情研究仍处于起步阶段，未能开展全面持续的监测与分析。现有研究过于关注个案，缺乏对目标国家舆情生成机制和媒体新闻生产过程的深入研究，依然偏向采用传统的内容分析和问卷调查等方法，对大数据等新技术手段的应用尚显不足。未来的国际舆论研究应不断创新理念、借力新技术、探索新方法，既关注传统媒体和新媒体的特点，也明晰国际舆论中有关中国的宏大叙事和具体案例中的细节，及两者之间的关系。

中国新闻史学会舆论学专业委员会理事长、上海交通大学谢耘耕教授强调，在国际舆论知识体系与主导权仍偏向"他者"的背景下，加强舆论学自主知识体系建设不仅有助于我们深入了解国际舆论的生成、传播和影响机制，还能为提升我国在国际舆论场的话语权和影响力提供支撑。中国舆论学自主知识体系建设是一个持续演进且不断完善的过程。未来，我们应加强学科的交叉融合，注重理论创新与实践相结合，推动国际合作，将政策与实践紧密结合，优化研究方法和技术手段。所有研究的突破都离不开方法的突破，而方法与理论的突破相辅相成。因此，在大数据、人工智能等新技术推动研究方法创新的背景下，我们应重视多学科研究方法的应用，丰富跨学科视角，关注时事，深入理解政策，并明晰舆论背后的多种诱因，从而提升研究的精准性和全面性，为国际舆论的发展持续注入活力。

四川外国语大学新闻传播学院（重庆国际传播学院）刘国强教授指出，舆论作为一种社会治理，或政治合法性生产的途径，对舆论本身进行思考存在多元视角。在政治哲学的视角下，舆论被视为一种权利，但大众社会理论将其与"乌合之众"相关联，并对其进行了系列批评。因此，我们在理解舆论时需要设定一个前提，以便更确切地把握其要义。对于国际舆论而言，从当前国际传播实际出发，我们或可更全面、客观地理解其底层逻辑；跨文化阐释也可以作为一种新视角，帮助我们进一步审视其内涵。四川外国语大学党委常委、副校长严功军教授表示，国际舆论与国际传播紧密相连，研究国际舆论时还应探讨这两个向度之间的交叉互动性话题。在人工智能带来舆论学研究范式革新的背景下，我们需立足中国实践与国际视野，围绕核心概念、命题范畴、理论框架、研究方法论等全面阐释新时代下的国际舆论实践。

四　结语

生成式人工智能等新技术的涌现，使得国际舆论场呈现出前所未有的复杂性和不可预见性，也对国际舆论研究的创新发展提出新要求。国际舆论引导力已然构成国际传播能力建设的重要组成部分，加强对国际舆论问题的认识、风险治理能力和舆论学的自主知识体系建设，对于提升新形势下国家形象、国际话语权和全球治理能力具有重要意义。展望未来，国际舆论研究的发展前景广阔，数智技术带来的舆论生成与操控、国际舆论的跨文化阐释、全球传播与伦理规范、网络空间安全治理等问题，仍需进一步探索。在此背景下，创新研究理念、优化方法论、重构经典理论，并结合在地经验，推动跨学科对话与合作，培养具备全球视野和多元化研究人才，或将为国际舆论研究开辟全新路径。

参考文献

［1］万立明，刘菁菁．"数据殖民"的基本特征与主要影响［J］．当代世界社会主义问题，2023（2）：150-160+168.

［2］陈虹，杨启飞．平衡与连接：构建新型主流媒体的内在逻辑与行动框架［J］．现代传播（中国传媒大学学报），2021（10）：1-5.

［3］胡范铸，薛笙．作为修辞问题的国家形象传播［J］．华东师范大学学报（哲学社会科学版），2010（6）：35-40.

守正与变革：新一代人工智能背景下的舆论学研究

——第八届中国舆论学论坛综述

朱　颖　邓伟健[*]

摘　要　新一代人工智能日益兴起，高度嵌入信息传播活动中，为舆论生态带来颠覆性变革。舆论学研究既面临着传统理论解释力式微的挑战，也迎来研究范式转换和学科边界延展的机遇。2024年11月9日，第八届中国舆论学论坛在广东外语外贸大学召开。来自国内近30所高校的专家学者齐聚一堂，深入探讨新一代人工智能背景下的舆论学研究实践。本届论坛关注理论体系的建设、舆论生态的转变、舆情社会的治理、伦理导向的审思、国家形象的构建等主题，为构建新时代中国舆论学自主知识体系提供方向。

关键词　舆论学　人工智能　舆论生态　舆情治理　国家形象

进入新时代，以新一代人工智能为首的技术革命驱动着舆论学的学科革命，舆论学研究呈现出新局面。当前，新技术的嵌入导致舆论主体多元化，舆论结构分众化和圈层化，舆论表达方式隐蔽化和隐喻化，舆论的全球风险复杂化。这些现象表明，舆论学研究正面临一系列新的挑战[1]，顺应技术逻辑、回应时代叩问、实现价值守正与实践变革的统一成为舆论学研究的首要之义。2024 年 11 月 9 日，由中国新闻史学会舆论学研究专业委员会和广东外语外贸大学新闻与传播学院共同主办的第八届中国舆论学论坛在广州召开。来自全国 30 余所高校的专家学者，把握数字时代的发展脉搏，共同探讨新一代人工智能背景下的舆论学研究实践，围绕着新时代

* 作者简介：朱颖，博士，广东外语外贸大学新闻与传播学院教授，硕士生导师，广州城市舆情治理与国际形象传播研究中心研究员；邓伟健，广东外语外贸大学新闻与传播学院硕士研究生。

中国舆论学自主知识体系的建设、智能传播时代下的舆论生态转变、智能传播驱动的舆情社会治理、技术革新下的价值导向审思、全球媒介化的国家形象构建等主题展开交流，以期推动中国舆论学研究的创新发展，实现理论与实践的本土化、时代化、现代化、全球化的深度融合。

广东外语外贸大学党委常委、党委宣传部部长陈彦辉在致辞中表示，新一代人工智能背景下的舆论学研究要始终坚持以国家所需、未来所向、全球所及为导向，充分发挥学科优势，紧密对接国家重大战略需求，为构建中国特色哲学社会科学体系、学术体系、话语体系贡献自身的智慧和力量。中国新闻史学会会长、中国人民大学新闻学院副院长王润泽教授在致辞中指出，舆论学知识体系存在大量亟待研究的纵深领域。在新一代人工智能背景下，舆论生态研究呈现出蓬勃发展的态势。舆论通过各种方式对社会发展和历史进程产生重大影响，与治国理政的关系密切。如何理性看待各种国际舆论，考验着各级领导和学者的智慧与定力。中国新闻史学会舆论学专业委员会理事长、上海交通大学谢耘耕教授在致辞中表示，以ChatGPT 为代表的生成式人工智能取得令人瞩目的进步，引领人机交互范式实现革命性转换，使舆论格局发生深刻变革，传统舆论学理论的解释力式微。舆论学学界有必要审视新技术体系下的知识框架体系，探讨如何在新的舆论环境下进行有效的信息传播和舆论引导，相信此次论坛将会为学科建设开拓更广阔的空间。

一 技术范式与理论谱系再造

中国社会科学院新闻与传播研究所原所长尹韵公教授分析了新时代舆论学的新特点。他指出，生成式人工智能的兴起给舆论生态带来革命性的重塑，技术革命顺势引领理论革命。在新时代下，舆论呈现出新特征：主动性增强、发酵速度加快、散布范围扩大，并且风险加剧。结合舆论学研究的新变革，尹韵公教授围绕"舆论学的核心是价值观"这一命题，着重探讨生成式人工智能影响下的舆论生态对知识产权、劳动价值等价值观认知的解构与重构，并从更新观念、创新方式和方法、梳理舆论学体系以及加强风险防范意识这四个方面，阐述新时代下舆论学研究实践与应用导向的新路径。

四川外国语大学新闻与传播学院院长刘国强教授基于思想史的视角，考察舆论内涵的演变历程，其研究跨越了从古希腊到后真相时代的历史时期，为理解舆论的多维性提供了一个全面的框架。他跳出学界对舆论的研究惯习，从哲学认识论、民主政治、法律、大众社会理论以及文化视角出发，阐述了舆论的不同功能和意义。在舆论的主体与主体性问题上，刘国强教授重点关注舆论主体的中西方差异，对中西方的舆论研究视角与困境进行分析，揭示了舆论研究在不同文化背景下的复杂内涵。

上海政法学院马克思主义学院副院长徐世甫教授借助哲学的话语范畴研究网络舆论场的场域构造和探索新时代舆论引导的主体理论。他提出，网络舆论场生成了联动一体的话语体系，出现"实体即主体"的表征：第一，拥有能动性的社交机器人成为人格化的舆论新主体；第二，公众借助技术支持激活参与网络舆论实践的主体身份；第三，政府通过再权力化表现再主体化的实体特征；第四，媒体进行议题设置来校正网络舆论方向，凸显再主体化的过程。徐教授指出，主体间性是新时代网络舆论引导的新范式。具体而言，这一范式体现在网络上平等的交往主体通过对话和协商来达成共识，进而有效地引导网络舆论。

中国社会科学院新闻与传播研究所二级研究员孟威教授基于 LDA 模型的文献主题挖掘与演化分析，将舆论学研究划分为三个层面：一是涉及舆论生成和社会情绪的本体论主题，二是涉及意识形态安全和政治安全的认识论主题，三是涉及技术赋能和媒体建设的方法论主题。研究发现，舆论学热点主题与人工智能技术变迁存在勾连关系，舆论学通过介入人工智能的社会话语，逐步融入社会治理和技术规范的框架之中。舆论学研究存在着方法论主题研究过多，本体论主题和使用新技术、新方法研究相对不足以及结构性失衡等问题。

河南理工大学文法学院部书锴教授从政治逻辑解读舆论引导的合法性。他认为，新闻舆论引导的政治逻辑就是新闻舆论通过传递特定的政治信息营造特定的政治舆论氛围，进而影响公众的政治观念和政治行动。舆论引导的功能发挥与社会结构密切相关，直接受到社会政治制度的制约；而新闻舆论引导的政治逻辑，必然与个体的心理特征和行为模式紧密相关。郜教授通过政治逻辑分析指出，新闻舆论引导在政治实践中展现出权威性和强制性、宣传性和鼓动性以及操纵性和控制性并存等特征。

二 技术嵌入与舆论生态转变

以生成式人工智能为代表的智能媒介催生人类信息传播方式的颠覆性革命，更给舆论生态的结构和规则带来深远的影响。[2] 舆论生态在以新一代人工智能为代表的媒介技术的嵌入下，其环境发生全局性嬗变。掌握技术与舆论生态之间的互动关系，勘探出舆论生态场的真实图景是新时代中国舆论学研究的新征程。

复旦大学新闻学院院长张涛甫教授通过探讨人工智能技术如何推动网络舆论环境的生态化转型，提出"网络舆论的生态化"概念，强调人工智能技术所驱动的舆论生态在场景创新、主体重塑、内容流通三个层面上显示出"平台化"和"反结构化"的特征，其背后呈现出一种新的"技术—文化"逻辑。这种新逻辑要求人类行动者立足于内容生产、信息传播与受众感知等环节，探索如何在更大限度散播信息内容，生成式人工智能技术在这一背景下具备介入网络舆论生态的行动潜力。[3] 张教授指出，生成式人工智能技术介入舆论生态的核心路径包括自动化内容生产、多模态文本呈现、人机交互问答。同时，他对人工智能介入舆论生态后带来的认知陷阱、信息战、减法思维等现象进行了审视。

清华大学新闻与传播学院沈阳教授以"AIGC 与舆情研究"为题，提出"天人智一"的新概念，并解释了这一概念的含义，即人类在保留主体性的基础上，最大限度发挥生成式人工智能技术的倍增效应，构建舆情研究多元行动共同体。沈教授对中国网络舆论场进行了系统性分析。他认为，网络舆论场域的环境属性涵盖中外对立、新旧对立、男女对立、贫富对立、官民对立以及平台与个人对立等六大对立类型；舆论议题的周期性变化与国际政治转换期、中美竞争稳定期、人工智能定性期和生产力转型期等时代背景紧密相关。

人民网舆情数据中心副主任单学刚对网络舆论场中的流行语及其背后的青年群体心态进行了研究。他收集并分析约 100 个新近常用的流行语，总结出五大领域和十二个方面的社会心态变化新特点。他认为，青年群体网络流行语折射出青年一代的心态追求与现实境况，具体体现为：第一，国家认同持续提升，爱国观更趋健康理性；第二，个人选择更加务实，对经济社会发展存在担忧情绪；第三，热衷讨论社会热点，把治理难题归咎于政策不力；第四，社会公平诉求强烈，情绪共鸣潜在聚集抱团风险。

在当前复杂的国际秩序和格局中，战略传播生态呈现出复杂多元的特征。尤其是社交机器人不间断地生产各类信息，从而使精准化的认知操纵成为可能。[4] 华东师范大学战略传播研究中心主任陈虹教授采用多案例研究方法，分析了社交机器人卷入战略传播生态的维度，具体包括竞争维度、转移维度、融合维度。其中转移维度涉及议程设置权力的转移、关系的转移、议程的转移，融合维度则涵盖媒体边界的融合、虚实的融合、文化的融合。陈教授指出，在大范围和深层次的关系构建中，议程大多呈现出不同程度的关联。社交机器人作为战略传播的主体，通过发布虚假信息和构建关系网络等手段，显著影响议程关系的呈现。

中国人民公安大学国家安全学院韩娜副教授聚焦认知域安全。她认为，认知战的实质是通过控制目标人群的思维方式和反应方式影响其行为结果，直至该国的政治体系、精神信仰、文化内涵发生变化的信息战争。人工智能可以在认知战的不同阶段发挥作用：在观察阶段，进行态势感知以确定认知风险；在导向阶段，实施精准识别以影响认知走向；在决策阶段，打造信息集成以影响认知研判；在行动阶段，推动主体协同以促成认知操纵实施。

华南理工大学新闻与传播学院郑宇丹教授抽取新浪微博中的 300 个热搜话题进行分析，发现 AI 背景下网络舆论的极化趋势进一步加剧，不同立场的话题形成阵营和区隔，在不同话题的讨论区，观点逐渐两极分化。AI 背景下网络舆论场出现了 SEO、假新闻、认知罗生门等各类舆论现象。此外，网络舆论的失焦类型发生嬗变：一方面，主动搜寻事件信息和多方面发表观点的实践催生了网络舆论场的正向失焦；另一方面，饭圈文化的入侵导致公共关注焦点的偏移，而这已成为舆论失焦的新常态。

浙江大学网络空间国际治理研究基地秘书长张文祥教授和山东大学文化传播学院新闻传播研究所助理研究员沈天健对生成式人工智能所催生的

虚假信息传播进行探讨，总结出虚假信息下的舆论具有以下特征：载体"武装化"，即虚假信息赋能技术成为"群体武器"；主体"脱域化"，即在地性舆论产生无界弥散；舆论客体的"失控化"，即舆论设置逻辑被颠覆。该研究提炼出"数字围猎"的新概念，表明生成式人工智能时代下用户具有强效能的舆论设置行为，通过在对话界面置入大量偏好数据的行为改变生成式人工智能对该舆论事件的信息输出方向与意见。

西安交通大学新闻与新媒体学院党委副书记吴锋教授探讨了数智时代新型主流媒体内容传播的生态风险及其应对策略。他指出，新型主流媒体在数智时代面临诸多挑战，包括内容竞争加剧、算法分流影响、传播渠道转移以及价值观念错位，导致其意识形态传播优势被稀释、舆论引导功能被弱化、权威信息传播空间被挤压等生态风险产生。为此，他主张构建算法治理的综合体系，大力推动"算法向善"；推动新型主流媒体的数智化转型，加快融媒体向智媒体升级的步伐；掌握信息技术竞争的主动权，并引导新型主流媒体进行内容升级，最终实现从触达用户到吸引用户的转型。

三　技术驯化与舆情社会治理

新一代人工智能不仅是引起舆论生态嬗变的复杂变量，而且是推动舆情治理现代化的可供性工具。中国外交部新闻司前参赞邹建华从新闻发布的角度研究智能传播时代舆情危机管理所面临的挑战、机遇及对策，并总结新一代人工智能技术对舆情危机管理的赋能作用，包括提高舆情监测与分析的效率、实现个性化沟通与精准引导、增强多渠道互动沟通效果的能力。他提出构建多渠道深度融合的信息发布平台、推进组建高层参与的新闻发布小组和发言人专职化、借助"外嘴""外笔""外脑"以搭建传播矩阵等对策。

上海外国语大学新闻与传播学院院长吴瑛教授以 ChatGPT 为例，分析人工智能时代涉华国际舆论的治理路径。如何敏捷防范人工智能时代涉华国际舆论风险是建构正面国家形象的核心命题。她提出技术反制策略，即利用人工智能强化快速感知能力，打造智能舆情监控系统，用于监测和分析 ChatGPT 生成的涉华舆论。在话语理念方面，吴瑛教授提倡协同共治，即践行多边主义、深化持续协调能力，以聚合全球力量，推动构建多边主义和共商共建的综合治理体系。

西南交通大学新媒体与文化研究中心主任石磊教授着眼于危机应对中的舆论引导，对中国式现代化应急管理的理论展开阐述，概括出了中国式现代化应急管理具有时代化、制度化、国际化、科技化的典型特征，并从理论逻辑、历史逻辑、现实逻辑三大层面阐明推进中国式现代化应急管理的重大意义。石磊教授强调了把新闻发布与网络舆情治理视为一个整体来对待管理的实践主张，并指出要通过加强舆情监测预警、抓好典型事迹宣传、建立危机管理机制等举措，加强网络舆情应对管理的现代化建设。

广东外语外贸大学新闻与传播学院院长侯迎忠教授着眼于突发事件与媒介化治理的特殊关联，梳理突发事件中媒介化治理的演进历程。他将自改革开放以来国家治理体系中媒体角色的演变，按时间顺序划分为三个阶段："英雄叙事"主导的舆论监督、媒体信息披露功能的再确立、媒介化治理特殊地位的确立。侯迎忠教授认为，多元协同机制的建构是推动媒介化治理进程和实现国家治理体系高效运作和治理能力现代化的重要举措。

人民网舆情监测室原常务副秘书长、中国通信工业协会副秘书长彭铁元教授探讨人工智能与大数据在应急舆情治理中的政治价值，阐述上述技术如何重塑应急舆情生态。他指出，人工智能与大数据能够以信息接收与反馈和风险评估与预警的手段，促进政府决策的科学化；以提高公众参与度的方式，推动政治民主化；以引导舆论走向和应对外部挑战的战略，维护政治稳定与国家安全等。他认为，深度整合与创新应用、个性化与精准化并重、跨界融合与生态构建、内容创作智能化将是人工智能与大数据在舆情治理中的发展方向。

西北政法大学新闻传播学院院长孙江教授聚焦生成式人工智能时代下虚假信息所引发的风险及其治理路径。孙教授认为，生成式人工智能时代的虚假信息可能引发政治风险、文化侵袭风险、信任危机风险。治理生成式人工智能虚假信息的路径主要有：在技术治理维度上，建立"AI 技术+人工主动审查"体系；在伦理治理维度上，建立虚假信息失信黑名单制度；在技术治理维度上，开发先进的检测算法和实时监测工具；在全球行动维度上，构建负责任的全球治理格局和虚假信息全球算法、数据与技术的共享机制。

中国传媒大学新闻学院韩运荣教授探索智能媒体在推进智能城市建设中的作用。她指出，当前智慧城市的应用场景可划分为信息汇聚平台、场景虚实交互、数字人三大类。其中，信息汇聚平台场景的适配领域较为宽泛，囊括城市运行监管、综合应急指挥、综合经济决策、社会综合治理、物联网感知五个维度。数字孪生城市拥有提供集成服务能力、数据运营能力、便捷开发能力和信息与通信技术融合能力四大能力。通过上述场景，智能媒体将精准构建合作式智慧治理网络以及推动服务效能提升，进而助力城市治理。

湖南科技大学人文学院副院长袁星洁教授着眼于媒介化社会，研究信息风险防治的逻辑理路、现实表征。他认为，媒介化社会的现实图景呈现出信息空间虚拟化、信息使用消费化、信息社会开放化等特点。媒介化社会中信息风险的现实表征主要有传播权力的下沉化、信息消费的"游牧"化、传统媒体角色的漂移化。他提出媒介化社会信息风险防范的应对之策，即要形成信息来源全面化、意见表达多元化、"党媒算法"社会化的多元主体共治格局。

上海交通大学人文艺术研究院副研究员刘锐分析人工智能背景下精准国际传播风险的复杂性，包括传统与技术风险的叠加、硬性与软性风险的交织以及时代转换中的风险嵌入。他建议，行动主体应采用系统化思维，从理念、机制、平台三个维度完善风险防范体系，提升风险防控能力。他强调，要建立智能技术保障体系，利用网络安全技术识别网络威胁，提高对国际传播安全事件的响应和处理能力，并提倡利用人工智能技术增强自动识别、溯源跟踪、证据固定等能力，降低传播网络的局部聚集系数，实现高效的国际传播智能决策。

四　价值审思与技术风险防范

重庆大学新闻学院院长郭小安教授对 AI 复活技术的应用场景和法律风险进行了探讨。他将 AI 复活的应用分为四个维度：情感补偿、家国情怀建构、文化传承和社会公益。AI复活技术存在着决策权不明确、非自愿回忆造成二次伤害、逝者意识被歪曲等伦理问题，也存在侵害逝者肖像权和人格权，沦为诈骗造假工具以及引发知识著作权争议等法律风险。郭小安教授主张从使用边界、行动者和法律层面加强AI复活技术的规训与引导，强调将人类道德映射到机器道德上的重要性。

暨南大学新闻与传播学院林爱珺教授针对大数据时代的隐私保护问题，提出一种基于多粒度的隐私分级与数据分类的差序保护方法。她从人格价值、敏感程度和社会属性三个维度，对个人或组织收集和使用的隐私数据进行分层。在此基础上，她主张，数据管理方要建立隐私数据分级保护模型，以及多粒度隐私保护的技术体系和系统。上述方法可有效建立起多粒度的隐私差序保护与数据管理机制，实现社会数字化的高效治理。

南京师范大学新闻与传播学院副院长邹举教授从行为建构的角度研究网络暴力刑事治理路径。他指出，行为建构囊括个人行为、平台行为、网络水军行为等治理象限，具有明确网络暴力行为与结果之间的认定方式、全面考量各种犯罪行为、具象化抽象法益和维护双重法益的治理优势。他主张，相关部门应在当前适用的解释文件中适当制定更多的积量标准，上述标准要特别说明且可根据具体情形做出合理的调整。

武汉大学媒体发展研究中心副主任肖珺教授思考了数智化浪潮中人机情感互动的争议问题。她提出，在人机交流中不可避免地会出现他者困境，表现为三个方面：机器已经成为人类情感映射的对象；机器对人类情感的满足建立在用户偏好的基础上；机器之情是服从人类指令的产物，并未被赋予作为独立对等或互惠他者的地位。人机交流中看似多情的机器反馈，实际是一种人类困于共情机器的无情之果，所谓的"共情机器"是人类习惯性地把机器当作自己的情感出口或情感来源。

西南大学新闻传媒学院副院长秦红雨教授研究了新一代人工智能与人的主体性问题。在人工智能语境下，人的主体性建构存在无法调解的问题。这些问题源于由信息茧房演变出的生存茧房，即"在场"与"不在场"的矛盾与撕裂、"地球村"与"脱域"的连接与断连、"中介化"与"具身化"相纠缠。秦教授认为，面对生存茧房的围困，人类能够利用"穿越"文化，重启自身的能动想象力，并在中国"文化之境"的启发下，重新发现人工智能时代主体的"能动性"。

华南师范大学教育信息技术学院副院长刘兢教授从建构主义角度对美国 TikTok 法案争议进行话语分析。他认为，在外交议程方面，TikTok 法案支持者选择性地在中美博弈外交背景中，利用"数据安全""舆论操纵""未成年人保护"这三大诠释包，打造话术策略；在内政议程方面，TikTok 法案反对者剖析被反华政客话术所遮蔽的"社交媒体平台规制"诠释包，将"替罪羊"和"创可贴"比喻为 TikTok 在美国社交媒体平台治理方面的牺牲品，表达对 TikTok 法案的清醒反思。

西安交通大学新闻与新媒体学院蒙胜军副教授关注 AIGC 版权的舆论风险和伦理隐患，认为模型训练阶段的版权舆情风险、数据隐私和合规舆情风险、侵权责任承担的舆情风险是 AIGC 版权舆论风险的具体表现。他主张，相关规制体系需要构建起全面覆盖和系统化的人工智能道德与风险管理法律框架，突出有关保护监管和责任伦理的条文内容；同时，提倡从伦理学基础理论出发，将伦理规范与价值判断嵌入算法之中，以保障算法的合理性与正当性。

西北政法大学数字社会治理研究院副院长詹海宝教授认为，主动性生产和由预训练数据集错误和模型错误所导致的被动性生产，形成自媒体 AIGC 虚假内容生产机制。针对新出台的《人工智能生成合成内容标识办法》，他指出新规中关于显示标注要求的灵活性不足，建议允许对不同场景灵活应用标注方式和补充对使用者违反标识要求的处罚措施，对隐式标识的技术提出需更具兼容性和标准化的要求。

五 技术导向与国家形象塑造

华中科技大学新闻与信息传播学院党委副书记、教育部大数据与国家传播战略实验室执行主任李卫东教授探索了基于大模型的智能云传播应用。通过"百晓生"应用，他开展了新一轮的寰球民意调查，关注寰球公众对中国的认知，包括中国的国民形象、品牌形象、文化符号形象等多个维度。寰球民意指数可视化分析系统展现了技术优势，例如全方位多视角可视化交互呈现和高度灵活定制化，为国家战略决策和国家正面形象的塑造提供了数据支撑。

北京外国语大学国际新闻与传播学院副院长刘滢教授关注多元主体在精准国际传播路径上的创新，以实现精准输出。在国家层面，政府应通过监测政治意见领袖和社交机器人、推动国产生成式人工智能大模型的研发、打造国际传播共同体等措施加强精准传播的顶层设计。在组织层面，媒体应结合"全球本土化"与"本土全球化"的策略，挖掘当地故事，用当地民众喜闻乐见的方式开展传播活动。在企业层面，企业应服务当地社会、联络当地民众，为精准传播建立起长期的信任关系。在个体层面，个人需提升媒介素养、跨文化沟通能力和传播亲和力。

山东大学新闻传播学院戴元初教授将全球跨国企业视作国际舆论行为体，借助全球跨国企业国际传播影响力评估指标体系，考察中国跨国企业的国际舆论声量。研究发现，中国跨国企业在全球企业互动与营商能力方面表现卓越，但在网络影响力与公众关注度方面则显著落后于美英等发达国家，其国际活动的实际舆论影响效能转化不足。另外，中国跨国企业国际舆论影响力存在着各类短板。对此，戴教授从宏观布局、微观表达、操作策略、传播方式这四个角度提出实现跨国企业拓展国际舆论影响力的路径。

西北大学新闻传播学院来向武教授抓取 TikTok 平台上使用中文、英语和阿拉伯语发布的与巴以冲突相关的话题标签下的部分视频，考察短视频用户对犹太人的态度。研究发现该媒体上的短视频用户对犹太人的态度以负面为主，中立态度次之，正面态度最少。另外，发布主体特征明显，未经认证的中文自媒体成为发布主力。该研究表明，社交媒体与数字操控策略的结合成为打赢信息战的有力武器；在巴以冲突中，西方媒体霸权的颠覆可能成为中国国际舆论影响力提升的转折点。

广东外语外贸大学新闻与传播学院副院长朱颖教授对 NOW 语料库中1663篇粤港澳大湾区主题的国际新闻报道进行情感和文本分析后发现，粤港澳大湾区在国际上以积极形象为主，存在少量争议。粤港澳大湾区被构建成国际合作与共同发展的先行者、产业升级与区域融合的创新者、市场拓展与贸易冲突的竞争者。针对负面报道所传达出的消极情感，朱颖教授提出破除负面形象的传播策略：以多元话语反驳"精英背书"的叙事技巧，以整体真相纠正"局部真实"的内容优化，以符号互文转喻"污名标签"的话语表征。

郑州大学新闻与传播学院秦静副教授以 YouTube 平台上的中国生态文明故事视频为研究样本，归纳出中国生态文明故事国际传播的叙事逻辑。该研究发现，承载世界大同精神、利益或情感成为中国生态文明故事被国际认同的必要条件。通过组合路径分析，她认为，借助具有中国神话色彩的叙事场景和具有隐喻意义的象征符号来建构的中国生态文明故事，获得国际认可度最高。基于上述发现，她提出以视觉符号强化隐性编码、基于共情因子挖掘情感话语、弱化价值话语的战略意图等叙事策略。

海南师范大学新闻传播与影视学院副院长李杉副教授对制度传播进行了探讨。她提出，"全球南方"崛起令国际传播格局出现极化与多元并存的转向，讲好中国故事实践与制度传播成为国际传播研究新方向。她认为，包括主流媒体、资本、社会大众在内的国际传播共同体需要整合内容输出的话语资源，以强化制度传播的背景性观念能力；需要用中国之治表达中国之制，以提升制度传播的前景性话语能力；需要推进城镇治理现代化，从而打造制度传播的未来框架。

参考文献

［1］刘丹凌，任浚瑜．从理论溯源到深描再释：舆论学知识体系的重构——评郭小安教授《反思与重构：新时代舆论学研究的知识转型》［J］．新媒体与社会，2024（2）：303-311+413.

［2］谢耘耕，张秀丽．人工智能生成内容对舆论生态的介入、挑战及治理［J］．新媒体与社会，2024（1）：30-42+390-391.

［3］张涛甫．人工智能推动舆论生态转型及其治理进路［J］．学术月刊，2024，56（2）：149-157.

［4］陈虹，张文青．竞争·转移·融合：社交机器人在战略传播生态中的卷入机制研究［J/OL］．新闻界，1-12［2024-11-11］.

面向数智语境的国际传播与国际舆论研究议题与路径

——首届"国际传播与国际舆论研究论文工作坊"会议综述

李　杉　　陈胜勇*

摘　要　全球舆论语境中的国家话语权建构和形象塑造，深受社会信息传播模式改变的影响。在数智化语境与全球化环境下，国际传播与国际舆论的理论研究和实践探索都面临视角转向与疆域拓展的问题。在此背景下，国际传播与国际舆论研究亟待加强我国应对全球数字舆论战的能力建设，以提升我国在国际上的话语权和影响力。2024年12月14日，首届"国际传播与国际舆论研究论文工作坊"在海南师范大学新闻传播与影视学院召开，来自国内30所高校、10多所期刊社的50余位研究国际传播与国际舆论的专家学者齐聚一堂，探讨如何应对人工智能技术对国际传播理论研究和实践的冲击。本届工作坊关注国际传播与国际舆论研究的新动向和新路径，围绕找准数字交流渠道、经营"地方形象"、共筑"国家形象"等主题，总结国际传播理论体系的建设经验，推动国际传播理论体系创新，为国际传播与国际舆论研究以及自主知识体系建构提出未来发展路径。

关键词　人工智能　国际传播　国际舆论　国家形象　传播效能

人工智能技术的飞速发展带来全球数字舆论环境与媒体格局的深刻变化，为国际传播的实践和全球数字平台的舆论冲突研究带来新的路径和语境。同时，国际舆论生态中的意识形态冲突仍然存在，且因交互模式深度普及而进一步加剧。党的二十大报告对国际传播工作提出明确的要求：

---

* 作者简介：李杉，海南师范大学新闻传播与影视学院副教授、硕士生导师；陈胜勇，海南师范大学新闻传播与影视学院讲师。

"加强国际传播能力建设，全面提升国际传播效能，形成同我国综合国力和国际地位相匹配的国际话语权。"[1] 讲好中国故事，提升我国在全球经济、社会领域的话语解释权，是新时期我国国际传播工作的主要着力点，同时也是海南自贸港建设的重要指导方针。在此背景下，首届"国际传播与国际舆论研究论文工作坊"于 2024 年 12 月 14 日在海南师范大学举行。来自国内 30 所高校、10 多所期刊社的 50 余位研究国际传播与国际舆论的专家学者齐聚一堂，深入探讨了新技术、新平台及特定区域在国际传播中的创新与挑战。

本次工作坊由海南师范大学与中国新闻史学会舆论学专业委员会、《新媒体与社会》集刊（CSSCI 集刊）联合主办，海南师范大学新闻传播与影视学院承办。海南师范大学党委副书记符刘才认为，国际传播与国际舆论作为当今时代的重要议题，对于推动构建人类命运共同体、助力世界和平与发展具有重大意义。国际传播不仅关乎信息的传递，更关乎国家形象的塑造和国际关系的和谐；国际舆论直接影响着全球治理和国际合作的进程。此次会议旨在加强国内外学者在国际传播与国际舆论领域的交流与合作，与会专家学者共同探讨这一领域的新问题、新挑战和新技术，推动国际传播学术研究的进一步发展。

一 传播效能与国际舆论的数字语境及其面临的困境

人工智能技术正在重塑国际信息传播格局，成为掌握国际传播主动权的关键因素，这也是本次工作坊中专家学者们关注的焦点。中国新闻史学会舆论学会专业委员会理事长、上海交通大学教授、《新媒体与社会》集刊主编谢耘耕表示，以 ChatGPT 为代表的人工智能技术不仅重塑了人的日常互动方式，也更新了国家与国家之间、文化与文化之间的交互机制，这种变化为我国国际传播能力建设提供了新动能。党的二十届三中全会通过的《中共中央关于进一步全面深化改革、推进中国式现代化的决定》指出，"构建更有效力的国际传播体系。推进国际传播格局重构，深化主流媒体国际传播机制改革创新，加快构建多渠道、立体式对外传播格局。加快构建中国话语和中国叙事体系，全面提升国际传播效能"[2]。关注智能技术赋能国际传播，也是研究国际传播的学者们需要重点关注的重要领域。

国家社科基金特别委托项目"海南自由贸易港背景下的国际传播研究"首席专家、新华社原社长李从军表示，在对人工智能的运用上，谁能更充分地发挥想象力和创造力，谁就能够赢得更大的信息传播主动权。面对人工智能时代的新挑战，媒体应及早应对，作出相应判断和选择，尤其要注意人工智能对新闻信息传播的方式、载体、内容及总体生态格局产生全程式、连锁式变革性影响等特征，关注情境体验强化新闻信息的感染力和想象力，关注其在突发性事件和灾变中的替代性以及在特定信息交流中生成异于人类自身的文化等[3]。

对于国际传播而言，人工智能既是机遇，也是挑战。《全球传媒学刊》主编、清华大学新闻与传播学院陈昌凤教授介绍了人机价值对齐的困境，并提出了价值的本质与普遍性是什么以及价值的普遍性可否实现两个核心问题。她指出，人机价值对齐就是让人工智能系统的目的与其设计者和用户的意图相契合，或与客观道德标准等相契合。然而当下在技术实施中人机价值对齐却面临着三个方面的挑战，分别是抽象伦理原则的可操作性问题、数据偏见的普遍性问题以及价值冲突的动态权衡问题。

大连外国语大学新闻与传播学院张恒军教授与芦思宏副教授提出了"双体"、"相遇"和"共通"三大理念，分析了人机共创、场景交往和制度衔接的重要性，探讨了人工智能时代跨文明传播的新趋势和理念创新。数智时代蕴含着人类文明普遍交往的内在机理和驱动逻辑，不仅是促进人类文明交流互鉴深层转向的核心动力，而且是推动中华文明现代革新的关键变量，同时也将推动人类文明新形态跨文明传播取得重大突破。树立"双体"理念，以主体平衡推动跨文明互动；树立"相遇"理念，以"文化居间"创造意义共同体的界域；树立"共通"理念，以参与式意义建构呈现与他者"共在"。因此，数智时代跨文明传播的实践转向意味着：人机共创，通过数据驱动交互融合双向增强；场景交往，以具体情境达成互惠性理解；制度衔接，以规范标准建立共同体秩序。

西南政法大学新闻传播学院蔡斐教授探讨了人工智能等技术在分析用户行为、优化传播策略方面的应用价值，强调了其对讲好中国故事的重要意义。进入智能化时代，人工智能、社会化媒体、大数据、物联网、VR/AR 等技术的发展，带来用户分析的场景化、精准化与智能化[4]，人工智能生成内容被认为是一种交织用户感性与机器理性的新媒介技术[5]，技术加持意味着将"中国故事"讲好充满着无限的可能。

海南师范大学新闻传播与影视学院教师任磊从 AI 在国际传播中的应用及辅助内容生产的新模式两个方面具体分析了人工智能驱动下的国际传播内容生产创新。其中的关键问题有四个：一是 AI 生成跨语言内容的准确性与自然性，即如何确保 AI 技术在生成跨语言内容时的准确性和语言的自然流畅性，这对于跨文化交流尤为重要；二是跨文化内容定制化，即 AI 如何深入理解不同文化之间的细微差异，并据此定制内容，以适应不同文化背景下受众的需求；三是 AI 与人工创作的协同，即在内容创作过程中，如何平衡 AI 的高效性与人类创作的独特性，确保内容既高效又具有深度和个性；四是内容审核与分发的智能化，即 AI 如何在保证内容准确性和规范性的同时，快速筛查不良内容，并根据用户行为数据进行个性化推荐。

除了价值困境，国际传播中的虚假信息、深度伪造、算法歧视等也是人工智能带给人类的难题。中国浦东干部学院王平副教授从多个方面探讨了媒介视角下深度伪造技术在不同领域的影响以及治理方案。暨南大学新闻与传播学院林爱珺教授认为，在国际舆论场域中，由 AIGC 所引发的虚假信息传播日益呈现出复杂性和多变性，其对公众认知产生了显著影响，并被用于操控社会共识、干扰国家治理乃至加剧国际矛盾。这些虚假信息以多模态形式在不同文化背景和语言环境中迅速传播，"半真半假"的特性使其更易被不同受众群体所接受，并进一步扩散。某些国家和组织可能利用 AIGC 生成的信息在国际舆论场中开展信息战，恶意引导舆论走向，从而对政策制定和国际关系的稳定性产生影响。面对全球化的虚假信息传播格局，单一国家或技术手段难以应对。构建国际合作机制，联合多方力量共同应对由 AIGC 生成的虚假信息所带来的挑战显得尤为必要。跨领域合作和技术创新是应对虚假信息挑战的关键措施，而如何避免技术滥用与过度监控的风险等将成为未来研究的关键问题。改进现有的事实核查工具、增强公众意识、提升对事实核查的信任度，将是推动信息治理进程的关键所在。只有通过多方合作，才能构建一个更加健康的信息生态，最终实现对虚假信息的有效治理。

上海交通大学刘锐副教授介绍了算法歧视的定义和特征，以及国际传播中算法歧视的表现与成因，并提出了有针对性的建议。国际传播中的算法歧视表现为内容推荐不公，即隐含价值观念较量，折射地缘政治博弈；把关过滤偏见，即对传播内容实行双重标准，损害他国利益；语言文化歧视，即充斥着西方意识形态，忽视国际传播多元性；属性识别差误，即样本代表性不足，导致国际传播内容被区别对待；用户交互型歧视，即用户操控算法，"异化"国际传播通道；广告投放歧视，即精准化营销手段窄化国际传播范围。我们应积极利用所在国算法歧视规则，参与国际平台算法治理规则制定；加强自主渠道建设，积极发声，助力国际传播公正平等新秩序构建；强化技术反制，引入自动化信息核查机制，规避国际舆论算法操纵；团结多方力量，支持国际传播平台伦理规范建设，共建科技伦理。

海南师范大学新闻传播与影视学院教师熊越聚焦生成式人工智能（GenAI）介入国际传播内容制作过程所带来的感知偏向现象，认为这一现象的出现不仅改变了国际传播的方式和路径，也给国际传播带来了新的风险，进而提出人类智慧与人工智能应协同赋能国际传播。无论是强人工智能还是弱人工智能，都可以归结为由人类主体性"残留"或"演化"生成的客体，即主体和客体相结合的"统一体"；主客体协作共同赋能国际传播内容生产，建立完善的外在监管机制，营造优良的 AI 创作环境；规范生产者价值本位和主体自治意识，为 AI 提供正确的生产方向；推动技术开源开放，打造良好的 AI 技术生态环境。

湖北第二师范学院新闻与传播学院陈瑛教授讨论了生成式人工智能对新闻业的冲击以及数智语境下新闻业的应对措施。在传统意义上，记者被视为信息的守门人和公共利益的代言人，通过调查、分析并呈现事实以启发公众舆论，但当一个由算法驱动的程序开始取代记者的主体作用时，记者的专业价值将被重新定义。因此，人机互生下记者应当重新调整自身职能，增强把关意识和提升自我的 AI 素养；新闻媒体应将国家所提倡的主流价值观嵌入算法，增强生成式人工智能输出内容的客观化倾向；权力机构应介入算法，以算法审计纠正生成式人工智能中潜藏的偏见和不公正行为。

二　围绕国家形象塑造的国际传播理论体系建构

理论是实践的先导，国际传播能力建设也要以国际传播理论研究为基础。中国外交部新闻司原参赞邹建华认为，提升国际传播效能，改善我国国家形象，绝非一朝一夕之功，而是一个持续不断的过程。要使我们在这一过程中行稳致远，夯实理论基础是必要的条件。建构自主知识体系，瞄准全球话语权的竞争与重塑，都是试图为中国在全球传播中的角色重新定位，并提供理论支撑[6]。

美国纽约州立大学传播系教授、哈佛大学费正清中国研究中心研究员、联合国全球媒体和信息倡议项目专家洪浚浩分享了关于国际传播研究议题和方法的思考与建议，强调国际新闻传播研究是国际传播理论研究与实践研究的核心。国际传播从本质上说是国际政治的一部分，从起源、发展到变化，都体现了当时世界政治的格局。国际传播不是一种技术传播，而是社会与人的传播，要抢占世界突发新闻、独家新闻、实时新闻、现场新闻四种类型新闻的制高点，助力国际传播实现突破。洪浚浩强调，必须加强对国际传播受众的实地和实证研究，区别对待极少数具有敌意的偏见者，对于那些对绝大多数"无辜""无罪"（innocent）之人有偏见的人，不要批评和指责，而要加强沟通，增进了解，促进理解，提升共识。

海南师范大学新闻传播与影视学院龚新琼教授以新物质主义理论观照新闻物质研究，认为作为一种新的理论范式、方法论和概念框架，甚至是一种政治立场，新物质主义对人文社会科学领域的影响因打破学科壁垒而不断显现。通过对"物质""能动性""内在互动"等基石概念的提出或重新阐释，新物质主义表达了新的认识论、本体论、政治和伦理主张，某种程度上实现了"哥白尼式的思想革命"。将新物质主义引入新闻研究，将使新闻物质研究从以行动者网络理论为主导转向在新物质主义更广阔的理论和方法论面向下拓展想象的空间，并为反思新闻研究中的人类中心主义倾向提供启示。

西北政法大学新闻传播学院孙江教授、詹海宝副教授从分布特征、演进路径、核心议题、热点趋势四个方面分析了近20年来国际舆论研究的

"知识图景"，认为国际舆论研究正在经历从单一学科范式主导向多学科交叉融合转型的过程。从学术影响力和国际合作网络的角度深入分析，国际舆论研究展现出明显的"中心—外围"结构特征。国际舆论研究正在形成一个以英语学术共同体为主导、新兴国家快速崛起、小型发达国家形成特色研究领域的多元化发展态势。从演进趋势来看，中国、德国等非英语国家的快速崛起，正在推动国际舆论研究的地理空间分布从传统的"西方中心"向"多极化"转变。国际舆论研究必须关注舆论形成与传播机制研究、舆论与公共政策互动研究、重大社会议题的舆情分析、舆论的跨国比较研究四个核心议题。大众传媒（mass media）、公众态度（attitudes）、联合国（united nations）、司法（justice）、贫困（poverty）、风险（risk）等议题保持着持续的研究热度。政治学概念如民主（democracy）、外交政策（foreign policy）、心理学（psychology）以及社会学领域的福利国家（welfare state）逐渐进入研究者的视野并成为研究热点。政治传播（political communication）、政治经济学等跨学科议题频现。情感分析（sentiment analysis）方法、自然语言处理、社会网络分析等人工智能技术开始应用于国际舆论研究，方法论日益创新。危机（crisis）话题多次凸显，治理（governance）、合作（cooperation）、社交媒体等相关议题迅速成为研究热点，也体现了该领域的问题导向与时代责任。

全面提升国际传播效能是一项系统性工程，需要不断完善国际传播体系，最终实现塑造良好国家形象的目标。北京外国语大学国际新闻与传播学院相德宝教授认为，既往研究缺少系统的梳理和对整体系统环境的宏观考量，缺少对动态的国际传播体系的考虑。这导致国际传播体系的建构呈现支离破碎，局限于传播学内部考量，困于单向传递等特点。面对全球化进程中的复杂传播环境，现有研究缺少对不同传播要素之间动态互动的探讨。相德宝教授认为要从系统论视角看待国际传播，并对国际传播体系的要素、结构、功能、运行条件与机制等进行具体分析。

在国际传播体系的影响要素中，情感要素尤其为学者所重视。中国人民大学新闻学院赵云泽教授与中国传媒大学传播研究院赵国宁助理教授认为，在国际政治交往与博弈中，情感始终占据重要位置。情感作为共同体的联结，向内起到凝聚作用；情感作为博弈的工具，向外起到对抗作用；

情感作为对话的前提，能够形成群体融入与互相吸引。他们建议，以共情为基础，通过情感动员，形塑情感秩序，影响情感共同体的集体行动，最终影响国际政治与传播的方向。

广东外语外贸大学新闻传播与影视学院罗坤瑾教授对情感共同体进行了探讨，她以突发事件中群体情绪传播蔓延机理与演化逻辑为切入点，分析了从情感公民到情感共同体的建构过程。作者以近十年来10起女性社会安全事件为研究案例，以"唐山打人事件"为关键案例，采用传统机器学习方法和情感词典进行情感分析和情感划分，描绘在现实或虚拟空间中共同生活的人们，经由情感公民、情感表达两个阶段，使情感共同体得以演化的图景。情感公民通过社会认同完成身份构建，以负向表达实现情感表达方式从非理性到理性的转变，继而形成拥有共同情感基础和情感行为的情感共同体。当同类事件发生，人们对事件的认知框架便会得到加固，进而快速凝聚成情感共同体，再次形成愿望传递的共鸣。

国家形象包括政治、经济、文化、生态等多个层面。政党制度是政治制度的核心，讲好"中国之治"与"中国之制"是讲好中国故事的重要目标。海南师范大学新闻传播与影视学院李杉副教授认为，展示中国政治实践的合作、参与、协商等民主，为全球治理层面贡献中国智慧，是"中国新型政党制度"国际传播的目标。在当前海外社交平台上，构建中国制度的国际解释权需要以可沟通性为话语体系建构逻辑，在"人民属性"的框架下创新"人民话语"；在国家治理现代化的语境中，建构协商民主的话语表达；培育具备整合话语资源能力的话语主体与机制，培育可沟通的"共识空间"。

四川外国语大学新闻传播学院刘国强教授则引入人文学科中"地方感"的概念，探究来华留学生与中国人和地方的关系以及该群体对于中国的地方感知。刘国强和王虹翔两位作者探索来华留学生的微信、QQ使用状况与其地方感建构之间的关系，结合从地方感到国家认同的理论路径，根据以往研究引入社会资本作为中介变量，一是研究来华留学生的社交媒体使用与其地方感的建构是否呈正相关关系，二是来华留学生社交媒体的使用对地方感建构及国家认同产生的影响是否通过社会资本的累积来生成。

四川外国语大学严功军教授和研究生邹雪认为，长江文化是中华文明的重要组成部分，全面开展长江文化国际传播具有重要的现实意义。"一部长江文化史堪称半部中华文明史。"[7] 长江文化国际传播需要厘清中华文化与区域文化、传统价值与时代价值、地方文化与全球文化等维度间的逻辑关系，并基于相关逻辑开展多元化传播。呈现长江文化资源、挖掘长江文化符号、体现长江文化价值，是一个系统工程，需要通过多元路径推进。

此外，学者们还从企业文化、公益组织等角度探讨了如何塑造良好国家形象。上海大学新闻传播学院包国强教授和研究生陈泰旭指出中资企业作为共建"一带一路"倡议的"排头兵"，企业的公共外交也将是塑造国家形象不可或缺的重要途径。企业公共外交通过提高企业的海外形象、展示民族品牌形象、承担企业社会责任、提升国家软实力来推动国家形象塑造；中资企业应以人类命运共同体为核心理念，提升中资企业的海外传播效能，全面提高企业的公共外交能力，开展具有中国特色的企业公共外交活动，与政府形成合力推进企业公共外交，并坚持企业公共外交活动和企业承担海外社会责任双向推进。

广州体育学院体育传媒学院肖灵教授介绍了体育类公益组织构建良好形象的现实意义，借鉴 CIS 理论提出需重点做好三方面工作：加强体育类公益组织视觉形象构建，加强体育类公益组织理念形象构建，加强体育类公益组织行为形象构建。通过加强体育类公益组织视觉形象构建、理念形象构建、行为形象构建，不断提升体育类公益组织的整体形象，从而助力体育强国和健康中国建设。

三 地方故事与国家故事传播的新渠道、新形象与新思路

媒体融合是当下我国国际传播能力建设的又一重要背景。中国社会科学院大学新闻传播学院黄楚新教授和研究生王奕涵介绍了媒体融合语境下国际传播能力提升的概况与特征、现实情况以及优化进路。作为向世界展现多元、立体中国形象的重要叙事载体，地方国际传播中心蓬勃发展，凭借其在地资源等优势，成为我国国际传播能力建设的重要力量。截至 2024 年 10 月，全国已有超过 70 个省、市、县成立了以"国际传播中心"为名

称的媒体机构，形成了覆盖广泛的国际传播网络体系。我国媒体机构纷纷向外拓宽平台渠道，积极拓展海外传播矩阵，布局 Facebook、X、Instagram、YouTube、TikTok 等海外社交媒体平台，利用多账号集群实现了与国内外受众的多维对接，在国际对话场域开展多元立体的传播叙事，国际传播层面的全媒体传播格局得到持续完善。我国媒体机构将中国文化与现代数字技术相结合，创新以各类形象为载体的中国文化国际传播策略，通过各类可视化方式，以短视频形态呈现在国际视野中。不过，地方传播机构能力有限，资源统筹能力欠缺；话语传播影响较弱，海外平台嵌入困难；生成式内容真伪难辨，文化敏感与情感缺失问题凸显。未来需要多维联动激发主体传播活力，以他者需求构建国际叙事话语，善用平台法则强化传播效果，建设治理机制规避技术风险。

社交媒体是典型的融合性媒体，社交媒体平台也成为当下国际传播的重要平台。广州大学新闻传播学院李鲤教授和研究生余威健从中国国际传播的"双问题"意识出发，探讨了国际传播的国际化与平台化趋势，以及跨国数字平台在国际传播中的三重介入，即对数据流动、文化生产和信息交往的介入。介入全球数据流动是指围绕全球数据流动展开的全球、地方权力协商，介入全球文化生产是指围绕全球媒体文化生产、流通和消费进行的全球、地方价值整合，介入全球信息交往是指围绕全球信息交往展开的全球、地方身份叙事和公共行动。中国国际传播的"国际化"和"平台化"需接入全球、区域的冲突与对话语境，以空间关系性和多样性的视域，激活人类命运共同体理念在平台化时代的全球价值，以彰显地方智慧的知识体系和社会行动助力全球社会的变革。

北京外国语大学国际新闻与传播学院高金萍教授和赵泽鹏选取 2013 年至 2023 年 YouTube 平台每年关注量最高的涉华舆论，排除非英文视频和政府媒体、主流媒体等官方媒体发布的视频，共得到相关短视频 290 个，涉及短视频博主 193 个。短视频意见领袖对国际舆论发挥着特殊的引导作用，直接影响国际公众，甚至能够同主流媒体一争高下，所以只依靠主流媒体或非政府组织的发声显然是不够的。多数舆论话题由西方政府、媒体挑起，并借由主流媒体、社交媒体广泛传播。其中一些负面议题中，中国媒体和意见领袖主动设置和引导能力不够，处于"歪曲—回应—再歪曲—再回应"的话语循环中。调查发现，友华人士与中立意见领袖数量众多，对于这些中立意见领袖，需要积极引导，很多意见领袖并未访问过中国，对中国社会缺乏真正的了解，应当邀请其来中国深入调查、生产传播涉华短视频，用"外嘴"为中国国际舆论带来新声。

广州外语外贸大学新闻与传播学院朱颖教授和学生刘贻泳基于全球最大的国际新闻聚合平台相关原始语料，具体测量 Reddit 社区海外受众对中华文化价值的情感维度、认知维度、社交维度和身份维度，同时结合词频分析、语义网络分析，探讨 Reddit 社区中中华文化符号的生产与传播过程所带来的沉默螺旋效应、他者化、投饵操纵、把关失衡的现象。他们以全球社会文化语境理论为切入点，探讨中华文化与全球价值谱系的衔接与协同，以回应中华文化如何在全球性的、全局性的数字基础设施变革语境下保持韧性与活力的时代命题。

厦门大学新闻传播学院胡悦副教授认为要用"邀请修辞"来代替"说服"，以提升特定信息在国际社交媒体平台上的传播效果。"说服"更多地将国际传播视为一种对抗性的过程，传播者将自身观点预设为绝对正确，并试图将其强加给国际受众。这种做法严重忽视了国际受众作为具有不同文化背景个体的独特认知结构和价值体系，破坏了传播过程中应有的平等原则和尊重原则。作者参考福斯和格里芬提出的邀请性互动交流的七大特征，对全国各省市地方媒体在 Facebook 的账号进行长期观察，发现地方媒体在 Facebook 的国际传播实践呈现出明显的"邀请修辞"特征。他们验证了"邀请修辞"理论的引入对国际传播整体格局影响深远，指出"邀请修辞"可以促使国际传播理念的更新，而且提出了从单向灌输说服转向双向互动的"邀请"模式的具体路径，切实保障构建良好国际传播生态，提升国家形象与文化软实力传播效果。

华东政法大学传播学院讲师李丹珉开展了一项在线调查研究，采用2（信息真假：真实或虚假）×2（点赞数量：高或低）×2（叙述方式：数据型或故事型）的被试间设计，模拟八种信息传播情景，并将议题重要性、议题熟悉度、理性思维倾向、识别虚假信息的自我效能感设置为受试者内部变量。研究发现，信息特征、议题涉入与认知效能对信息真实性感知、信息真实性辨别、信息真实性核查意愿有较大影响。该研究进一步探讨了社交媒体平台上信息真实性在网民认知过程中的作用，认为感知和辨别是其中的两个关键环节。

海南正在加快建设具有世界影响力的中国特色自贸港，海南自贸港也将成为展示我国国家形象、提升我国国际影响力的重要窗口。郑州大学新闻与传播学院邓元兵教授与秦静副教授基于对 X 平台的研究，分析了海外用户对海南国际形象的多元认知维度，认为认知维度涵盖生态气候、经济发展、文化艺术、科技发展和国际合作等方面，并探讨了社交媒体时代海南形象构建的机遇和挑战。两位学者揭示了国际社交媒体用户对海南国际形象的认知与建构过程，结合图式理论构建了海南省国际形象模型，提出海南国际形象建构的五个核心维度：国际影响力、发展潜力、人文活力、基础条件和城市风貌。国际社交媒体用户对海南国际形象的认知表现出情感上的动态变化特征，其中，正向情感主要集中在旅游经济、自然生态和国际合作等方面，负向情感则聚焦于自然灾害和基础设施方面。社交媒体通过激活既有图式与融入新信息，对公众从多维度认知海南国际形象发挥了关键作用。

大连理工大学人文学院武文颖教授分析了中外语言交流合作中心社交媒体发展的现状，指出要构建科学合理的媒体矩阵，优化内容生产策略，才能有效提升海南的国际传播力。研究者基于拉斯韦尔的"5W"传播模式，构建了涵盖评估实体、内容质量与多样性、社交媒体矩阵、用户数据互动指标及营销项目五个维度的综合评估体系。武教授以中外语言交流合作中心为研究对象，综合运用数据挖掘与计算传播学等数据分析工具，与清华大学、伦敦大学学院做横向比较研究，发现中外语言交流合作中心在媒体形态趋同、互动对象同质、话题领域集中等方面亟需做出改变。研究提出四条优化路径：科学谋划社交媒体矩阵，搭建全方位传播阵地；优化内容生产策略，打造优质国际传播产品；加强资源战略协同，拓展国际传播力量版图；创新推广运营方式，提升国际项目传播效能。研究结果表明，评估指标体系为优化决策提供科学依据，可以有效推动社交媒体传播矩阵的迭代优化，对于提升中国话语的国际影响力、增强中国文化软实力具有重要的理论价值和实践意义。

海南骑楼作为一种历史文化建筑，不仅具有浓厚的地域性特征，也体现了中西方文化的交融与现代化演进。在"空间生产理论"框架下，海南师范大学新闻传播与影视学院李楠副教授探讨了海南骑楼在国际传播中的文化符号建构与跨文化传播路径，分析了中央政府、地方政府、社区居民与游客等社会行动者在塑造骑楼文化中的作用。通过多模态传播和智能传播技术的应用，骑楼成为文化传播的重要工具性空间，其符号意义在国际化进程中得以动态构建与强化。海南骑楼在不同社会行动者的作用下，逐步形成具有国际传播力的文化符号，这不仅有助于提升海南的国际文化形象，也为全球文化遗产的保护和传播提供了新的思路。

海南师范大学新闻传播与影视学院许晶副教授则以中国电影《你好，李焕英》为例，探讨了影视文化在海南国际传播中的作用，认为通过翻拍等方式，将海南元素融入影视作品，可以吸引更多海外观众，提升海南的国际影响力。

四　学术出版助力知识生产与传播

学术期刊是国际传播与国际舆论研究的重要阵地。在主编论坛中，国内多家知名学术期刊的编委围绕如何推动国际传播与国际舆论研究进行了交流。

《新闻与传播研究》执行主编、中国社会科学院新闻与传播研究所研究员、中国社会科学院大学新闻传播学院教授朱鸿军表示学术期刊应努力服务于新闻传播实践以及新闻传播研究的系统性变革，而《新闻与传播研究》正通过开设专栏、主动举办学术工作坊等方式积极应对这场系统性变革。《新华文摘》编审刘永红则强调国际传播方面的文章一直是《新华文摘》中"读书与传媒"栏目高度关注的对象，她同时分享了该期刊主要的三个选稿方向，即服务国家战略需求、促进学科专业发展和推动行业发展进步。上海师范大学期刊社编审、副社长陈吉详细阐述了二次文献和原发刊物在知识生产与传播过程中的运作方式，为广大学者深度解析学术交流平台的引领作用。《出版发行研究》副主编缪立平以图书传播为切入点，深入探讨了国际传播能力建设相关问题。她详细阐述了图书出版出海的具体方式和途径，同时明确指出图书传播目前面临两大障碍：一方面是文化交流方面的阻碍，不同文化背景下的价值观、阅读习惯等差异，给图书的国际传播带来一定困难；另一方面，出版机构普遍存在体量较小的情况，难以形成规模效应和强大的合力。

与此同时，期刊编委们分享了所在期刊在这方面做的工作，也对学者们的研究方向等提出了具体建议。《新闻大学》副主编姜华指出学术期刊需要反映学术脉动，捕捉学术动向，同时强调基础性的议题更值得关注。《新闻与写作》主编李蕾讲述了新闻传播学学术期刊进行知识生产的流程，指出期刊编辑主要通过价值判断、选题判断、研究判断、创新判断四个角度来筛选稿件。四川日报报业集团传媒研究中心副主任兼《新闻界》副总编辑杨国庆建议选题要从冰点中找热点，从热点中找冰点，紧盯动态，关注期刊专题策划，与自己的研究有机结合，定向投稿。《中国出版》副主编杨晓芳提醒研究者要格外注意平衡国外理论的运用与党和国家大政方针的阐释。社会科学文献出版社编审张建中从《新媒体与社会》的编辑与出版工作出发，着重强调了规范参考文献的重要性。

参考文献

［1］习近平：高举中国特色社会主义伟大旗帜　为全面建设社会主义现代化国家而团结奋斗——在中国共产党第二十次全国代表大会上的报告［DB/OL］.2022-10-16，新华社，https：//www. gov. cn/xinwen/2022-10/25/content_5721685. htm.

［2］中共中央关于进一步全面深化改革、推进中国式现代化的决定［DB/OL］.2024-7-21，新华社，https：//www. gov. cn/zhengce/202407/content_6963770. htm？sid_for_share＝80113_2.

［3］李从军.新闻信息传播积极应对从互联网到人工智能的时代嬗变［J］.新闻战线，2024（23）：4-7.

［4］彭兰.更好的新闻业，还是更坏的新闻业？——人工智能时代传媒业的新挑战［J］.中国出版，2017（24）：3-8.

［5］喻国明，刘彧晗.理解生成式AI：对一个互联网发展史上标志性节点的审视［J］.传媒观察，2023（9）：36-44.

［6］吴飞，刘珈如.2024年国际传播领域理论热点与实践创新：多元交融、数字共鸣［J］.对外传播，2024（12）：9-13+80.

［7］周宪.长江文化的美学思考［J］.南京社会科学，2024（2）：128-135+146.

三重勾连与牧区嵌入：智能手机在蒙古族牧民村落的传播实践研究

—— 一个蒙古族牧民村落的田野考察

张晋升　吴万昕[*]

摘　要　本文以三重勾连理论为分析框架，采用深度访谈及参与式观察的方法，从科技物品、消费文本和时空场景三个层面探究智能手机在一个蒙古族牧民传统村落中的使用情况。研究发现：在科技物品层面，智能手机承载着牧民"远程家庭"的情感勾连，同时其技术可供性重塑了牧民的生产生活方式；在消费文本层面，微信等应用将牧民的生产活动与外界社会勾连，提升了牧民公共生活参与度，拓展了人际关系网络；在时间与空间场景层面，智能手机实践与家庭空间场景相勾连，餐厅逐渐成为女性摆脱家庭权力的私人休闲空间。此外，智能手机将牧区内外、代际间的时间相勾连，重塑了牧民的传统时间感。本研究有助于理解智能手机如何嵌入并影响少数民族传统村落的社会结构与日常生活。

关键词　三重勾连　蒙古族　牧业乡村　新媒介

随着信息通信技术的快速发展和普及，智能手机已经深度嵌入人们的日常生活，成为现代社会媒介化的关键载体。然而，许多农牧区由于地理位置相对封闭，信息基础设施建设相对滞后，智能手机在这些地区的普及和使用情况尚待探究。同时，不少农牧区往往为少数民族群体聚居地，由于当地独特的语言、信仰和社会组织方式等因素的影响，现代传播技术在

---

* 作者简介：张晋升，暨南大学新闻与传播学院教授、博士生导师；吴万昕，暨南大学新闻与传播学院博士研究生。

这些区域的采纳和使用过程往往呈现出不同于城市的独特性。就传播学界而言，当前关于媒介与乡村社会的研究硕果累累，且大致形成发展传播学、媒介人类学两条主要研究路径，[1] 但这些研究大多将目光投向农业乡村，对牧业乡村的关注少之又少，且在一些研究中，牧区甚至被笼统地视为一般农区。[2] 20 世纪 80 年代以来牧区社会发生了巨大变化，生活在牧区草原的蒙古族牧民有着自己独特的语言、信仰、社会结构与组织方式，基于"人—草—畜"系统中所呈现的牧区、牧业、牧民的基本现状和问题与农区存在较大的差异。从这个角度来看，智能手机与牧区社会之间也必然存在着与其他地区不尽相同的交流与碰撞。

综上所述，本文以内蒙古自治区一个蒙古族牧民村落为考察对象，采用参与式观察和深度访谈的研究方法，立足"三重勾连"（triple articulation）理论视角，探究智能手机进入牧区后，如何与牧民的日常生产生活产生交互作用、彼此勾连，进而引发牧区社会结构和牧民文化观念的变迁。本研究立足中国少数民族草原牧区的场域，对理解现代传播技术如何在特定社会文化语境中形塑人们的社会关系和文化认同具有借鉴意义。

一 理论视角：三重勾连

三重勾连理论在双重勾连（double articulation）理论的基础上发展而来。双重勾连理论起源于语言学家安德鲁·马丁内特（Andre Martinet）的自然语言分析。[3] 媒介研究学者罗格·西尔弗斯通（Roger Silverstone）等将此概念逻辑延伸至媒介研究领域，但媒介研究中双重勾连理论的意涵却更多来自驯化理论（domestication）。驯化理论起源于 20 世纪 90 年代，该理论用来隐喻媒介嵌入家庭后，使用者依循自身需求安排、使用产品，并赋予产品独特意义，使其成为家庭生活的一部分[4]82。西尔弗斯通借用双重勾连理论来概括驯化理论，即在驯化过程中，既强调媒介技术作为物品的物质性意义，也凸显媒介技术带来的文本符号意义。[4]83 具体而言，双重勾连的第一层勾连是指技术物品的生产、营销和话语论述实践；第二层勾连指对传播媒介的文本或符号的接收与解释等，即意义的勾连。[5] 西尔弗斯通在其著作《电视与日常生活》（*Television and Everyday Life*）中以电视进入家庭生活为例对双重勾连理论进行阐释："媒介物质层面的消费将个体留在私人空间，而媒介的'文本符号'可以让个体与世界、本土和全球相连接。"[4]12

然而，双重勾连理论的实际运用却异常艰难，一方面，双重勾连理论研究无法兼顾物质与文本层面，索尼娅·利文斯通（Sonia Livingstone）就指出，双重勾连理论仿佛掉入传播的陷阱中，如果在研究中重视一个勾连层面，那么另一个就很容易被忽视；[6] 另一方面，随着媒介研究的空间转向，出现双重勾连理论解释力不足等问题。在网络媒体时代，人们可以在多样化的场景中运用多元化的媒介产品消费相同的内容，但该理论仅聚焦媒介文本和技术，忽略了媒介消费的社会场景与空间关系。[7] 英国媒介学者玛伦·哈特曼（Hartmann）在批判性地分析了双重勾连理论的研究实践后，创新性提出三重勾连理论，涵盖作为物品的媒介（objects）、作为文本的媒介（texts）和作为场景的媒介（contexts）。[7] 他认为媒介技术不仅是物品或信息渠道，更是一种"情境"（context），这种情境是由"行动者"（agency）的私人实践与行动要素建构而成。[7] 三重勾连理论提出后，得到了一些学者的响应。库尔图瓦（Cedric Courtois）等学者首次将三重勾连从理论层面运用到实际研究层面，研究了中学生的媒介消费情况，[8] 随后，进一步总结了媒介消费的双重勾连与三重勾连的区别与联系。与双重勾连理论相比，三重勾连理论更强调从历史的、社会的更广阔的场景来看待媒介技术，提出媒介通过物理对象表达、文本语义消费、空间场景运用来获得其意义。三重勾连理论的提出及研究实践，在很大程度上弥补了过往许多研究中重视媒介文本和技术，但忽视媒介消费的社会及空间场景的缺陷，或者说克服了把媒介技术与使用场景不加区分地杂糅在一起讨论的缺陷，为理解人和技术的关系提供了一个新的可行性视角。

近年来，国内有许多学者运用三重勾连理论阐释乡村或民族地区新媒介的使用和传播现象。例如，孙信茹通过对普米族乡村年轻人微信使用的民族志考察，发现微信成为一个可以勾连不同时间、空间和多向度的新型空间。[9] 冯强、马志浩从科技物品、符号文本和空间场景三个层面分析了智能手机如何与乡村日常生活相勾连，并在此基础上阐释了手机引发的乡村社会变迁。[10] 周孟杰、吴玮则从技术文本、空间场景、主体行动三个维度探究了新冠疫情期间短视频技术如何与乡村青年的抗疫媒介实践相关联，勾连出媒介、人与环境三者的共生关系。[11] 这些研究在技术与文本的向度之外，将空间意义上的"场景"勾连起来，阐释了媒介消费的场景与媒介实践之间持续互动和相互建构的过程。但是，个体在某个空间场景中的媒介实践并非持续不变，时间场景的转换会对个体的媒介及媒介使用场景选择造成影响，例如，许多家庭会在晚饭后选择共同在客厅收看电视，而在睡觉前选择在卧室玩手机或看书。同时，媒介本身即可以建构新的时间场景，影响个体对于时间的感知，例如，老年人以每日收看电视剧的结束时间作为睡觉时间，儿童以动画片开始作为完成家庭作业的时间等。戴维·莫利（David Morley）指出，"只有把媒介放到时空的语境中，才可以注意到并理解媒介所扮演的重要角色"。[12] 事实上，时间场景对于媒介消费的影响并不逊于空间场景，而过往的研究却较少关注媒介使用的时间场景，或者将时间场景的考量置于与空间场景相同的地位。

综上所述，本文基于三重勾连理论视角，从蒙古族牧民个体或家庭的媒介实践出发，关注日常生活如何与媒介相勾连，并尝试将该理论第三层面的空间场景扩展为时间与空间场景，以期更全面、客观地探究智能手机与牧区社会场景间的关联与互动，并进一步理解不同主体在特定场域中媒介实践所产生的新的勾连意义。

二 研究设计

（一）方法选取

本研究主要采用参与式观察结合深度访谈的研究方法。基于蒙古族牧民家庭分散居住的特殊性，本研究选择以"家庭"为田野单元，在取得许可和信任的基础上，于 2023 年 6 月 8 日~8 月 25 日，深入 6 户牧民家庭进行参与式观察。在田野观察过程中，笔者带着研究问题进行反身性的思考与记录，全程共记录了约 3 万字的田野笔记。除了日常田野中的参与式观察，笔者还对 12 位蒙古族牧民（见表 1）进行了正式的深度访谈，访谈录音接近 5 小时，转录录音得到约 5 万字的访谈初稿。

表 1　访谈对象信息

序号	姓氏	年龄	性别	文化程度	收入来源	访谈时间
1	那某	61	男	高中	养殖/草牧场补贴	2023/7/10
2	那某	50	男	高中	养殖/草牧场补贴	2023/7/12
3	斯某	45	男	初中	养殖/草牧场补贴	2023/7/13
4	巴某	44	女	小学	养殖/草牧场补贴	2023/7/15
5	阿某	34	男	高中	养殖/草牧场补贴/外出打工	2023/7/16
6	齐某	33	女	大学本科	养殖/草牧场补贴	2023/7/18
7	乌某	56	男	小学	养殖/草牧场补贴	2023/7/21
8	巴某	53	女	高中	养殖/草牧场补贴/牧家乐	2023/7/21
9	查某	96	女	小学	养殖/草牧场补贴	2023/7/23
10	桑某	65	男	初中	养殖/草牧场补贴	2023/7/25
11	旗某	62	女	小学	养殖/草牧场补贴	2023/8/5
12	孟某	60	男	初中	养殖/草牧场补贴/牧家乐	2023/8/7

（二）田野概况

本研究选取的田野地点为内蒙古自治区鄂托克旗棋盘井镇 W 村，W 村位于鄂尔多斯高原西部的桌子山和千里山一带，辖区总面积 525 平方公里，拥有天然草牧场 78.7 万亩，是"全国少数民族特色村（寨）"。W 村属纯牧业村，总人口 615 人（216 户），常住人口 580 人（178 户），居民以蒙古族为主体。

选择 W 村作为田野地点，主要出于以下考量。第一，W 村具有蒙古族牧民村落的典型特点。当地交通极为不便，由于道路崎岖，从笔者居住的城市到 W 村最近牧民居住地仅 15 公里，但驾车需要一个小时左右，加之当地公共交通发展滞后，牧民除采购生活必需品外，甚少与外界联系，生活相对封闭。牧民以家庭承包草场为界限，分散居住，户与户之间的距离为 2 到 5 公里不等。当地牧民虽实行定居畜牧，但总体仍保持着蒙古族传统生活习惯，使用语言以蒙古语为主，大部分牧民可以用汉语进行简单交流，仅个别人会读写汉字。第二，笔者从小生活的城市与 W 村相邻，与部分牧民朋友颇为熟悉，有助于研究的顺利开展。在调研期间，笔者全程邀请当地熟练掌握蒙汉双语的朋友作为向导，借助已有社会关系网络可获取到他人所无法获得的田野资料，并能够在一定程度上判断具体资料的真实性。

（三）研究过程

具体研究过程大致分三步。第一步，笔者在朋友的带领下，随机走访了 20 户牧民家庭，从整体上对 W 村牧民的家庭状况及智能手机的接触和使用情况有大致的了解。第二步，根据初步走访获取的资料，以年龄、性别、家庭收入、家庭结构等因素为依据，从中选取 6 户具有一定代表性的牧民家庭，每户家庭开展 1~2 周的参与式观察。为了能够获取更加真实、详尽的资料，笔者积极参与牧户家庭的各项劳作，并主动帮助牧户处理日常家庭生活中的各类琐事，以获取牧民的信任。第三步，对参与式观察家庭中的成员进行访谈，访谈问题主要涉及牧民的媒介使用、生产生活及社会交往活动，如工作与娱乐、婚姻及家庭生活、个体及群体交往、当地不同群体的非正式组织交往活动等。本研究选取的访谈形式并不固定。由于很难确定地把握时机展开结构、半结构访谈，最终笔者选择在田野调查的过程中随时准备好访谈问题，一有机会就进行非结构化式访谈，获取更为真实与意想不到的答案。

三　研究发现

（一）第一重勾连：以物质技术为依托的多功能集合体

1. 以物为"媒"："远程家庭"的情感关照

关琼严指出，在传统的乡村社会，媒介形态与技术发展相对缓慢，媒介的社会功能主要在于乡村的文化整合与经验分享，因此，媒介更多以"文化媒介"的面貌呈现。[13] 随着信息技术的发展，乡村媒介逐渐开始由"文化媒介"向"技术媒介"转变。作为物品的智能手机在牧民群体中的消费，"首先是一种新技术在牧区被采纳和扩散的话语和实践"[14]。目前，智能手机已经强势地介入牧民的日常生活，但就牧民的既有生活习惯、消费观念以及手机使用的复杂性等方面而言，智能手机的兼容性并不高，当地牧民购买智能手机时，首先看重的是其远程沟通交流等方面的功能。W

村远离城市，交通不便，村内几乎没有教育、医疗卫生等配套公共设施，外出打工或求学的年轻人往往不愿意返回家乡，他们的父辈亦不希望他们延续传统的放牧生活。人口流动造成的家庭结构变动使 W 村许多家庭成为"远程家庭"（distributed family），现仍居住在 W 村的牧民以中老年群体为主，其中 50~70 岁群体占比超过 70%，他们的子女大多生活在城市里，出于各种原因，鲜少回到 W 村与父母团聚。亲代借助智能手机与子代进行日常沟通和关系维护，子代对亲代进行"远程照料"是智能手机在 W 村普及的重要因素之一。

> 女子现在在包头了么，以前是有事打个电话，现在电话不咋打，就是发微信、发视频，人家要是有空，就（用视频）聊一会儿，家里有网（Wi-Fi）了，视频比打电话好；儿子在棋盘井，儿子离得近，一个月来个一两次，反正有啥（需要的东西）就是给发个微信（红包），让给买过来，不过人家一般也不收。（11 号访谈对象旗某）

偏居一隅的 W 村牧民不可避免地以各种方式卷入前所未有的社会流动之中，这是 W 村每一位牧民都无法回避的。无论是外出打工、求学的年轻人，还是留守在 W 村的老年人，都在主动或被动地运用智能手机对这个城乡流动的时代和社会做出某种普遍性的回应。不同媒介产品，因其功能不同，对于补偿远距离环境下用户的亲密感具有不同的效果。[15] 与传统手机相比，信息通信技术的发展使智能手机更容易成为个体多种互动依托媒介，[16] 特别是基于微信等应用软件的视频通话功能，降低了沟通的成本，视频通话的"可见性"，又使父母和子女可以虚拟地"见面"，加强了沟通的"连接性在场"，大大缩小了亲代与子代之间的心理距离，保持了亲代与子代之间情感的"勾连"，[9] 这在一定程度上缓解了子代担忧亲代身体健康的焦虑，改变了家庭成员之间的关照方式。从这个角度看，智能手机作为技术物品的第一重勾连具有勾连牧民"远程家庭"中父母与子女情感的作用。然而，实现"远程照料"的智能手机虽然便利，却并不能完全弥合距离带来的"裂隙"，甚至可能成为子代"回避"自身责任的借口与方式。多位"留守"老人表示，在智能手机普及后，自己的孩子成为"活在手机中的人"，发视频几乎成为自己与子女唯一的联系方式，但他们希望自己的孩子能在闲暇时"常回家看看"。

2. 技术可供性：传统与现代的勾连

勾连理论指出，"媒介是物质的客体，拥有具体的美学和功能特性"[10]，智能手机的功能并不仅限于远程沟通，其具有的技术可供性（technological affordances）也是牧民购买、使用的重要因素。智能手机的技术可供性带来的优势在于，其不仅整合了传统媒介的人际交往、群体传播、大众传播等多种功能属性，而且能提供无可替代的多功能、客制化的技术服务，[17]这体现为智能手机用户可以依照个体需求与喜好下载不同应用软件，满足生活中的特殊需求。W村的牧民除了利用智能手机与亲朋好友联络外，多数人将手机视为一种提供便利的"生产工具"，例如，一个用来监控羊群位置的应用程序深受W村牧民的喜爱。

> 除了打电话，就是发个微信，但是我一般白天也不咋看手机，忙得也没空看，就是隔那么一会儿，看看这个（羊群监控软件），这个能看见羊在哪儿吃草了，要是跑到山沟里，或者人家的草地上，我就得过去弄一下子。（7号访谈对象乌某）

在调研中发现，通过智能手机监控羊群，已经成为W村牧民习以为常的放牧方式，多数牧民表示，这一功能是智能手机为其生产、生活带来的最大便利。在牧业生产过程中，智能手机的嵌入虽然依旧在传统的生产框架下发挥它的功用，但已潜移默化地改变了W村牧民的劳作习惯。智能手机普及后，放羊的过程在一定程度上被简化，牧民仅需将羊群驱赶至特定地点后便可离开，待傍晚再将羊群赶回家。条件好的牧民甚至在羊的耳朵上安装了定位器，以便随时通过智能手机查看羊群的位置，智能手机在某种程度上成为全天候的"牧羊人"，参与牧民的生产工作。由于智能手机能够提供这样的便利，牧民家庭的分工开始变得模糊，男性不再从早到晚缺席家庭生活，除去熬茶、做饭等特定事务依旧由女性主导，男性开始参与其他各类生产、生活相关事务。就此而言，智能手机作为技术物品以一种制度化的媒介逻辑形态，潜移默化地嵌入牧民的日常生产实践，牧民控制或依循着智能手机特定的功能来安排生产工作，媒介消费也在一定程度上重塑了牧民家庭的时间安排和生活习惯，这与其说是受到媒介逻辑的规训与制约，[18] 不妨说是人与技术、传统与现代的彼此相互影响、相互勾连。

（二）第二重勾连：文本消费与日常生活

1. 内容消费与生产实践

智能手机的第二重勾连在于文本的消费，即智能手机作为中介将个体与特定应用软件两个差别明显的元素连接起来的过程。智能手机的具身性达成了人与软件的密切交互，重塑了个体的媒介使用感受与需求[19]，刺激了文本消费的发生。在调研中发现，W 村的牧民除了使用智能手机与家人联络以及监控羊群外，通过微信获取对自我有价值的信息是牧民手机内容消费的重要部分。

> 现在方便多了，以前就是等着人家来，来了价格差不多就拉走，有时候出栏（长到屠宰重量）了，人还没来，就费草料；反正现在大队群里也会发那个信息（收购羊），大家看了就会在群里说，谁家有就说一声，队里发的一般就要得多，但是价格有时候上不去，不过这也是看行情的。（5 号访谈对象阿某）

通过微信朋友圈、微信群，牧民能够快速了解产品的市场需求以及市场价格，省去了过去等收羊人上门的时间，降低了养殖的成本，同时还能够货比三家，卖出一个较为合适的价格。这种线上的买卖方式打破了传统的收羊模式，智能手机作为文本消费的中介，成为一种买卖双方互动的载体，其提供的文本内容在经过牧民的主观思考与操作后获得了不同的传播效果。

除了利用微信获取收羊信息，许多牧民依托微信朋友圈做起了"牧家乐"生意。以 12 号访谈对象孟某为例，孟某是在 W 村最早做"牧家乐"生意的牧民之一。起初，只是在附近城市居住的亲戚请孟某帮忙用自家的羊来招待朋友，之后这位朋友又多次联系孟某，并带其他友人到孟某家中吃肉。每次到孟某家用餐，这位朋友便会拍照发朋友圈，很快孟某家的羊肉便名声在外。对于孟某来说，这无疑是一个巨大的商机，平时每只羊销售的价格最高不过千元，而通过"牧家乐"的方式贩卖羊肉，只是简单地增加了烹饪的过程，每只羊的价格即可轻松达到 3000 元以上。见到有这样丰厚的收入，孟某便开始认真做"牧家乐"生意。同村的许多牧民看到后，也相继开始了自己的创业之旅。当然，受限于自己牧场位置及人际关系等因素的影响，较少有牧民能够复制孟某的成功，多数家庭也只是将"牧家乐"视为一条增加家庭收入的途径。

通过孟某的案例可以看出，微信朋友圈的网络实践将牧民的特色产品与城市中消费者的需求相勾连，发朋友圈成了牧民对外宣传产品的重要方式，为牧民开辟了新的创收渠道，伴随牧民游走于线上和线下，消费文化也逐渐融入他们身处的文化结构之中。更重要的是，智能手机的文本实践增加了牧民与外界社会的互动，这种信息的流动与共享，让牧民更容易与外部世界建立连接，加深了其参与社会的程度，并在一定程度上给牧民带来了思想和观念上的转变，产生了极具地方群体色彩的新意义，这体现出智能手机第二重勾连内容消费方面的特点。但是，影响牧民生计的市场因素与政策制度并不因为他们能够熟练使用智能手机并主动从外界获取资源就能轻易地改变，并且媒介带来的"信息红利"亦有可能加剧牧区社会的贫富分化。

2. 社会关系的凝聚与分化

智能手机的文本实践也在一定程度上增加了牧民之间的沟通与互动，并潜移默化地改变着牧区的治理模式及牧民与牧民之间的相处方式。如上文所述，W 村的牧民以承包草场为界限分散居住，邻里间相距较远。智能手机普及前，W 村的干部在传达各类信息时，主要方式为打电话或挨家挨户走访。自从智能手机普及后，W 村的各个小队建立了微信群，微信群开始充当牧民获取 W 村相关政策信息及相互沟通的重要媒介。1 号访谈对象那某是 W 村某小队的队长，他是 W 村出名的"能人"，常年在外和人打交道，帮助 W 村其他牧民解决生活中遇到的困难，如联络购买各种生活物资，因此在当地有一定的人脉。

> 队里有啥事现在在微信里说一下就知道了，以前就是骑摩托通知，打电话信号（有时候）不好，说不清楚，就得到家里说。我骑摩托倒是也快，这一片一天就差不多（通知完）了，但是不太重要的事也就不挨个通知了。现在微信还是方便点，队里买草料啦、开会啦，有啥就在群里发了，谁不知道就问问，就明白了。（1号访谈者那某）

作为小队队长，回复微信是那某每日的重要工作内容之一，W村的牧民基本上都添加了那某的微信，那某是牧民关键时刻寻求帮助的重要对象。那某表示，有微信群后，队里的大小事务都会在群里讨论，微信成为他收集牧民意见、落实政策的重要办公工具。可以看到，"入群"为W村干部提供了工作的便利，也为其增加了行政权力实施的可能性。

对于牧民来说，微信群并不只是获取政策信息的途径，牧民的微信文本消费在一定程度上也减少了牧民家庭之间的疏离感。蒙古族牧民群体并不是一个特别强调集体活动、有较强乡党意识的群体，牧民家庭之间虽然相互认识但沟通较少，即使是具有一定血缘关系的亲友也不会频繁走动。微信的使用大大增加了牧民家庭内部与外部交流的频率，促进了牧民之间交往关系的建立与维系，拓宽了牧民交往的广度。10号访谈对象桑某共有兄弟姐妹五人，虽然住得都不算远，但在智能手机普及前甚少联络，仅在重大节日时相聚在大哥家，看望与大哥一起生活的母亲。在使用微信后，桑某建立了家族微信群，虽然见面的频率没有增加，但是兄弟姐妹几乎每日都会在微信群里聊几句。

> 大家倒是住得不远，但是平时也不去，都忙得很，电话也打得少，有事才打；现在群里是天天说话，（母亲）今天吃啥了，精神好不好，他（大哥）都发一下，我们看见也回复一下，说几句话，有时候晚上也发个红包抢一下，反正联系是多了点，不过主要是在群里。（10号访谈对象桑某）

牧民组建或加入的各类微信群其本质是牧民在W村的社会网络中家庭关系和社会关系的展示，而这种展示又在一定程度上提醒着牧民去面对、开拓自我的社会关系。牧民会在微信群闲聊，分享日常生活中的见闻，也会通过群添加其他人的微信，通过线上频繁互动，一些牧民家庭之间逐渐发展成好友，线下交流的频率也有所增加。当然，在沟通增加的过程中，微信的使用也在某种程度上引发了一些矛盾，导致一些牧民之间关系不和。

> 有这个群就能知道别人家的事了，有事找人也方便，但是有的人啥都往那个群里发，你说家里有好事发一下也就算了，啥也发，人家的事也发，上次我家（丈夫）开车碰了树，有人看见发到群里了，做好事的时候从来不发，有不好的马上就有人看见发了。反正有这么个群方便是方便，吵架也方便，发（信息）的那家人太次（差劲），我也不想和她说，反正就不理她了。（8号访谈对象巴某）

对于 W 村的治理精英来说，微信成为其传播公共事务和政务信息的重要渠道，进而改变了牧区社会治理的传统模式，更提升了牧民公共生活的参与度。对于普通牧民而言，微信提供了另一种交往空间，并拓展了牧民间的人际关系网络，将线上和线下相勾连，发挥两者的"互补功能"，在一定程度上改变了之前牧民的交往习惯。事实上，智能手机作为媒介渗入牧民日常生活，必然会影响牧区既有的传统社会结构，当然这绝非"科技决定论"的基调，[20] 笔者更愿意将其视为牧民的媒介消费勾连起社区内的社会关系，使牧民获得不同层面的社会联结和支持网络，重新塑造了牧民的社会关系。

（三）第三重勾连：时间与空间的勾连

1. 家庭权力结构与私人空间的再生产

家庭是新型媒介技术使用的重要场所，媒介技术以多样化的形式介入家庭生活之中，它重塑了家庭空间的形态，改变了家庭成员之间的关系。[21]在前互联网时代，以电视、台式电脑、各类收音机为代表的电子媒介是塑造家庭空间的重要媒介，以客厅为代表的家庭共享空间的形成便仰赖于电视等传统媒介的使用和普及。在农村，多数家庭的晚间生活是饭后一起看电视，讨论电视节目、剧情和人物等。然而，这种家庭文化在互联网时代特别是智能手机普及后的移动网络时代逐渐式微。在牧民家庭中，这样的转变也悄然发生。

8月某日下午6点左右，笔者走进34岁的阿某家调研。阿某一家是依然生活在W村为数不多的年轻家庭，家中有两个孩子。笔者到阿某家中时，他正在将羊赶回圈中，其妻子齐某在喂鸡。他们家的晚饭时间一般是7点左右，因此，在结束喂鸡工作后，齐某开始准备晚饭。准备晚饭前，齐某将手机递给了自己的大女儿，让其带着弟弟去看动画片，自己便开始忙碌。在将羊都安置好后，阿某回到了家中，并随手打开客厅的电视，但阿某的注意力并没有在电视上，而是拿起手机，开始翻看微信中的消息。阿某表示，他习惯了在这个时间打开电视，但是现在没什么可看的节目，晚些时候要收看内蒙古卫视的蒙古语新闻节目。很快，阿某一家开始吃晚饭，家里的餐厅与客厅连通，在晚饭期间电视并没有关上，但也没有人关注电视中播放的节目，而是一边闲聊，一边吃晚饭。晚饭结束后，两个孩子到院子里玩耍，阿某去客厅看新闻节目，齐某在收拾完厨房后，习惯性地坐在餐桌前，开始用自己的手机看电视剧。

在智能手机普及前，牧民家庭晚饭前后的休闲时间主要花在电视上，且通常是在客厅等家庭公共空间中活动。随着智能手机的渗入，电视不再是牧民休闲时间主要的选择，但也并没有从他们的生活中退场，电视节目本身不再重要，打开电视更像是一种开启休闲时间的仪式，电视声音带来的"喧闹"成为调节休闲生活氛围的"画外音"。同时，看电视不再是家庭成员共同的休闲项目，客厅这一家庭公共空间逐渐式微，并逐渐演化为男性家庭成员的半私人空间。在过去许多关于电视等大众媒介的受众研究中，内容消费及其背后的家庭结构模式常常被关注。一些学者也分析了村民的电视节目消费内容和习惯，以及背后的家庭权力关系。[22] 在大部分蒙古族牧民家庭中，男性依然占据绝对的主导地位，甚至拥有绝对的话语权，反映在媒介的使用上则是男性拥有电视节目的选择权，而女性往往只能遵循男性的选择。智能手机则为牧区女性赋予了一种摆脱家庭权力的场景空间，女性不必在家庭公共空间遵循男性的喜好观看不感兴趣的电视节目，而是可以在餐厅等空间中通过智能手机满足自我娱乐的需求。索尼娅·利文斯通等认为，青少年的卧室是媒介和个体认同交汇（intersect）之处。"卧室文化"的出现意味着儿童和年轻人将大量休闲时间倾注在大众媒体特别是电视媒体上，并通常在他们的私人空间而非家庭公共空间中开展活动。[23] 在齐某的案例中，餐厅成为她独享的私人娱乐空间。但是，这种私人空间的"诞生"在丰富女性生活、赋予女性权力的同时，也可能会在一定程度上造成夫妻关系的"淡漠"与女性对家庭生活的"愧疚"。阿某表示，"她（妻子）有时候碰到爱看的电视剧，就一晚上在那看电视剧，我俩一整晚都没有一句话"；而齐某则称，"有时候看电视时间长了我也觉得浪费时间，一堆活还没干完，但是忍不住还想看……"

有人类学学者指出，"任何媒介都不可能在真空中被使用，而是在剧院、客厅、茶坊、地铁中，不同地点通过不同使用者的消费经验的反作用会影响媒体的含义"[24]。尽管不同群体有媒介内容实践的空间偏好，但这并不意味着某种媒介天然地与某种场景相勾连。对于牧区的女性来说，餐厅或者厨房是其他家庭成员鲜少踏足的空间，智能手机的普及，使她们一方面拥有了娱乐项目的自主选择权；另一方面勾连起餐厅作为女性私人空间的功能，使其能够暂时从家庭和公共生活中脱离出来，避免其他家庭成员的干扰，获得短暂的休闲时光。

2. 内部与外部时空的勾连

与其他地方的人相同，牧民也根据自身的疲劳、饥饿、睡眠等内在活动，进入生物学的时间范畴之中；但不同的是，他们还凭借对自然现象特征及规律的总结，围绕牧业活动调整自身的生活节奏，有规律地进行劳作、娱乐、休息。在此过程中，牲畜的出生、生长、成熟乃至毛发整理成为牧民计算时间的重要依据与节点。在智能手机介入前，由于聚居村落地理位置偏远，牧民的社会习惯、文化传统并没有与整个社会的变迁保持一致。比如，过去，在牧民的时间表中，周末或节假日概念被淡化，传统的生产生活方式无须考虑周六或周日的到来，对于牧民而言，每日的劳作是固定的，并不会因为是周末就调整生活作息，但智能手机的渗入改变了牧民的传统时间观念。

以前不管周末不周末，就是弄草料、放羊；弄上这个（牧家乐）

以后么，人家周末休息来得多，提前发了微信，那（周五）就得把后面两天的草料准备下，（周）六日人来吃饭了，一大早就得去棋盘井买菜，没时间弄，忙也忙不过来；现在也习惯了，要是没人来吃，也就提前弄下，（周末）也能休息休息。（12号访谈对象孟某）

女子周末休息了，平时人家也没空，一般就星期六或星期日通个视频，出去外面信号不好，就提前把活干完，在家等她，要么前一天（周五）弄好，要么一大早起来赶快弄。（11号访谈对象旗某）

长期以来，牧民的时间观念实际上是与外界有所区隔的，牧民传统的生活方式与外界经济、社会和文化的快速发展加剧了这种区隔，而智能手机的普及在一定程度上将牧区的时间与外部勾连起来。一方面，智能手机为牧民从事"牧家乐"等经济活动提供了便利，但智能手机带来的永久连接也使渴望通过与外部世界关联获得经济利益的牧民，无可避免地需要适应来自外界的"社会时间表"，这种适应势必会与牧区的传统文化发生碰撞，进而催生出新的生物时间与心理时间；另一方面，大量青年外出工作生活，形塑了牧民家庭代际关系中不平衡的时间模式。"远程家庭"带来的子女陪伴时间的减少、代际沟通的困境等问题，使留在牧区的老人更渴望通过线上的方式与子女沟通，即时间相对自由的亲代对子代的时间勾连厚重而浓烈，而困于"社会时间"的子代对亲代的时间勾连却相对稀薄。[25] 因此，留在牧区的亲代只能努力配合、适应身处城市又无法自由支配个人时间的子代。事实上，智能手机在一定程度上确实弥合了牧民情感陪伴需求与子代时间付出有限的裂隙，不过，这实际上更多的是一种无奈的选择，而代际不平衡的时间勾连问题，同样亦会赋予牧民们新的时间感。

四 结论与讨论

本文借鉴三重勾连理论，以田野调查为研究方法，尝试研究一个蒙古族村落牧民智能手机与社会的有机勾连，这种勾连建立在智能手机作为科技物品、消费文本以及时间与空间场景的不同面向的基础上。研究主要有以下发现。第一，在科技物品层面，牧区的大量"远程家庭"更为看重智能手机在移动通信及视频通话功能方面所带来的情感勾连，同时，智能手机的技术可供性，在一定程度上改变了牧民的牧业生产管理方式，重塑了牧民家庭的生产、生活习惯，具有勾连人与技术、传统与现代的重要作用。第二，在消费文本层面，微信等应用程序是牧民生活中重要的文本消费内容，微信朋友圈成为牧民获取外界信息、增加收入的重要渠道，提高了牧民的社会参与度。同时，微信群勾连起牧民线上与线下的社会交往，提升了牧民公共生活的参与度，拓展了牧民的人际关系网络。第三，在时间与空间场景层面，首先，牧区妇女的文本消费实践与家庭空间场景发生勾连，餐厅逐渐成为妇女摆脱家庭权力的私人休闲空间；其次，在时间层面，智能手机勾连起牧区内部与外部、亲代与子代之间的时间，使牧民需要适应来自外界的"社会时间表"，重塑了牧民的传统时间感。需要注意的是，智能手机作为媒介的三重勾连之间绝不是相互区隔独立的，它们之间存在着密切的关联与互动，且相互作用相互影响。具体而言，作为第一重勾连的技术物品与作为第二重勾连的文本内容间的互动互构关系，必须在不同时间与空间场景中发生；不同的媒介技术呈现与供给着特定的文本内容，而文本内容的消费则离不开社会主体实践的具体场景。

最后，需要强调的是，本研究旨在考察以智能手机为代表的新媒介与中国少数民族乡村社会变迁之间的互动关系，但并不意味着笔者认为媒介技术的发展能够完全颠覆少数民族的传统生活，少数民族文化有其自给自足的稳定性，对以智能手机为代表的现代科技有着较强的抵御抗拒和消化融合的能力。[26] 同时，本研究无意阐述关于少数民族村落的特殊性认识，而是将 W 村牧民的智能手机实践，看作媒介化社会背景下中国部分少数民族社会变迁的缩影，这是因为，现代媒体本身具有全球化和同质化的一面。[27] 当然，我们亦不可能根据 W 村的经验，去判定其他牧民村落中智能手机与其日常生活的具体勾连模式，这也体现出媒介实践"在地化"的一面。然而，一叶知秋，任何一个乡村的变化都不是孤立的，它可能是整个乡村社会发生大规模变迁的一个缩影，[28] 在整个社会现代化的过程中，诸多地理位置偏远、信息技术落后的乡村像一个个"小齿轮"推动着现代化"大机器"的运转，它们在新发展格局下消费话语体系中逐渐被边缘化，而媒介发展的重要意义便在于弱化地理距离的区隔，使边缘化的群体能够看到外面的世界与规则，并学会从外界获取经验，摆脱被动接受命运的无奈，在自我创造中改变自己的生命轨迹。从这一点来看，关于 W 村的研究结论可以帮助我们看到新的传播技术对一个偏远的传统村落人际交往、家庭日程、农业生产、文化生活乃至社会变迁的影响，这显然对未来的相关研究具有借鉴意义。

参考文献

[1] 关琼严. 媒介与乡村社会变迁研究述评 [J]. 现代视听，2012（8）：19-23.

[2] 范明明. 牧民分化、牧业生产与传统牧区乡村振兴——内蒙古锡林郭勒盟个案考察 [J]. 北方民族大学学报，2023（5）：97-105.

[3] SILVERSTONE R，HIRSCH E，& MORLEY D. Listening to a long conversation：an ethnographic approach to the study of information and communication technologies in the home [J]. Cultural studies，1991，5（2）：204-227.

[4] SILVERSTONE R. Television and everyday life [M]. Routledge，2003：82，83，121.

[5] SILVERSTONE R. & HADDON L. Design and the domestication of information and communication technologies：technical change and everyday life [C]//MANSELL R，SILVERSTONE R. Communication by design：the politics of information & communication technologies. Oxford：Oxford University Press，1996：44-74.

[6] LIVINGSTONE S. The changing nature of audiences：From the mass audience to the interactive media user [C]//A companion to media studies. Blackwell Publishing Ltd，2003：337-359.

[7] HARTMANN M. The triple articulation of ICTs. media as technological objects，symbolic environments and individual texts [J]. Domestication of media and technology，2006：80-102.

[8] COURTOIS C.，VERDEGEM P.，& DE MAREZ L. The triple articulation of media technologies in audiovisual media consumption [J]. Television & new media，2013，14（5）：421-439.

[9] 孙信茹. 微信的"书写"与"勾连"——对一个普米族村民微信群的考察 [J]. 新闻与传播研究，2016，23（10）：6-24+126.

［10］冯强，马志浩．科技物品、符号文本与空间场景的三重勾连：对一个鲁中村庄移动网络实践的民族志研究［J］．国际新闻界，2019，41（11）：24-45.

［11］周孟杰，吴玮．三重勾连：技术文本、空间场景与主体行动——基于湖北乡村青年抗疫媒介实践的考察［J］．中国青年研究，2021（1）：78-86+111.

［12］戴维·莫利．电视、受众与文化研究［M］．史安斌，译．北京：新华出版社，2005：311.

［13］关琮严．乡村媒介空间的现代转型［J］．新闻界，2017（7）：31-34.

［14］ROGERS E. M. , SINGHAL A. , QUINLAN M. M. Diffusion of innovations. an integrated approach to communication theory and research［M］. Routledge, 2014：432-448.

［15］甘雨梅．远程媒介化抚育中的"脚手架"、身体及物质性——以留守儿童与打工父母的视频通话研究为例［J］．新闻与传播研究，2023，30（1）：85-102+128.

［16］吴琳琳，杨晨伟．产品、文本与空间：老年人智能手机使用的三重勾连［J］．现代传播（中国传媒大学学报），2023，45（3）：45-50+60.

［17］胡春阳，毛荻秋．看不见的父母与理想化的亲情：农村留守儿童亲子沟通与关系维护研究［J］．新闻大学，2019（6）：57-70+123.

［18］MORLEY D. , SILVERSTONE R. Domestic communication—technologies and meanings［J］. Media, culture & society, 1990, 12（1）：31-55.

［19］张秀丽，聂玉治．以数字游戏为媒：中华优秀传统文化国际传播效能提升的实践进路［J/OL］．中国编辑，1-12［2025-01-27］. http://kns. cnki. net/kcms/detail/11. 4795. G2. 20250123. 1302. 002. html.

［20］孙信茹，赵亚净．"微言"与"大义"：微信使用对乡村精英权威构建的影响——对大理白族村落的田野考察［J］．民族学刊，2021，12（3）：64-73+101.

［21］孙信茹，王东林．"抖音之家"：新技术与家庭互动的文化阐释［J］．新闻大学，2021（10）：58-75+119-120.

［22］金玉萍．日常生活实践中的电视使用——托台村维吾尔族受众研究［D］．复旦大学，2010.

［23］BOVILL M, LIVINGSTONE S. Bedroom culture and the privatization of media use［C］.//Children & their changing media environment：a european comparative study. Mahwah, NJ：Lawrence Erlbaum Associates, 2001：179-200.

［24］孙信茹．手机和箐口哈尼族村寨生活——关于手机使用的传播人类学考察

［J］.现代传播（中国传媒大学学报），2010（1）：125-129.

［25］乔丽娟.相亲角还是会友场？三重勾连的交织与时间场景的纳入——对上海人民公园相亲角的考察［J］.新闻与传播研究，2023，30（5）：75-92+127.

［26］许孝媛，孔令顺.强凝聚与弱分化：手机媒介在傣族村落中的功能性使用［J］.新闻与传播研究，2017，24（2）：20-32+126.

［27］孙信茹，王东林，赵洁.作为意义探究的田野笔记——媒介人类学"实验性文本"的实践与思考［J］.新闻记者，2018（8）：75-84.

［28］周雪光.一叶知秋：从一个乡镇的村庄选举看中国社会的制度变迁［J］.社会，2009，29（3）：1-23+224.

从表演友好到认同危机：青年用户基于文字讨好行为的自我形象管理[*]

赵战花　杨　烽^{**}

摘　要　在数字时代，线下交往的规则和实践经历深刻重构，线上的印象整饰形式也发生重大变化。本研究关注青年用户在在线互动中的文字讨好现象，从微观视角探讨其自我呈现与形象管理实践。通过对13名青年用户进行半结构化深度访谈，结合前台与后台的理论框架，本研究分析了青年用户文字讨好的行为动机、策略及个体感受。研究发现，用户面对形象管理需求、社交线索稀缺和社会关系压力时，会在前台进行文字讨好式展演。而认同危机、情绪耗竭和社交倦怠则导致其在后台产生情感负担。在前台与后台交叠的情境中，用户通过情感宣泄和自我嵌入的方式进行主动调适。该过程一方面体现了青年群体在线交往的积极性，另一方面也反映出这种互动对个体主观感受的影响以及背后存在的复杂矛盾性。

关键词　文字讨好　形象管理　认同危机　社交表演

F3 是一名大四学生，她每次在微信中跟老师沟通时，都会不自觉用极力讨好的语气跟老师聊天，这让她很是心累。

上次我给老师发祝福语，结果打错了一个字，怕老师介意，自己在内心纠结了很久。后来等过年的时候我就说上次犯的错误不能再犯，这次一定要诚意满满。祝福要挑好时间，我当时挑的时间是上午

---

*　基金项目：陕西省高校青年创新团队项目"多语种背景下 RCEP 成员国家社交媒体涉华舆论研究"的研究成果；2024 年度西安外国语大学研究生科研基金项目"新公共外交视角下非遗文化短视频的国际传播多元路径研究"（项目编号：2024SS093）的研究成果。

**　作者简介：赵战花，西安外国语大学新闻与传播学院教授；杨烽，西安外国语大学新闻与传播学院硕士研究生。

8点，因为数字8吉利。文案我也是提前两三天编辑好，我把要发给老师的祝福语写好，发到小号看一下整体排版、语言表达情况，再加一些表情包，仔细检查几遍之后才可以！

这种讨好式的聊天方式被称为"文字讨好症"，现已成为越来越多青年用户的日常社交模式。在2022年全媒派发起的小型调研中，有91.81%的青年用户认为自己有过"文字讨好症"。[1] 随着社交媒体的普及，数字化交往逐渐取代传统线下交流，重构了人际互动的形式和内容。在数字空间中，情感表达的方式不再仅限于文字，还包括表情包、语气词等符号，这些修饰过的表达成为社交互动的新标准。例如，绝不使用两个字的"哈哈"，这意味着敷衍，不够好笑，要打五个字以上，"哈哈哈哈哈哈哈"。也绝对不使用单个字的"嗯"，这是一种冷漠的回应，甚至带有不认同的意味，要表示自己已经了解了，至少应该使用"嗯嗯"。[2]

而作为数字"原住民"的青年群体，已成为这一新型社交策略的主要实践者。文字讨好不仅是个人形象管理的策略，也反映了数字交往中社交模式的变化。尽管互动场景转移到了线上，但用户的自我呈现实践依然存在，而表现形式也发生了变化。[3] 传统社会中面对面社交时个人前台的组成部分包括面部表情、衣着服饰、身材和外貌等。[4]18 而在社交媒体中，个人前台的形象则通过文字、图片等数字化表达被重新构建。社交媒体为用户提供了新的表演舞台，为应对充满不确定性和复杂性的线上日常互动，文字讨好便成为与不同强弱关系对象互动的常用策略。然而，这种看似寻常的互动背后，却展现出强烈的社交表演目的以及与真实自我相悖的性质，使原本简单的社交互动变成一项需要投入大量精力的"表演友好"的社交劳动。

因此，本研究聚焦社交软件微信中具有文字讨好行为的青年用户，通过深度访谈、结合文本资料分析青年群体文字讨好在数字空间中置于前台、后台不同情境下的实践动因及心理感受，以及前台、后台之间存在的张力与冲突给青年用户带来的影响。本研究希望通过对青年群体文字讨好行为的探讨，揭示出数字时代青年在社交互动中的特定情感经验与心理动因。

一 文献回顾

（一）形象管理的需求：社交媒体中的自我呈现与印象整饰

早在 1959 年，欧文·戈夫曼（Erving Goffman）便基于赫伯特·布鲁默（Herbert Blumer）的符号互动论，从更为微观的视角考察人们日常生活中的自我呈现与印象管理（impression management）。印象管理指人们在人际互动中会主动做出符合具体情境与社会期待的行为，以维系人际关系并获得他人认可。[5] 而做好印象管理便需要对前台与后台进行区隔，前台是人们正在进行表演的地方，后台则是为前台表演做准备的、不想让观众看到的地方。人们在前台的行为举止与后台存在差异。[4]19-22

在面对面的社交互动中，人们通过语言和非语言的行为来管理他人对自己的印象，包括肢体动作、面部表情、语音、语调等。观众的存在和反应对个体的自我呈现具有重要影响，个体会根据主观认为的观众期望和偏好来调整自我呈现策略。[6] 互联网的普及使得新的"数字化生存"开启，即人们在各种网络空间中，以多样化的 ID 和身份，基于各种数字化符号进行自我表达，与他人进行互动，以获得虚拟空间存在感与满足感的过程。[7] 数字化生存模式为用户的自我呈现建构了新的场景，用户的前台表演也由具体可感知的行为语言转变成社交线索稀缺的具身化的符号建构，其表现形式如文字表达、表情包、点赞等。

整体而言，相较于面对面社交互动所具有的瞬时性和自然性，社交媒体中的自我呈现虽具有更强的多面性[8]、可控性及策略性，[9] 但由于社交媒体内容往往是符号化的，且缺乏面对面交流中的非语言线索（如肢体语言、语气、表情等），线上社交表演反而变得更加困难。[10]

（二）主动讨好的文字：前台表演中的趋同策略调整

随着计算机中介化交往的发展，人们更愿意在社交媒体中展现出自己良好的一面，会在"表演"中美化自己，因为这更有可能带来积极的回馈。[11] 伯尼·霍根（Bernie Hogan）认为社交媒体中的自我呈现更类似于展览厅中艺术品的陈列（exhibition）。[12] 这意味着，作为策展人（curator）的用户需要通过社交媒体中的符号与语言，如图片、emoji 表情、文字等完成自我呈现。但在以语言文字为核心的数字交往中，文字的贫媒介特征[13] 使得情感的传达更加依赖于语境、语气等线索。个体为了维护社交关系和避免冲突，常常在文字交流中付出更多的努力，以弥补非语言沟通线索的缺失。[14] 这也解释了为何在数字环境中，许多用户会在互动中使用 emoji 表情、标点符号甚至修饰性语言来传递潜在的情感信息和情绪色彩。[15] 例如，在英语世界中，表达我很繁忙，可以直接说 "I am so busy"，但如果用户想在中介化交往中强调自己的情绪，便可以把这句话的副词大写（I am SO busy）、修改副词的形式（I am soooooooo busy）或重复性、非正规地添加标点符号（I am so busy!!!!!!）。[16]64 而在本研究中所讨论的文字讨好亦是如此，即通过对文字语言、表情及符号的过度使用，达到获得他人好感或维持关系的社交目的。但因为用户在社交媒体中遗留的数字痕迹可能让线上自我展演遭遇更严峻的一致性危机，[17] 所以，为保证在不同时间与情境中自我呈现的连贯性，[18] 文字讨好便成为用户在微信中惯用的互动策略，而这一策略是否会对个体产生形象管理的压力？为探讨这一问题，本研究在借助戈夫曼拟剧理论的"前台"和"后台"概念作为分析框架的基础上，进一步引入霍华德·贾尔斯（Howard Giles）提出的传播适应理论（communication accommodation theory），考察青年用户为应对线上社交线索匮乏所使用的文字讨好策略。具体来说，本研究旨在探讨用户是否为提升"前台表演"的自我呈现而过度牺牲"后台自我"的真实性和主体性。

传播适应理论最初发展于面对面的人际传播，该理论认为在互动中，交流者会通过调整自己的口音、语速、话语长度及停顿等方式来更好地与他人建立相互理解的桥梁和联系，从而达到社会认同的目的。[19] 根据该理论，交流者主要有三种调整策略：趋同（convergence）、离散（divergence）和维持（maintenance）。[20] 其中趋同指的是交流者主动减少双方在语言和心理层面上的差异，以促进社交理解和认同。[21] 这一策略不仅存在于面对面互动中，也被证实在网络互动中得到了应用。具体而言，在线上互动中，用户往往通过调整语言风格[22]、使用表情符号[23] 等方式来促进双方的理解和认同。例如，德尔克斯（Derks）等人认为社交平台中用户可以通过使用表情符号和调整语言风格，有效地拉近和消除交流中的心理距离和隔阂，以促进双方的理解和情感联系。[24] 然而，贾尔斯等人在后续研究中指出，过度的策略调整即交谈者对互动的需求超出了交际原本所需的调整程度反而会导致双方出现误解与社交距离的增加。[25] 目前，现有研究虽揭示了过度趋同的负面效应，但对在网络互动中的具体表现及其对个体情感负担的影响仍然需要进一步探讨，尤其是在社交媒体环境中，如何平稳过渡趋同与社交互动的真实性，依然是一个值得深入思考的问题。因此，本研究从批判性视角出发，探讨这一行为背后存在的消极影响，以及个体如何应对由此带来的情感负担。

综上所述，本研究以微信为场景，综合情感及行为双重角度，尝试通过具体的文字讨好行为实践，对微信平台中青年用户的文字讨好行为进行剖析，并提出以下两个具体问题。

问题 1：微信聊天中，用户进行文字讨好的动因以及背后存在哪些情感和心理负担？

问题 2：文字讨好与个体感受之间存在哪些冲突？这些冲突又使个体在互动中产生哪些调适行为？

二　研究方法

针对上述问题，本研究采用量化与质化相结合的方法，结合深度访谈法与内容分析法，聚焦具备文字讨好行为的青年用户。具体而言，深度访谈法主要用于探索受访者在社交平台上进行文字讨好的动因、行为特征及其内心感受。内容分析法则用于对访谈资料进行统计分析，通过词频统计生成词云图，直观描绘文字讨好行为中的常见表达特征。

考虑到研究对象的年龄、性别、职业等人口统计学变量，本研究共招募了 13 位研究对象（见表 1），进行 30~40 分钟的半结构化式深度访谈。线上受访者主要来自发布在互联网上的招募帖，线下受访者来自研究者本人的社交网络。在正式进行线上与线下访谈前，笔者对每位受访者进行预访谈，确保访谈对象具有文字讨好的聊天习惯。在预访谈中，受访者普遍表示，他们的文字讨好行为往往并不完全反映真实情感，而是为了迎合对方的期望，避免冲突。这与《2024 年 Z 世代线上社交礼仪报告》中的结论相符合。该报告指出，文字讨好指在线上聊天时，通过字斟句酌修改聊天词汇，或是使用语气词、表情、夸张表达等方式来减少交流中的隔阂感和生硬感，传达友善、亲切情感的行为，具体策略包括：发消息时一定要带表情或表情包，使用语气词如"啦""嘞""哈""滴"，使用叠字如"嗯嗯""okk"，以及使用波浪线（~）和感叹号（！）等符号，采用亲昵的称呼，如"宝宝""姐妹""亲""亲爱的"等。[26]

表 1 深度访谈对象信息统计

序号	编号	性别	年龄	职业
1	F1	女	24	新闻宣传
2	F2	女	25	教培老师
3	M1	男	24	央企员工
4	F3	女	21	本科在读
5	F4	女	25	新媒体运营
6	M2	男	21	教培老师
7	F5	女	26	大学讲师
8	F6	女	24	研究生在读
9	M3	男	25	研究生在读
10	M4	男	27	新媒体运营
11	M5	男	25	科员
12	M6	男	26	记者
13	F7	女	24	科员

本研究访谈问题主要涵盖三个部分。首先，了解受访者在微信上的沟通情况，包括平台上的互动频率、沟通内容及他们是否有意识地通过文字讨好等行为塑造个人形象；其次，探讨受访者在社交互动中具体的文字讨好行为与实践，主要围绕他们如何通过亲昵词汇、表情包、emoji 符号等迎合他人，以及这些行为对维持社交关系和进行自我形象管理的意义；最后，聚焦受访者在文字讨好行为中的内心感受，进一步对比线上文字讨好与线下自然交流的差异，帮助研究者理解表演性行为背后的心理动因及其

对个体情感的影响。

需要说明的是，在诸多社交媒体中，本研究最终选择微信平台中的青年用户群体，主要依据如下：首先，由于微信作为国内领先的私人社交应用，已成为沟通的重要工具，它服务于包括不同性别、年龄和阶层在内的广泛社会群体，具有极高的普及度和活跃度；其次，考虑到代际差异，青年用户作为数字世界的"原住民"，他们出现文字讨好的行为频繁且典型。

此外，受研究时间与资源的限制，本研究在受访对象选择上虽然通过三轮招募并采用线上与线下相结合的方式，尽可能平衡样本的整体分布情况，但研究者未能精确控制受访者的职业分布情况。其中，在读学生比例较高（23.1%），而其他职业群体的比例相对较低（如从事新闻宣传、新媒体运营等职业的样本人数偏少），整体上对不同职业群体文字讨好行为特征的分析也相对有限，因此本研究对青年用户文字讨好行为的阐释存在一定的局限性。

三 前台表演友好：微信青年用户文字讨好的实践与动机

本研究对前期访谈收集的文本资料进行了编码整理，并对13位受访者在微信聊天中呈现的具体文字讨好形式进行了词频统计。结果表明，青年用户的文字讨好行为主要表现为习惯性的友好性回复，常见的回复形式包括"好滴""好哒""好的哦"等，而非简单的单字回应。此外，受访者倾向于使用emoji符号和表情包，其中玫瑰花、抱拳鞠躬、点赞和可爱动物的表情包使用频率最高，同时，符号"~"也经常被使用。在个体实践中，反复斟酌并修改回复内容是这一行为的显著特征。具体情况如图1所示。

（一）短暂完美：形象塑造与自我管理

在微信日常聊天中，形象塑造指青年用户试图在对方心中建立起一个符合双方共同期待的"完美"形象。这里的"完美"形象并不是稳定的，而是会根据不同的聊天对象和事件在互动中短暂存在。由于形象塑造具有短暂性与不稳定性的特点，用户需要频繁地使用文字讨好策略来维持这种形象。

图1　文字讨好行为特征

> 很多次我都要下班了，领导突然微信给我了一个任务，每每在那一刻我真的很崩溃，但为了在领导心里有一个好印象，即使心里再愤怒，也得用很讨好的方式回复："好哒！我一定完成任务！"（F1）

这种"完美"形象的塑造并不是仅仅为了满足青年用户内心需求，更多的是为了获得他人的认同。在微信聊天互动中，个体常常通过讨好的言辞来迎合他人的期望，确保自己在社交圈中的"社会认同"（social identity），即个体往往会通过获得群体的认同和产生归属感来维持自我价值。[27]因此，微信中的对话场域便成为一个重要的自我呈现舞台，青年用户通过文字讨好的方式，在虚拟空间中强化自己的社会认同。

> 其实我在聊天中文字讨好让我很累，但下一次需要的时候我依然会这样表达，没办法，因为要让对方对我有一个好的印象啊。（M3）
> 在微信上很难和对方交心，所以我经常用讨好式的语气跟对方聊天。（F4）

通过文字讨好，个体不仅塑造了理想化的形象，而且通过这种形象与他人建立了情感连接与社会认同。这种认同的获得，进一步巩固了个体的社会身份感和归属感，使他们在虚拟社交场域中获得更多的社会支持和情感满足。

（二）避免误读：语境坍塌与沟通风险

在线下的日常人际互动中，双方身体的在场给予了对方更多视觉上的"外表"（appearance）与"举止"（manner）的"可见性"。这种"可见性"在戈夫曼看来能够使个人前台的表演包含更多刺激性的信息，即"外表"随时会告诉我们有关表演者的身份，"举止"则随时让我们预知表演者希望在随即到来的情境中扮演怎样的互动角色。[4]18-19 但在微信上的沟通情境之中，用户所能接收到的信息被中介化地呈现在屏幕之上，原本"外表"与"举止"所承载的线索都被抹平，迫于对线上自我形象的保守控制，对话者需要在对话中融入大量凸显情感的符号。

研究发现，微信交流中对信息的反复审核编辑、内心的负面反馈恐惧、避免信息误读的心理影响着用户对文字符号的使用，即所表达的文字是否能够充分表达自己的情绪，使对方能够感受到自己的态度。

> 因为我看不到对方的表情，也听不到对方的语气，怕引起误会，我经常用讨好式的文字表达进行沟通。（F6）

> 我很担心如果我的回复不够热情，可能会让别人不满，我宁愿迎合别人，也不想被认为很冷漠。（M4）

在微信的文本媒介中，非语言的社交线索完全消失，进而引发了社交互动中"语境坍塌"（collapsed context）。[28] 常规的文字表达往往会导致误解和信息传递的失真。因此，文字讨好便成为一种普遍的应对策略，尤其是在缺乏即时情绪反馈和语气变化的情况下，文字讨好可以消弭沟通中的不确定性和潜在冲突。

（三）隐形压力：社会关系与自我规范

社会关系在青年用户的人际互动中，不仅仅只是一种连接双方的纽带，更是一种潜在的压力源。正如拜厄姆（Baym）所见，稀疏的线索为呈现自我和想象他人留下了很大空间。[16]124-125 文字所缺少的线索需要双方付出更多的聊天成本，而个体在互动中其自我构建与他人想象都会被社会关系所限制，用户深陷于各种关系属性之中，承受着巨大的压力。

研究发现，文字讨好行为背后深度内嵌着社会关系在数字交往层面映射的人际交往准则，这些准则指导个体在微信交流中如何表现自我以及回应他人的期待。聊天双方因等级、地位、辈分等形成的无形的权力位置关系使其中一方常常需要以下位者的姿态应对，而双方实时连接与频繁互动让一方无力处理多种关系的沟通。因此，以绝对讨好的文字进行互动便成为用户的最优选择。

> 在每次过节时我都会提前一天编辑好发送给老师的祝福短信，从用语表述到标点符号我都要仔细斟酌，因为他是老师，我作为学生用语肯定要很有礼貌，不能有半点差池。（F3）

研究发现，青年用户在面对隐形社会关系时文字讨好已经形成了一套固定的用语模式。在上下级的强关系中，文字讨好一方需要时刻保持严肃，采用正式的聊天话术，且在回复时要体现高情商。而在同辈关系中，极其客套的话语表达则成为沟通中最常出现的词汇，明明第一次聊天却要叫对方"姐妹""家人"，回复对方也一定要用"好滴""好的呀~"而不能是"好的"（见表2）。

> 每次跟不熟的人说话，一上来就叫对方"宝贝"，仿佛这样我们的关系就很亲密了，就可以说正事了，但其实对方出问题或麻烦我时，我还是会对对方不满。（F3）

表2 不同关系下文字讨好形成的固定表达策略

关系分类	关系特征	文字讨好特征	文字讨好要求
上下级关系	具有权力差的不对等关系	严肃且正式	在保证尊重的前提下体现高情商，每一次回复都需要礼貌客气

关系分类	关系特征	文字讨好特征	文字讨好要求
同辈关系	关系平等交流较为随意	礼貌且友好	在保证客气的前提下体现真诚，每一次回复都要极其友好

四 后台自我怀疑：微信青年用户文字讨好的心理负担

（一）身份认同：真实主体与数字自我的矛盾

青年用户在前台表演式的文字讨好旨在构建一个理想化的完美的数字自我。数字自我作为连接个体在现实世界与数字空间中的虚拟身份，具有场域性、易变性与隐匿性的特征，是用户在社交媒体中开展社交互动，进而形成社交关系并进行自我披露所形成的数字形象。个体的自我认同是一个具有连贯性的过程，受生命周期各阶段的社会互动影响。与此不同的是，数字自我虽然在短期内表现出一定的稳定性，但数字化的自我展演往往与现实中的真实自我产生冲突。换句话说，数字空间中的互动要求个体塑造符合社交规范的"理想自我"，这一过程便需要通过迎合对方来维持社会认同。然而，这种理想自我常与个体的真实自我相矛盾，让个体产生情感上的焦虑与不安。

> 表演多了你也会累，过多地用文字讨好，就感觉像是你又好像不是你。（F1）

> 当我看到消息的时候，其实内心是非常抗拒去回复的，但是又不得不去回复，我只能口是心非地去答复他，会说"好的、好哒！"。（M3）

青年用户虽然能够在短期的社交互动中通过文字讨好塑造一个理想化的完美形象，但由于数字自我的易变性，个体往往需要完全违背真实自我的感受，基于形象管理、社会关系压力等因素，在"永久在线"的微信场域中持续进行讨好式的文字互动。长此以往，个体可能会陷入一种身份认同的困境，深感自己在社交互动中不断扮演一个与内心感受不符的角色。尽管这种短期的自我展示能够有效地维持社交关系和获得外界的认同，但长时间的社交表演与自我压抑会加剧真实自我与理想自我之间的冲突，导致情感疲惫和认同危机。

（二）情绪耗竭：情感劳动与社交倦怠的压力

霍赫希尔德（Hochschild）提出的"情感劳动"（emotional labour）[29]理论最初用于描述后福特式服务业背景下达美航空空乘如何调整情绪以符合工作要求。后来，这一理论被研究者应用到考察社交媒体的自我呈现实践和人际互动。线上交往中他人隐藏在屏幕之后，主体之间的交流以无声的文字交流为主，形成了一种不同以往情感劳动的"无声的劳动"。[30]

在本研究中，微信青年用户在日常聊天中的文字讨好行为亦属于"无声的劳动"。尤其在职场或人际交往中，个体往往无意识地融入情感劳动，且这种劳动与日常工作生活交织在一起，使个体产生巨大的情感负担。

> 为了缓和同事之间的工作氛围，跟大家共同提升工作效率，我不只把我的身体投入工作中，甚至把我的情绪也作为一种劳动价值投入其中。（M1）

> 我明明不需要这样，但为了沟通顺利早点完成工作，即使我再生气，我都得用讨好的语气跟对方说话。（F5）

在霍赫希尔德看来，情感工作的两大策略包括"表层行为"（surface acting）与"深层行为"（deep acting）：前者主要通过调整情绪的外在表现实现，但与内心真实感受不一致；后者则是个体尝试调整内心真实感受，通过先行情绪调节过程（antecedent-focused process），实现外在表露的情绪与内心情绪相一致，从而使自己真正感受到应该表达的情感。在访谈中，受访者普遍表现出对内心情感的压抑，更多依赖"表层行为"来维护社交关系的和谐。具体情境包括上下级的工作沟通（F1）、师生互动（F3）以及同辈间的交流（M3）。因此这也使他们产生了不同程度的社交媒体倦怠感，如精神内耗（F5）、反馈焦虑（M3）、沟通兴趣减退（M1）等。

文字讨好背后的情感劳动不仅加剧了个体的心理负担，还逐渐导致社交倦怠感的产生。在"无声"的情感劳动中，个体虽然看似通过文字讨好策略维持了社交联结，但实际上在不断消耗内心的情绪价值。长此以往，青年用户将个体的情感变成管理形象、维系社交关系的工具。为了获得更多的社会认同和对自己形象的掌控，个体往往会投入更多的情感劳动，使得文字讨好逐渐成为一种习惯。这不仅影响了个体的社交模式，也逐步塑造了一种新的社交规则，促使更多人投入这场看似轻松实则充满压力的"班剧"式表演中，他们试图用承载着强烈情感表达的文字讨好来获得他人的认可和肯定。

> 在我工作特别忙的时候，如果有不熟的同事跟我要一个文件，对方可能会编辑很大一串内容，其中有各种感谢以及表情符号，而我看到之后，还要先编辑一串客气的回复后，再把文件发给他，这其实增加了我们的沟通成本。（F1）

五 张力与冲突：微信青年用户文字讨好的自我调适

前文对青年用户在微信互动中的文字讨好具体内容、动机及情感负担进行了讨论。那么青年用户在网络空间中前台表演友好与后台自我矛盾之间又存在何种个体化的自我调适方式？

（一）"我为什么非要讨好"：亲密关系里暂时的情感宣泄

在线上互动中，传播适应理论中的趋同策略已被证实存在，但过度的趋同调整并不总产生积极效应，可能导致形象管理失败[31]、社会距离拉大[32]等问题。从这一理论出发，我们发现青年用户在文字讨好的实践中持续性地存在一种主动趋同与自我怀疑的矛盾感，即在多样化的情境下，面对各种强关系，文字讨好并不总能实现理想化的互动效果。正如前文 F1

所认为的，文字讨好在一定程度上增加了自己在工作中的沟通成本，以及如同多数受访者最终提到的自我的矛盾性，"内心是非常抗拒去回复的，但是又不得不去回复"（M3）。可见，在微信互动中，青年用户往往难以顺应真实自我，受制于线上印象管理、社交管理等压力的束缚与规训，而长期处于一种前台表演友好、后台自我怀疑的状态。

社交互动的虚伪性、情感劳动的负担与形象管理要求，使个体无法在公开场域中表现出真实的情感或意见。这种情感压抑和身份表演所产生的焦虑和倦怠，最终会在亲密关系中、私人场域下得到某种形式的释放，如与密友间（F7）、自己的微博小号中（M1），而这在某种程度上有助于个体重建内心的自我感知与情感平衡。

> 工作中我经常需要用讨好的语气跟领导、同事沟通，领导说我辛苦了，我还得回"没事没事"，加串玫瑰花的emoji，顺道还要夸一夸领导。这太好笑了，明明都是我做的事，我却要反过来在微信里夸他。这种时候我都会把聊天记录转发给我的好朋友，跟她吐槽。只有这样我才会自洽。（F7）

然而，情感的宣泄虽然能够在短期内缓解情感负担，帮助个体在亲密关系中释放压力，但这种行为更多的是应对暂时的情感困境。从长期来看，这种情感宣泄并不能完全化解来自职场、生活、学业中人际互动带来的持续压力，尤其是在功绩社会（achievement society）中，个体需要不断通过自我优化来接受复杂社交和隐形绩效的评判。因此，自我优化便成为青年用户在面对这些长期压力时的一种更为主动且持续的调适方式。

（二）"我该怎么回复对方"：功绩社会中的持续自我优化

为了在长期的社交压力中保持理性和情感平衡，青年用户会主动采取自我优化的策略，即通过调整自己的言辞、语气以及沟通技巧，逐渐适应并融入功绩社会的绩效评估体系。功绩社会这一概念由韩炳哲提出，他认为21世纪的社会不再是一个规训社会，而是功绩社会。其中的成员也不再是"驯化的主体"，而是功绩主体。[33] 功绩社会中的社会成员不再被各种否定性的禁令所规训，而是沉迷于自我优化与效率提升的功绩主体。韩炳哲用功绩社会来批判现代社会的功绩主义，而在此之前有学者提到关系绩效（contextual performance），即个体在工作角色之外的自发行为，虽不会直接对工作中的核心技术产生贡献，但会为相关有需要的组织、社会提供支持。[34] 其中，关系绩效的内涵便包括人际交往技巧，这对个体绩效评估有重要影响。[35]

在访谈中，我们发现尽管文字讨好对于青年用户而言是一种稳妥的沟通策略，但其内容形式相对单一，在社交线索本就稀缺的线上交流中，面对复杂的人际沟通，青年用户往往会表现出一种无力的状态，即文字讨好虽然足够礼貌、友好，能够帮助个人在线上建构理想化的形象，但无法具体化、工具化、理性化地应对来自职场、生活、学业中的复杂对话。因此，为了继续做好印象管理，在线上沟通表现得更加高情商，他们只能主动在社交软件中（如小红书、抖音）寻求更为体面的沟通策略。

> 老师每次给我说辛苦了的时候，我都不知道怎么回。每一次我都要去小红书上搜一些话术。（F6）

> 在微信上跟领导说话与现实中完全不一样，比如现实中领导夸你或者说辛苦了之类的话，你打个哈哈也就过去了。但是在微信里你必须有高情商，我会去抖音上学习很多职场讨好的话术，这样说出来才会显得我这个人会说话。（F7）

由前文分析可见，青年用户的文字讨好存在自我认同的矛盾感，而在矛盾的自我调适过程中，在文字讨好的基础上，青年用户会主动学习更高情商的回复话术，实际上便是主动嵌入功绩社会中的行为实践。不管是文字讨好抑或是高情商话术都是青年用户对人际交往技巧的主动学习，因为其背后影响到个体的绩效评估。有学者认为一旦关系绩效作为评估个体绩效的一种成分影响到个体的报酬、升迁等时，个体就可能不再对这种绩效有自主选择的权利。[36] 可见，现实社会中的社交关系和职场中的绩效标准在线上互动中逐渐转化为一种时时刻刻需要体现出来的"情商"或"沟通技巧"。在现实的人际关系、职场关系等因素的影响下，用户只能通过不断调整自己的言辞、语气和文字风格来迎合他人，尤其是上级或权力较大的聊天者（如领导、老师等）。这种调整行为背后，表面上是一种印象管理，实则已经被功绩社会的标准和绩效评价所牵制，使青年用户陷入无形的自我压迫中。这种自我压迫和认知冲突，致使青年用户逐渐无法摆脱这种"文字讨好"的循环，使自身的社交倦怠感进一步加剧。

六　结论与反思

本研究将文字讨好纳入分析视野，探讨其在前台表演与后台自我认同之间的动机与情感机制。研究发现，嵌入社交互动中的个体行为、信息解读和关系连接，往往促使青年用户进行文字讨好，以实现形象管理、避免误读并维系社交关系。在这一过程中，青年用户不仅需要主动塑造和维护个人形象，还必须被动接受深植于中国传统社会中的多重权力关系规训。频繁的文字讨好行为一方面使个体在后台长期处于自我认同的危机与矛盾状态，另一方面迫使其将情感付出转化为工具性行为，承受情绪耗竭与社交倦怠双重压力。在权力规训与个体抵抗的动态互动中，青年用户逐渐在前台与后台的冲突与张力中进行自我调适。具体而言，青年用户在亲密关系中常通过情感宣泄来暂时性地释放压力，但在关系绩效的长期压力下，又陷入一种"主动讨好—自我怀疑—自我优化"的循环，从而持续以一种矛盾性的文字讨好状态进行前台展演。

在本部分，我们尝试进一步探讨文字讨好这一行为对前台与后台概念的理论意义。本研究认为，传统意义上的前台与后台的概念得到了拓展，二者的边界呈现出交叠与冲突的动态性变化。此外，本研究认为传播适应理论在互联网中的应用得到了进一步拓展，该理论揭示了中介化社交互动中个体趋同策略背后的情感负担问题。

（一）从区分到交叠：前台与后台边界转向重叠与冲突

在传统意义上，戈夫曼认为前台与后台是存在明显界限的两个区域，前台区域是指某一特定的表演正在或可能进行的地方，后台区域是指那些与表演相关但与表演促成的印象不相一致的行为发生的地方。[4]92 前台与后台虽存在于社交媒体的自我呈现中，但基于本研究的讨论，我们认为其原本存在的明显界限在数字社交互动中发生了改变，前台与后台的界限逐渐呈现出交叠与冲突的动态性变化。

一方面，个体在前台的表演不仅需要更多情感投入和补偿，且具有虚拟化和数字化的特征。然而，前台表演所带来的情感代价与认同危机直接影响到个体现实自我。由于持续在线的数字连接特性，个体往往难以从社交互动中完全隔离出独立的、物理化的后台空间。相反，他们必须时刻进行前台展演，这使得前台与后台的边界逐渐模糊、交织。尤其是在从虚拟前台回归现实后台时，个体面临的身心压力更为沉重，且个体不得不在不同空间与角色之间不断调整与适应。另一方面，前台与后台的交叠部分往往会激化冲突。个体在表演过程中，始终面临着矛盾的张力，特别是在前台与后台之间的切换中，他们逐渐失去了对印象管理的掌控力。从前台到后台，抑或从后台到前台的过渡变得复杂且不稳定，个体在角色转换与情感调节之间的平衡变得越来越难以维持。前台的形象展演与后台的情感调节不断交织，个体在社交互动中呈现出的行为，实际上并非单一的表演，而是一个不断在多重角色与情感需求之间嵌入与调适的过程。

（二）从关系到个体：互动趋同策略对主体感受的关注

本研究所讨论的文字讨好现象，属于传播适应理论关注的人际互动在互联网环境下视野的延伸。因为文字讨好需要交流者在对话中改变语言表达方式，字斟句酌地修改用词，让对方在聊天中处在被"讨好"的位置，即一种趋同策略的主动调整。本研究认为，从目的性而言，文字讨好所带来的社交互动结果通常是正面的，即符合趋同调整策略所带来的积极效应，它有助于促进人际沟通和关系融洽。然而，从主体性视角来看，这一调整策略却导致个体在前台与后台之间的情感劳动和自我认同的矛盾，进而使个体产生倦怠感。在以往关于趋同策略引发负面效应的研究中，焦点大多集中在社交互动的结果而忽视了交流者个体的内在感受。因此，本研究通过对文字讨好这一行为的考察，认为在线上社交互动中，个体在进行趋同策略调整时，即便其最终达到了促进沟通的效果，仍然会在前台的形象管理与后台的情感调适过程中产生负面情绪。这一过程反映出前台与后台动态互动的复杂性，以及个体在不同层面存在应对社交压力和情感负担的内在冲突。

本文关注青年用户在中介化交往中所采取的文字讨好趋同调整策略，通过深度访谈我们发现，文字讨好虽然体现出青年群体为增强线上非语言线索的积极性，但也凸显当下网络社会交往背后对个体情感体验关注的缺失。此外，本研究还尝试对前台与后台概念在互联网环境中的拓展做进一步讨论。然而，本研究也可能存在不足之处，或许是未来研究的着力之处：文字讨好对于个体而言是否一定产生负面影响有待商榷，未来研究可探讨可能的调节因素或中介变量，如个体的心理特质（如自尊水平、五大人格特征）和不同社交平台的特性影响，以便为更全面理解这一行为提供理论支持。

参考文献

［1］全媒派."文字讨好症"悄然流行：是社交内卷，也是社交内耗？［EB/OL］.2022-09-28. https：//mp. weixin. qq. com/s/ZMrtmcTZFN-KX5exBMTBwg.

［2］智族 Life. 你有"文字讨好症"吗？［EB/OL］.2024-07-12. https：//mp. weixin. qq. com/s/9drToTTsRSV_rrz2XfRshw.

［3］NADKARNI A, HOFMANN S G. Why do people use Facebook？［J］. Personality and individual differences, 2012, 52（3）：243-249.

［4］欧文·戈夫曼. 日常生活中的自我呈现［M］.冯钢，译，北京：北京大学出版社，2022.

［5］TEDESCHI J T, SCHLENKER B R, BONOMA T V. Cognitive dissonance：private ratiocination or public spectacle？［J］. American psychologist, 1971, 26（8）：685-695.

［6］SCHLENKER B. R. Self-presentation［J］. Handbook of self and identity, 2003（2）：542-570.

［7］彭兰. 数字化与数据化：数字时代生存的一体两面［J］.人民论坛，2023（17）：42-47.

［8］ MICHIKYAN M., SUBRAHMANYAM K., DENNIS J. Can you tell who I am? neuroticism, extraversion, and online self-presentation among young adults ［J］. Computers in human behavior, 2014, 33：179-183.

［9］ WALTHER J B, VAN DER HEIDE B, KIM S Y, et al. The role of friends' appearance and behavior on evaluations of individuals on Facebook：are we known by the company we keep? ［J］. Human communication research, 2008, 34（1）：28-49.

［10］ WALTHER J B. Computer-mediated communication：impersonal, interpersonal, and hyperpersonal interaction ［J］. Communication research, 1996, 23（1）：3-43.

［11］ 彭兰. 美图中的幻像与自我 ［J］. 现代传播（中国传媒大学学报），2018,40（12）：14-18.

［12］ HOGAN B. The presentation of self in the age of social media：distinguishing performances and exhibitions online ［J］. Bulletin of science, technology & society, 2010, 30（6）：377-386.

［13］ DAFT R L, LENGEL R H. Organizational information requirements, media richness and structural design ［J］. Management science, 1986, 32（5）：554-571.

［14］ WALTHER J B. Cues filtered out, cues filtered in：computer mediated communication and relationships ［J］. Handbook of interpersonal communication, 2002（3）：529-563.

［15］ DERKS D, FISCHER A H, BOS A E R. The role of emotion in computer-mediated communication：a review ［J］. Computers in human behavior, 2008, 24（3）：766-785.

［16］ 拜厄姆. 交往在云端：数字时代的人际关系 ［M］. 董晨宇，唐悦哲，译，北京：中国人民大学出版社，2020.

［17］ 董晨宇，段采薏. 反向自我呈现：分手者在社交媒体中的自我消除行为研究 ［J］. 新闻记者，2020（5）：14-24.

［18］ MARWICK A E, BOYD D. I tweet honestly, I tweet passionately：Twitter users, context collapse, and the imagined audience ［J］. New media & society, 2011, 13（1）：114-133.

［19］ GILES H. Accommodation theory：optimal levels of convergence ［J］. Language and social psychology, 1979：45-65.

［20］ GALLOIS C, OGAY T, GILES H. Communication accommodation theory ［J］. Theorizing about intercultural communication, 2005：121-148.

［21］ STUPKA R. Communication accommodation in mixed gender dyads ［J］. Communication Research, 2011, 19：479-492.

［22］ TAMBURRINI N, CINNIRELLA M, JANSEN V A A, et al. Twitter users change word usage according to conversation-partner social identity ［J］. Social networks, 2015 (40)：84-89.

［23］ FULLWOOD C, ORCHARD L J, FLOYD S A. Emoticon convergence in Internet chat rooms ［J］. Social semiotics, 2013, 23 (5)：648-662.

［24］ DERKS D, FISCHER A H, BOS A E R. The role of emotion in computer-mediated communication：a review ［J］. Computers in human behavior, 2008, 24 (3)：766-785.

［25］ GILES H, GASIOREK J. Parameters of nonaccommodation：refining and elaborating communication accommodation theory ［C］//Social cognition and communication. Psychology Press, 2013：155-172.

［26］ SOUL APP. 2024 年 Z 世代线上社交礼仪报告 ［R］. 北京：Just So Soul 研究所, 2024.

［27］ TREPTE S, LOY L S. Social identity theory and self-categorization theory ［J］. The international encyclopedia of media effects, 2017：1-13.

［28］ BOYD D. It's complicated：the social lives of networked teens ［M］. Yale University Press, 2014：60.

［29］ HOCHSCHILD A R. The managed heart：commercialization of human feeling ［M］. University of California Press, 2019.

［30］ 宋美杰, 幸宇芳. 数字时代的"田螺姑娘"：家务数字化与女性劳动隐形化研究 ［J］. 中国青年研究, 2024 (2)：67-76.

［31］ MUIR K, JOINSON A, COTTERILL R, et al. Linguistic style accommodation shapes impression formation and rapport in computer-mediated communication ［J］. Journal of language and social psychology, 2017, 36 (5)：525-548.

［32］ STEIN J P. Smile back at me, but only once：social norms of appropriate nonverbal intensity and reciprocity apply to emoji use ［J］. Journal of nonverbal behavior, 2023, 47 (2)：245-266.

［33］ 韩炳哲. 倦怠社会 ［M］. 王一力, 译, 北京：中信出版社, 2019：8.

［34］ BORMAN W C, BRUSH D H. More progress toward a taxonomy of managerial performance requirements ［J］. Human performance, 1993, 6 (1)：1-21.

［35］ BORMAN W C，WHITE L A，DORSEY D W. Effects of ratee task performance and interpersonal factors on supervisor and peer performance ratings ［J］. Journal of applied psychology，1995，80（1）：168-177.

［36］ 蔡永红，林崇德. 绩效评估研究的现状及其反思 ［J］. 北京师范大学学报（人文社会科学版），2001（4）：119-126.

在传统与现代之间：少数民族乡村社会治理中媒介使用的功用性逻辑*

杨　琳　李唐波**

摘　要　廓清民族地区媒介使用与社会变迁过程，明晰乡村治理中媒介使用的主导逻辑，是认识当下新媒体与乡村社会的关键维度。M 村的个案显示，传统媒体"广播"与新媒体"微信群"在推进乡村治理中互为补充，在"项目制"目标上实现了媒介集体行动功能的融合，在乡村经济发展中媒介的联结功能日益凸显。新对旧的补充，以及两者的融合成为新媒体使用的最具功用性的逻辑，具体表现为在乡村治理中遵循实用逻辑，在日常生活中依赖文化偏向逻辑。研究认为，广播至今未被新媒体所替代并持续发挥功效，说明少数民族乡村媒介技术变迁在速度上的不一致性，文化是影响乡村媒介社会变迁的根本性力量。

关键词　少数民族村落　广播　微信群　媒介选择

历史地看，新媒体"只能是相对意义上的新，任何时间节点上都有新媒介，或者更加准确地说都有比较新的媒介"。[1] 从纸媒到广播、电视的普及，再到如今新媒体层出不穷，媒介如何影响乡村治理始终是乡村社会发展中的重要"新问题"。那么，在"新"与"旧"的迭代过程中，乡村社会的媒体使用偏好是什么？乡村社会治理中对传统媒体与现代媒体的选择逻辑是什么？当笔者进入少数民族村落试图探寻当下意义上的新媒体在乡村治理中的功能与角色时，发现新对旧的补充及两者的融合成为媒介使

*　基金项目：本文系国家社会科学基金重大项目"乡村振兴视角下新媒体在乡村治理中的角色与功能研究"（项目编号：21&ZD320）的研究成果之一。

**　作者简介：杨琳，西安交通大学新闻与新媒体学院教授，博士生导师；李唐波，西安交通大学马克思主义学院博士研究生。

用的最具功用性的逻辑。

一　问题提出

在传统四大媒体渐次进入乡村社会过程中，广播的作用无疑非常突出。20世纪60~70年代，农村有线广播网迅速普及并成为农民群众获取信息的主要途径。据统计，1975年9月，全国农村92.7%的生产队拥有了有线广播，70%的农户家安装了广播喇叭。[2] 广播不仅成为各地党政机关在基层开展宣传教育的重要载体，传播了农业科技知识、生产经验，及时预报了气象灾害，丰富了农民群众文化生活，[3] 更将空间距离遥远的国家机构与乡村民众连接起来，有力配合了下沉的国家政权与农村集体化过程，推动了国家乡村治理重心的下移。[4] 在社会主义改造、土地改革、"三反五反"、抗美援朝、合作化等事件中，作为一种极具传播力和渗透力的政治媒介，广播发挥着宣传鼓动、组织动员、社会控制等多种功能。[5] 但到20世纪80年代，电视的出现导致广播在农村的影响式微，高音喇叭的信息传播功能受时空限制明显削弱，对"脱域"的乡村社会治理表现出低效性和无力感，[6] 广播的式微也直接导致有关农村广播的研究沉寂下去。

虽然自21世纪以来，政府基于扶贫与应急信息处理搭建的系统工程使得农村广播回归大众视线，[7] 尤其在疫情预警、隔离管控方面，人们重新看到广播的重要作用。但学界整体对于今日广播在乡村的存在状态、运行情况及其参与基层治理的关注比较有限。广播虽式微，但并未消失。在偏远山区的少数民族村落，媒介快速迭代的表现不仅相对迟滞，而且传统媒体与现代媒介同时发挥功效，这给予了研究者难得的契机来观察村民选择和使用媒介的深层次逻辑。在日渐以微信、抖音等社交媒体为主导的乡村传播生态中，"传统媒体"广播在少数民族乡村社会治理中扮演着何种角色？与以往相比有哪些新功能体现？这都需要加以考虑。

此外，持续迭代升级的数字传播技术构建出的信息环境，及其筑造的数字社会对乡村改变巨大。最为明显的是，农村地区网络与信息基础设施的大规模建设，以及农村互联网普及率的稳步增长。根据中国互联网络信息中心公布的《第54次中国互联网络发展状况统计报告》，截至2024年6

月，我国农村网民规模达 3.04 亿人，占网民整体的 27.7%，农村地区互联网普及率为 63.8%，各地乡村的 4G 基站补盲、5G 网络延伸、千兆光纤网络建设等均取得了显著成果。[8] 当村民们普遍通过移动智能终端连接彼此、交流与协作时，数字技术极大地拓展了社会连接的边界，重组了生产组织与生活方式，更重要的是，社交网络成为数字时代村民社会参与的新方式。[9] 其中，微信成为村民体验数字化生产生活的重要载体。微信及其打造的数字生态系统，不仅在使用人数上占绝对比例，而且持续下沉农村市场和基层治理场景。调查显示，微信支付是村民进行生活缴费、预约挂号、医疗费用结算的首选支付方式，全国县域及乡村用户用于微信支付的月平均金额达到 2650 元。[10] 用微信小程序进行交通出行、获取新闻信息、网络购物已成村民的常用操作，通过微信"掌上办理"社保查询、公积金查询、证件办理预约、税务服务等，既提高了基层政府服务效率，又使得村民尽享便利。微信还体现出强大的连接力与汇聚资源的能力，成为村民增收的好工具。例如，微信为新型农业经营主体搭建线上社群社区、设计开发"财务管理小工具"辅助村集体经济、在线培训乡村 CEO 新型经营人才，等等。

在乡村数字治理方面，截至 2024 年 5 月，基于微信生态的"村级服务平台"数字工具已经覆盖了全国 6.17 万个村庄，服务 1252 万村民，月活近 300 万人，三务公开 33.8 万次，发布通知 55.7 万条，清单 4.5 万个，"积分制""清单制""村民说事"等行之有效的办法推广到了数万个村庄。[11] 特别是村务微信群，在推进乡村管理、维系乡村秩序上发挥了积极的正向作用。有研究发现，村民使用微信群进行问题剖析、社区学习、舆论监督、加强邻里关系、开展媒介动员等活动，经过群内的长期互动形成了合作场域，实现了"离散化"村庄的再次聚合。[12] 微信群的出现还为村落社会治理创新和共同体重构带来可能，协助村民实现跨时空的共同在场、情感共鸣、村务的共同参与。[13]

毋庸置疑，作为推进乡村基层工作的得力助手，微信群的功效在现实中已得到验证。但是，在乡村振兴、宽带下乡、数字乡村建设等宏大叙事中，村民的主体性始终未能得到足够重视。村民日常生活中使用微信群的经历、互动过程、多样且个性化的参与方式等受关注度十分有限，他们并非被动的或不相关的接受者，村民实际上也在积极地参与数字技术的"在地化"改造与运用。此外，对少数民族村落微信群的讨论，未能揭示少数民族文化的独特性。现有研究多依照社会学的分类方法划分中国多数村落，如空心村/非空心村、原子化/非原子化、强关联/弱关联、熟人社会/半熟人社会，以此作为前提展开对微信群功能的探讨，这也就造成对少数民族文化的特征、影响及重要价值讨论的缺位。总之，日常生活中村民的媒介使用、行为逻辑，以及少数民族文化对媒介技术的影响还有待进一步厘清。

基于上述思考，本研究关注的问题是：广播、微信群"一'旧'一'新'"两种媒介在 M 村的存在状态和功能作用体现在哪里？在乡村治理中 M 村对媒介的选择使用是基于何种逻辑？是什么影响着 M 村的媒介社会变迁？本研究希望回应少数民族村落是如何接受与回应新的传播技术并将其运用于日常生活中的。

二 作为案例的 M 村

M 村位于云南石林彝族自治县东北部，占地 20.8 平方公里，全村现有1300 余人，民族主要为撒尼、黑彝，全村属山区地形，海拔约 2100 米，年平均气温 17℃，基本农田面积 4846 亩，村民主要以种植烤烟、三七、玉米为收入来源。

M 村烤烟种植面积约 1400 亩，2013 年"佳叶烤烟合作社"成立，合作社每年的烟叶产量约 150 万公斤，由石林县烟草公司统一收购，全村烤烟年收入达到 4000 余万元。烤烟在村民收入中占比最大，一个年收入 10万元的家庭，烤烟收入能占到七成。此外，种植三七在增加收入的同时，还为村民提供了工作机会。从 2006 年开始，文山三七公司租种了该村约1600 亩土地，每亩地租金约 1000 元/年，租金直接支付给农户，这是近年来 M 村最大的招商引资项目。种植三七还为村民提供了"打零工"的机会，打零工的优势在于时间上灵活、自由，只要完成当天任务就可以领到工钱。所以，大部分年轻人选择留在本村从事多种经营活动。

从 2018 年开始，通过熟人介绍的方式，笔者先后三次进入 M 村开展田野调查，重点关注该村的大众媒介使用（广播、电视、电脑、手机）、经济产业发展、民俗文化活动等，并进行深度访谈（见表1）。同时经得村委会主任 BM 的允许，进入该村"干群微信群"，从 2021 年 10 月开始，网络民族志研究持续 1 年多的时间。在此过程中，笔者仅记录日常信息与聊天对话，不发言或参与任何讨论，以避免对微信群的交流产生干扰。

表 1　访谈对象基本情况

编号	访谈人	性别	年龄	职务
01	BM	男	47 岁	村委会主任
02	AJX	男	49 岁	村党支部书记
03	BZY	男	41 岁	村党支部书记
04	BC	男	66 岁	第三任村委会主任
05	AYL	女	40 岁	村妇女主任
06	BW	男	53 岁	村监委会主任
07	BQ	男	43 岁	村小组组长
08	ZYF	男	36 岁	村联络员
09	AZZ	女	27 岁	文艺队队长
10	PYL	男	29 岁	大学生村官

三　互补与融合：乡村治理中媒介选择的实用逻辑

信息高效精准的传播是实现乡村有效治理的重要手段。M 村的个案显示，在乡村治理过程中主要基于实用逻辑选择使用广播、微信群，二者功能互补，协同推进了村组织间与组织内部的信息传播、互动与协商，既完成了乡村日常管理，又成为政府介入乡村基层社会的有效工具。

（一）媒介互补：广播、微信群协同推进乡村治理

1. 以快速高效见长，广播是推进乡村有效治理的首选媒介

M 村的消息通知、工作布置、会议公告、人员召集等，只要涉及与村民相关事宜都率先由广播发布。广播之所以成为推进乡村基层工作的首选媒介，其所体现出的实用性、功能性，以及对村民生活的深度融入

是主要原因。

广播分为村小组广播和村委会广播。村小组广播在 2010 年由村小组自行购买，包括一个话筒、一台扩音器（可播放磁带）、一台 DVD（可播放光碟）和十二个喇叭，其中六个喇叭安放在镇综合治理办公楼上，六个喇叭安放在村幼儿园楼上。村小组广播覆盖面大，使用频率高，存放在村党支部书记 BZY 家中，使用起来十分便捷。村委会广播在 20 世纪 70 年代就已经安装，2013 年设备得到升级，现存放在村委会广播控制室，包括一台扩音器、一个话筒和三个喇叭，喇叭安放在街道农机站上，其覆盖面比不上村小组广播。村小组广播和村委会广播在播送内容的侧重点上也有所差异。从记录的广播内容看（见表 2），村委会的广播内容比较固定，主要关于政策传达、紧急通知、防火与安全宣传等；而村小组的广播内容十分琐碎，包括生活缴费、医疗卫生、防火防盗、白事红事、开会通知、重要活动（文艺表演、外宾接待）、寻物启事、烤烟技术宣传、农药化肥销售、招工帮工信息等。

根据观察，村民更多基于实用逻辑来使用广播。表现在：其一，广播省去了口口相传、挨家挨户通知的人力消耗，并且可以做到一日多次、不限时长的播报；其二，广播的消息通知不光局限于政策任务的传达，与村民日常生活相关事宜的播放也十分普遍；其三，广播覆盖面广，无论屋里屋外、田间地头，全村各处都听得到，因为村落格局紧凑，房屋间距近，广播的实用性因此得到很好展现。对村民来说，广播是最快且最高效的信息传播方式，现实中没有广播好像什么事情都做不了。

表 2　M 村广播使用记录

时间	广播类型	广播员	语言	广播内容
2019 年 11 月 19 日早上	村委会广播	村委会主任 BM	撒尼语/汉语	接上级通知，农田里禁止将秸秆拉回，也不允许焚烧
2019 年 11 月 19 日晚上	村小组广播	村党支部书记 BZY	撒尼语	请文艺表演和斗牛的领队及相关人员到村委会开会抽签
2019 年 11 月 20 日	村小组广播	村党支部书记 BZY	撒尼语	有人拉牛车弄坏自来水管，希望自己能去找水管站的人尽快修理
2019 年 11 月 21 日	村委会广播	村委会主任 BM	撒尼语/汉语	通知上级部门将对本村道路进行卫生检查，请各家注意保持门前屋后区域卫生干净

续表

时间	广播类型	广播员	语言	广播内容
2019年11月22日	村小组广播	村党支部书记BZY	撒尼语	活动当天有来宾在大礼堂吃饭，通知村民过来帮忙
2019年11月24日	村小组广播	村党支部书记BZY	撒尼语	医保卡信息已张贴公示，请自行核对身份信息，如有错误请尽快到村委会修改，否则影响个人医保办理，后果自负
2019年11月25日	村小组广播	村长BZY	撒尼语	再次提醒村民核对医保卡身份信息

2. 以读懂弄清为目的，微信群是乡村治理工作的信息补充平台

2012年《国务院关于大力推进信息化发展和切实保障信息安全的若干意见》首次提出实施"宽带中国"工程，构建下一代信息基础设施。农村地区宽带建设得到专项资金支持，"宽带乡村"试点工程有效提升了农村的宽带用户数量。2014年，民族八省区①网民规模达7701万人，约占全国的11.9%，互联网普及应用呈快速发展趋势。[14] 与此基本同步，M村在2014年接入宽带网络，2016年完成移动基站的通信覆盖，2017年村民家中普遍安装了无线Wi-Fi网络，2018年网络运营商响应国家政策，在西南部少数民族村落大力推广无限流量套餐。网络配套设施的不断完善、丰富的数据资源以及智能手机的降价促销等有利条件，都提升了该村的信息化水平。

在这一背景下，新的信息传播平台和工具——微信群出现。2016年3月，村务微信群"烤烟种植群"②建立，村干部开始利用微信群进行信息发布和工作推进。比如，有关烤烟生产的通知，村委会主任会首先在广播中播报几遍，再在微信群里用文字、语音或图片通知。从微信群消息内容看，可大致归纳为村庄公共事务、信息互通、文化分享、医疗卫生健康这四类主题，其中村庄公共事务的消息量占比最大，约占70%，而医疗卫生健康的占比最小，不足5%。作为工作组织安排、推进中的信息补充平台，微信群更方便村民读懂、弄清广播里传达的意思，这首先体现在政务信息

---

① 民族八省区是指少数民族人口相对集中的内蒙古、广西、西藏、宁夏、新疆五个自治区和贵州、云南、青海三个省。

② 微信群的命名方式，主要是考虑到烤烟种植是村内重要经济来源。

的可视化与精准化，极大地提升了办事效率。

> BZY："刚才广播里讲的烟叶补贴，现在给大家发个表格，这是今年烟叶产前投入补贴分户确认表（图片），种植户请自己核对。"
>
> SC："照片看不清楚。"
>
> BZY："点原图下载来看。"
>
> AM："还是看不清。"
>
> BM："各位村民，这是今年烟叶产前投入补贴分户的 EXCEL 表，请点开核对表格信息，如有不清楚的再联系。"（时间：2022 年 11 月 29 日）

其次，微信群提供的技术手段，如图片、音视频、电子表格上传和实时通信等数字技术，以及@标记、位置共享、引用、接龙、语音输入等群功能，既促进了村民间的交流互动，又赋予了证实某事的功能。比如，村委会主任 BM 在微信群发了一张村民签字的烤烟合同照片以及一小段视频，并附文说："这是今晚大家的签字，还没有签的相互转告一下，今晚没看见的明早联系。"（时间：2022 年 12 月 9 日）数字媒介赋予了村干部在村务管理工作上更多操作空间。

总之，村务微信群的出现适应了数字时代乡村治理的需要，成为乡村基层组织良好运行不可或缺的工具。它弥补了广播在技术功能上的缺失，使得村庄内部的交流沟通更加及时高效，问题的解决也有的放矢。另外，数字连接扩大了原本的社会连接范围，以微信为代表的社交媒体泛在连接为个体获得社会地位提供了新的路径。[15] 比如，村干部可以利用微信群进一步树立和增强了个人权威以及对村庄事务的主导能力，同时，普通村民也借由微信群为自己发声，提升和增加了与村干部进行协商的能力和空间。

（二）功能融合：广播与微信在集体行动与乡村经济发展中的功能展现

1. 媒介在以"项目"完成为目标的集体行动中的功能体现

20 世纪 90 年代税费改革后，"项目制"成为国家财政转移支付的主要形式。[16] 项目制突破了以单位制为代表的原有科层体制束缚，有效加大了民生工程和公共服务投入。[17] 2010年以后，随着"项目下乡"成为常态，村委会的任务日渐加重，如何保证项目落地并再次动员广大村民，成为基层政府面临的头等大事。一方面，国家通过组织的制度创新保证了与基层的密切连接。譬如，设置镇联系村工作组①来协调乡镇与村委会间的关系，以确保任务的快速准确传达以及基层治理问题的向上反馈。另一方面，就是借助信息传播技术将工作快速触达乡村基层。

以"项目"的完成为目标，广播首先将村民高效组织起来。例如，GS镇在每年12月森林防火期的宣传工作，就凸显了组织制度创新和信息技术的完美结合。首先，森林防火工作下达先由镇联系村工作组当面通知各村委会，再由村委会通知村小组，村小组最后负责宣传到村民，这就保证了任务准确、不走样地传达到乡村。接着，广播便强势登场。据统计，GS镇每年广播森林防火的次数达到4000余次。② 在访谈中，村委会主任BM反复强调广播在宣传中的重要性："像是防火、防疫这类紧急任务，必须依靠广播设备，光靠手机通知是不行的，它的速度不够快，力度也不够。"（时间：2022年12月11日）按照村委会主任的理解，广播是传达任务最佳、见效最快也是力度最猛的方式，能高效组织起村民。正如伊尼斯所说："广播是通过空间的遍在和时间的连续来实现宏观上的集中化。"[1]168

当然，广播功能尽显的同时也有力所不及之处，具体到协调、组织村民参与森林防火工作，微信则扮演了进一步促成村民集体行动的角色。比如，关于森林防火工作的注意事项、答疑解惑、寻求帮助等信息，十分依赖微信群进行传播，村干部在微信群中的每一次回应、协调与解决问题，都加强了村民共同参与森林防火集体行动的动力。

2. 乡村经济发展中媒介的联结功能凸显

产业兴旺是乡村振兴工作的重中之重。在涉及农业生产经营、农产品销售类信息时，广播与微信群既扩大了信息传播的渠道和覆盖面，又在企

---

① 镇联系村工作组是镇政府与各村间的联络机构，每个村委会由专门的联系组对接，一般镇联系组中设置联系组长和联系员二至三个人。

② 资料来源：《圭山镇2018年度森林防火宣传工作方案》（圭政发〔2018〕33号），其他宣传方式中包括张贴标语1200条，出动宣传车120台次，出黑板报80期等。

业与农户、商户与农户、农户之间起到了重要的联结功能。乡村生产类信息的发布主体多样，包括村委会、农经公司、集体合作社、个体农户等，广播扩大了村内信息传播的范围，村民回应较多，且表现积极。

> AYL：“刚听到广播里说合作社要来村收人参果，是不是啊？”
>
> BY：“是的，你家的人参果准备啥时候卖？”
>
> AYL：“我看市场价格也差不多了，不行就出了。”
>
> BY：“行，你要卖的时候也喊上我，咱一起跟对方谈谈价，说不定还能高点！”
>
> AYL：“嗯，这两天听广播来收人参果的还挺多的，咱再多看看。”（时间：2022 年 12 月 2 日）

微信群是跨越时空区隔、交互式的社交媒体，其连接人与人的功能体现得更加复杂多样，不仅扩散了实用信息，并且加强了村民间深入沟通、扩展联系的意愿。

> 如此安好：“有果的拉来，大果 5~5.5 元，中果 3~3.5 元，小果 2 元，天天都收，好果好价。”
>
> 梦想：“@如此安好，价格能再给高一点吗？”
>
> 如此安好：“个头要均匀，太小的不要。”
>
> 梦想：“行，给你发下我家果子的照片，再去找你。”
>
> 如此安好：“好的，还有谁家？你帮忙问问，别村的也行，只要果好，价钱还可以商量。”（时间：2022 年 8 月 21 日）

由此可见，广播和微信群不只扩散了农经信息，而且打通了大众传播与人际传播的区隔，使得信息自然地在乡村中流动。从村民的普遍感受来说，二者都显著提升了他们对商业经济信息的利用率，从广播、微信群中得到的有价值消息让他们得以结识到更多志同道合的伙伴，拓展了更多的社会关系。另外，微信群还表现出对业缘组织、趣缘组织的正向联结功能。例如，基于趣缘建立起的"HDF 艺术团"微信群里，成员不仅会发布大量彝族文化、舞蹈的图片和音视频，而且会转发和分享艺术团生活。"微信群中的互动交流成为促进团队磨合、协作、凝聚的重要力量，同时也成为团员间关系维系、增强彼此感情、丰富群体生活的重要途径。"[18]

四　记忆与惯习：日常生活中媒介使用的文化偏向逻辑

技术与社会的关系问题一直是媒介社会研究关注的重点，多数研究都认为技术与社会是互构的。一方面，技术设计者可以建构组织结构；另一方面，技术自身就是一个结构性变量。但无论如何，技术必须体现在人们的实际生活中才具有讨论的意义。因此，从日常生活的角度，村民如何具体地使用这些媒介技术，实际用它们来解决什么问题？这些日常化实践才是解释该问题的核心。从 M 村对广播的使用看，广播扮演的不可替代角色，主要得益于文化偏向逻辑所起的关键作用。

（一）听广播：　M 村的深刻文化记忆

从 20 世纪 60 年代广播在 M 村出现至今已过去 60 余年，广播在乡村事务中发挥着巨大作用，每天收听广播已融入村民生活之中，成为日常生活的一部分。向前追溯，M 村的广播建设大致经历了以下两个阶段，每一阶段对村民来说都是深刻的文化记忆。

1. 20 世纪 60~80 年代：广播与组织生产

20 世纪 60 年代，M 村的广播也进入正式建设阶段。1958 年，M 村被划为 GS 公社红旗大队管理后，公社要求每个生产队建设自己的"有线广播"，之后每家每户的柱子上都挂上了一个"四四方方的小喇叭"。喇叭用线连到队长家里，队长每天通过小喇叭公布当天各家所得工分，并安排明日的生产。从严格意义上说，此时的广播只是一个单向的信息传播工具，主要服务于队长分配生产任务，除偶尔通知村里事务外并无转播功能。1970 年，M 村成为 MZQ 大队，村里的"有线小喇叭"被"高音喇叭"取代，大队开始拥有自己的广播站和广播员。广播站设在村大礼堂内，设备也有所改善，包括一个扩音器、五个高音喇叭、一个话筒。广播员有两位，一位是下乡的大学生，另一位是本村村民，专门负责转播和通知。广播的播放时间为每日早上六点半至九点、晚上七点至九点，主要通知村务、卫生、防火、防病虫害等，广播员还会定时转播中央人民广播电台和云南人民广播电台的节目。

这一阶段，农村有线广播的发展与农业合作化运动高潮相同步，广播充分发挥了组织动员功能。它改变了以往依靠面对面宣传、效率比较低的工作方式，在合作化运动中快速地将我党的最新指示和政策送到千家万户，受到农民群众的欢迎。正如当年担任村委会主任的 BC 说："晚上队长会通知当天每家获得的工分，第二天听到生产号就出门已成为习惯，听不到还总觉得缺了些啥。"

2. 20 世纪 80 年代至 21 世纪初：广播与宣传教育

1982 年，M 村开始实行家庭联产承包责任制，广播用来组织生产、分配任务成为次要，宣传教育如科普知识、计划生育、防火安全等成为广播的主要内容。据第三任村委会主任 BC 的回忆："当时得闲就会给老百姓宣传什么事情能做，什么事情不能做，宣传尊老爱幼、注意卫生、爱护环境等。"此外，这一时期村委会主任会依据个人习惯不定时转播中央人民广播电台和云南人民广播电台的节目。"得闲就转播一下，虽然有好多人汉语不好，但村民很爱听农业技术类节目，也不能一直放，因为扩音器烧坏过好几次。"2007~2010 年，村里又陆续增添了九只喇叭，除了通知村务，村民开始利用广播发布寻物启事。第三任村委会主任 BC 说："当遇到谁家的牛、羊丢了的话，村民会主动到我家找我，让我通过广播询问是否有人看到。"

这一阶段，广播发挥了重要的政治宣传和知识普及功能。首先，乡村有线广播成了一个大规模的宣传网络，除播报村务外，也转播中央人民广播电台和地方广播电台的内容，广播在宣传上更加注重将国家大政方针、党和政府立场传递给村民，并就一些重大事件、政策法规、社会现象做解读，帮助村民认清当前形势，坚定其政治立场。其次，广播发挥着知识普及与道德规范的功能。随着 21 世纪初农村经济的向好发展，村民对农业生产、经营知识的需求变得十分迫切。这一阶段，M 村利用广播定期播放烟草的种植、培育、防护等农技知识，为村民们了解科学的农业生产、开展有组织的经营活动提供了诸多帮助。另外，社会环境的改变也催生出许多乡村社会治理难题，道德规范宣传成为乡村广播的另一重要内容。

（二）惯习：少数民族文化对媒介技术的深层影响

在乡村全面振兴的政策推动下，近年来 M 村的公共设施条件提升较大。例如，现代交通、水利、能源等生产生活基础设施，移动通信、宽带网络、5G 基站等信息基础设施，文化活动广场、卫生院、农家书屋等文教卫设施，都展现了加速的物质变迁过程。但这一加速进程并未波及 M 村的广播，其变化停滞不前，媒介快速迭代的定律显得"失灵"了。在硬件方面，半个多世纪的时间里，除了安装了 DVD，喇叭数量略有增加，广播的其他设备基本没有变化。在软件方面，广播的数字化更新停滞，更无功能扩展。然而，就是在这种情况下，它不仅未被信息容量大、功能丰富、办事效率高的"新媒体"微信所取代，"传统媒体"广播至今仍旧在 M 村发挥着不可替代的功效。

1. 少数民族乡村媒介技术变迁速度上的不一致现象

美国社会学家奥格本（W. F. Ogburn）的"文化堕距"理论认为，社会变迁主要是文化的变迁，而文化主要由两部分构成：一是物质文化，二是制度和观念文化（非物质文化，包含适应文化①），如规则、知识、信仰、道德等。在社会变迁中可能会出现"文化集丛中的一部分落后于其他部分而呈现迟滞、滞后问题"以及"社会变迁中非物质文化的变化总是相对滞后于物质文化变化"的现象。[19] 因为物质文化变迁往往较快，适应性文化却有根深蒂固的惯性。[20] 这种变迁速度上的不一致现象尤其在民族地区十分常见。例如，有关现代卫生观念变革的研究发现，地处边疆地区的少数民族乡村因其地理环境的封闭和文化水平的限制，其思想观念的转变常滞后于物质水平的跃迁。[21] 可见，技术的快速进步通常与现行的社会文化、价值观念、法律法规及公众的接受与适应程度是不同步的。

借助这一解释语境，笔者尝试理解 M 村这一特殊的媒介技术—社会变迁中的不一致现象：一方面，在物质层面，显而易见的是 M 村的信息与网络基础设施、新媒体设备（手机、数字大屏）等的媒介技术变迁都表现得

---

① 适应文化是非物质文化的一部分，是调适或适应物质条件而发生变迁的非物质文化。

十分迅猛；另一方面，在非物质层面，M 村广播及其背后长期形成的传播文化，如听广播的习惯，依赖广播获取信息、交流信息的日常生活方式等，因为实用性和功能性突出，以及经年累月积淀下的文化记忆，被村民们内化为了一种适应性文化而很难发生改变。有学者将"传播文化"理解为围绕传播形成的日常生活意义与一般交往原则，并且这种传播文化是一种相对保守的文化。[22] M 村的个案显示，尽管村民的生活多已离不开新媒体，但与村民相契合的新媒体交往原则、能够适应乡村环境的新媒体传播文化并未在该村形成。村民们虽然使用新媒体，并有了一定的认知，但较少有基于新媒体的行为产生，比如通过新媒体进行的政治参与、乡村数字治理、乡村数字公共文化服务等，这是因为村民对乡村事务的判断建基于农民自身的实际需要和体验。[23] 所以，我们常见到的数字下乡后的困境：在新媒体设备及数字化应用普及后，村民一方面体验着即时通信、网络购物、网络支付、移动社交等数字生活带来的便利，另一方面又苦恼于电信诈骗、虚假消息、有害信息对乡村原有文化、秩序和价值观的冲击破坏，这种失衡与冲突在今天越发凸显。

2. 少数民族文化的传承是乡村媒介社会变迁的根本性动力

M 村的传播文化形成于长期积累下的少数民族文化传统、风俗、惯习以及村民之间共享的交往原则。例如，村党支部书记 BZY 选择使用撒尼语进行广播通知，主要是考虑到民族语言在本村最直接、快速且便于理解，对于老年人，撒尼语比普通话的效果好得多。更重要的是，广播与村民的日常生活习惯相适应，村民对公社时期每家每户门柱子上挂着的四四方方的小喇叭记忆深刻，那时就养成了听干部用广播通知事情的习惯，这种刻入骨子里的文化基因很难轻易改变。

文化振兴是乡村振兴的重要组成部分，近些年，M 村的少数民族文化传统得到充分的重视与弘扬。典型的如彝族火把节、斗牛比赛、大三弦舞、撒尼刺绣、撒尼文、撒尼语、密枝节①等，都在该村都得到了比较好的保护。另外，撒尼人的民俗、风俗也得到了"恢复"，其中两个比较典型的案例。一个是中断数年的密枝节得到恢复。这一传统仪式在 21 世纪初

---

① 密枝节被称作"男人节"，主要为了祈祷人畜平安、百姓丰收，一般在每年农历冬月的头一个鼠日或马日举行。

曾一度遭到中断，2010 年在村民强烈要求下，村委会决定重新组织。恢复密枝节既是对本民族文化的再次接纳，更彰显出撒尼人对于自身族群身份认同的迫切愿望。复杂的仪式过程强化了村民对族群身份、撒尼文化的认知，而祭祀中所遵循的诸多边界和标准①，更进一步凝聚和深化了家族成员内部的团体意识。另一个是重修家谱、举办宗族活动的数量明显增多。目前已修谱的家族达到 10 家，其中毕氏家族不同支系家谱 6 本、昂氏家族家谱 4 本。"传承先祖、世袭后代"是访谈中村民解释为何修谱的主要原因，充分表达了修谱人对祖先敬仰以及对家族文化传承的重视。正如村民AZB 所说："你看，现在我们这批人也老了，就想着这两年赶快把家谱搞出来，好让后辈知道自己的祖先是谁，自己的家族是什么情况，不然以后就没人记得祖先的功绩了，你说那时候该多可悲！"修谱、立碑等活动对家族而言是提升家庭凝聚力的重要手段，更是保护少数民族文化传统的重要内容，具有深远的乡村社会治理、文化传承价值。

从一定程度上讲，M 村少数民族文化得到良性保护，以及一些原本面临消失的民俗、家族文化等的恢复，使得本村的适应性文化经久不衰，并深刻影响着该村媒介技术与社会变迁过程。正是少数民族自身独特的传统文化，造成了对广播、微信群选择与使用方面的特殊性。广播在 M 村长期存在并发挥巨大功效，充分说明了文化是影响少数民族乡村媒介与社会变迁的根本性动力。该个案的发现也提醒我们，不能单独地看待技术对乡村社会的影响，而忽视文化维度。

参考文献

[1] 罗伯特·洛根. 理解新媒介——延伸麦克卢汉 [M]. 何道宽，译. 上海：复旦大学出版社，2012：5.

[2] 在毛主席的光辉题词指引下 我国农村有线广播事业蓬勃发展 [N]. 人民日报，1975-09-15（001）.

[3] 马瑞. 新中国成立后农村有线广播站的初期建设——以江苏省为例（1955—

① 根据观察这种仪式边界表现在：（一）只允许本村撒尼人参与，外村撒尼人不能参加本村仪式；（二）本村的汉族不允许参加。

1957 年）［J］.当代中国史研究，2021（02）：56-72.

［4］李乐.媒介变革视野中的当代中国乡村治理结构转型［J］.新闻与传播研究，2020（9）：78-94.

［5］潘祥辉."广播下乡"：新中国农村广播 70 年［J］.浙江学刊，2019（6）：4-13.

［6］吴振其，郭诚诚.从高音喇叭到低声微信群：乡村公共性再生产与社会治理转型——基于一个华北村庄的田野调查［J］.中国农村观察，2023（2）：34-52.

［7］艾红红."下乡""离场"与"返乡"——新中国农村有线广播发展"三部曲"［J］.福建师范大学学报（哲学社会科学版），2020（4）：95-103.

［8］中国互联网络信息中心.第 54 次中国互联网络发展状况统计报告［EB/OL］.https://www3.cnnic.cn/n4/2024/0829/c88-11065.html.

［9］王天夫.数字时代的社会变迁与社会研究［J］.中国社会科学，2021（12）：73-88.

［10］中国人民大学信息学院课题组.2020 微信县域乡村数字经济报告［EB/OL］.https://cloud.tencent.com/developer/news/708636.

［11］腾讯研究院.腾讯可持续社会价值报告 2023［EB/OL］.https://static.www.tencent.com/attachments/ssv/2023/tencent-ssv-report-2023.pdf.

［12］牛耀红.在场与互训：微信群与乡村秩序维系——基于一个西部农村的考察［J］.新闻界，2017（8）：2-9.

［13］冉华，耿书培.农村社会变迁中村落共同体的线上建构——对宁夏中部 Z 村的考察［J］.开放时代，2021（3）：180-192.

［14］中国互联网络信息中心.第 35 次中国互联网络发展状况统计报告［R/OL］.http://www.cnnic.net.cn/hlwfzyj/hlwxzbg/hlwtjbg/201403/t20140305_46240.htm.

［15］邱泽奇.数字社会与计算社会学的演进［J］.江苏社会科学，2022（01）：74-83.

［16］周飞舟.以利为利：财政关系与地方政府行为［M］.上海：上海三联出版社，2012：12.

［17］渠敬东.项目制：一种新的国家治理体制［J］.中国社会科学，2012（5）：113-130.

［18］李唐波.新媒介与少数民族文艺团体的自我呈现及表达［J］.新闻知识，2017（3）：36-38.

［19］威廉·费尔丁·奥格本．社会变迁——关于文化和先天的本质［M］．王晓毅，陈育国，译．杭州：浙江人民出版社，1989：102-125.

［20］李熠煜，杨旭，孟凡坤．从"堕距"到"融合"：社会"智"理何以"适老化"?［J］．学术探索，2021（8）：96-103.

［21］王磊．我国"直过民族"的三重跨越［J］．广西民族研究，2018（6）：78-84.

［22］林羽丰．黄村收棺记：对一个南方村落传播文化实践的深描［J］．国际新闻界，2024，46（5）：69-88.

［23］袁小平，熊祯．手机下乡的社会功能分析［J］．安徽农业科学，2011，39（26）：16252-16255.

"旧媒介"的新实践：青年用户对 QQ 空间的持续使用意愿研究[*]

马　威　郭　淼^{**}

摘　要　伴随移动互联网技术的迅速发展，社交媒体产品不断推陈出新，用户在不同平台之间的迁徙流动已成为互联网时代的常态图景，然而在"社交媒体迁徙"浪潮下，仍有部分青年用户选择留守于 QQ 空间，将其视作在网络世界中的自留地。本文采用扎根理论方法构建理论模型，探究青年用户对 QQ 空间持续使用意愿的产生机制，揭示 QQ 空间作为"旧社交媒体"所蕴含的新实践意义。研究发现，社交需求、媒介记忆、感知价值是影响青年用户对 QQ 空间产生持续使用意愿的核心因素。QQ 空间从"连接"与"隔离"的二元立场满足青年用户的个性化社交需求；基于 QQ 空间中介化与物质性的双重特质建构并唤起青年用户个体记忆与集体记忆；从功能与情感的两个层次为其使用体验提供感知价值。

关键词　QQ 空间　持续使用意愿　强弱连接　媒介怀旧　青年用户

一　引言

2023 年 6 月 7 日，在浙江杭州十四中考点，首位走出考场的高考生在面对记者采访时，竟出乎意料地喊话腾讯公司，"能不能把 QQ 空间改回老版？新版太难用了！"该新闻使 QQ 空间迅速登上网络热搜，并引发了大量

---

　　*　基金项目：北京高校高精尖学科建设项目中国传媒大学互联网信息学科建设经费资助项目、中国传媒大学中央高校基本科研业务费专项资金资助项目（项目编号：CUC230D026）。

　**　作者简介：马威，中国传媒大学媒体融合与传播国家重点实验室博士研究生；郭淼（通讯作者），西北政法大学新闻传播学院副院长，教授。

网民关于 QQ 空间的"媒介迁徙"与"持续使用"现象的热议。QQ 空间是腾讯公司在 2005 年首次推出的具有博客功能的社交媒体产品，发说说、写日志、玩游戏等媒介实践在不同层面满足着年轻用户的多元个性需求，持续提升的用户体验曾使其成为最受欢迎、最具影响力的社交媒体之一。2013 年之前，QQ 空间一直是中国网民使用最多的社交应用，2014 年这一位置被微信取代[1]。伴随互联网技术的迅速发展，社交媒体产品不断推陈出新，其丰富度与可选择性大幅提高，青年用户在多样化的媒介实践中因内在感知或外部环境等影响因素，逐渐产生了"社交媒体迁徙"行为，大量青年用户从 QQ 迁徙转移至微信等社交媒体。然而根据腾讯 2024 年第一季度财报，QQ 月活跃用户数为 5.53 亿人。在中国社交媒体 20 余年的发展历程中，QQ 空间在人人网、开心网、新浪博客的消亡以及微博、微信、抖音的崛起中并未销声匿迹，依然屹立不倒。

根据企鹅智酷 2015 年的调查数据，QQ 空间的活跃用户年龄以"90后"和"95 后"为主，在读书的"95 后"用户中，中学生和大学生的占比高达 72%[2]。QQ 空间承载着当代青年群体的青春记忆，"偷菜""踩空间""抢车位""养宠物"等媒介实践是青年用户相较于其他社交媒体应用的专属集体记忆，同时 QQ 空间在知识获取、人际交往、价值塑造等方面记录并见证着青年用户早期社会化过程的各个阶段。在社交媒体蓬勃发展的时代背景下，大量青年用户在升入大学或步入工作的身份转换中逐渐出现了从 QQ 转向其他社交媒体的迁徙行动，但仍然有部分青年用户选择留守并活跃于 QQ 空间的媒介实践中。目前已有相当数量的社交媒体持续使用研究，而基于 QQ 空间的持续使用研究却处于空白状态。信息系统领域研究表明，持续使用才是一项技术成功的关键[3]，作为中国存续时间最久的"旧社交媒体"，青年用户的持续使用行动使 QQ 空间以新的媒介实践意义在中国社交媒体生态中保有特殊地位，其相关研究具有创新价值与现实意义。因此本文聚焦于青年用户对 QQ 空间的持续使用意愿，探究其在"社交媒体迁徙"浪潮下，依然持续使用 QQ 空间的内在动因，并思考相关媒介实践对于青年用户群体的社会意义，以期为社交媒体发展以及青年研究领域补充理论视角、提供路径参考。

二　文献回顾

（一）基于 QQ 空间的媒介实践

英国学者尼克·库尔德利（Nick Couldry）于 2004 年发表的《作为实践的媒介》是将实践理论引入媒介研究的开创性论文[4]，其提出的媒介实践研究范式聚焦于媒介的各种开放实践，指向人在日常生活中的媒介使用活动，探析"人们用媒介做什么""人与媒介的关系是怎样的"等问题。以 QQ 空间媒介实践为起点，通过对已有文献爬梳后发现，相关研究主要集中在三个方面。一是 QQ 空间在青年思政教育实践中的作用机制。QQ 空间为大学生生活注入了新活力，对其价值观塑造具有重要的导向作用[5]，并且 QQ 空间的流行化弱化了大学生对思政教育的距离感和排斥感[6]。二是 QQ 空间对青年心理的影响机制。有学者探究了 QQ 空间使用与青少年抑郁的关系以及上行社会比较与自尊在其中的中介作用[7]，还有学者通过对比大学生对 QQ 空间与微信朋友圈的使用情况，探讨了社交媒体使用对大学生焦虑的影响因素[8]。三是 QQ 空间用户的媒介迁徙。社交媒体用户会因倦怠情绪不持续使用 QQ 空间而转为使用微信[9]，隐私边界模糊与交流语境坍塌会引发青年用户的社交媒体迁徙现象[10]。从文献梳理来看，基于 QQ 空间的媒介实践曾在青少年群体的成长过程中发挥重要作用，在近些年的媒介迁徙浪潮下，部分青年用户仍然持续使用 QQ 空间行为背后的本质动因值得关注与思考。

（二）关于社交媒体的持续使用意愿

持续使用意愿是指用户在采纳某一信息技术或产品后形成的希望持续使用或购买的主观倾向，其属于一种心理机制。目前关于社交媒体的持续使用意愿研究主要分为两大类。一是基于经典理论模型，采用问卷调查法获取数据并建构结构方程模型的量化研究。如基于期望确认理论，通过问卷调查数据建构结构方程模型，研究发现信息价值与娱乐价值显著影响微博用户的持续使用意愿，而利他价值和社交价值影响不显著[11]；基于信息系统持续使用模型，研究发现感知有用性、满意度及自我功效正向显著影响微信用户的持续使用意愿[12]；基于情感承诺理论与感知价值理论，研究发现情感价值、审美价值、短期满意度、长期情感承诺影响抖音等短视频用户的持续使用意愿[13]；基于可供性理论，研究发现线上社会资本与感知价值在弱连接社交媒体可供性与用户持续使用意愿之间起链式中介作用[14]。二是基于扎根理论方法，通过深度访谈或网络爬虫获取文本资料来建构理论模型的质化研究。如采用半结构化访谈获取本文资料构建概念模型，实证了社交性、过程性、内容性的满足因素均能显著影响社交媒体用户的持续使用意愿[15]；运用扎根理论方法进行编码建模，研究发现社交软件"Soul"用户的持续使用意愿主要受情感、感知、情境等因素的直接影响[16]。

总体而言，国内社交媒体的持续使用意愿研究领域存在三方面问题：其一在社交平台选择方面，相关研究主要聚焦于微信、微博、抖音等当下流行的社交媒体平台，或将社交媒体视为大类而一概论之，缺乏对于特定社交媒体尤其是基于 QQ 空间的持续使用意愿的研究；其二在研究对象方面，已有研究大多将社交媒体用户视为统一整体，而对于特定年龄类型的部分用户群体的关注度不足；其三在研究方法方面，当前量化研究数量远多于质性研究，量化方法过于依赖经典理论模型指导，对于新媒介生态下的新现象、新问题的解释性较为浅显，不够深入。基于此，本文以青年群体为研究对象，采用扎根理论方法构建其持续使用 QQ 空间的理论模型，并辅以参与式观察法补充经验材料，以探究"社交媒体迁徙"背景下部分青年用户对 QQ 空间持续使用意愿的产生机制，揭示 QQ 空间作为"旧社交媒体"所蕴含的新实践意义。

三 研究设计

（一）研究方法与数据收集

扎根理论是一种质性研究方法，研究人员通过搜集文本资料，从中发现规律、意义和经验，进而形成理论。量化研究方法强调用较大样本量来提高研究结果的准确性，但其对于个体样本的探析程度不深；而基于深度访谈的质化研究方法能够深入了解各研究对象，获得较为详细、具体、全面的文本资料。同时，在当前社交媒体生态下仍长期使用 QQ 空间的青年用户属于少数群体，获取大量的有效问卷样本存在难度。综上所述，使用扎根理论方法探析青年用户对 QQ 空间持续使用意愿的影响因素具有可行性与适用性。首先采用半结构化访谈方法对研究对象进行深度访谈，以获取文本资料作为研究依据，再对文本资料进行三级编码，即通过开放式编码、主轴编码、选择性编码来提炼概念与整合类属，最后找到反映事实的核心要素，构建青年用户对 QQ 空间的持续使用意愿的理论模型。

本研究通过目的性抽样与滚雪球抽样相结合的方式选取受访者，选取依据有三个标准：第一，受访者从 QQ 空间开通后一直使用至今，并且使用 QQ 空间的活跃度较高；第二，受访者为"90 后"或"95 后"的青年用户，且男女比例保持基本均衡；第三，受访者的学历为专科及以上，以便能够准确理解并回答访谈问题。基于以上标准，最终确定 13 名具有持续使用 QQ 空间经历的访谈对象，其中男性 7 人、女性 6 人，年龄分布在 23~33 岁，均为专科及以上学历。

受区域限制，研究采用电话访谈的形式，在征得受访者同意后对访谈过程进行录音，访谈过程中根据受访者的回答适当追问。访谈提纲主要分为三个部分：第一部分为人口统计学特征信息，如性别、年龄、学历、职业等；第二部分为受访者对 QQ 空间的使用情况，比如使用功能、使用频率、使用年限等信息；第三部分为 QQ 空间持续使用意愿相关内容，比如"你会经常回顾自己的 QQ 空间吗""你为什么会坚持使用 QQ 空间""未来你还会继续使用 QQ 空间吗"等问题。全部访谈结束后，将访谈录音转录为文字，将与研究无关和表述不清的内容删去，按照访谈顺序为每位受访者建立访谈文档，认真研读并整理所有访谈材料，为后续构建理论模型做好准备。

（二）扎根理论编码过程

遵循扎根理论原则将整理好的文本资料进行编码，编码由两位研究者合作完成。首先，随机挑选出 3 份访谈资料，两人共同仔细阅读，反复对比，将属于相同范畴的内容进行编码，确定初始概念。其次，对于存在不同分类意见的内容，两人再次进行阅读与讨论，进而完善和修订编码范畴。最后，在对编码标准达成一致后，随机选出 10 份文本资料对其进行三级编码与理论建模，剩余 3 份文本资料留作饱和度检验的材料。

1. 开放式编码

在开放式编码阶段，对所有文本资料进行反复阅读，从中抽取出表达意义重复的代表性语句，并将语句内容进行概念化处理，将各概念化短语按照相同或相似类属进行归类处理，提炼出具体范畴。最后得到 21 个初始概念与 9 个范畴（如表 1 所示），其中范畴包括记录自我、回顾过去、熟人社交、社交隔离、惯性依赖、陌生人社交、功能价值、情感价值、持续使用意愿等。

表 1　开放式编码结果

范畴	概念化	原始代表语句
记录自我	记录生活	我想坚持记录自己的生活，未来过一两年再看一看，以前的动态也是一种对过去生活的回忆
	记录作品	我会记录一些我的摄影作品和制作的短视频存在 QQ 空间里，以后找的时候也比较方便
回顾过去	有趣的回忆	我会偶尔去翻一下之前的照片，看一下那年今日，感觉每个阶段发的动态还是很有趣的
	美好的回忆	QQ 空间有很多美好的回忆，那是我逝去的美好青春
熟人社交	寻求关注	我经常会发一些日常的生活动态，让以前的那些老同学知道我的近况
	关注老友	有时候会刷刷空间，看看小学、初中同学的动态
	高信任度	QQ 空间上基本是老同学，不会有一些乱七八糟的人，发什么东西都挺放心的
社交隔离	屏蔽同事	因为微信上同事比较多，有些内容不是很想让同事看到，设置分组又很麻烦，所以就在 QQ 空间上发
	屏蔽长辈	QQ 上没有长辈，发东西会更加随心所欲
惯性依赖	怀旧性习惯	我这个人比较怀旧，感觉这东西从一开始自己就在用，习惯了就不想抛弃了
	使用习惯	从小学一直用到现在，感觉已经习惯了
陌生人社交	网络交友	QQ 上有很多通过网络认识的朋友，浏览 QQ 空间的动态也是和他们的一种交流过程
	趣缘社交	QQ 空间上有爱好相同的网友，可以和他们交流经验

续表

范畴	概念化	原始代表语句
功能价值	照片存储	它的功能是很强大的，照片可以永久保存，而且不会降低分辨率，用起来就很方便
	文件传输	QQ 里的文件和视频能快速传送
	信息保存	就算你换手机把账号登上去，你发的那些东西还都会在，就挺方便的
	功能丰富	微信有的功能它都有，它有的功能微信不一定有，所以我还是比较喜欢 QQ 空间
情感价值	情绪宣泄	我把 QQ 空间当作一个发泄不良情绪的场所
	情感分享	喜欢只跟部分人分享自己的心情和见闻
持续使用意愿	使用期待	我会继续用 QQ 空间的，可千万不要倒闭了啊
	使用不可替代性	我未来还是会一直坚持用下去的，对我来说是属于一个不可替代的软件了

2. 主轴编码

主轴编码阶段需要在开放式编码所提出的范畴基础上，寻找各范畴间的关系，通过进一步概括与总结，继续对其进行归类处理，从而形成主范畴，并建立起主范畴与范畴之间的逻辑关联。经过主轴编码最后形成 4 个主范畴（如表 2 所示），分别为社交需求、媒介记忆、感知价值、持续使用意愿。

表 2 主轴编码结果

主范畴	范畴	范畴内涵
社交需求	熟人社交	指在 QQ 空间和自己关系熟悉的人的社交
	陌生人社交	指在 QQ 空间和自己关系陌生的人的社交
	社交隔离	指为了屏蔽部分人而选择使用 QQ 空间的社交
媒介记忆	记录自我	指使用 QQ 空间记录与自我相关的各类事情
	回顾过去	指使用 QQ 空间回顾以前发布的文字、照片、视频等
	惯性依赖	指习惯性地使用 QQ 空间，已形成媒介依赖
感知价值	功能价值	指使用 QQ 空间能够获得功能性的价值感知
	情感价值	指使用 QQ 空间能够获得情感上的价值感知
持续使用意愿	持续使用意愿	指在 QQ 空间的使用过程中产生持续使用意愿

3. 选择性编码

选择性编码要求研究者在主范畴的基础上继续挖掘与提炼，从而产生核心范畴，并围绕核心范畴与其他主范畴的关系建立起理论模型。通过对前两个阶段的编码结果进行反复比对，最终确定"青年用户对 QQ 空间的持续使用意愿"这一核心范畴，核心范畴与其他主范畴的逻辑关联为：社交需求、媒介记忆、感知价值从多元维度分别影响着青年用户对 QQ 空间的持续使用意愿。核心范畴与各主范畴的关系结构如表 3 所示。

表 3　选择性编码结果

关系路径	关系结构	关系结构内涵
社交需求→持续使用意愿	因果关系	青年用户为实现个性化社交需求目的，产生对 QQ 空间的持续使用意愿
媒介记忆→持续使用意愿	因果关系	青年用户基于对怀旧议题的媒介记忆，产生对 QQ 空间的持续使用意愿
感知价值→持续使用意愿	因果关系	青年用户因获得功能和情感上的价值感知，产生对 QQ 空间的持续使用意愿

4. 饱和度检验

扎根理论要求对文本资料的编码进行饱和度检验，以此确保提炼出的概念、范畴以及理论模型具备合理性与准确性。具体要求为在编码过程中再无出现新的概念，范畴之间的逻辑关系结构稳定，则理论构建视为达到饱和状态。通过对剩余 3 份文本资料进行三级编码，结果显示未出现新的概念与范畴关系，并与原有编码类目相吻合，由此可认为本研究的编码是达到理论饱和的。

四　模型阐释与研究发现

通过对文本资料三级编码以及饱和度检验，已确定影响青年用户对 QQ 空间持续使用意愿的三个核心因素为：社交需求、媒介记忆、感知价值。为清晰、直观地理解主范畴之间的逻辑关系，并进行下一步对研究结果的阐释工作，本研究构建了青年用户对 QQ 空间持续使用意愿的理论模型（如图 1 所示）。

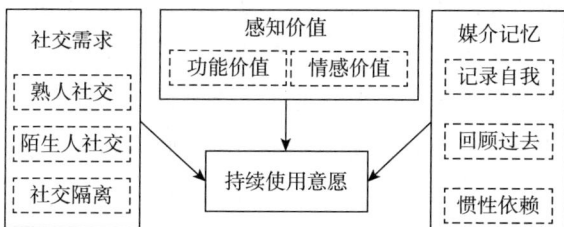

图 1　青年用户对 QQ 空间的持续使用意愿理论模型

（一）社交需求："连接"与"隔离"共存

马斯洛需求层次理论将人类的需求由低到高排列为：生理需求、安全需求、社交需求、尊重需求、自我实现需求[17]，其中社交需求属于较高层级的需求，包含对爱与归属感的需要。社会性是人的本质属性，人类通过社交来实现信息传递、情感联结、身份认同等，社交需求作为人的基础性需求，是影响青年用户持续使用 QQ 空间的重要因素。QQ 空间作为当代青年群体接触社交网络的初始媒介平台，主要作用于青年用户早期社会化过程中的人际关系建构。在社交媒体不断更新迭代中的媒介迁徙浪潮下，部分青年用户虽在升学与工作的身份转换中也开始被动使用微信，但其同时依然保持着基于 QQ 空间的媒介实践，并为实现以"连接"与"隔离"为目的的社交需求对 QQ 空间存有持续使用意愿。

美国学者马克·格兰诺维特（Mark Granovetter）根据互动频率、感情力量、亲密程度、互惠交换四个维度将个体间的社交关系分为强关系与弱关系[18]，强关系通常产生于交往频繁、感情深厚的亲属与朋友之间，弱关系则指向相识时间短、亲密程度低的陌生人群。青年用户在 QQ 空间中的人际交往也具有强连接与弱连接的关系亲疏。一方面，大部分受访者均表示目前不会选择将现实人际关系添加到 QQ 空间中的社交网络，其基于 QQ 空间的社交对象主要是小学与中学教育阶段的同学、朋友。熟人社交的关系连接形成时间跨度长，核心好友圈层的社会信任度较高，能够为青年用户的网络社交提供使用安全性的心理预设。"QQ 空间上基本是老同学，不会有一些乱七八糟的人，发什么东西都挺放心的"（访谈对象 3）。在高社交安全性下，青年用户不但会通过自我呈现来寻求老友关注，而且倾向通过主动浏览空间来关注老友动态。另一方面，持续使用 QQ 空间的部分青年用户以陌生人社交为目的的会展开"扩列"行动，即添加陌生网友、扩充好友列表。囿于现实人设、他者凝视、社交恐惧等原因，青年用户常常会选择具有匿名性与虚拟性的陌生人社交，暂时脱离熟人社会所带来的现实束缚与社交压力，无所顾忌地与网友进行交流互动。此外，青年用户的"扩列"对象还包括具有相同兴趣爱好的网友，"QQ 空间上有爱好相同的网友，可以和他们交流经验"（访谈对象 6）。不同于微信邀请方式的加群规则，QQ 用户进行关键词搜索便可主动申请加入相关兴趣社群，进而添加与自己志趣相同的网友，通过在 QQ 空间上的展演与互动实现青年文化的趣缘社交。

人际关系是动态变化的，现实社会中不断增加与更新的社交关系迫使社交媒体用户产生好友权限设置行为，一般采用分组、屏蔽、设限等传播策略对社交边界进行管理。美国学者桑德拉·佩特罗尼奥（Sandra Petronio）提出的传播隐私管理理论认为，个人拥有对于私人信息的所有权，并拥有控制隐私信息是否披露、向谁披露以及披露什么的权利[19]。社交媒体青年用户面对日益复杂的社交关系网，出于对隐私信息的保护会不断调整与修正社交边界，通过边界协调以区隔私人领域与公共领域。然而，由于隐私管理失败的经历或管理时间成本的增加，部分青年用户为屏蔽目标好友群体则会临时放弃使用微信等社交媒体应用，选择将某些隐私信息发布在无目标好友群体的 QQ 空间以实现社交隔离目的。"因为微信上同事比较多，有些内容不是很想让同事看到，设置分组又很麻烦，所以就在 QQ 空间上发"（访谈对象 4）。通过媒介使用转移策略所构建的社交边界并不是社交壁垒，而是青年用户为维持自我披露与隐私保护之间的平衡性，避免因边界协调失效而引发边界动荡所采取的措施。

（二）媒介记忆：作为怀旧议题的载体与对象

在技术发展、社会变迁、生活节奏的不断加速下，人们时常诉诸昔日的美好回忆，怀念着过去"车马邮件都慢"的旧时光。怀旧不仅是一种个体情感，也是一种集体记忆，媒介则承载着人们关于怀旧议题的个体经验与群体记忆，通过对媒介记忆的建构与再现，从时空维度将过去、现在与未来联结起来。QQ 空间记忆作为当代青年群体的特有媒介记忆，其相关媒介实践以文字、图片、视频等多模态叙事文本在网络空间中留下数字痕迹，记录并书写着青年用户从少年到青年的成长历程。媒介不仅是记忆表征与传递的载体，其自身亦是独特的记忆与怀旧实践的对象[20]。青年用户对 QQ 空间的媒介怀旧，既是追忆过往媒介实践中的经历与体验，也是对 QQ 空间本身的回忆与怀念，媒介怀旧分别从中介化与物质性的媒介记忆维度使青年用户产生对 QQ 空间的持续使用意愿。

媒介作为怀旧实践的技术中介，其通过文本生产形塑与表征个体记忆与集体记忆。记忆与媒介技术的关系主要产生于记忆内容通过媒介技术进行获取、存储与检索的过程[21]，QQ 空间作为当代青年群体较早使用的社交媒体，其以数据化形式线性存储着青年用户从懵懂到成熟各成长阶段的青春记忆，因而被受访者视作"时光记录本"（访谈对象 6）。持续使用 QQ 空间的青年用户会选择通过在说说、相册、日志、留言板等功能应用中检索并获取特定时间节点的媒介文本，回溯该年龄阶段的特殊媒介记忆，来满足自身的怀旧情感需求。同时，QQ 空间的"那年今日"功能会以消息提醒的方式向用户展示过去同一日期所发布的空间动态，通过周年纪念的循环逻辑使青年用户实现怀旧议题的记忆唤起。美国心理学家克莱·劳特利奇（Clay Routledge）在《怀旧：一种心理资源》中将自我的不连续性总结为诱发怀旧的主要因素之一，自我连续性是个体对过去自我、现在自我和未来自我之间关联程度的感受。从 QQ 到微信的大规模社交迁徙使青年用户对个体经历产生不连续性感知，无论是主动回顾，还是功能提醒，都使青年用户以 QQ 空间作为技术中介追溯着媒介记忆，弥合着过往与此在的断裂并获得自我连续感。在使用获得满足感的情况下，青年用户会选择继续在 QQ 空间记录生活片段，以期通过持续的媒介记忆建构使怀旧实践在未来也得以延续。"我想坚持记录自己的生活，未来过一两年再看一看，以前的动态也是一种对过去生活的回忆"（访谈对象 8）。持续性的数字记忆累积使 QQ 空间成为"记忆'档案'或'容器'的隐喻，用以表达个人记忆的渴望或生命经验的保存"[22]，追寻 QQ 记忆也因此成为一种青年怀旧文化。

媒介作为一种物质性的怀旧物，其本身作为媒介记忆会使人产生媒介实践的路径依赖。路径依赖由美国经济学家保罗·戴维（Paul David）首次提出[23]，指人类社会中的技术演进或制度变迁中，均存在类似物理学中的惯性，即一旦选择某一路径（无论是"好"还是"坏"），就会沿着该路径一直发展下去。媒介演进中同样存在路径依赖现象，多元化媒介生态下人们仍会因熟悉程度或个体偏好而习惯性地使用同一"旧媒介"，多名受访者均表示他们因媒介使用习惯而持续使用QQ空间，"这个东西（QQ空间）从一开始自己就在用，习惯了就不想抛弃了"（访谈对象3），"从小用到大的东西突然不用了反而会不习惯"（访谈对象5）。相关研究表明，青年时期的物件流行会影响消费群体一生的怀旧消费习惯[24]，当某些媒介物随着时间的流逝不再成为普遍流行的物品时，便容易成为公众追忆的怀旧对象，部分使用者则会在具有怀旧性质的媒介记忆中产生媒介使用路径依赖。将QQ空间视为物质性的怀旧物，部分青年用户的惯性使用行为则体现了他们对QQ空间本身的持续性怀旧心理。

（三）感知价值：功能与情感的价值双驱

感知价值概念起源于营销学领域，指顾客在购买或使用某一产品或服务的过程中，对获得的效用和付出的成本所做的权衡和比较[25]，反映了用户对产品或服务体验的整体评估。随着信息技术的不断发展，感知价值逐渐被广泛应用于信息系统领域的用户行为研究，用以阐释用户采纳、参与、持续使用等行为意象产生的主观获得价值，其一般被分为认知价值、功能价值、社会价值、情感价值、享乐价值等价值维度[26]。QQ空间作为一种媒介产品或信息系统，青年用户在使用过程中同样会获得感知价值并形成对QQ空间效用的总体评价，进而影响其持续使用意愿。感知价值具有一定的环境特殊性，即人对不同环境下的感知价值不同[27]，访谈结果显示，功能价值与情感价值是影响青年用户对QQ空间产生持续使用意愿的主要感知价值类型。

功能价值是感知价值的基础层次，在此层次中，顾客感知的是产品的物理属性与服务质量，品牌满足的是消费者对物的有用性需求[28]。QQ空间作为社交媒体产品，其社交属性已不再是青年用户持续使用QQ空间的主体价值需求，通过与微信应用的体验对比，青年用户从QQ空间的媒介实践中感知到了丰富的功能价值，"微信有的功能它都有，它（QQ 空间）有的功能微信不一定有，所以我还是比较喜欢 QQ 空间"（访谈对象 10）。多名受访者从功能价值层面的事例表达了 QQ 空间在日常工作与学习中的工具性、实用性、便捷性。例如：文件传输大小范围上限高且内容可永久保存，不必担心文件过期或被清理的问题；图片上传速度快且画质不会被压缩，能够随时分享与下载高清图片；消息同步漫游使多设备更换登录也不会丢失原有信息。QQ 空间的设计定位起初并不是应用于职场或教育场景下的媒介工具，从媒介可供性理论视角来看，正是由于青年用户群体在媒介实践中的效用感知，才"挖掘"了 QQ 空间潜在的功能特质，使其产生可提升工作与学习效率的"可供性"，进而使青年用户对其产生持续使用意愿。

情感是人的感性因素中最主要的一个，是人对客观事物是否符合自身需要而产生的态度体验[29]，情感价值指的是产品或服务给顾客带来的情感体验。访谈结果显示，"说说"是青年用户目前在 QQ 空间媒介实践中使用占比较大的功能应用，除了通过发动态以满足记录日常生活的使用需求之外，情感分享与情绪宣泄是青年用户使用"说说"的主要情感价值需求。青年用户基于 QQ 空间的社交关系网主要由结识时间长、社会信任度高的老友和以往添加的陌生网友构成。一方面，为了避免长辈与老师的误解与担心，他们会选择与自己不存在代沟且又有较高社交安全感的 QQ 好友分享心情以获得情感理解。"微信朋友圈里面的话，因为有长辈啊、老师啊，一些心情分享怕他们想太多，不想让他们看到，所以就发 QQ 空间"（访谈对象 13）。另一方面，部分青年用户将 QQ 空间视作陌生社交环境下的"树洞"，通过区隔熟人社交关系、宣泄负面情绪来纾解现实压力并获得情感支持，"我把 QQ 空间当作一个发泄不良情绪的场所，在 QQ 空间发东西更加随心所欲"（访谈对象 6）。对于部分青年用户来说，QQ 空间目前的社交生态能够使他们获得情感理解与情感支持层面的感知价值，使其在功绩社会的现实压力下实现自我排解与自我认同。

五　结论与讨论

随着社交媒体产品不断更新迭代，用户从"旧媒介"向"新媒介"的迁徙流动现象已成为互联网时代的常态图景，青年用户在升学与工作的身份转换中也被迫产生了从 QQ 向微信转移的"社交媒体迁徙"行动，QQ空间的媒介生态由此从活跃的互动更新逐渐转向沉寂的封闭停更。然而，QQ 空间作为承载当代青年群体青春记忆的社交媒体平台，在他们的成长过程中扮演着重要角色，部分青年用户将 QQ 空间视作在网络世界中的自留地，在"社交媒体迁徙"浪潮下依然对 QQ 空间怀有持续使用意愿，他们并不追逐于推陈出新的功能应用，而是通过自己的媒介使用方式使"旧媒介"生发出新的实践意义。本文聚焦于青年用户在 QQ 空间中的媒介实践，通过扎根理论方法构建理论模型，探析青年用户对 QQ 空间产生持续使用意愿的作用机制。研究发现，社交需求、媒介记忆、感知价值是影响青年用户对 QQ 空间产生持续使用意愿的核心因素。

社交需求层面，QQ 空间作为一种社交媒体，从"连接"与"隔离"的二元立场满足青年用户的个性化社交需求。一方面，青年用户在强连接形成的高社交安全性下寻求与 QQ 老友的社交互动，并在自我展演与主动关注中与其保持亲密社交关系。同时在弱连接形成的匿名社交中展开对陌生网友的"扩列"行动，以规避熟人社会的社交压力，实现青年文化的趣缘社交。另一方面，QQ 空间已成为青年社交关系日益复杂化下调控社交边界的有效工具，青年用户通过媒介使用转移形成社交隔离，以保持自我披露与隐私保护之间的平衡。通过基于 QQ 空间的双向社交实践，青年用户实现了亲密且独立的理想化人际关系目标建构。青年用户的社交媒体实践取向能够反映其对于人际交往的社会心态，也能够从中洞察青年社交文化的心理变迁，从而让我们更好地了解青年、走近青年、引导青年。

媒介记忆层面，QQ 空间作为怀旧议题的载体与对象，基于其中介化与物质性的双重特质建构并唤起青年用户的个体记忆与集体记忆。一方面，QQ 空间是记忆产生与表征的技术中介，青年用户通过回顾媒介文本的怀旧实践来弥合过去与此在之间的断联，以获得自我连续感，并选择继续通过 QQ 空间建构媒介记忆以期在未来实现怀旧实践的可持续性。另一方面，QQ 空间是触发青年用户怀旧情绪的物质性媒介，怀旧心理促使青年用户对 QQ 空间本身产生使用路径依赖。"怀旧是对加速社会的反叛，勾连起遥不可及的社会时空"[30]，青年用户通过对 QQ 空间及其媒介生成文本的怀旧，追忆过去的美好回忆，能够缓解加速社会带来的消极影响。因而，除了关注"新媒介"在促进青年发展方面的优势能力之外，未来还应进一步探索青年群体对于"旧媒介"的怀旧实践利用，有效发挥其在加速社会中助力青年与社会的联结、促进青年心理健康的积极潜能。

感知价值层面，QQ 空间作为一种媒介产品或信息系统，从功能与情感的两个层次为青年用户的使用体验提供感知价值。一方面，青年用户在媒介实践的效用感知中发掘了 QQ 空间在职场与教育领域的"工具可供性"，为其赋予了提升工作与学习效率的功能价值。另一方面，QQ 空间既为青年用户带来积极的情感体验，也为其提供了负面情绪的宣泄渠道，使其获得了缓解焦虑、疏解压力的情感价值。感知价值反映的是青年用户对 QQ 空间媒介实践的主观感受与体验，展现了感知价值对于增强社交媒体青年用户黏性的现实意义。从社交媒体平台发展的实践层面看，社交媒体首先应聚焦于平台功能的丰富性，拓展应用场景的多样性，加强操作实践的便捷性，为青年用户创造优质的使用体验；其次需重视平台功能设计的情感属性，优化权限设置的复杂性，提升隐私保护的精准性，以满足青年用户话语表达的情感需求。

最后，本研究还具有一定的局限性。除了通过与青年用户进行深度访谈来获取文本数据外，微博、知乎、豆瓣等网络平台中存在诸多关于"你还在使用 QQ 吗"等相关话题帖，本研究之后可以通过补充匿名用户的评论内容来增强文本资料的丰富性。此外，本研究采用基于扎根理论的质性方法，构建了青年用户对 QQ 空间持续使用意愿的理论模型，未来可在理论建模的基础上，使用基于问卷调查的量化方法，进一步探究各影响因素间的中介效应并验证理论模型的准确性与有效性。

参考文献

［1］ KANTAR. 2015 年中国社交媒体影响报告 ［EB/OL］. http：//www. 199itcom/ar-chives/327301. html.

［2］ 企鹅智酷. "95 后"新生代社交网络喜好报告 ［EB/OL］. https：//mp. weixin. qq. com/s/YTeqSHAiXNijzBphZ22hKw.

［3］ BHATTACHERJEE A. Understanding information systems continuance：an expectation-confirmation model ［J］. MIS quarterly, 2001, 25（3）：351-370.

［4］ COULDRY N. Theorising media as practice ［J］. Social semiotics, 2004, 14（2）：115-132.

［5］ 孙丽芳. QQ 空间对当代大学生价值观的导向 ［J］. 北京社会科学, 2010（6）：78-81.

［6］ 齐尚晓, 孙丽芳. 高校思想政治教育视阈下的 QQ 空间探究 ［J］. 南京航空航天大学学报（社会科学版）, 2011, 13（3）：91-94.

［7］ 牛更枫, 孙晓军, 周宗奎等. 基于 QQ 空间的社交网站使用对青少年抑郁的影响：上行社会比较和自尊的序列中介作用 ［J］. 心理学报, 2016, 48（10）：1282-1291.

［8］ 丘文福, 林谷洋, 叶一舵等. 社交媒体使用对大学生焦虑的影响：上行社会比较和心理资本的序列中介作用 ［J］. 中国特殊教育, 2017（8）：88-92+73.

［9］ 顾润德, 陈嫒嫒, 董伟. 基于扎根理论的社交媒体用户倦怠情绪与转移行为研究 ［J］. 图书馆杂志, 2021, 40（6）：110-118.

［10］ 庄睿, 于德山, Yang Rui. 社交媒体青年用户迁徙行为影响因素研究——以 QQ 空间为例 ［J］. 新闻界, 2020（10）：22-31.

［11］ 殷猛, 李琪. 基于价值感知的微博话题持续参与意愿研究 ［J］. 情报杂志, 2017, 36（8）：94-100.

［12］ 孟猛, 朱庆华. 移动社交媒体用户持续使用行为研究 ［J］. 现代情报, 2018, 38（1）：5-18.

［13］ 童清艳, 赵倩蓓. 短视频用户持续使用意愿影响因素研究——以李子柒系列短视频用户为例 ［J］. 新闻与写作, 2021（5）：54-61.

［14］ 杨雅, 张晨跃. 弱连接社交媒体可供性与青年群体的持续使用意愿——线上社会资本与感知价值的链式中介效应 ［J］. 学术探索, 2023（7）：49-57.

［15］ 张敏, 孟蝶, 张艳. "使用—满足"分析框架下社交媒体用户持续使用行为的概念模型研究 ［J］. 信息资源管理学报, 2020, 10（1）：92-101.

［16］ 吕端士. 陌生交往中用户持续使用行为影响因素的研究——以"Soul"社交 APP 为例 ［J］. 情报探索, 2021（4）：37-45.

［17］ MASLOW A H. A theory of human motivation ［J］. Psychological review, 1943, 50（4）：370-396.

［18］ GRANOVETTER M S. The strength of weak ties ［J］. American journal of sociology, 1973, 78（6）：1360-1380.

［19］ PETRONIO S. Boundaries of privacy ［M］. Albany：State University of New York

Press，2002：15.

［20］王润．媒介与怀旧：媒介记忆研究的新方向与实践进路［J］．新闻与写作，
2022（2）：25-35.

［21］VAN HOUSE N，CHURCHILL E F. Technologies of memory：key issues and criti-
cal perspectives［J］. Memory studies，2008，1（3）：295-310.

［22］刘于思．从"记忆的技术"到"技术的记忆"：技术怀旧的文化实践、情感
方式与关系进路［J］．南京社会科学，2018（5）：121-127+135.

［23］DAVID P A. Clio and the economics of QWERTY［J］. American economic review，
1985，75（2）：332-337.

［24］SCHINDLER R M，HOLBROOK M B. Nostalgia for early experience as a determi-
nant of consumer preferences［J］. Psychology & marketing，2003，20（4），
275-302.

［25］ZEITHAML V A. Consumer perceptions of price，quality，and value：a means-
end model and synthesis of evidence［J］. Journal of marketing，1988，52（3）：
2-22.

［26］张秀丽，聂玉治．以数字游戏为媒：中华优秀传统文化国际传播效能提升的
实践进路［J］．中国编辑，2025（3）：70-76.

［27］WOODRUFF R B，GARDIAL S. Know your customer：new approaches to custom-
er value and satisfaction［M］. Oxford：Blackwell Business，1996：68.

［28］段淳林．整合品牌传播：从 IMC 到 IBC 理论建构［M］．北京：人民出版社，
2020：232.

［29］费多益．认知视野中的情感依赖与理性、推理［J］．中国社会科学，2012
（8）：31-47+203-204.

［30］NIEMEYER K. Media and nostalgia：yearning for the past，present and future
［M］．NewYork：Palgrave Macmillan，2014：25.

品牌形象国际传播的多层次分析框架构建

——以"萝卜快跑"为例*

林立　陈　美　张舟舟**

摘　要　企业品牌的国际传播关乎企业自身发展，更是对国家综合实力的展现与诠释。构建品牌形象话语分析框架，有助于丰富有关品牌的研究视角，促进管理学、语言学、传播学等多门学科理论相互融合。本文立足于中国自动驾驶品牌"萝卜快跑"的海外英文新闻报道，从品牌形象的"他者"塑造视角出发，综合考虑报道量、报道主题、描写特征、认知评价等多个维度，结合语料库研究方法，构建品牌形象国际传播的多层次分析框架。研究发现，"萝卜快跑"在海外英文新闻报道中代表着踏实实干、技术过硬、安全可靠、前景广阔的卓越中国自动驾驶品牌形象，其良好的品牌国际传播效果不仅能够推动自动驾驶技术的进一步发展，还能够在全球范围内提振自动驾驶投资者和消费者的信心。

关键词　品牌形象　国际传播　话语分析　自动驾驶

一　引言

品牌形象的塑造是企业提高产品竞争力的关键环节。自从 20 世纪 50

---

* 基金项目：国家社会科学基金青年项目"刑事庭审中程序正义话语重构历时研究"（项目编号：19CYY015），上海外国语大学语言科学与多语智能实验室项目"《民法典》前后司法判决语言变化研究"（项目编号：KLSMAI-2023-OP-0007）研究成果之一。

** 作者简介：林立（通讯作者），华东政法大学外语学院讲师，新加坡国立大学哲学博士，华东政法大学博士后（在站），研究方向为语料库语言学、话语分析、科技与工程传播；陈美，中央财经大学外国语学院财经翻译系学生，研究方向为话语分析；张舟舟，华东政法大学外语学院副教授，北京师范大学博士，上海交通大学博士后，研究方向为系统功能语言学、法律语言学与多模态信息分析。

年代开始品牌形象研究以来，学界从多个学科视角探讨了品牌形象的界定、构成和影响因素，形成了一套完整的品牌形象理论体系。[1] 近年来，随着全球化进程的加速，品牌形象的对外传播日益成为研究热点。众多学者开始以实证研究方法，专门探讨中国品牌的海外形象"他塑"问题。[2] 现有研究多关注品牌形象的传播及其影响因素，缺乏对品牌形象的塑造及其成因的探讨。为此，本文采用语料库的研究方法，以在网络上引发热议的中国自动驾驶品牌"萝卜快跑"作为研究对象，基于批评话语分析（Critical Discourse Analysis，简称"CDA"）的话语—历史分析理论（Discourse-Historical Approach，简称"DHA"）构建一套专门用于品牌形象国际传播的话语分析框架，并以此框架系统分析海外主流英文新闻媒体塑造的中国自动驾驶品牌形象及其成因，旨在回答三个问题：第一，海外主流英文新闻媒体对中国自动驾驶品牌"萝卜快跑"的关注情况如何？第二，中国自动驾驶品牌"萝卜快跑"在海外主流英文新闻媒体中的他塑形象有什么具体特征？第三，海外主流英文新闻媒体塑造"萝卜快跑"品牌形象的原因是什么？

二 文献回顾

品牌形象作为公众对品牌评价和认知的综合反映，是品牌竞争力的一部分，也与品牌价值、品牌资产、品牌策略、品牌管理、品牌忠诚等一起，成为品牌实力的决定因素。艾莉西亚·派瑞（Alycia Perry）和大卫·威思能三世（David Wisnom Ⅲ）在他们的经典论著《品牌优生学：如何创造优质品牌基因》（*Before the Brand：Creating the Unique DNA of an Enduring Brand Identity*）中指出，品牌的长期成功取决于营销者塑造品牌形象和保持品牌形象的能力。[3] 我国学者范秀成和陈洁也表达过相似的观点，认为品牌形象是驱动品牌资产的重要因素，反映了品牌的实力与本质。[4] 罗子明在国内外有关品牌形象定义的基础之上提出，品牌形象不应简单地理解为商品的商标、标志或者符号，也不应与产品的包装形象和营销广告形象相混淆。[5] 他认为，品牌形象涉及品牌认知、产品属性认知、品牌联想、品牌价值、品牌忠诚等多个维度，具有多维组合性、复杂多样性、相对稳定性、可塑性和易碎性的特点。虽然学界对品牌形象的定义尚未形成统一认识，但可以肯定的是，塑造良好的品牌形象是品牌提升市场竞争力和自身实力的关键。

国内外对于品牌形象的研究主要集中于管理学领域。近年来，伴随着中国品牌的"出海"热潮，这类研究呈现对中国品牌形象的持续关注。坎迪·林等人于 2024 年在《自然：人文社会科学通讯》（*Nature：Humanities and Social Sciences Communications*）中发表文章指出，中国品牌在国际化过程中，为了提高消费者对品牌的认可和购买意愿，可以适当将文化元素融入品牌形象。[6] 一些研究注意到了中国品牌在海外市场的竞争挑战，强调品牌形象与地缘政治之间存在联系。[7,8] 国内已有学者关注到了品牌形象建构的话语策略及语言实现方式。于丹丹等人通过考察新闻报道的标题和关键词，发现海外媒体对中国时装品牌的媒介形象和文化内涵关注度不足。[9] 刘剑采用语料库研究方法，考察"中国制造"的英译即"made in China"的高频搭配，发现"中国制造"的正面或负面评价和市场舆论、产品领域以及地域因素相关。[10] 王宗水等人利用语料库研究方法中的高频词分析对比华为和海尔在微博中的品牌形象，发现海尔在微博中塑造的品牌形象与其品牌宣传形象几乎一致，而华为在微博上的讨论话题涉及内容跨度较大，难以直观展示品牌形象。[11]

以上研究有力地推动了有关品牌形象的话语研究，扩展了学界对中国品牌形象的认识。然而，由于相关研究缺少语言学"结构主义"的内核，这些研究多侧重对品牌形象的传播以及影响传播因素的宏观探讨，研究结论具有普适性，难以挖掘品牌形象的个性特征。此外，虽然现有研究对品牌形象的话语研究多采用语料库研究方法，但在具体分析角度上存在较大差异。学者们在分析语料时或着眼于高频词，或考察高频搭配，还有一些研究考察了关键词和语义韵。可见，学界还未形成专门针对品牌形象的话语分析研究框架。本文通过建立品牌形象国际传播的多层次分析框架，借助语料库研究方法，从多个层面探讨品牌形象的塑造和成因，有助于阐明话语在品牌形象中的重要作用，并为中国企业品牌的国际形象建构提供理论参考。

三 分析框架

本文依据露丝·沃达克（Ruth Wodak）的 DHA 分析框架，结合语料库研究方法，提出一套适用于品牌形象的话语分析研究框架（见图 1）。该框架包括两个主要部分：（1）品牌形象语料库建设；（2）品牌形象的塑造及其成因分析。在品牌形象理论中，品牌形象的构成和特点决定了品牌形象分析应当从表层现象切入，逐步挖掘至其深层次本质。语料库研究方法作为一种"自下而上"的研究方法，可以较好地实现多层分析。研究者通过建设并考察品牌形象语料库，可以识别品牌形象类型，进而揭示品牌形象的内在成因。

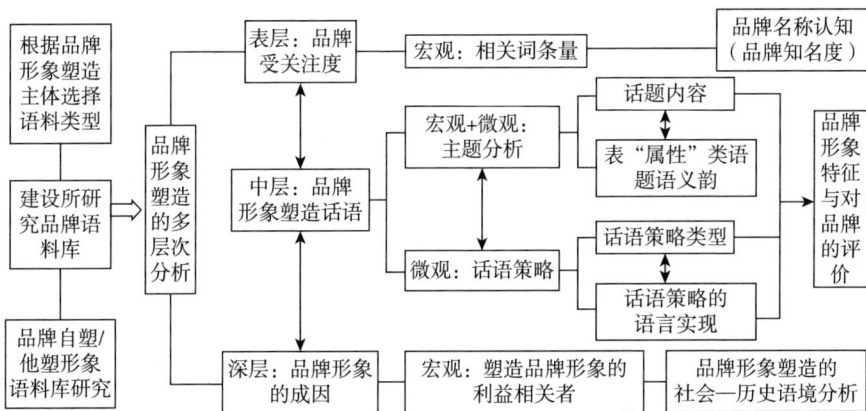

图 1 基于语料库的品牌形象话语—历史分析框架

语料库研究方法需要和话语理论相结合，才能够形成一套完整的话语分析框架。语料库研究方法擅长描写词语、短语和句子层面的语言现象。但对于话语研究，语言现象只能作为研究的切入点，在分析过程中仍需引入合适的话语理论进行定性分析。本文将 DHA 理论引入品牌形象的话语研究，究其原因，有以下四点：首先，DHA 理论源起于反犹形象研究，属于形象研究中的一个分支，因此在核心属性上与品牌形象研究有着天然的联系；其次，DHA 理论的提出吸收了结构主义、后结构主义及后现代主义的哲学和社会学理论，是一种多层次、多角度、多学科理解的话语研究范式；再次，与批评性话语分析的其他研究范式不同，DHA 理论在对话语进行阐释时，更加强调话语的历史语境，而品牌形象的形成是一个长期的、逐渐发展的过程，将 DHA 分析框架与品牌形象相联系能够帮助回溯品牌形象的发展轨迹，从而更好地理解品牌形象及其形成的缘由和本质；最后，DHA 理论对于文本分析的处理较灵活，对文本体裁和主题没有限制，能够较好地融入多样化的话语研究。

本文聚焦"萝卜快跑"品牌的他塑形象，选取海外主流英文新闻媒体对"萝卜快跑"的报道为研究语料，以展示所构建分析框架在品牌形象话语研究中的应用。

四 "萝卜快跑"品牌形象分析

（一）"萝卜快跑"品牌形象语料库

本文的数据主要来源于道琼斯 FACTIVA 新闻数据库。该数据库收录了来自全球近 200 个国家和地区的超过 28 种语种的逾 3.6 万条新闻信息，涵盖全球性报纸、期刊、杂志、电视、广播等多种媒介。本文选取的样本为 2022 年 1 月至 2024 年 7 月，标题、导语或正文内容中包含"萝卜快跑"（Apollo Go）的境外新闻报道，共搜集到 56 篇报道。样本采集时间的选定是基于"萝卜快跑"自动驾驶商业化运营的启动时间，截止时间则为 2024 年 7 月 16 日。在"萝卜快跑"走红中国网络期间，全球三大知名财经电视媒体之一的美国"消费者新闻与商业频道"（Consumer News and Business Channel，简称"CNBC"）也有相关主题的新闻报道，因此其被选为本文的补充数据资源，从 CNBC 的新闻报道中选取样本的方式及所属时间段与从道琼斯 FACTIVA 新闻数据库选取时相同，共搜集到 6 篇报道，均出自 CNBC 美国总台。本文借鉴姚剑平的新闻分类方法，[12] 将大幅度或者专门报道"萝卜快跑"的新闻划分为"专论"，内容涉及但未详细报道"萝卜快跑"的新闻划分为"杂论"。语料基本信息见表 1。

表 1 "萝卜快跑"品牌形象语料库的描述性统计

类别	篇数	形符数	类符数
专论	40	22825	3097

类别	篇数	形符数	类符数
杂论	22	20210	3611
总计	62	43035	6708

（二）"萝卜快跑"的受关注度

品牌的受关注度是品牌形象塑造多层次分析中的基本环节。一个品牌的受关注程度可以通过品牌在传播媒介中的相关词条数量体现。[13] 本文所考察的传播媒介为新闻媒体，相关词条数量即为报道中涉及品牌的新闻条目总数。因选取语料存在一定的时间跨度，并且来自世界各地，本文从地区差异和历时变化两方面考察"萝卜快跑"在海外主流英文新闻媒体中的报道量。

分析语料发现，不同国家/地区的新闻媒体对"萝卜快跑"的关注度差异较大（见图2）。其中，美国在各国媒体对"萝卜快跑"的报道量最多（28篇），其次是英国（22篇），其他国家新闻媒体报道较少，这意味着美英两国新闻媒体对"萝卜快跑"更为关注，进而在公众认知"萝卜快跑"这个品牌过程中干预较多。

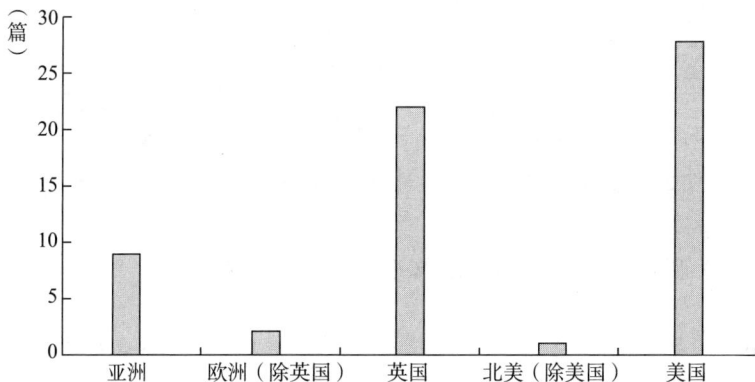

图2 不同国家/地区英文新闻媒体的"萝卜快跑"报道量

从图3可以看出，"萝卜快跑"的报道量在时间上呈现增减变化，反映出该品牌在不同历史事件背景下受关注度的波动情况（见图3）。细察历时变化的具体情况，可以观测到三个重要的时间节点：2022年4月是海外主流英文新闻媒体对"萝卜快跑"进行报道的起始点；随后，"萝卜快跑"在海外主流英文新闻媒体中的热度一度低迷，直至 2022 年 7～8 月迎来报道量的峰值；之后，报道量回落，呈小幅波动，2024 年 3 月报道量又一次出现拐点，并且基本呈上升的趋势。而这三个时间节点对应"萝卜快跑"品牌发展历程中的三个里程碑事件：（1）北京市向"萝卜快跑"发放无人化载人许可证；（2）"萝卜快跑"亮相百度世界大会；（3）"萝卜快跑"在开放道路上的累计服务单量超过 600 万次。可见，这三个事件对"萝卜快跑"的品牌形象塑造影响较大。"萝卜快跑"在成立初期并未立即获得海外新闻媒体关注，但随着品牌曝光量的逐渐增多，公众对"萝卜快跑"的品牌名称的认知逐渐提升，因此吸引了更多的海外新闻媒体对其进行报道。

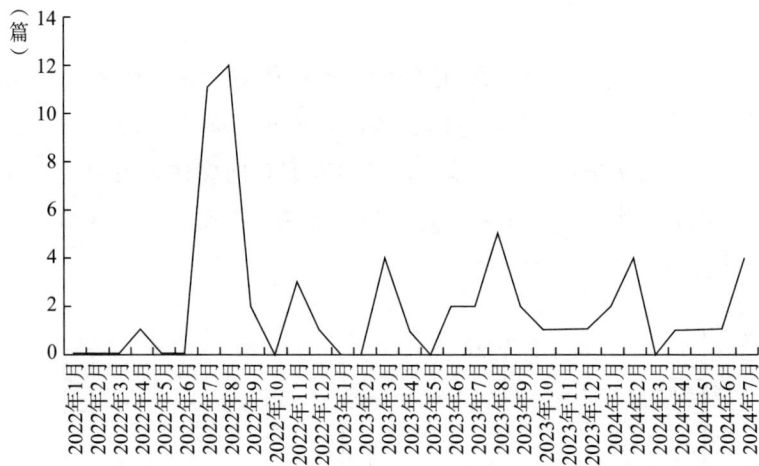

图 3 "萝卜快跑"在海外主流英文新闻媒体报道量的历时变化

（三）塑造"萝卜快跑"品牌形象的话语分析

品牌形象的塑造话语是指塑造品牌形象的语言特征集，其中可以包括任何语言单位，如较小的词或词组，再到搭配、小句和语义。[14] 本文中，品牌形象的塑造话语为新闻话语。

1. 主题分析

在研究中，本文以标准大型平衡英语语料库——美国布朗语料库（Brown Corpus）为参照，考察语料中的专论报道的关键实词（见表 2），发现海外主流英文新闻媒体报道"萝卜快跑"主要围绕六类语题展开：
（1）技术特色（fully, autonomous, driving, driverless, technology）；（2）公司及公司性质（Baidu, Chinese, company）；（3）运营地区（China, Beijing, Chongqing, Wuhan）；（4）产品（hailing, vehicles, vehicle, cars, rides, ride）；（5）产品属性（safety）；（6）公司发言人和媒体对品牌的描述（said）。其中，"技术特色"、"公司及公司性质"、"运营地区"和"产品属性"与品牌本身密切相关，主要体现出海外主流英文新闻媒体对"萝卜快跑"品牌本身的认知。"公司发言人和媒体对品牌的描述"反映出海外主流英文新闻媒体报道"萝卜快跑"时，倾向采用多方话语互相支撑的策略，以展现新闻报道的客观性，同时弥补新闻作者对"萝卜快跑"认知上的不足。

表 2　海外主流英文新闻媒体"萝卜快跑"专论报道中排前 20 位的关键词

序号	单词	词频	关键度值
1	Baidu	304	2770.4
2	autonomous	191	1728.1
3	driving	189	1466.1
4	driverless	148	1348.8
5	China	173	1296.3
6	Beijing	110	1002.5
7	Chinese	108	766.5
8	vehicles	91	642.9
9	cars	100	624.3
10	company	117	618.9
11	fully	93	610.4
12	vehicle	80	593.3
13	rides	69	569.0
14	ride	79	558.4
15	Chongqing	60	546.8
16	technology	72	521.6
17	Wuhan	55	501.2
18	said	192	499.6

续表

序号	单词	词频	关键度值
19	hailing	54	492.1
20	safety	71	491.2

分析"产品属性"语题相关的索引行发现，与"safety"搭配较为高频的实词有 driver（15 次）、drivers（9 次）、human（7 次）、operator（5次）、person（4 次）、operators（4 次）、concerns（4 次），表明海外主流英文新闻媒体主要通过讨论"萝卜快跑"的人工安全管理系统塑造品牌的安全形象。进一步分析索引行语义韵发现，海外主流英文新闻媒体对"萝卜快跑"的人工安全管理系统主要持积极（25 句，56%）或无明显偏向的中性态度（20 句，44%），客观公正地呈现了"萝卜快跑"在安全保障方面的良好举措。

2. 话语策略

梳理上述六类语题内容相关索引行发现，海外主流英文新闻媒体综合运用 DHA 理论中的指称策略和述谓策略以塑造"萝卜快跑"的品牌形象，并通过不同语言形式展现品牌形象特征。

指示属性是语言的重要属性之一，对事物的指称不仅与时空语境因素相关，也与空间语境因素相关。[15] 从指称策略而言，海外主流英文新闻媒体通过对"萝卜快跑"进行指称以建构"他者"身份，指称所选择的词往往与形象相关。归纳分析专论中"萝卜快跑"相关指称发现，海外主流英文新闻媒体通常采用品牌英文名称"Apollo Go"和第三人称代词称呼"萝卜快跑"。此外，以"Baidu"的所有格形式为限定词的名词短语，如"Baidu's autonomous ride-hailing service""Baidu's robotaxi service""Baidu's smart car business"，以及以"Chinese"为前置修饰语的名词短语，如"fully Chinese robotaxis""Chinese robotaxis"，也常作为"萝卜快跑"的指称形式出现在新闻报道中。名词所有格一般用来表示所有权或者从属关系。在韩礼德（Halliday）的系统—功能语法中，名词所有格被看作概念元功能的一部分，涉及经验意义和逻辑意义：经验意义描述事件或状态中参与者的关系，逻辑意义则构成名词短语中所包含的多个名词之间的关系。[16] 对于名词词组中的前置修饰语，韩礼德认为这类语法成分具有概念元功能中的指称功能和分类功能，同时可以通过人际元功能表达情感态度和评价。由此可见，海外主流英文新闻媒体对"萝卜快跑"所使用的指称形式是有意为之，旨在对品牌进行描述和评价时凸显品牌的企业和国籍背景。

在述谓策略上，海外主流英文新闻媒体通过巧妙地使用谓词，对"萝卜快跑"品牌形象植入隐性评价，引导读者在潜移默化之下接受媒体塑造的品牌形象特征。本文利用 Antconc 3.5.8 提取出"Apollo Go""Baidu's autonomous ride-hailing service""Baidu's robotaxi service""Chinese robotaxis"等指称形式相关索引行，滤除以上名词短语不作为主语的情况，再对谓语成分进行分析，其中的谓词可以根据词汇的功能和意义分为四类：行动类、状态类、关系类和感知类。行动类词汇描述行为、动作和活动；状态类词汇表示事件状态；关系类词汇表达事物之间的关系；感知类词汇描述主体的感知行为和感知结果；评价类词汇的语义涉及对事物或者事件的评价与态度。如表 3 所示，"萝卜快跑"的不同指称形式之间有同有异。"Apollo Go"和以"Baidu's"为限定词的名词短语均以行动类词汇"operate""deploy"作为谓词，结合单词词义可推断出，海外主流英文新闻媒体意在突出"萝卜快跑"及其所属公司"百度"的"实干"特点。此外，这两种指称形式所对应的谓词中均包含关系类词汇"receive"和"offer"。分析相关句子索引行发现，以"receive"为谓词的句子一般以"permission""approval""permit"等表示"许可"意义的单词或短语为宾语，而以"offer"为谓词的句子通常以"service""rides"等表示驾驶服务的单词或短语为宾语。根据语义韵理论，句子成分的共现模式可以传递出不同的语义韵，意味着说话人对句子主语持正面、负面或者无明显偏向的评价和态度。[17,18] 表示"获得"的谓词和表示"许可"的宾语共现传递出积极语义，意味着海外主流英文新闻媒体对"萝卜快跑"及其所属的"百度"公司持正面评价。表示"提供"的谓词和表示"驾驶服务"的宾语共现传递出中性语义韵，这一模式的运用描述了"萝卜快跑"品牌的本质属性，即"自动驾驶服务"。需要注意到，以"Chinese"为前置修饰语的名词短语较为特殊，其与"萝卜快跑"的另外两种指称形式在谓词的使用上表现出明显差异，反映出海外主流英文新闻媒体在不同语境下塑造品牌形象的话语策略倾向。"Chinese……"指称形式所对应的谓词中，状态类词汇"exceed"和关系类词汇"catch up"的词义均含有"比较"的意思，前者更注重"超越"的状态，而后者更强调两个事物之间数量或者状态是否相似。分别分析"exceed"和"catch up"的句子索引行发现，以"exceed"为谓词的句子以里程数为宾语，而以"catch up"为谓词的句子以"US forerunners"为宾语。在语义韵方面，里程数是自动驾驶领域中的重要量化指标，可以用来衡量技术、驾驶水平、商业化运营等多个维度的优劣，因此表示"超越"的谓词和较高的里程数共现表现为积极语义韵。海外主流英文新闻媒体通过运用此类共现模式，塑造"萝卜快跑"品牌"技术成熟""驾驶水平稳定""运营顺利"的形象。表示"赶上"的谓词和代表美国自动驾驶品牌的指称形式共现表现为中性语义韵，描绘出当前全球自动驾驶市场的主要竞争格局，同时也间接凸显了中国自动驾驶品牌的显著竞争力。

表3 海外主流英文新闻媒体"萝卜快跑"专论报道中谓词的分类

主语	谓词
Apollo Go	1. 行动类词汇：operate, expand, play, find, break even, provide, aim, work, deploy, eliminate
	2. 状态类词汇：exist, be, use, begin, start, complete
	3. 关系类词汇：receive, be, offer
	4. 感知类词汇：witness
Baidu's autonomous ride-hailing service Baidu's smart car business Baidu's robotaxi service, etc	1. 行动类词汇：operate, drive, deploy, run
	2. 状态类词汇：undergo, authorize
	3. 关系类词汇：receive, offer, allow
	4. 感知类词汇：无
Chinese player Chinese robotaxi service Chinese robotaxis, etc	1. 行动类词汇：take（riders）
	2. 状态类词汇：exceed
	3. 关系类词汇：catch up
	4. 感知类词汇：无

3. 塑造"萝卜快跑"品牌形象的原因

一个品牌形象的形成，是品牌形象塑造主体依据对利益相关者的认识，在特定语境下做出动态选择的结果。[19] 在新闻报道中，新闻媒体凭借话语主导品牌形象，无疑成为品牌形象的塑造主体。新闻读者，作为潜在的品牌购买群体，是新闻媒体传递品牌形象信息的终端，也是品牌形象塑造过程中必须关注的利益相关者。根据本文的研究，"萝卜快跑"的主要报道渠道为美英新闻媒体，主要面向美英读者，尤其是对自动驾驶服务领域和中国发展现状感兴趣的美英民众。这一群体边界可自然延伸至美英自动驾驶服务市场，即本文中"萝卜快跑"品牌形象的利益相关者。

美英两国作为自动驾驶研究的"先驱者"，已经在自动驾驶服务领域做出了许多探索，表现出极大的研发热情，但两国自动驾驶服务市场的活跃度似乎未与这种热情相匹配。这一现象可以归因于多个方面。首先，驾驶安全问题。2023 年 8 月，美国的 Cruise 获批在旧金山运营自动驾驶出租车，两个月之内接连发生了多起严重事故，最终导致被暂停自动驾驶许可。[20] 在英国，一辆特斯拉 Model 3 在自动驾驶状态下突发车祸，造成六名儿童和一名成人受伤，其中一人伤势危急，三人受重伤。[21] 较多的安全事故导致人们对自动驾驶服务的信任度日渐降低，限制了自动驾驶服务的普及。其次，利润空间问题。自动驾驶技术的研发和市场推广需要巨额投入。在公众对自动驾驶服务的接受度较低时，自动驾驶服务运营商难以保障收支平衡，从而影响投资者和企业的积极性。以美国自动驾驶公司 Aurora 为例，该公司在 2023 年的合作营业收入为零，净亏损额高达 7.96 亿美元，即便如此，相比 2022 年，Aurora 的亏损额已有大幅降低。[22,23] 由此可见，财务危机是整个自动驾驶行业需要面对的巨大挑战。再次，监管立法问题。有关自动驾驶汽车的法律监督一直是立法研究领域的热门话题。2018 年，美国亚利桑那州发生了一起自动驾驶测试车辆致行人死亡的事故。经当地警方调查，事故原因是当时车内监督驾驶情况的安全员正在观看手机视频，未能对车辆的驾驶情况进行有效监督。[24] 事故引发了美国民众对自动驾驶监管方面的担忧。在自动驾驶过程中，驾驶控制权交由机器行使，若法律法规不能对自动驾驶运营商进行有效监管，难以保障公众的安全和利益。目前的自动驾驶立法仍处在初期阶段，亟待相关研究帮助完善和改进。[25] 最后，伦理和文化因素。自动驾驶的伦理问题主要体现在所谓的"电车难题"上，即在无法避免的事故中，自动驾驶如何做出道德抉择。[26] 时至今日，全球范围内的讨论主要表现出三大偏好：保护人类生命、保护更多生命、保护年轻生命。在不同的文化背景之下，偏好存在一些差异。尽管英国政府在其制定《自动驾驶汽车法》中考虑到了自动驾驶的伦理困境，但是目前尚无法律法规或者其他形式的政策条文对相关伦理规则加以明确。[27]

中国在自动驾驶技术的研发方面虽稍晚于美英两国，但是近年来发展势头迅猛，市场呈现蓬勃生机。与美英消费者对自动驾驶服务的态度不同，中国消费者对"萝卜快跑"抱有极高的信心，这不仅体现于"萝卜快跑"的订单量上，也体现于"萝卜快跑"在互联网的良好口碑上。[28] 随着"萝卜快跑"的商业化落地成功，更多的中国企业，如"华为""小马智行""蔚来汽车"，也在积极布局推出自动驾驶服务。投资者和消费者的积极态度能够为中国自动驾驶服务市场带来良性刺激，推动行业的整体进步，进而实现更好的发展。

话语是社会实践中重要的一环，其不仅可以向社会传递信息，还可以通过正面或者负面评价参与社会意识形态的建构。[29] 与此同时，身份也成为语言分析的视角之一。[30] 海外主流英文新闻媒体在报道中运用话语策略，向读者展示出中国自动驾驶品牌的安全特征及其研发单位务实钻研的形象特点，并以给予隐性正面评价的方式，加深读者对中国自动驾驶品牌的良好印象。这样的报道方式能够为读者带来对自动驾驶技术的新认识，在增强美英民众对自动驾驶服务技术的信心和接受度的同时，为美英自动驾驶市场注入新鲜活力。

五　结语

本文基于 DHA 分析框架，结合语料库研究方法，提出了一套适用于品牌形象话语研究的分析框架。该框架的搭建以语言学的"结构主义"为核心，同时融合了品牌形象、话语分析、语料库语言学、国际传播的理论内容，能够由点至面地揭示语言特征与品牌形象塑造之间的关系，并发掘塑造品牌形象的原因。本文利用该框架对"萝卜快跑"进行的个案分析，展示出该分析框架与品牌形象话语研究的相适切。

　　本文基于文中提出的基于语料库的品牌形象话语—历史分析框架，建立"萝卜快跑"品牌形象语料库，通过相关词条量分析表层的品牌受关注度，通过主题与话语策略分析中层的品牌形象塑造话语，结合品牌形象的利益相关者因素分析品牌形象成因，揭示出海外主流英文新闻媒体所塑造的中国自动驾驶品牌形象。研究发现，从表层宏观来看，海外主流英文新闻媒体对中国自动驾驶品牌的关注呈现共时与历时差异，共时差异主要体现于地区之间，新闻媒体报道以美国和英国为主，其他国家较少，而历时差异主要体现为具有里程碑意义的事件发生前后报道量增多；从中层结合宏观与微观来看，海外主流英文新闻媒体对中国自动驾驶品牌的描述侧重于技术、公司、运营与产品属性方面，并且强调品牌与国家之间的关系，对中国自动驾驶品牌的评价偏向正面；从深层宏观来看，海外主流英文新闻媒体对中国自动驾驶品牌形象的塑造话语与自动驾驶技术的发展现状以及自动驾驶市场所处的环境和发展形势相关。

　　中国制造业和高新科技已走入世界前列，搭载了高科技的中国品牌拥有广阔的市场前景。在全球经济一体化背景下，中国企业品牌迫切需要加强国际传播能力建设，形成与品牌实力相匹配的品牌话语优势，打造可信、可爱、可期的中国品牌形象。[31] 本文希望以此研究深化学界与企业对品牌形象塑造话语的认识，优化中国企业品牌的形象塑造策略，进而增强中国品牌海外传播能力，推动中国品牌高质量出海。

参考文献

[1] 蒋廉雄，朱辉煌，何云，吴水龙．品牌架构战略研究回顾与展望［J］．外国经济与管理，2020，42（10）：49-61.

[2] 刘鑫婷．中国电影对外传播的品牌建构研究［D］．南昌大学，2023.

[3] PERRY A，WISNOM D. Before the brand：creating the unique DNA of an enduring brand identity［M］，US：McGraw-Hill，2003.

[4] 范秀成，陈洁．品牌形象综合测评模型及其应用．南开学报，2002（3）：65-71.

[5] 罗子明．品牌形象的构成及其测量［J］．北京工商大学学报（社会科学版），2001（4）：19-22.

［6］ LIM C, HO H, XIE Z, WU Q, YUAN Y. Culturally mixed co-branding product framing in China: the role of cultural sensitivity, product quality, and purchase probability ［J］. Humanities and social sciences communications, 2024, 11 (1): 1-14.

［7］ WHITE C. Brands and national image: an exploration of inverse country-of-origin effect ［J］. Place branding and public diplomacy, 2012 (8): 110-118.

［8］ ALKHATIB S, KELLER V, KECSKES P. Trends of using social media for the green labelling of modern mobile phones ［J］. Cogent business & management, 2024, 11 (1): DOI: 10.1080/23311975.2024.2373357.

［9］ 于丹丹, 林丹丹, 刘伍颖. 话语及呈现: 时序新闻流数据中国产时装品牌海外媒介形象的新闻报道分析 ［J］. 新闻传播, 2024 (1): 52-54.

［10］ 刘剑. 基于 NOW 语料库的 "中国制造" 海外话语形象分析 ［J］. 科技导报, 2023, 41 (6): 138-144.

［11］ 王宗水, 赵红, 刘霞, 孙倬, 张健. 社会化媒体环境下的品牌传播及品牌形象差异——基于华为与海尔的比较研究 ［J］. 中国管理科学, 2022, 30 (6): 178-187.

［12］ 姚剑平. 话语分析视域下英、美新闻媒体中华为公司国际形象研究 ［J］. 北京化工大学学报 (社会科学版), 2024 (1): 86-96.

［13］ 谢新洲, 刘京雷, 王强. 社会化媒体中品牌传播效果评价研究 ［J］. 图书情报工作, 2014 (14): 6-11.

［14］ 张琳, 胡开宝. 中国油气企业可持续发展报告中的生态形象研究——一项基于语料库的研究 ［J］. 中国外语, 2024, 21 (3): 39-49.

［15］ FAIRCLOUGH N. Media discourse ［M］. London: Edward Arnold, 1995: 81.

［16］ CHENG S. A review of interpersonalmetafunction studies in systemic functional linguistics (2012-2022) ［J］. Journal of world languages, 2024, 10 (3): 623-667.

［17］ SINCLAIR J. The search for units of meaning ［J］. Textus, 1996 (9): 75-106.

［18］ LIN Y, CHUNG S. A corpus-based study on the semantic prosody of challenge ［J］. Taiwan journal of TESOL. 2016 (13): 99-146.

［19］ DA SILVEIRA C, LAGES C, SIMOES C. Reconceptualizing brand identity in a dynamic environment ［J］. Journal of business research, 2013, 66 (1): 28-36.

［20］ THE GUARDTAN. Cruise robotaxi service hid severity of accident, California officials claim ［EB/OL］. https://www.theguardian.com/business/2023/dec/04/california-cruise-robotaxi-san-francisco-accident-severity？trk＝public＿post＿comment-text.

[21] REUTERS. Six injured as self-driving Tesla crashes in school car park in southern England［N］. The relegraph，2021-08-17.

[22] Aurora Innovation annual report of 2022.［EB/OL］. https：//www. annualreports. com/Company/aurora-innovation.

[23] Aurora Innovation annual report of 2023.［EB/OL］. https：//www. annualreports. com/Company/aurora-innovation.

[24] 系全球首例致死事故，Uber 自动驾驶车撞死一行人［EB/OL］. 人民网，2018-03-21. http：//auto. people. com. cn/n1/2018/0321/c1005-29879483. html.

[25] 韩旭至. 自动驾驶事故的侵权责任构造——兼论自动驾驶的三层保险结构［J］. 上海大学学报（社会科学版），2019，36（2）：90-10

[26] 宋强，李伦. 自动驾驶道德决策的机器研究范式初探［J］. 自然辩证法研究，2024，40（7）：84-90.

[27] 陈世伟. 比较法视野中自动驾驶汽车领域的刑事归责研究［J］. 刑事法评论，2020，43（1）：54-71.

[28] 邵鹏璐. 快跑的不只有萝卜［N］. 中国经济导报，2024-07-16.

[29] 刘世铸，韩金龙. 新闻话语的评价系统［J］. 外语电化教学，2004（4）：17-21.

[30] CANAKIS C. Desire for identity and the identity of desire：language，gender and sexuality in the Greek context［J］. Gender and language，2015（9），59-81.

[31] 孟令光，金鑫. 智媒时代中国自主品牌国际传播能力提升策略探索［J］. 新媒体与社会，2024（1）：306-320.

失衡与再平衡：社交媒体时代公私场域中记者的情绪劳动*

何志平　于　洋　张旭红**

摘　要　记者在新闻报道这一公域中，由于社会责任的规约，需要对本能的情绪进行控制。社交媒体时代，记者的情绪劳动越来越多地通过手记这一私域，借助社交媒体暴露在公众视野中，逐渐模糊了记者情绪劳动的公私界限。针对50篇突发事件报道及其记者手记的内容分析和文本分析发现：手记中负面情绪的出现频次显著高于新闻报道，其中，愤怒、恐惧和同情三种情绪在手记中得到了更为强烈的表达；这种情绪释放，虽然可以缓解记者的心理压力，帮助记者达成情绪平衡，但常常会反噬原报道的客观性、建设性。基于此，呼吁新闻机构完善记者情绪支持机制，包括日常情绪调节培训、心理辅导和情绪抚慰，以使记者保持心理健康，帮助记者更好地履行社会责任。

关键词　情绪劳动　突发事件　情感传播　新闻报道　新闻记者

一　问题的提出

记者不仅需要承担维护报道客观性的责任，还要面对新闻事件带来的情绪冲击。特别是当记者亲身经历突发事件、卷入情绪传播链条时，记者

---

* 基金项目：海南省高等学校教育教学改革研究重点项目"智媒时代应用型新闻人才'3+4'生师双中心培养模式研究"（项目编号：Hnjg2023ZD-19）研究成果之一。

** 何志平，海南师范大学通识教育与课程管理中心主任，新闻传播与影视学院教授、高级编辑；于洋，海南师范大学新闻传播与影视学院硕士研究生；张旭红，海南师范大学新闻传播与影视学院硕士研究生。

的情绪影响着事件的传播路径和公众情绪走向，也对记者个人的心理健康和职业状态带来挑战。

阿莉·拉塞尔·霍克希尔德（Arlie Russell Hochschild）首次提出"情绪劳动"这一概念，揭示了工人如何遵循雇主设定的规章制度，以调节和管理自身的情感。[1] 研究表明，情绪可以被个人修改和控制，更广泛的社会环境决定这种情况何时发生。[2] 对于记者来说，身处新闻现场亲历事件的每一个细节，见证人类的悲欢离合和社会的剧烈变化，不可避免地会进行情绪劳动。在突发事件报道中，记者的情绪劳动包含情绪卷入、情绪控制和情绪抽离三个阶段。[3]20 这种情绪劳动既是记者面对情绪挑战的必然过程，也是记者遵守职业规范的结果。

皮埃尔·布尔迪厄（Pierre Bourdieu）的场域理论表明，记者的情绪表达受制于新闻场域中的职业规范和市场需求。[4] 新闻业要求记者在工作和个人生活之间划清界限，特别是在情感方面。[5]613 一名记者曾形容报道中的客观要求与情绪表达之间的关系："报道需要保持距离，以一种能触动他人情绪按钮的方式传达现实。如果不调用自己的情绪能力，就无法按下这些情绪按钮"。[5]618 真正的客观性在新闻实践中很难实现。[6]

记者手记是记者情绪劳动的密集载体。手记为记者提供了一个表达个人视角、记录报道对象、事件经过和采访心得的空间。手记披露了新闻生产的幕后，展现了记者丰富的个人感情，同时延伸了前台新闻的意义。[7] 尽管手记在抒发记者情绪方面的作用得到了关注，但当前对手记释放情绪的方式及缓解情绪压力的探讨仍不足。尤其在突发事件中，记者常常直面冲突、自然灾害和流行疾病，当目击者在身体上、社交上和情感上越接近灾难，就越可能经历替代性创伤。[8] 记者在报道此类事件时，频繁暴露于创伤中，面临抑郁、焦虑和压力等心理健康问题。[9] 在这种背景下，写作手记成为记者情绪劳动中寻求再平衡的一种方式，有助于他们在职业标准与个人心理之间找到一种平衡。

记者在新闻报道这一公域中，由于社会责任的规约，需要对本能的情绪进行控制。在传统媒体时代，记者在公域中被控制的情绪通常通过私密渠道（如记日记、亲友间交流等）释放。然而，随着社交媒体的兴起，记者通过手记获得了向公众表达情绪的新出口，记者的情绪劳动越来越多的通过手记暴露在公众视野中，记者得以在公域和私域之间自由穿梭以平衡情绪。但在实践中常常有记者模糊了公域和私域两者之间的界限。由此便带来了一系列新问题：记者在原报道中被控制的情绪经过社交媒体传播后常常反噬了原报道的客观性、建设性。那么在社交媒体时代我们又该如何帮助记者管理好情绪，实现公私场域中情绪的平衡，使记者既能有效释放情绪，又能保持职业规范？

基于此，我们有必要通过分析记者在新闻报道和手记中的情绪劳动表现，厘清以下两个问题。

（1）社交媒体时代记者在新闻报道中的情绪表达与在手记中的情绪表达相比是否存在失衡现象？

（2）如果新闻报道中的情绪表达存在失衡，这种失衡是如何通过手记中的情绪表达实现再平衡的？

在此基础上进一步探讨手记中情绪再平衡的利弊，并就问题如何解决进行相应的学术思考，供新闻机构参考，以期帮助记者更好地管理情绪、调适心理。

二 研究设计

（一）样本与样本选择依据

现有研究表明，突发事件报道是记者情绪劳动的密集载体。[3]19 本研究样本的选择旨在最大限度地涵盖各种类型的突发事件。笔者于 2024 年 1 月 1 日以 "in title：地震 & 台风 & 污染 & 恐怖袭击 & 沉船 & 爆炸 & 火灾 & 记者手记" 为检索条件，在百度（www.baidu.com）搜索引擎上进行检索，共得到99条相关的记者手记。选择百度作为检索工具，主要是因为其不仅能够获取新闻网站的内容，还可以覆盖各大社交媒体平台的信息，能提高数据收集的效率和广度。选择百度作为检索工具，不仅因为其能够有效覆盖新闻网站和社交媒体平台的内容，提升数据收集的效率和广度，而且从学理性角度来看，百度是我国最具影响力的搜索引擎之一，在信息生态中占据主导地位。此外，百度的检索功能支持系统化的样本筛选，能够确保数据的规范性和完整性。2024 年 8 月 15 日笔者用 1 月检索获得的 99 条手记事件的名称和记者姓名作为关键词，在百度搜索引擎上进行二次检索，以匹配到同一记者对同一事件撰写的新闻报道。最终获得 50 条记者手记及对应的 50 篇新闻报道。

样本的选择依据主要有以下几个。首先，由于新闻报道对应的是公域，记者手记对应的是私域，且在表达情绪时自由度不同，因此本研究选择这两类文本作为研究记者在公私域中情绪劳动差异的样本。其次，由于灾难事件中记者的情绪常常比较强烈，研究选择的新闻报道和手记涵盖了多种类型的灾难性事件，以确保样本的典型性和多样性。最后，匹配新闻报道和对应的记者手记，有利于准确比较两种文本中的情绪表达，以确保样本的一致性。

（二）研究方法

本研究采用内容分析法和文本分析法对记者在新闻报道与对应手记中的情绪表达进行系统编码和比较。内容分析法用于统计记者在新闻报道和对应手记文本中情绪出现的频次和强度（以下简称"情绪频次"和"情绪强度"）。文本分析法用于展现记者在具体新闻报道和对应手记文本中情绪表达的差异，并为量化分析提供支持。内容分析法从面上了解样本中记者情绪劳动的概况，文本分析法则从点上分析记者情绪劳动的典型特征，这样点面结合以使研究结果具有全面性与科学性。

第一步，建立情绪编码（见表 1）。情绪分析常用的情感词典有知网（HowNet）情感词典、台湾大学简体中文情感极性词典（NYUSD）、情感分析词典 LIWC 等。[10] 根据知网情感词典的正向情感词和负向情感词，以及对样本中情感词的分析，将情绪类别划分为悲伤、愤怒、恐惧、无奈、同情、关怀、希望七种主要类型。需要说明的是情绪的种类和表达方式极为丰富，这七种情绪类型无法涵盖人类所有可能的情绪类型，但这七种情绪类型却汇聚了记者报道突发事件时的主要情绪，因此能够满足本研究的需求。为了更精确地捕捉记者情绪表达的强弱，依据词典中包含的程度级别词，将情绪强度进一步分为弱、中、强三个级别。

表1　情绪编码

情绪类型	代表性词汇	强度等级
悲伤	悲哀、哀伤、心痛、悲痛、凄惨	
愤怒	愤慨、激愤、气愤、义愤、痛恨	
恐惧	畏惧、害怕、担心、忧虑、忧心	
无奈	无助、失望、沮丧、消沉、灰心	弱（1）、中（2）、强（3）
同情	爱怜、怜惜、怜悯、心疼、安慰	
关怀	关心、关爱、关切、关注、体恤	
希望	希冀、期盼、期待、憧憬、寄望	

第二步，对样本的文本进行编码。先以句为单位借助 Python 的分词工具 jieba 对新闻报道和记者手记进行分词，再将分词后的结果与知网情感词典中的词汇进行匹配，并由研究员对情绪类型和频次进行人工校对与标注。接着，使用 SPSS 统计软件进行 Wilcoxon 符号秩检验，以更系统地判断同一篇手记与其对应的新闻报道中的情绪频次差异，得到记者在手记和新闻报道中的情绪类型出现频次对比（见表2）。

表2　记者手记与新闻报道情绪频次对比

情绪类型	手记情绪频次	新闻报道情绪频次	z 值	p 值
悲伤	98	40	-3.3	0.001
愤怒	26	0	-3.7	<0.001
恐惧	87	0	-5.5	<0.001
无奈	33	12	-3.1	0.002
同情	30	0	-4.1	<0.001
关怀	32	54	-2.5	0.014
希望	22	15	-1.9	0.052

注：负 z 值表示手记的情绪频次秩次较高，$p \leq 0.05$ 表示差异在统计上具有显著性。

第三步，计算每种情绪类型在手记与新闻报道中的平均强度。根据每种情绪类型出现的频次及其在不同语句中的强度等级，记录每篇文章中各类情绪的强度。接着，同样采用了 Wilcoxon 符号秩检验，比较手记与新闻报道中的情绪强度差异，再通过加权平均法得出手记与新闻报道中各情绪类型的平均情绪强度对比（见表3）。

表3　记者手记与新闻报道情绪强度对比

情绪类型	手记情绪强度（平均）	新闻报道情绪强度（平均）	z 值	p 值
悲伤	1.9	1.7	−0.8	0.401
愤怒	2.0	0.0	−3.6	<0.001
恐惧	2.0	0.0	−5.4	<0.001
无奈	2.12	2.0	−0.7	0.511
同情	2.0	0.0	−3.9	<0.001
关怀	2.5	2.6	−0.9	0.358
希望	2.1	2.0	−0.1	0.910

注：本文情绪强度（平均）计算公式为：$\dfrac{\sum_{i=1}^{n}(f_i \times i)}{\sum_{i=1}^{n}f_i n}$，其中，$n$ 代表不同的情绪强度等级的数量（$n=3$），f_i 代表某个情绪类型出现的次数，i 代表情绪强度等级。负 z 值表示手记的情绪强度秩次较高，$p \leqslant 0.05$ 表示差异在统计上具有显著性。

（三）编码可信度

两名编码员在样本之外，额外选取了同一记者的 5 篇手记和对应的 5 篇新闻报道进行编码分析。为了评估编码的一致性，采用了科恩卡帕（Cohen's Kappa）系数作为衡量标准。结果见表4，所有编码类目的整体编码可靠性达到了 0.8，表明两名编码员之间的总体一致性处于显著水平。此外，单个情绪类型的编码一致性在 0.6（同情）和 1.0（愤怒、希望）之间。

表4　编码员信度检验

情绪类型	Cohen's Kappa
悲伤	0.9
愤怒	1.0
恐惧	0.7
无奈	0.8
同情	0.6
关怀	0.8
希望	1.0

三　研究结果

在突发事件的报道过程中，记者往往处于个人情绪和职业规范的双重压力之下。为了维护新闻报道的客观性，记者必须在报道中有选择地表达个人情绪。然而，这种情绪的控制并不意味着记者的情绪体验被完全压抑。相反，他们经常利用手记这种更个性化的文体，来表达那些在新闻报道中无法充分展现的复杂情绪。通过这种方式，记者不仅能够与读者分享他们对事件的深刻感受，还能实现个人情绪的再平衡，从而在履行职业责任的同时，也照顾到自己的情绪诉求。

（一）新闻报道与相应手记中的情绪表达存在显著差异

数据显示，手记中负面情绪的出现频次显著高于新闻报道。在悲伤和恐惧的负面情绪上，手记中的情绪频次显著高于新闻报道中的频次。例如，手记中的悲伤情绪出现了98次，而新闻报道中仅出现了40次，p值为0.001。恐惧情绪的差异则更加显著，手记中出现了87次，而在新闻报道中完全缺失，p值小于0.001。p值越小，表明情绪频次差异越显著。数据表明，记者在新闻报道中控制了这些情绪，而在手记中，这些情绪得到了更为充分的表达。原因在于新闻报道需要真实、冷静、不偏不倚地传递信息。[11] 这种规范旨在确保报道的公正性和权威性。这意味着当记者产生强烈的负面情绪（如悲伤、恐惧等）时，需要进行控制以维持冷静和理性的报道。

类似的，愤怒、同情和无奈情绪的出现频次也存在显著差异。愤怒情绪在手记中出现了26次，同情情绪在手记中出现了30次，而新闻报道中两种情绪没有出现，p值均小于0.001。无奈情绪在手记中的频次为33次，而在新闻报道中仅为12次，p值为0.002。新闻报道中过度情绪化的表达可能会引起读者的质疑，削弱报道的客观属性，甚至引发不必要的社会恐慌。尤其是面对突发事件时，公众需要的是关于事件的准确信息，而非记者个人的情绪反应。因此，在突发事件报道中记者需要控制愤怒、同情等此类情绪的释放，以维护报道的客观性。相比之下，关怀情绪差异显著，而希望情绪的差异性稍小。新闻报道和记者手记中两类情绪的出现频次基本相同。手记中的关怀情绪出现了 32 次，而新闻报道中则更为频繁，达到了 54 次，p 值为 0.014。希望情绪在手记中的频次为 22 次，略高于新闻报道中的 15 次，p 值为 0.052。原因在于这两类情绪有助于增强报道的建设性和积极影响力，特别是在突发事件的报道中，关怀和希望的情绪表现可以激发公众支持。因此，记者此类情绪表达不仅满足了公众的信息需求和情感期望，还能够在不损害客观性的前提下释放情绪，促进心理健康。

综上所述，通过对不同情绪类型出现频次的分析，我们发现记者在新闻报道和手记中的情绪表达存在显著的失衡现象。记者在新闻报道中压抑情绪主要是为了维护报道的客观性、满足公众信息需求以及遵循职业规范。而手记作为一种私人化的表达形式，则为记者提供了一个宣泄情绪的渠道，使他们能够更充分地表达在新闻报道中被压抑的情绪，如对事件的悲痛、对灾难的恐惧等，证实了在公私场域中记者的情绪劳动存在显著差异。

（二）新闻报道与相应手记中的情绪强度存在显著差异

数据显示，记者在手记中不仅表达了在新闻报道中被控制的情绪，还通过更强烈的表达来宣泄这些情绪。记者手记中，愤怒、恐惧和同情这三种情绪的强度均高于新闻报道，且三种情绪的强度差异均具有统计显著性。例如，愤怒、恐惧和同情情绪在手记中的强度均为 2.0，三者的 p 值均小于 0.001，而在新闻报道中三种情绪均没有体现。记者在手记中强烈的情绪表达，释放了在报道中无法完全展示的情绪，从而实现了情绪的再平衡。例如，新华社记者关于土耳其伊斯坦布尔市中心发生爆炸的报道和手记。

报道1：土耳其最大城市伊斯坦布尔市中心一条步行街 19 日发生自杀式爆炸袭击，已造成 5 人死亡、20 人受伤。[12]

手记1：人们没有忘记：今年 1 月，在距屈佩利摊位仅数百米的地方，一名"伊斯兰国"极端组织的自杀式袭击者引爆炸弹，导致 12 名德国游客魂断异乡；今年 3 月，伊斯坦布尔繁华的独立大街遭自杀式炸弹爆炸袭击，4名外国游客丧生；与此同时，土耳其首都安卡拉也接连响起爆炸声，恐怖袭击的阴影挥之不去。[13]

报道1简洁地陈述了事实，不带任何情绪，凸显了报道的客观性和中立性。手记1对事件的叙述带有明显的情绪色彩，使用了多次重复的句式，列举了恐怖袭击的累积性（"今年1月""今年3月""接连响起"），这种叙述方式暗含愤怒情绪。同时，"恐怖袭击的阴影挥之不去"这种和恐惧强烈关联的句子折射出了记者内心的感受。"魂断异乡""丧生"等带有强烈情绪色彩的词，则强调了受害者的身份和不幸。

相比之下，悲伤、无奈、关怀和希望的情绪在手记和新闻报道中的强度差异不大。这些情绪在新闻报道中常常起到引导公众共鸣和传递建设性信息的作用。手记中虽然稍有强化，但没有显著的差异，如悲伤情绪在手记中的强度为1.9，新闻报道中为1.7，p值为0.401。无奈情绪在手记中的强度为2.12，新闻报道中的强度为2.0，p值为0.511。虽然记者在新闻报道中有时也表达悲伤和无奈，但在手记中，他们会以更强烈的方式来表达这类情绪。不过，手记和新闻报道中的悲伤和无奈情绪强度差异在统计上并未显著（p值均大于0.05）。例如，新京报记者关于台风"利奇马"的报道和手记。

> 报道2：新京报记者在永嘉县现场采访得知，丈夫抓住木头后幸存，妻子的遗体于今日被发现，家属确认其已遇难。截至今日10时，山早村已有23人遇难，9人失联。[14]
>
> 手记2：大家都说"男儿有泪不轻弹"，但做完报道以后，我真的流泪了。我在想，大自然的力量太强大了，人类真的好渺小。一瞬间，那么多的伤亡。在此，我想为所有的逝者表示默哀。[15]

报道2用简洁的语言报道了事件的进展和结果，没有带入记者的个人情绪，坚持了新闻报道的客观性。记者在手记2中不再拘泥于客观的事实叙述，而是直接以情绪化的语言来表达，如"男儿有泪不轻弹""真的流泪了""大自然的力量太强大了，人类真的好渺小"。通过叙述自己的流泪与对自然灾害的感叹，记者坦率地展现了内心的悲痛，以及对人类脆弱的无力感。与报道的中立语调相比，手记中的这种主观化描述直接释放了记者的情绪。因此，悲伤和无奈情绪在手记和新闻报道中的强度差异未在统计上达到显著性，但在文本内容上，手记显然提供了更加个人化的表达渠道，进一步强化了记者内心的情感表达。

同样的，手记中的关怀情绪强度为 2.5，而在新闻报道中略高，为 2.6，p 值为 0.358。手记中的希望情绪强度为 2.1，而在新闻报道中的强度为 2.0，p 值为 0.910。这表明，新闻生产实践越来越注重激发和追求"积极情绪"，并在此基础上展现出比传统新闻更强的介入性，强调通过新闻生产协调多方力量，致力于解决社会问题，而不仅仅是对问题的呈现。[16] 例如，澎湃新闻记者关于"东方之星"旅游客船倾覆事件的报道和手记：

> 报道 3：现场切割后，救援人员已经搜出三具遗体。根据最新统计，共搜到 43 人，14 人生还，29 人遇难。救援行动仍在进行，期待有更多生还者！[17]
>
> 手记 3：3 日夜，救援人员准备对露出江面的船体进行切割。更大的营救即将到来。希望，船里的人，能坚持到最后一刻。[18]

报道 3 的关怀情绪体现在对救援进展的客观报道中，如"救援人员已经搜出三具遗体""救援行动仍在进行"。虽然报道的语言是客观陈述，但其中对救援行动的描述，传达了对遇难者及生还者的关注。报道中使用了"期待有更多生还者！"的句子，这是对救援的呼应，也是对生者的期盼，增强了报道的温度。手记 3 的关怀更为直接，"更大的营救即将到来""希望，船里的人，能坚持到最后一刻"体现出搜救行动的紧迫性，以及记者对船内存在生还者的渴望。使用"坚持""最后一刻"暗示了救援过程的艰难，也表现了记者对奇迹发生的祈愿。手记中希望情绪的表达既富有张力，又带有叙事上的期待感，强化了读者对救援的关注和对生还者的祝愿。

综上所述，通过对情绪强度的分析，我们发现记者在手记中以更为强烈的情绪表达，实现了某种程度的情绪再平衡。手记中愤怒、恐惧和同情等情绪的表达，说明手记是记者情绪宣泄和再平衡的主要载体。而悲伤和无奈等情绪在手记中则更多体现为情绪的延续，记者通过细腻的情绪描写继续反思和沉淀这些情绪，从而逐步实现情绪调节。尽管手记中希望情绪的表达略高，但这一差异并不显著，说明记者在两类文本中对希望情绪的表达保持了一定的一致性。由此可见，记者在手记中的情绪劳动并不是简单的情绪释放，有些情绪在手记中得到了进一步强化，以回应记者对事件的内在情感需求，而另一些情绪则逐渐被消解或沉淀。

四　结论与讨论

记者的情绪劳动既是工作的一部分，也是职业挑战所在。记者需要在履行职业责任和疏解个人情绪之间找到平衡。手记作为一种私人化表达形式，为记者提供了宣泄情绪、进行心理调适的途径。通过手记，记者能够将新闻报道中未能完全表达的情绪释放出来，从而实现情绪的再平衡。尽管这种情绪再平衡的方式有助于维护记者的心理健康，但是，如果记者将手记通过社交媒体加以广泛传播，那么这种私域中的情绪内容就可能对新闻报道的客观性、建设性产生潜在风险。

（一）控制与释放：记者公私域中情绪的失衡

在新闻报道这一公域和记者手记这一私域中，记者的写作风格和情绪表达差异清晰可见。记者在新闻报道中更注重对事实的客观描述，而在手记中记者往往通过情感化的语言，直接传达观察到的细节和自身感受，表达对事件的情绪反应。这种差异源于两种文体在新闻传播中的不同功能定位和情绪表达限制。

新闻报道是大众传播的一部分，记者的角色具有较强的公共属性。新闻报道作为公共信息的重要来源，肩负着传播客观事实的责任。因此，记者在报道中强调信息的准确性和报道的中立性，以维护新闻机构的公信力。然而，记者在报道突发事件时，常常面临个人情绪和职业身份的冲突。例如，记者在目睹悲剧或灾难时，必然会经历情感冲击，但他们在报道中需要保持冷静和理性，避免情绪影响报道的客观性。这种冲突不仅涉及专业性要求，也关乎记者的心理状态，有些记者在经历灾难后会引发心理问题，如创伤后应激障碍（Post-Traumatic Stress Disorder）等。[19] 有些情绪（如愤怒、恐惧）在报道中容易被察觉，但记者往往选择在报道中隐藏这些情绪，以符合新闻报道的中立性要求。

尽管新闻报道要求记者保持客观和中立，但手记不受新闻报道的职业规约，成为记者释放情绪、表达个人观点的重要出口。记者可以在手记中使用更为情感化的语言，直接表达他们对事件的关切和悲伤、希望等复杂情绪，这种自由表达的方式有助于他们在心理上进行调适和使情绪再平衡。手记中更为强烈的情绪表达，实际上是对新闻报道中情绪控制的一种补偿。

新闻报道中的情绪控制与手记中的情绪释放形成鲜明对比，反映了记者在公域和私域不同的情绪劳动特征。记者社交媒体账号中的手记不仅成为记者宣泄情绪、实现心理平衡的途径，也改变着当下新闻生产与传播中的情感结构。

（二）手记中的情绪再平衡：利与弊的双刃剑

通过手记进行情绪再平衡是社交媒体时代记者情绪劳动的新特征，它为记者提供了宣泄情绪、调节心理的途径，有助于维护新闻工作者的心理健康，并拉近与读者间的距离。但与此同时，这种再平衡方式也可能带来一定的负面影响，包括情感表达过度，以及对新闻报道客观性、建设性的削弱。

记者手记中情绪再平衡的积极作用主要有以下两个方面。一方面，手记能够缓解记者的心理压力。与新闻报道的严谨和中立要求相比，手记更具有个性化和灵活性，允许记者宣泄真实的情绪，有助于缓解记者面对灾难、冲突等负面事件时的心理负担，帮助他们在高压的新闻工作中找到情绪出口，避免长期压抑情绪引发职业倦怠。另一方面，手记有利于促进记者心理健康。手记的写作与发布还能增强记者与读者之间的互动，使记者获得更多的情感反馈和支持。通过这种互动，记者不仅能感受到外界的理解与共鸣，进而缓解内心的压力，也能在情感上得到舒缓，从而更好地调节心理状态，保持心理健康。

尽管，手记作为一种表达私人情绪的形式，有助于记者进行情感释放和心理调适，但当这些情绪表达被公众知悉或广泛传播时，它们可能会影响新闻报道的建设性。建设性的新闻报道强调应关注大众的积极情绪，以减轻社会问题带来的焦虑和逃避等负面情绪。[20] 然而，如果记者在手记中倾注太多个人情绪，可能会导致读者对先前报道的理解出现负面转向，进而削弱报道的正面导向作用。尤其是当负面情绪（如愤怒、焦虑或悲伤）过度宣泄时，这可能会使读者更加关注文本释放出的情绪信号，而忽视对事实的冷静分析和理性思考。此外，手记中过度的情感宣泄还可能分散记者对新闻报道过程的关注，忽视在手记中提供有助于读者思考和行动的建设性内容。这种风险在社交媒体的传播环境中尤为明显，因为社交媒体传播速度快、影响范围广，情绪化内容更容易引发共鸣或争议。因此，社交媒体时代如何在情绪释放和新闻报道的建设性之间取得平衡，成为新闻机构和记者需要关注的一个问题。

（三）构建保障机制：解决记者情绪再平衡的进路

记者如果具备有效管理压力的策略和能力，将会降低其患职业心理创伤的风险。[21] 手记提供了一个情绪再平衡的出口，但仅靠手记进行情绪释放不仅无法完全解决记者的情绪压力，还会带来削弱新闻报道建设性的弊端。因此需要建立相应的专业机构和机制，保障记者的心理健康，使他们能够在新闻工作中实现情绪表达与职业责任的平衡。

首先，新闻机构应建立专业的心理支持机构，定期为记者提供心理辅导和情绪疏导。面对灾难、事故等突发事件时，奔跑在一线的记者往往承受着巨大的心理压力，而情绪的长期压抑可能导致其产生心理创伤。丹妮尔·迪沃斯（Danielle Deavours）等人的研究发现，参与访谈的记者认为创伤经历是记者工作的正常部分。[22]112 为应对这一挑战，2024 年 5 月 29 日，达特中心（Dart Center）、加拿大广播公司（Canadian Broadcasting Corporation）和加拿大暴力与创伤新闻论坛（Canadian Journalism Forum on Violence and Trauma）推出了一套在线资源，包含一系列免费的"微学习"视频、学习指南和其他在线资源，内容涉及记者如何以最合乎道德和最有效的方式报道受创伤影响的人群和社区，以及如何保护新闻专业人士的心理健康，并计划未来几年扩展视频库，以包括其他主题，例如媒体同行支持、新兴研究、新闻编辑室协议和加强对新闻专业人士的咨询。[23] 这些举措旨在帮助新闻编辑室和记者更好地为报道创伤、暴力和灾难事件做好准备。因此，新闻机构有必要与心理咨询机构合作，或设立专门的心理咨询室，邀请心理专家对参与灾难事件报道的记者进行抚慰，帮助他们疏解负面情绪，用专业的力量帮助记者实现情绪再平衡。

其次，新闻机构应建立情绪抚慰机制。为报道重大突发事件的记者提供足够的休息时间和心理调适空间。针对一些高强度情绪劳动的报道任务，机构可以实行轮岗制度或设立专门的"情绪假期"，确保记者有机会进行情绪调整，避免因持续的情绪压抑和高负荷工作而导致心理问题；设立专门的心理抚慰基金，抚慰目击了特别可怕的现场而心理受到创伤的记者；畅通晋升渠道，优待长期从事高强度情绪劳动的记者。

最后，新闻机构应提供常态化的情绪调节培训。有研究发现，很多记者承认在报道中受到创伤，但记者们不愿展示或寻求帮助，因为害怕显得软弱。[22]124 因此，针对灾难事件报道记者心理素养的提高，需要系统的知识储备和有针对性的培训相结合。[24] 通过定期的培训和研讨，让记者了解情绪自我调节的方法以及应对灾难事件报道中情绪压力的技能。记者的情绪劳动贯穿于整个工作中，因此，这样的培训不但是报道灾难事件后的临时措施，更应成为新闻机构常态的培训内容。此外，还要鼓励记者自身对情绪状态保持敏感，学会自我关注，主动寻求心理支持和情绪宣泄的渠道。只有当保护情绪健康的意识融入记者的日常生活，成为一种自觉的行为，记者才能在面临高压的新闻工作时，实现情绪的调节和平衡。

综上所述，新闻报道与记者手记各自承担着不同的功能和责任。新闻报道属于公共领域，强调客观性和中立性，要求记者在情绪表达上保持克制。而手记则为记者提供了一个私域空间，允许他们在其中抒发真实的个人情绪，进而对新闻报道中的情绪失衡进行再平衡。这种再平衡过程既有助于记者释放情绪压力，维护心理健康，也可能引发削弱新闻建设性的风险。通过建立合理的支持机制，充分保障记者的情绪健康、心理健康，新闻记者才能更好地履行其社会责任。

五　结语

记者的情绪劳动已成为新闻工作中不可忽视的重要部分。新闻报道与记者手记在文体特性和情绪表达上的差异，体现出记者在突发事件报道中情绪调节的复杂性，以及手记在情绪再平衡中的作用和潜在弊端。新闻报道要求客观中立，限制记者的情绪表达，以维护新闻机构的公信力；而手记为记者提供了私域空间，帮助记者释放情绪并实现心理自我调适。研究显示，新闻从业者普遍面临职业认同危机，表现为从业意愿下降。[25] 这一危机不仅源于外部环境和市场的压力，还与记者情绪劳动的困境密切相关。长期承受情绪压力却缺乏有效排解的记者容易产生职业倦怠，从而影响其从业意愿。

尽管手记为情绪调节提供了一个出口，但仅依赖手记并不足以解决根本问题。新闻机构应建立全面的情绪支持机制，包括心理辅导、情绪抚慰和情绪调节培训。只有在情绪劳动得到充分重视和支持的前提下，记者才能在高压环境中平衡情绪，同时确保新闻报道的客观性。需要说明的是，由于本研究无法获取新闻报道和记者手记的具体传播数据，如阅读量、点赞数和评论数，因此未能考察两者在传播效果上的差异。未来的研究可以通过收集传播效果指标，进一步探讨情绪表达如何影响信息传播及用户反应。

参考文献

[1] 阿莉·拉塞尔·霍克希尔德. 心灵的整饰：人类情感的商业化 [M]. 成伯清，淡卫军，王佳鹏，译. 上海：上海三联书店，2020：26-195.

[2] GRANDEY A A，GABRIEL A S. Emotional labor at a crossroads：where do we go from here？[J]. Annual review of organizational psychology and organizational behavior, 2015, 2 (1)：97.

[3] 何志平，于洋. 卷入·控制·抽离：突发事件报道中记者的情绪劳动 [J]. 现代传播（中国传媒大学学报），2024，46 (4)：19-20.

[4] 皮埃尔·布尔迪厄. 关于电视 [M]. 许钧，译. 沈阳：辽宁教育出版社，

2000：36－84.

［5］ KNIGHT C. Emotionality and professionalism：exploring the management of emotions by journalists reporting on genocide ［J］. Sociology，2020，54（3）：609－625.

［6］ KOTISOVA J. When the crisis comes home：emotions，professionalism，and reporting on 22 March in Belgian journalists' narratives ［J］. Journalism，2020，21（11）：1710－1726.

［7］ 张涛甫. 中国语境下新闻生产的"后台"观察——兼评《南方周末·后台》［J］. 新闻记者，2010（3）：80－84.

［8］ PHIPPS A B，BYRNE M K. Brief interventions for secondary trauma：review and recommendations ［J］. Stress and health：journal of the international society for the investigation of stress，2003，19（3）：139－147.

［9］ SEELY N. Journalists and mental health：the psychological toll of covering everyday trauma ［J］. Newspaper research journal，2019，40（2）：239－259.

［10］ 吴小坤，赵甜芳. 自然语言处理技术在社会传播学中的应用研究和前景展望［J］. 计算机科学，2020，47（6）：184－193.

［11］ KOIVUNEN A，KANNER A，JANICKI M，et al. Emotive，evaluative，epistemic：a linguistic analysis of affectivity in news journalism ［J］. Journalism，2021，22（5）：1201.

［12］ 易爱军. 土耳其伊斯坦布尔市中心发生爆炸袭击致 5 死 20 伤 ［EB/OL］. https://news. sina. cn/2016－03－19/detail-ifxqnski7746982. d. html.

［13］ 易爱军. 记者手记：恐袭阴影下的土耳其"郁金香节" ［EB/OL］. https://www. xinhuanet. com//world/2016－04/20/c_1118680815. html.

［14］ 李一凡，常卓瑾，俞金旻，吴荣奎. 浙江一对夫妻被洪水冲散，男方抓住木头幸存，女方遇难 ［EB/OL］. https://www. bjnews. com. cn/detail/15655960911 4252. html.

［15］ 俞金旻. 那个在台风"利奇马"中"承包外滩"的小胖子，发来了一堆"追风感言"｜记者手记［EB/OL］. https://baijiahao. baidu. com/s？id＝1642357931 182658674&wfr＝spider&for＝pc.

［16］ 常江，田浩. 从数字性到介入性：建设性新闻的媒介逻辑分析 ［J］. 中国编辑，2020（10）：12.

［17］ 周琦. 长江沉船现场又搜出多具遗体 ［EB/OL］. https://www. lywxww. com/ html/2472/2015－06－04/09434349259. shtml.

[18] 周琦. 澎湃记者手记丨沉船者最后的姿势 [EB/OL]. https://www. thepaper. cn/newsDetail_forward_1338285.

[19] KNIGHT C. Emotionality and professionalism: exploring the management of emotions by journalists reporting on genocide [J]. Sociology, 2020, 54 (3): 4-10.

[20] KOVACEVIC P, PERISIN T. The potential of constructive journalism ideas in a croatian context [J]. Journalism practice, 2018, 12 (6): 747-763.

[21] 路鹏程, 石永东. 记者职业与心理疾病——国外新闻记者职业性心理创伤研究的现状与展望 [J]. 新闻记者, 2013, (7): 67-75.

[22] DEAVOURS D. Nonverbal neutrality norm: how experiencing trauma affects journalists' willingness to display emotion [J]. Journal of broadcasting & electronic media, 2023, 67 (1): 112-134.

[23] New industry toolkit on covering violence, trauma and disaster [EB/OL]. Dart center for journalism and trauma, 25-02-04, https://dartcenter. org/resources/ new-industry-toolkit-covering-violence-trauma-and-disaster.

[24] 陶文静, 李双龙. 记者也要学习心理调适的知识——著名心理学专家徐俊冕教授谈采访地震记者的心理健康 [J]. 新闻大学, 2009, (1): 91-95.

[25] 王军, 丁汉青. 理想与现实的差异: 新闻从业者职业认知危机的现状及其影响效果研究 [J]. 新闻大学, 2021, (3): 62-75.

数据库·游戏引擎：纪实影像的裂变与新界限

陈　芝　刘臻雨　赖晨宇[*]

摘　要　本文将遵循马诺维奇在《新媒体的语言》中的行文思路，从书中的重点案例《持摄影机的人》谈起：先是指明纪实影像档案权威性的断裂，继而阐释数据库这一新的影像组织形式；再由电子游戏《毁灭战士》和《神秘岛》中的可导航空间入手，厘清数据库形式的呈现与操作逻辑，从而观照一种新的纪实影像形式——引擎电影，以期拓展纪实影像的边界；最后上升至 AGI 时代的高度，审视纪实影像发展的新样态，重申人的创造性，回应"噬主"和"技术中心主义"的忧思。

关键词　纪实影像　《新媒体的语言》　数据库形式　引擎电影

列夫·马诺维奇（Lev Manovich）在《新媒体的语言》（*The Language of New Media*）里借用了计算机科学领域的"数据库"（Database）概念考察电影的历史，发现了一种新的电影形式——数据库电影，以及能够代表这种形式的经典影片——《持摄影机的人》（*The Man with a Movie Camera*），继而揭橥数据库电影中"数据库"和"传统叙述"的矛盾关系。马诺维奇再以《毁灭战士》（*DOOM*）和《神秘岛》（*Myst*）这两部经典电子游戏的可导航空间逻辑为例，将"数据库"和"传统叙述"这两种看似矛盾的叙事方式统一起来，从而为新媒体语境下的电影研究提供一个新的审视角度，并尝试回答"电影是什么"的问题。[1]

在该书成型的时期，人工智能尚处在一个幼稚的阶段，纪实影像还在努力摆脱"成为权威"[2]的思想，而当下强人工智能以及纪实影像的新变

* 作者简介：陈芝，广东外语外贸大学新闻与传播学院教授；刘臻雨，广东外语外贸大学新闻与传播学院硕士研究生；赖晨宇，南昌大学新闻与传播学院硕士研究生。

化（如引擎电影），已然大大超越马诺维奇当初对它们的认知。不过，他将计算机和电子游戏引入影像媒介的思路在当下仍值得被继续深思和阐发。本文将按照马诺维奇的论证过程，结合纪实影像的发展历程与新样态，思索人工智能技术生产内容（AIGC）乃至人工通用智能（AGI）时代下纪实影像的裂变与新界限。

一 计算机之后的纪实影像：档案权威性的断裂与数据库形式

马诺维奇认为《持摄影机的人》是彪炳史册的纪实影像，导演是戏称自己为旋转的陀螺的杰尼斯·阿尔卡基耶维奇·考夫曼（Denis Arkadievich Kaufman）。聂欣如教授在《纪录片研究》里把《持摄影机的人》视为"纯粹实验性"的影片，是比起《在世界六分之一的土地上》（One-Sixth of the World）这部站在纪录片"边缘"的诗意性质的纪录片更靠近边缘的实验片。[3] 但更多的人还是把这部影片当作一部纪录片。引起影片类型归属争议的主要原因之一，可以归咎为对"纪录片"及拍摄《持摄影机的人》所在年代对纪录片认知的历史局限性。"纪录片"这一词由"档案"衍生而来，偏向《古登堡圣经》（Gutenberg Bible）式的命名没有改变影像这一新媒介的使命：铭写历史、铭写故事。所以，纪录片和其他类型的片子之间存在灰色地带，"灰色地带"意味着例如，介于叙事和故事之间概念模糊的存在。但在巴赞（Andre Bazin）、爱森斯坦（Sergei Mikhailovich Eizenshtein）等人的正名下，影像总归还是可以直接铭写，尤其是这些被称为纪录片的影像，人们在一定程度上愿意相信这类纪实影像是历史的注脚甚至就是历史本身，所以生产它、制作它，像之前的文字档案一样封存它、考古它——各国各地区的电影资料馆就是最有力的例证。而这样的铭写模式到了福柯（Michel Foucault）的时代没有被颠覆，基特勒（Friedrich Kittler）就如此描述福柯的治学[4]：

> 福柯，最后一位历史学家，或者说第一位知识考古学家，仅需到图书馆查阅所需资料。所有权利都源自档案，并最终回归档案，这种猜疑至少在法律、医学和神学领域可以得到证实。这是历史的反复，

或者是历史的骸骼地。在图书馆里，知识考古学家可以找到非常丰富的资料和编目文献，在受众、发行方式、保密程度和写作手法上五花八门——福柯的档案可与邮局的无序状态相比。

在福柯的启示下，之后的人们意识到"档案也不是那些搜集重新变为无生气的陈述的尘埃，和使它们的复活成为可实现奇迹的东西；它是确定着陈述——事物的现时性方式的东西；是它的功能系统"，所以也不再担心档案的状况是类似于邮局邮件的无序状态，"它是在话语多种多样的存在中区分话语和在话语自身的持续中阐明话语的东西"。[5] 档案原本因为源于真实而产生的权威性被福柯祛魅。在基特勒刚刚的描述里，福柯的权威是源于档案的权威。当更新的媒体即计算机普遍应用之后，基特勒认为福柯时代的知识考古方式已然不适用，方才自信地说道，"在其他媒介穿透图书馆的书架之时，他的所有分析都会提前崩溃瓦解"。[4] 计算机极大地拓展了铭写的能力和边界，"即使是过时的媒介，被推挤到边缘之后，也开始变得敏锐起来，将反映局势的各种蛛丝马迹都记录在案"。[4]前言2 它的存储能力已经远远超过普通人、历史学家、档案学家的调用能力和处理能力。但更具革命性的是，以往不能完全进行沟通和转录的铭写形式，在计算机时代都被转译为常人难以理解却又可控的形式代码，形成一道又一道的数据流，在最深的底层达成了同质化与同一性。而这些同质的数据被结构化整合后形成的项目，就叫数据库。这种可控的形式代码溶解、抄底并替代档案的过程并非一朝一夕，更不是毫无征兆、横空出世。例如，赫伯迪格（Dick Hebdige）很早就剖析了符号在文化层面生产与传播的过程，认为结构主义者巧妙地利用隐喻和转喻使得"可控的形式代码进入道德的、审美的和意识形态的类属之中"。[6] 只是这种现在方式延伸到了新媒体领域，以往重要的、次要的、蒙尘的、遗弃的档案包括那些不属于档案的东西经过又一次新的编码（例如使用 Java、C++等计算机编程语言）从而被整合起来。形成了现在的格局——所有的新媒体对象都需附着在可控的形式代码上，可控的形式代码成为唯一可确定的真实，即便它并不是一个实体。

倘若跳出纪录片和先锋实验的辨析，不再以档案的方式看待《持摄影机的人》，而像《新媒体的语言》一样用数据库的思维方式来看待，也就是把《持摄影机的人》看成一部数据库电影、一部电影技术的操作手册[《新媒体的语言》中引用的是电影学者安妮特·迈克尔逊（Annette Michelson）的说法，她称《持摄影机的人》为"无声电影各类资源和技术的总和"]，那么就不会再对《持摄影机的人》产生费解。

在数据库的运转逻辑下，曾经那些重要的、次要的、蒙尘的、被遗弃的档案包括那些不属于档案的东西，如今都能被可控的形式代码转化。单以纪实影像档案来讲，就经历了"胶片"到"数字化"或者"数码化"的改造。在当时，面对这样改头换面的变革，又有学者或者从业者大呼"电影已死"。[7] 但随着时间和技术的发展，人们面对档案的数字化转型和归置，从惊异到接受到采纳再到依赖，那些曾经因变动而带来的阵痛，如今来看似乎只是"幻痛"。

马诺维奇以《持摄影机的人》这部纪实影像为例证，借由普通语言学教程里纵聚合与横组合的分析，点出了描写和叙述的冲突。米克·巴尔（Mieke Bal）认为，描写"中断了素材线"。这句话被马诺维奇延展至数据库和传统叙述的冲突，所以通常观众在欣赏《持摄影机的人》时，可以看到这座城市的街道、建筑、交通状态等全貌，也能看到片中的摄影师（导演的弟弟）、胶片剪辑师（导演的妻子）诸如此类电影故意自我暴露、人机合一的画面，也就是一些所谓"元电影"的画面，却没法很顺利地品味出一个故事来。书中还特别提及的英国导演彼得·格林纳威（Peter Greenaway）亦是如此，在《塔斯·鲁波的手提箱：摩押故事》（*The Tulse Luper Suitcases: The Moab Story*）系列里，导演宣称："这套电影的隐喻在于没有所谓的历史，只有历史学家。"[8] 影片没有遵循线性叙事，而是以多媒体、多通道、极明显的空间结构化聚类成一种数据库形式。马诺维奇使用的这些案例都在喻示着一种新的前景：新媒体的数据库形式将代替传统叙述成为新的叙事范式。

纪实影像，特别是计算机之后的纪实影像，除了信从可控的形式代码、与档案的权威性产生断裂之外，也在试图使用一套自身的组织形式记录"真实"。

二 纪实影像的边界拓展——从电子游戏谈起

新媒体技术和人工智能的发展，进一步强化了档案权威性的断裂和数据库式的组织形式，特别是对那些异于传统的纪实影像来讲，它们在呈现和操作方面体现出数据库发展的一个必然趋势——"可导航空间"。马诺维奇参考当时最新的两部游戏——《毁灭战士》和《神秘岛》，通过分析二者的界面和游玩形式，来详细论证这一趋势。

马诺维奇描述用户（在传统的纪实影像中，他们更多地被称为"观众"）在数据库可导航空间内的行动时，先是类比了 1863 年夏尔·波德莱尔（Charles Pierre Baudelaire）笔下的现代都市男性形象，即本雅明（Walter Benjamin）升华出来的漫游者形象。[1]271 马诺维奇指出，二者有着类似的空间体验。如果本雅明同意马诺维奇的这种比喻，那么"数据库"就是本雅明自己从未完成的关于 19 世纪法国巴黎城市生活的"拱廊街计划"（Arcades Project）。和漫游者在城市空间成为一个"浑然忘我"的主体一样，用户也可以沉浸式地游荡于数据库的可导航空间，既可以安安静静地做"一个精明的观察家"，又可以扮演"一个心不甘情不愿的侦探"。只不过本雅明侧重于揭露现代性破碎化的问题，而马诺维奇主要是要讲述作为"导航员或者冒险家"的新媒体用户的主体位置。

关于数据库可导航空间呈现给用户的模式，马诺维奇借用的是《毁灭战士》和《神秘岛》这两部经典游戏的导航逻辑。而马诺维奇为什么举例的是游戏，而不是直接使用纯粹的数据库系统，这是因为纯粹的数据库系统隶属于计算机科学和程序开发，它只能容纳计算机语言为唯一通用符码，而游戏则可以在保存数据库特征的基础上，尽显可识别的编码，如最常使用的自然语言和视听语言。《毁灭战士》和《神秘岛》作为 3D 游戏的始祖之二显现出两种不同的导航美学：前者"在玩家眼前展开的世界呈矩形，玩家沿直线运动，转弯时会突然绕过一个直角，进入一个新的通道"；后者"导航的形式更加自由，玩家或者说游客会慢慢地探索环境：他可以左顾右盼，绕圈行走，也可以一遍一遍地回到同一个地点，仿佛一场精心设计的舞蹈表演"。[1]248 更主要的是，这两款游戏体现出了两种不同但不对立的文化消费类型，它们首先都基于一个条件："生产者先定义了对象的基本结构，并发布了几个样例和工具，供消费者创建自己的版本并与其他消费者共享。"[1]248 如果只能在若干款样例和工具内组合，即便可供选择的数量有很多，那么它终究还是像《神秘岛》一样，是一个封闭的系统；如果它听从玩家的呼声，能够无限制地添加进新的选项，甚至允许和鼓励玩家编辑游戏，那么它就是如同《毁灭战士》一样的开源系统。

但不论使用的是开源系统还是封闭的系统，它们都致力于以可导航空间的形式，尽可能多地添加并归类相应的子元素，从而投射出一种"内心的真实"。因此，在通常情况下，在进入一个大型 RPG 游戏的角色创建环节时，我们总会来到一个捏脸界面，通过读取游戏系统的面部数据库，玩家可以通过键鼠选择、参数调整 DIY 一个自己的"化身"，成为此在世界自我的投映。在一些更加精致的游戏里，甚至会创建一个更大的面部数据库并使用该数据库进行面部的实时演算。例如在《荒野大镖客2》（*Red Dead Redemption 2*）里，玩家随着剧情的发展和实际游玩时间的增加，能明显地看到角色面部的演变，除了头发、胡须、眼窝这些常规的变化外，主角亚瑟在剧情中因感染肺结核而导致的面色差异也被凸显出来。这些细节使得《荒野大镖客2》打动了亿万玩家，获得当年 TGA 最佳游戏表演、最佳配乐和原声、最佳叙事游戏、最佳音效设计等大奖。概括来讲，该游戏除了对形式和质料的模仿无比精细外，也在全程不断地利用与复现此在世界的物理规律。基于这一优点，玩家中有一批先觉的电影工作者首先做出了试验：他们借助《荒野大镖客2》的游戏引擎生产出全部的画面素材，制作出一部名为 *Hardly Working*（中文可被译为《徒劳无功》）的影片，2022年在洛迦诺电影节上映，全长20分钟。影片中的四位主角同时也都是游戏中的 NPC，他们没有名字，唯一的称呼就是游戏模型数据库中的编码。他们仿佛西西弗斯一般，日复一日地过着徒劳无功的生活，隐喻工业化进程中人毫无意义的生命消耗。虽然 *Hardly Working* 仍是以传统纪录影片的名头同大家见面，不过观众都清楚地知道影片素材的来源，也都能体会到片中传递出来的深刻思想。

像这样用游戏引擎实时生成画面，再通过后期软件制作而成的影片被称为引擎电影（Machinima）。使用游戏引擎生产出来的影片能被叫作纪实影像吗？纪实影像可以使用游戏引擎来制作吗？笔者认为是可以的。首先，纵观电影全部的历史，每当有新的技术或者理念浮现，它们都不约而同地挑战着"纪实影像"那条朦朦胧胧的尺度线，我们自己也曾一次又一次地推翻过往对纪实影像的认识。至今没有任何一个人能够给出可以完全说服他人的关于"纪实影像"的定义。再者，信息时代数字化生存下的人们无不把赛博空间、思维活动、情绪价值都视为现实的一部分。为什么到了引擎电影，我们要变得封闭且狭隘呢？从更大的视域来讲，在游戏制作中，强悍到如 *Unrecord* 这样的实机演示完全可以以假乱真，这些反映现实的"影像"被嵌入游戏的数据库里，成为游戏系统的一个重要分支。那么这些影像被重新提取出来后，怎么就被剥夺了"纪实"的正当性呢？目前游戏引擎用于辅助虚拟制作科幻片居多，直接像 *Hardly Working* 这样专门用于纪实影像生产的还不多见，但它对人像和环境的模拟栩栩如生，现已逐步运用在诸多现实生活场景之中，如南方航空和腾讯就使用全动飞行模拟机视景软件系统，为飞行员做培训。相信终有一日，游戏引擎制作出的影像也能够成为纪实影像的观念可以得到人们广泛的接纳。

三　AGI 时代下纪实影像的忧思

在福柯生存的年代，人们明辨纪实影像时，总是会提及 20 世纪 30 年代约翰·格里尔逊（John Grierson）"传递信息、教育宣传以及对现实加以创造"[9] 的说法。纪实影像"宣扬自己的真实性"，"并且宣称它所向我们展示的事情值得一看"[10]，但"创造"一词却又"暗示了虚构的权利"[11]。因此，格里尔逊的看法自 20 世纪 40 年代末起便一直在遭受严厉的批评。以林赛·安德逊（Lindsay Anderson）为代表的英国自由电影派主要攻讦的是格里尔逊知识分子式的学院派立场，但他们在 20 世纪 50 年代放映的系列实验影片依然服膺于复制现实而带来的档案权威性，影片的主要内容是基于对真人真事的采选。法国纪录片导演让·鲁什（Jean Rouch）在 50 年代记录法属非洲原住民生活时也恪守着"没有摄影棚、没有演员、没有布景、没有剧本、没有表演"[12] 的纪实影像实践原则。这种摄制取向随着便携式电影摄影机和高敏感同步录音装置的更新迭代愈发走向极端，成为后来所谓的直接电影。直接电影是"影片的结构——无论就一个镜头中影像之间的关系而言，还是就镜头之间的关系而言——是由被拍摄事件的'即发性'决定的"，[13] 而不是后期导演出于某种个人目的或者公共意识串联起来的。但鲁什 1960 年的成名之作《夏日纪事》（*Chronicle of a Summer*）却又以一种强烈的、明显的拍摄干预，质疑直接电影无中介风格的完整可信度，代表了另一股纪实影像的摄制倾向——真实电影。不过，二者不论如何排斥对方，都在致力于维系他们各自所摄取的"现实"。双方都认可的一个前提就是："现实必须重新改造并成为权威"。[2] 这一思维方式直到 20 世纪 80 年代后期《细细的蓝线》（*The Thin Blue Line*）、《罗杰和我》（*Roger and Me*）等新纪录电影问世后才逐渐消退。按照英国著名纪录片学者布莱恩·温斯顿（Brian Winston）的划分，此后的纪实影像均被称为"后格里尔逊式"纪录片，同时本阶段也被称为"后格里尔逊"时期。[14]

在学术界尚未完全厘清"纪实影像"的概念和范畴时，人工智能（AI）的时代便强势来临。AI 的应用领域涵盖了机器学习、模糊逻辑、自然语言理解、影像识别、类神经网络等。不论是电影领域还是游戏领域，AI 的广泛应用使得纪实影像的面貌更加扑朔迷离。曾经只有人才能实现的操作，如整理、归纳、选择、编排等，如今都能被 AI 框架复刻，时代已然从 AIGC 阶段跃迁到 AGI 阶段。近期 Sora 已经初步实现自然文本和图像、影像数据库的交叉，它可以依照人们输入的文字描述或者关键词，从各处调取可用的资源进行交融，再自主地加上一些特效，生成一段视频。那么这类 AI 会给纪实的呈现带来什么新的变化呢？这种变化又有怎样的后果？

Sora 越来越强这点毋庸置疑，但它是否能像"仆人"（Servant）一样得心应手值得商榷，最容易联想到的就是"噬主"的问题，用马克思（Karl Marx）的概念来理解，就是"异化"的问题。Sora 无节制地发展和使用令人担心其会让使用者失去主体性和独立思考的能力。对这种技术伦理的讨论可谓众声喧哗。AI 可以渗透到数据库电影的各个领域。对理解数据库形式和游戏引擎要涉及的创立、归整、选取、编排、补充，以往由于媒介之间的传播障碍，需要一定的人工进行转译、矫正、调整，而在强 AI 的辅助下，现在越来越不需要人工的介入。从技术乐观主义的角度来看，可以说实现了人的极大解放。如果哪天 AI 提取、AI 制作、AI 发布、AI 推送等形成了一套文化工业生产的自洽循环，除了服务的对象还是人之外，其他一切环节都由 AI 代替，这时候的纪实影像还是"纪实"的吗？

针对那些经历 AI 洗牌重组后的幸存者，还有可能出现一种更加恶劣的情况，那就是以后的纪实影像创作不是比较谁更有哲思、更有创意，而是比较谁更会使用技术，谁可以更多地提取和融合数据库的内容，谁更具有电子模拟的能力。

国内把数据库、游戏引擎、纪实影像勾连起来的样板当推《逆水寒》。该手游公司将 AI 视频技术引入游戏，推出了"剧组模式"，成为中国首款支持"文生视频"的大型多人在线角色扮演游戏（MMORPG）。从操作上来看，"剧组模式"与 Sora 十分相似，都是用户在对应的文本框内输入文字，随后让 AI 实时生成相匹配的内容并导出视频成片。和"剧组模式"的"剧组"一词相呼应，玩家们称呼使用该游戏生成视频的过程为"拍片"。早在剧组模式之前，已有高端玩家尝试以《逆水寒》的游戏数据库为素材，剪辑出一部"绝世甜剧"。而引入 AI "剧组模式"后，更大的突破在于接通了其他数据库，玩家不但在原来的数据库里拥有更大的权限，如能够以图或者以文重塑 AI 演员、调用所有场景和全息天气系统，而且可以上传抖音等平台上的真人视频，让 AI 精准分析人物的动作与面部表情，最后复刻在 AI 演员身上。

与 Sora 类似，"剧组模式"预期的目的也是降低创作门槛、实现影像的自动化制作。可在 AI 高歌猛进的推广中，暴露出来的首要问题就是门槛依旧很高，这固然有政策和硬件的原因，但最主要的还是存在一定的技术壁垒，目前的发展距离人们想象中的"言出法随"的阶段还有一段历程。再者，对于那些摸到门槛的人而言，在实际使用过程中也常常会发现货不对板、穿模等问题，虽然现在日益改善，但解决问题的各项成本支出仍是一个不小的负担，有时甚至不比直接人工建模来得划算。因此，这种自生成式的纪实影像且不说被承认与否的问题，单从技术角度而言尚不可能，它仍然离不开人类进行格里尔逊定义纪录片时所说的"创造性地处理"。

四　结语

时至今日，有关纪实影像和计算机媒体之间的互动研究仍然可以从马诺维奇搭建的框架中延展而出。美国著名纪录片学者比尔·尼科尔斯（Bill Nichols）早先指出，纪实影像"可以在视觉上精确复制一个事物，但这并不意味着它能准确传递这一事物的含义、价值或用途"。[15] 而顺着马诺维奇的思路结合当下新媒体以及纪实影像的嬗变去观察，可以发现 AGI 时代下的纪实影像正在努力弥补尼科尔斯所说的缺憾。总而言之，AGI 时代下的纪实影像不单单囿于视觉上的翻刻，更不标榜自身的权威性，而是重新使用一套可控的形式代码，以数据库的组织方式，试图拓展自身的界限和类型，虽有异化和唯技术论的风险，但终究无法脱离人的自主创造性。

参考文献

［1］列夫·马诺维奇. 新媒体的语言［M］. 车琳，译. 贵阳：贵州人民出版社，2020：222-295.

［2］詹姆斯·凯瑞. 作为文化的传播："媒介与社会"论文集（修订版）［M］. 丁未，译. 北京：中国人民大学出版社，2019：28.

［3］聂欣如. 纪录片研究［M］. 上海：复旦大学出版社，2010：33.

［4］弗里德里希·基特勒. 留声机 电影 打字机［M］. 邢春丽，译. 上海：复旦大学出版社，2017：5.

［5］米歇尔·福柯. 知识考古学［M］. 谢强，马月，译. 北京：生活·读书·新知三联书店，1998：168.

［6］迪克·赫伯迪格. 隐在亮光之中［M］. 席志武，译. 重庆：重庆大学出版社，2020：92.

［7］斯拉沃热·齐泽克. 真实眼泪之可怖：基耶斯洛夫斯基的电影［M］. 穆青，译. 武汉：武汉大学出版社，2018：序 2.

［8］塔斯鲁波的手提箱［EB/OL］. http://ent.cctv.com/special/C18591/20070613/108457.shtml.

［9］苏珊·海沃德. 电影研究关键词［M］. 邹赞，孙柏，李玥阳，译. 北京：北京大学出版社，2013：138.

［10］帕特里夏·奥夫德海德. 纪录片［M］. 刘露，译. 上海：译林出版社，2018：4.

［11］比尔·尼科尔斯. 纪录片导论［M］. 王迟，译. 北京：中国国际广播出版社，2020：248.

［12］胡濒．法国新浪潮中的真理电影［C］//单万里．纪录电影文献．北京：中国广播电视出版社，2001：75.

［13］罗伯特·C．艾伦．美国真实电影的早期阶段［C］//单万里．纪录电影文献．北京：中国广播电视出版社，2001：90.

［14］王迟．纪录片究竟是什么？——后直接电影时期纪录片理论发展述评［J］．当代电影，2013（7）：85.

［15］比尔·尼科尔斯，王迟．西方纪录片理论的发展历程——比尔·尼科尔斯访谈录［J］．当代电影，2021（11）：98.

角色扮演与日常生活：Cosplay 空间移动中的地方性建构[*]

陈瑞华　季　凡^{**}

摘　要　作为新兴文化现象的 Cosplay，往往因为其造型夸张、服饰奇异等特征引发大众侧目与聚焦。近年来，这种小众圈子化角色扮演行为逐渐进入日常生活，成为公共空间中的重要文化现象。但这种进入并非以传统亚文化视域下的"抵抗"姿态呈现，而是通过日常空间移动来调和角色扮演与日常生活之间的冲突。特别是，Cosplay 借助数字媒介技术交往特性，使日常移动消解了公共空间阻碍。同时，角色扮演者以共同行动形成群体性默契，进而强化群体情感沟通，由此实现社会融入感和归属感。这个过程不仅重塑公共空间，更是角色扮演者以身体节奏为途径的"地方性"建构。究其本质，这种"地方性"是文化符号和意义的交织点，背后隐含的是 Cosplay 与日常生活的复数性关系，以及角色扮演者自我、他者与社会之间的关系调整，从而在日常生活中实现共存与意义获得。

关键词　Cosplay　公共空间　角色扮演　空间移动

一　引言

近年来，诸多新兴青年文化不断进入大众视野，Cosplay 即为其中的典型现象。Cosplay 由 "costume play"（简称 COS）组合而来，中文译为"角

* 本文系广东省社科规划青年项目"数字媒介使用代际差异对广东农村地区家庭文化影响研究"（项目编号：GD23YXW01）、广州市社会科学规划项目"广州推进城乡融合和区域协调发展研究：基于数字媒介交往的视角"（项目编号：113-KYC02023002）的研究成果之一。

** 作者简介：陈瑞华，广东财经大学大湾区网络传播与治理研究中心执行主任，副教授；季凡，广东财经大学大湾区网络传播与治理研究中心兼职研究员。

色扮演"或"扮装"，常见于同人志即售会或视觉系乐团演唱会等爱好者聚集活动。这些扮演大多通过穿戴相似服饰、使用道具、化妆造型和身体语言等方式，模仿来自动画、漫画、电子游戏、轻小说、影视剧、偶像团体中的角色，甚至是现实世界具有传奇色彩的人物形象或原创角色，扮演者自身则成为大众口中的 Cosplayer（简称 Coser），即"扮装者"或"角色扮演者"。随着国内动漫产业的发展及爱好人群扩大，尤其是数字媒介技术的普及，Cosplay 开始从小众圈子化交往进入日常生活公共空间，并在不同层面产生影响。[1]

　　既有研究多聚焦于 Cosplay 作为新文化现象的表征，抑或关注社群内部互动机制及社群边界维系等，尤其是 Coser 受到的限制及他们自觉或不自觉表现出的抗争性，背后强调社群如何固化自我边界。如郭栋将 Cosplay 与主流文化以及被多数群体占领的空间所产生的冲突看作软抵抗，参与者试图挣脱主流符号体系的约束。[2] 与此同时，研究多将抗争视为主流文化和亚文化不可调和的矛盾，认为 Cosplay 的亚文化属性决定其注定从属于主流文化，这样的地位限制了其现实实践空间。[3] 这意味着此类亚文化活动大多都在特定、有时间和地点限制的空间内进行，即"阈限空间"[4]。尽管 Cosplay 的活动场地大多选择在开放的公共场所，如会展中心和酒店会议厅等，但这些空间本质上是专门展示场所，与日常生活的空间存在隔离，且活动区域边界清晰，"栅栏"和管理人员使场内外的空间区隔更为严谨。Coser 的活动被限制在规定范围内，这些规定逐渐形成 Coser 的群体约定，他们会自觉在限定空间活动，且不会在非展演的现实情境中表现出与场景角色要求无关的行为。从整体来看，这些研究忽视角色扮演者的微观经验，即扮演者如何与外在环境互动，尤其在社会空间日渐秩序化和制度化的语境下，被视为二次元人群的 Coser 如何冲破公众审视、打量，在公共空间进行移动，以及建构起群体自身身份认同，这成为理解 Cosplay 文化现象的关键。

　　移动是理解现代社会不可忽视的概念，无论是个体在日常生活中步行、通勤，还是人类社会在宏观层面的迁移与变动，移动渗透在我们生活的方方面面。移动本身是中性的，它在诞生时并不具有预设的倾向或意义，然而当它发生在特定的空间下，即移动者在某种情境抑或语境中实现从某处移动至他处，移动的意义可能就大相径庭。易言之，移动不仅是物理上的位移，更涉及社会、文化和心理层面的"移动性"。斯里夫特认为，移动性是现代社会的"感觉结构"[5]。然而，传统社会科学理论和研究仍然倾向于安栖主义思维，重视稳定性、地方意义和地方性，而将距离、变化及"无地方性"等移动性特征置于次要地位。[6] 蒂姆·克雷斯维尔批评那些忽略移动性象征意义和内涵的研究，他认为没有意义的移动就只剩下了运动本身，它仅仅是抽象的移动性。换而言之，移动性是作为主题或隐喻存在。[7] 这意味着对移动性价值的解读，必然离不开其所处的社会背景。

Cosplay 作为文化现象，本身具有较强的移动性，但既有对 Cosplay 空间移动的分析更多落脚于传统对抗和收编思维，忽视群体在日常公共空间移动具有的能动性，以及不同情境赋予移动的价值意义。有研究发现，Coser 为获得新的身份认同和自我存在，往往会进行创造性移动以生成包容性空间，但这种空间仍然是有边界的，存在于日常生活之外。[8] 正是这种具有乌托邦性质的阈限或仪式空间，满足了 Coser 通过变革性服装实现理想身体和精神转变的自我需求，以此塑造具体化、幻想的个体形象，背后体现的仍然是有界和无界、包容和排他等二元对立理念，即将角色扮演与日常生活进行隔离。[9] 在段义孚看来，固定与移动并非对立，而是相互关联的两个方面。[22]98 就此而言，Coser 在公共空间移动不仅是位置变化，还是群体与周边环境的勾连，背后涉及群体心理活动与情感呈现等内容。从能动性角度看，这种移动同时重构日常生活公共空间，且在有意无意地重塑外在环境。数字媒介技术更是重构了传统移动概念及意涵，即移动性作为重新勾连时空与场景的技术存在，改变时间与空间所衍生的距离与限制，进而塑造现实与虚拟来回切换、不同场景进退自如的交往样态。这对交往及其空间具有重要影响，使交往空间被创造性地塑造为可移动的"地方"，而流动作为移动之形式成为常态化趋势，人的认知基础由此变成互动式的、随时随地的全球经验。基于此，本文将从移动性理论出发，结合角色扮演者的数字媒介使用经验，探讨移动对这种文化现象在从圈子交往走向日常公共空间过程中发挥的作用。

二　研究方法

为了解 Coser 在日常生活公共空间移动过程时的内心世界，提取并分析他们所经历的情感变化，需要对该群体进行深入剖析。基于此，研究通过对 Coser 群体日常实践的参与式观察，并结合深度访谈，试图从多方面了解 Coser 进入日常生活公共空间的体验。同时，Coser 在移动过程经历的情感具有独特性，深度访谈亦有助于了解他们在不同情境中的改变以及差异等，进而为理解他们在移动过程的个体行为、群体性社交互动，以及身份认同等问题提供直接且真实的材料。

本次调研于 2024 年 7 月至 10 月进行，结合线上、线下研究方式，对 20 位 Coser 进行参与观察和深度访谈。研究对象一方面来自课题组熟悉的 Cosplay 爱好者，另一方面通过在社交媒体（如微博、小红书等）发布招募的帖子，以滚雪球的方式进行筛选。采访前，课题组要求对方提供相关的证明材料，如参加活动的照片、参加漫展的购票信息等，以确保被采访人真实参与过角色扮演活动。受访者包括 17~27 岁的男性和女性，学历覆盖从高中到硕士，受访者多从事创意、新媒体、设计和服务业等工作。同时，课题组多次参加国内中大型漫展活动，方便对 Coser 进行现场观察和访谈。尤其是参与 2024 年 10 月 2 日至 5 日在广州保利世贸博览馆举行的中国国际动漫节动漫游戏展。作为国家"十二五"时期文化发展规划重点支持的三大动漫会展之一，中国国际动漫节动漫游戏展创办于 2008 年，在动漫圈具有较高知名度。从规模来看，2024 年中国国际动漫节动漫游戏展展厅的展览面积达到 65000 平方米，参展商与品牌数量超过 600 个，人流量突破 30 万人，是观察 Cosplay 文化现象的重要窗口。

三　猎奇与凝视：Cosplay 在日常生活空间中的阻碍

空间不仅是现实的物理界限，也是权力关系的结构化延伸。当 Cosplay 进入日常生活中的公共空间时，Coser 往往会遭遇行动上的阻碍，及行动阻碍导致的心理压力。这类压力既包括来自他者的对其服装和妆容的好奇与疑惑，也包括源于猎奇心理与性别化凝视所产生的窥探感。正是外界对Cosplay文化的陌生与不理解，使Coser在日常生活中的公共场合面临他者的审视与关注，甚至是道德恐慌。

（一）公共空间秩序对异装文化的排斥

在强调秩序的日常交往空间中，着装上的差异化往往被认为是不安全感的来源，从而受到严格监视。在这种秩序及其管理思维下，日常交往中的奇装异服、偏差性行为都将成为规制对象。Cosplay的特征就在于服饰的奇异性、装扮的差异性，这意味着Coser在身着角色扮演服饰进入公共空间时，就会遭遇阻碍。这些阻碍主要源于大众对其不理解，以及由此导致的不安全感。访谈对象A07就提及这种经历，其身着Cosplay服装乘坐地铁时被工作人员拦下，称其妆容容易引起他人的不适，要求其卸妆后乘坐地铁。尽管目前并没有明确禁止穿着动漫服饰搭乘公共交通，但出于公共安全的考量，禁止出现"赤脚、赤膊、衣冠不整或妆容、装扮容易引起他人不适或造成恐慌的行为"的条例还是较为常见。访谈对象A13经历的遭遇就揭示了背后存在的冲突。

> 我还记得当时去的那个场地是上海1933老厂房，这个地方在早些时候的人流量还不是很多，在我们准备进去这个厂房拍摄时，突然有保安围了过来。但他们也并没有明确地制止我们的拍摄行为，而是不停地盘问和打听。可能在他们看来，像我们这种穿着奇怪，手里又拿着各种拍摄设备的人，总是可能会引发什么事情。所以，他们对我们的盘问也是充满质疑和态度强硬，并不友善。但是因为并没有明确的规章制度禁止拍摄，我们最终并没有被驱赶离开，这些遭遇却给我们造成一定的不适感。

日常生活公共空间虽然是开放的，但这种开放隐含诸多限制和阻碍，其中较为重要的是对个体言行举止的要求，它能够决定个体能否进入公共空间，进而在公共空间中实现移动性。换而言之，一个人的移动是否流畅，可以在一定程度上检验其在这个空间中被包容的程度。克雷斯维尔认为，"移动具有差异性，一个人的快速便捷很可能意味着另一个人需要忍受停滞，一些人处于移动中，而另一些人则停在原地。速度、缓慢和静止彼此之间存在关联，这种关联深深地融入了权力及其分配之中"[10]。这挑战了移动性在空间和政治层面上等同于"解放"的传统假设。尤其在数字媒介技术日渐普及的当下，虽然技术变革压缩了传统时空模式，让世界变得更小，但仍然有部分人由于观念、道德或经济条件等因素影响，不得不停滞在某处，或是遭受空间进入的阻碍。奥布赖恩就认为，"主流"并非现实，"它只是一种文化建构，通过建立强有力的文化规范来指导我们的活动，在某些方面人人遵守这些规范，而在其他方面人人又都违反或抵制这些规范"[11]。为了维护"主流"话语权力，如何将不符合规则的人群划分为所谓的"局外人"就成为重要策略。

（二）猎奇与性别压力下的空间凝视

Coser 在公共空间时常遭遇陌生人的目光聚焦，这里面既有猎奇心理的驱使，也包括性别压力下的凝视。访谈对象 A02 提出，自己 COS 基本上有 70%～80% 的回头率。访谈对象 A15 也指出，（被注视）这个是肯定会的，就是她走在路上总会有人回头打量她，或者嘀嘀咕咕讨论她。因为 Cosplay 服装款式和细节方面的显著差异，使 Coser 在人群中显得格外"独特"或"异样"，这就容易引发路人关注和偷窥。在这种猎奇的目光背后，往往带有审视和不解的成分，将 Coser 置于一种被"他者化"的位置。一些路人可能因为 Coser 的外观而停下脚步，甚至拍照或当面讨论，这种强烈的关注不仅让 Coser 感到被"注视"，也可能带来不适。面对这些异样眼神，抑或歧视、嘲笑与敌意，愤怒和抵触是 Coser 最常见的情感反应。这种反应往往源于对自身身份的捍卫，以及对外界不公正待遇的强烈不满。也有部分 Coser 会体验到无力感，仿佛成为供他人"观赏"的对象。究其本质，这种猎奇隐喻的是大众给 Coser 群体的"标签"行为，即以日常生活作为规则给角色扮演者贴标签，进而使其成为"异类"，Cosplay 是"越轨行为暴露，而行动者因此被公开标识为越轨者"[12]。在克里彻看来，这种猎奇塑造了"道德恐慌"的社会局势，"道德恐慌的结果便是意识形态上的封闭：强加一种否认，从而解决问题"[13]。

与此同时，Cosplay 中涉及裸露或修身设计的服饰细节，容易引起性别化的凝视，为 Coser 带来额外的压力。女 Coser 在穿着较为暴露或贴身的服装时，可能会吸引部分男性的长时间注视，甚至遭遇不适当的评价或身体上的打量，令她们感到不安和尴尬，甚至被侵犯。除此之外，一些 Coser 因角色扮演而呈现与自身性别表达不一致的特征，更容易成为外界目光的焦点。这种凝视背后体现着城市作为日常生活空间所隐含的性别区隔，即男性理所当然被视为城市空间的主体，女性在城市空间移动则被视为危险来源。因此，男性凝视意味着"它是以观看者的目光为中心，统摄万物，就像灯塔中射出的光——只是并无光线向外射出，而是形象向内摄入"[14]。男性正是通过这种视觉机制及其满足感，实现对城市空间的占有，其主体性由此得到强化。这种性别化凝视却让 Coser 在公共空间中感到压迫，还会增加其对个人安全的顾虑和担心。访谈对象 A05 就表示：

> 如果是"中性"的注视，那就不需要怎么调理，就随便看吧，嗯，善意的话我就会很开心。然后可能就会有小女孩之类的，会和我说你很漂亮或者你很帅，我觉得这些都会让我很开心。如果是恶意的眼神，他没有对我造成什么实质性伤害的话，我会直接无视，如果有恶语相加的，或者在后面说些不太好听的话，如果没有直接对着我说，我还是会选择无视。

面对这种性别上的凝视，Coser 的反应各有不同。一些 Coser 选择视而不见，将外界的凝视"习惯化"；而另一些则对性别化的目光产生愤怒，甚至采取自我防御的措施。除此之外，部分 Coser 也会选择避开特定公共场所，或在公共场合避免穿着过于显眼的 Cosplay 服装，以减少目光凝视导致的压力。

四 "去漫展"：移动过程的情感强化与空间融入

面对 Cosplay 在日常生活空间遭遇的各种阻碍，即背后角色扮演与日常生活形成的内在冲突，"去漫展"成为 Coser 协调冲突的机制。这里的

"去漫展"不仅指 Coser 参与漫展的行为本身，更是指角色扮演者如何与同伴在空间移动的过程中寻找彼此，以及如何与日常空间形成互动关系。这意味着移动行为已经超越了简单的空间变化，成为承载共同目标的情感联结纽带。尤其是 Coser 借助数字媒介技术展演及在场方式，使移动过程中的路线、同伴，甚至是与陌生人的即时性共鸣，都成为其空间融入的驱动因素，空间由此亦被重新定义。

（一）共同行走：群体性默契的生成

既往对 Cosplay 的亚文化研究，多将空间移动视为抉择、目的，甚至是反抗等主体理性的结果，背后是政治、经济与文化权力关系塑造的稳定或差异化结构体现，整体上认为空间移动是构成、反映与再生既有社会秩序的表征。换言之，Coser 的移动被看作达致目的的手段，这就使移动及其日常实践从意义脉络中抽离，但身体的高度卷入及体验恰恰是移动过程的核心。尤其是与现代化出行方式不同的街头步行，常常伴随着与同伴交流、交换喜爱的制品等行为的发生。与此同时，这种结伴出行的 Coser 可能会在行程中相互拍照、交流感想等，即使是单独出行，Coser 也有可能遭遇其他角色扮演者上前与其自拍，或是与其他角色扮演者相互赠送物料。正是这种无意识的偶然性、突发性造成不期而遇。卡波内看来，作为一种相遇，它自行发生，穿越那将我们联系于世界之上的差异性组织结构，并通过相似性，甚至是同一性作用在组织整体引起共鸣，在这种情况下，我们将其称为"理念"。[15] 换而言之，共同行走成为建构群体性默契的重要契机，这种默契在创造和增强群体内部交流方面有重要作用，有利于促进个体与他人互动，并通过对某些交流渠道的预期来维持交往的持续进行。

这种群体性默契的背后是情感陪伴，这种陪伴既来自熟悉的朋友，也源自同属 Coser 群体中的其他人。后者的陪伴很可能不存在任何交流，同行者并不了解对方的身份信息，他们进行身份辨识的唯一方式就是通过身上所穿着的角色服饰。Coser 群体很可能只是共同离开车站，经过同一路段前往一个共同的目的地，但即使毫无交际，这样的陪伴也能够和前者一样，为某些 Coser 提供精神的支持。访谈对象 A07 就表示，遇到同伴对他们而言成为某种程度的安慰，就觉得不是自己一个人"奇装异服"。访谈对象 A05 也提及：

> 刚上地铁或者是刚上车的时候，会有一些紧张的情绪，紧张主要是因为自己穿着比较奇装异服，然后身边"地球人"（普通人）可能比较多。但是到了场馆附近之后，就是身边奇装异服的人也开始多起来，就不会觉得自己特立独行，也没有那么不合群了，我会觉得回到了我自己的世界，我在这里是放松的，不会有人来关注我的穿着。一句话，有了伙伴可能感觉就不一样了。

无论是否相识，他们都是抱有同样目的，前往同样地方，具有共同意义的服饰与道具成为他们站在一起的标志。就此而言，共同步行不一定需要关系上的熟悉。正如访谈对象 A13 所言，可能就是人多了就会给自己壮胆，看到其他 Coser 也会给她一种精神上的鼓励，就是那种"哦，我不是一个人"的感觉。通过步行，通过城市空间中的在场，这个群体内部的成员逐渐与其他志同道合者产生实际的接触，并逐渐占据公共空间，步行保持了公共空间的开放性与生存能力。[16]

（二）空间融入：情感为纽带的共同体

Cosplay 的空间移动对 Coser 建立和加强其与日常环境的互动和空间融入同样具有重要的影响，这背后与 Coser 的邻近化交往密切相关。马费索利认为，"邻近"包含两个特征，一是关注社会生活中的关系与关系中的人，二是关注将自己和与他人共享的领地、城市和自然环境联系起来的日常生活。[17] 在群体共同步行的过程中，Coser 不再是不被理解的孤独个体，尤其是其借助数字媒介技术在网络发布照片，而感兴趣的用户则会在评论区中与他们接触，甚至相约下次出行，这种"移动性与人和事物相匹配，它似乎能解除身体之间的障碍，让思想、情感和同伴情感得以传递，从而使感情成为移动本身"[18]178。同时，Coser 逐渐将目光投向生活周遭的附近，通过具身化交往寻找亲密关系，以及能够接纳他们且愿意与其互动的陌生人。这并不局限于商业空间，很多社区开始允许 Coser 举办相关活动，且通过活动增强大众对其的了解。在这种空间融入背后，仍然指向情感互通性，这种互通是基于装饰、道具和角色想象，以及与周围环境交织而成的"界域性存在"。马尔本认为，这是一种独特的兴奋或沉浸其中的感觉，就像在舞池中"移动、靠近并偶尔与他人互动"，从而成为更大事物的一部分，实现"在自我意识和意识之间游走"[19]，正是这种情感为空间融入创造黏合剂。

不可忽视的是，这种融合与当下社会的数字化交往密切相关，即个体身处的媒介环境会对其感知、态度与价值观等产生影响。作为"个人化社会交往空间"，数字化社交媒介融合了不同媒介形态与传播模式，由其带来的交往行为既是个人化的亦是社会化的，是移动交往中的弹性连接与跨越时空的含混交互。这就催生了数字社交"中心与边缘、真实与虚假、隐匿与在场"并存的特性，以及"场景化、移动化与松散化"的媒介交往。这为移动带来更多可能，尤其是其能够对身体产生刺激和激发情感，这种情感反过来对移动产生干扰并加剧、补充或替代移动。移动与情感相互碰撞能够增强 Coser 的归属感，且为参与者带来"深植于移动过程中的强烈的情感体验和共同的考验体感"[20]。正如滕尼斯所言，社群是人意志完善的统一体，是原始血缘、地缘等自然因素，或者是情感、记忆与习惯等自然意志形成的有机体，背后是共同体的意志把人作为整体成员团结起来。[21] 作为共同体，成员们可以共同行动，以建立情感联系或进行情感沟通，这与朝圣具有相似之处，即与"朝圣过程中的情感交流"类似。他们不只是可以分享彼此的生活经验和所得到的教训，还可以互相协助来解决彼此的问题。[18]176

（三）数字展演：公共空间的再定义

长期以来，人们常借助移动来表现不公正待遇或是不平等现象，移动的意义总是和自由与解放相互关联，因为移动的质量能够在某种程度上反映个体或是群体在整个社会中被接纳的程度。但并非人人都能够自由移动，或是在移动过程中不受外界的干扰，总有人因为各种原因不得不忍受停滞。因此，人们如何在街道、道路和城市中移动，本身就隐喻着权力关系的变化。随着 Cosplay 活动嵌入日常生活，Coser 逐渐将日常生活公共空间视为展示自我和表达文化身份的舞台，借助夸张的服装、精致的化妆与复杂的道具，在公共场合大胆展示自身的文化个性，逐渐找到属于自己的空间。这种行为不仅是 Cosplay 文化的外在表现，更是文化的宣示和象征，进而对传统公共空间的规范提出挑战。访谈对象 A05 和 A06 表示，在拍外景的时候，可能会去一些公园或者是海洋馆之类的地方，有的时候为了出 COS，也可能会去公园及商场取景，单纯跟朋友出去玩的话，也会进入商场或某些商业空间。借助数字媒介技术在日常生活的普及，Cosplay 更是与社交、购物、游戏等交往行为相结合，这给 Coser 带来更加便捷与个性化的数字展演体验，使其随时随地塑造完整的关系链条，进而迅速构建起全新的数字展演与交往空间。

Coser 在日常公共空间的平常化及其数字展演，无形中推动了公共空间的重新定义。如艾迪所言，移动性生产包括意义塑造与再造两个方面的过程：首先，移动性是被赋予或铭刻上意义的，赋予意义的方式被移动性发生的脉络与决策者而定；其次，移动性意义的赋予会造成不同的结果，可能重塑社会关系与行动的方式。[22]52 传统公共空间被视为高度规范化场所，其中的交往方式和行为准则通常由主流文化决定，Coser 的出现使传统规范被日渐打破。具体而言，Coser 通过在公共空间行动打破空间作为中立、规范化场所的属性，使其成为个人身份表达和多元文化展示的平台，如地铁、商场、公园等传统意义的功能性场所，都被赋予了新的意义。与此同时，数字社交媒介在 Coser 日常移动中的使用更是丰富了空间的定义，其多元化的"在场"方式激活了身体的交往欲望与感知力，不断延伸身体互动模式。因为这种在场不是身体面对面，而是人、物与技术等多元主体的即时性联结，以及由此生成的共时性空间。在班尼特看来，青年文化的流动性和碎片性特征非常明显，以致他们只有勉强可以辨认的、短暂的空间，对于这些空间的模糊性，只有诸如生活方式、新部落及场景等术语提供了一种相宜的、不透明的和含混的空间反应。[23] 这意味着新的交往空间日渐流动化和碎片化，与边界清晰、稳定的传统空间截然不同。

五　重建"地方性"：数字媒介交往过程的文化弥合

随着 Cosplay 的不断发展，Coser 逐渐走出原有的场地限制，将活动场所延伸到日常生活的公共空间，这个过程赋予空间以新的现实意义。这不仅是隐性的文化挑战，也是 Cosplay 作为新的文化如何与日常生活弥合的过程，背后是"地方性"重建的深层内涵。因为 Coser 在表达个体主张的时候，通过共同行动建立起群体身份认同，这个过程揭示了 Cosplay 社群如何在移动中寻求更大的社会融入感和归属感，由此亦推动复数性文化关系的不断形成。

（一）以身体节奏重建"地方性"

Cosplay 融入日常生活，进而成为社会文化的组成部分，促使空间转向"地方"。在很多访谈对象看来，地铁、商场等已经成为他们习以为常的场所。访谈对象 A07 就表示，虽然是一个商场，但是她进来之后就会觉得，在这里出 COS、搞二次元是很正常的事情，二次元就是生活的一部分。因为 Coser 移动不仅是空间移动，也是文化流动的表现，空间由此成为社会关系汇集点。通过这些在空间中的社交行为和群体实践，Coser 赋予空间以特定的内在意义和价值。这个空间改造过程不只是符号交流，Coser 同时通过身体节奏将空间改造成富有诗意的地方。换言之，当这些活动成为 Coser 的习惯，空间就成为群体性交往独有的"地方"，是他们发现自己、诠释生活、理解和获得意义的在世存有方式，即"价值观沉淀下来的中心"[24]。由此可见，这种"地方"不是通过建筑抑或符号等象征载体产生意义，而是通过移动过程中的"身体节奏"[25]产生意义，即通过周遭对身体投入产生的联动性反应，感知和体验自身所处的空间，并且赋予它们意义，在此过程沉淀与积累情感，而当情感逐渐累积，空间就成为地方。西蒙将身体日常移动称为"身体芭蕾"，当这种节奏化移动维持较长的时间，就成为"时空惯例"，进而在特殊区位结合成"地方芭蕾"，即强烈地方感的形成。[26]

这种"地方"隐喻 Coser 身份认同经历的变化。通常而言，身份由社会角色、阶层等因素决定，而 Cosplay 为 Coser 提供了新的身份再造机制。Coser 可以通过角色扮演，暂时摆脱现实身份标签，进入由幻想和创意构成的世界。这种扮演并不是为了逃避现实，而是试图在现实空间中重塑自我。他们通过与他人、空间及大众社会互动，尝试建立起一个新的社会身份认同。究其本质，这种认同是作为"象征建构"的体现，是基于身体节奏的"在场"，以及借助服饰、道具等日常交往符号生成的"身体共感"。这使认同超越个体身份界定，反映了群体文化的集体意识，因为在 Coser 文化实践过程中，"地方"不仅是个体表达空间，更是凝聚群体身份认同的载体。段义孚认为，一个群体可以表达并强化其社会性的文化准则，并在很大程度上影响其成员的感知、态度和环境价值观。[27] Coser 的集体行动在公共空间构建起独特的文化氛围，这种氛围既包含其对虚拟角色的共同爱好，亦体现他们对现实身份的自我反思。同时，他们将公共空间从单一功能性场所，转变为多样化文化展示平台，进而成为不同文化对话和认同建构的驱动要素。总之，空间的"地方"转变揭示出个体与社会、身份与空间的复杂关系，反映了 Cosplay 文化在当代社会不断扩展和深植的力量。

随着数字媒介技术的普及，人、空间与地方的关系更为复杂，虚拟世界中的情感开始嫁接到线下，这都使"地方"开始承载更多所指，它不仅是物理位置的汇合，更是文化符号和意义的交织点，这个过程便构成"地方性"。在麦奎尔看来，现代社会生活的空间体验经由建筑结构与都市领地、社会实践和媒体反馈之间的错综复杂的相互构造过程而崛起。[28] 对于 Coser 而言，他们通过身体移动来感知城市日常生活，将 Cosplay 文化嵌入地方所承载的文化意义系统，当 Cosplay 文化进入地方并为地方文化所接纳，对于 Coser 群体而言，地方便有了意义。这个"地方"显然不是简单的物理空间复刻，而是文化意义的空间再造。与此同时，"地方"不仅是个体生活的背景，也是社会关系的汇集点。这个交汇点也是"地方"的中心，使 Coser 能对自己所处的世界与空间活动进行定位。[29] 因为从数字媒介技术的特性而言，移动性指信息之间的交换与流动，但就角色扮演者日常经验来看，移动性本身往往伴随着意义的生成，因为数字媒介技术的移动性不仅将多元关系聚合，而且消弭虚实之间的区隔，同时让个体重新审视与定位自我，背后"是一种跟世界产生关联、参与，并在分析上理解世界的方式"[22]9。正是这种移动性具有的意义，塑造了 Coser 新的社会关系及思考世界和展开行动的理念，让受规制的 Coser 重获心智自由，在日常生活中实现意义与价值获取。这在某种程度上类似于宗教仪式产生的效果，不仅促使身体节奏、行动模式得以传统化与生成群体信仰，而且能够在日常生活中延续，进而成为身体无意识的习惯。

（二）Cosplay 与日常生活的复数性关系

移动不只是通过习惯性或无意识性行为产生有意义的互动，移动的习惯性和无意识性同样不断加强某种理念、规范和意识形态。布尔迪厄认为，社会的规范和价值观是通过身体活动、实际操作和日常习惯来逐渐内化和持续复制的，这就是他所提到的习惯。[30] 正是身体的持续性移动，使特定感觉、思维和行为模式得以长久维持。Coser 在公共空间的展示，某种程度上可以被视为对日常生活中的偏见、凝视进行"纠偏"。这种观念层面的纠偏并不以暴力的对抗或冲突为主，而是通过"另类"的表现方式悄然挑战生活中的固有价值观念和规范。如主流社会通常强调服装的实用性和规范性，而 Coser 则通过穿着幻想性、非功能化的服饰，质疑这种实用主义和规范化的标准。在这种"纠偏"背后，彰显的是青年独特的生活方式、行为理念与符号系统等，这就构成 Cosplay 的独特"风格"。需要注意的是，与亚文化强调"通过仪式抵抗"有所不同，Cosplay 的移动性具有动态、相互依存与日常实践属性，其作为文化现象是通过与外界保持开放、互动而进行自我更新，并非传统亚文化凸显的对抗性。

具体而言，Cosplay 与日常生活是"复数性"关系，这种关系样态更多关注形式，而非对内容的强调。在传统的亚文化概念里，大多重视青年文化背后的动机和目的等，以及由此催生的各种符号载体和抗争行为，这构成文化呈现的"内容"。从文化"形式"角度看，由内容引起的相互交往形态及其背后的关系，远比内容本身重要。[31] 正是这些即时性的、多变的和灵活的形式将 Coser 与社会形成紧密关联，并在相互性中生成社会多样性，而非那些静态且强调结构性二元对抗的亚文化思维。例如，在 Cosplay 展示过程中，Coser 与围观路人、拍照者互动，进而形成即时性聚合化关系，虽然不是长久的关系模式，但 Coser 能在这个过程与外界分享其文化和价值观。Cosplay 虽然在主流话语中常被视为"非日常"，但通过在公共空间展示，它正在瓦解固有的刻板印象和认知。Coser 通过与现实环境互动，利用夸张的服饰、精致的化妆与复杂的道具等视觉符号，向日常生活偏见表达他们的存在感和独特的文化诉求。Coser 的这种展示行为不以对抗性姿态出现，而是运用视觉符号的张扬性和文化符号的再造，巧妙融合进主流社会的审美标准和行为规范。

究其本质，这种"复数性"是以自我表现为中心的文化实践，试图在多元文化中建构新的"同一性"。这意味着 Coser 不仅通过展示自身兴趣，逐渐在公共空间中占据位置，同时通过自身行为传递"我们可以在这里，我们也是这个社会的一部分"的态度，进而形成某种"同一性"。显然，这种"同一性"不是通过文化上的主导性与先验性，以及背后通过主流文化的外显强制带来的同一。相反，这是数字社交时代青年存在的新共性化特征，即以身体感知、聚合化场景和含混性关系为核心的存在方式。因此，"同一性"不是最终目的，而是前提性的条件。对 Cosplay 文化的理解需要将其视为与主流文化同在的多元组成部分，只有允许这个多元组成作为基础存在，才能在其他问题的探讨上形成可理解共识。对主流文化而言，Cosplay 的持续更新亦不断促使其改变旧观念，以适应社会动态发展的需要，甚至将 Cosplay 相关因素吸收进来，进而拓展自身的边界和内涵。可见，复数性更多强调 Cosplay 与日常生活的糅合，这个过程不是相互对抗，而是把日常生活隐藏的结构性张力转变为相互搓揉的依存性关系，在此过程中实现融合与反转。这意味着 Cosplay 与主流文化不是相互竞赛，不是具有结构性矛盾难以调和的对立，而是通过移动形成的有机关联。正是这个过程维护和拯救了"加速时代"青年心智的自由，让其摆脱现实生活的压力，同时又将生活紧握手中。

六　结语

本文通过对 Cosplay 文化现象及 Cosplay 参与者在日常生活中的公共空间移动行为进行探讨，揭示了 Coser 在移动过程中经历的情感变化、身份认同等，以及他们是如何通过移动重新定义公共空间的。作为新的文化现象，Cosplay 已经发展成为文化表达方式，挑战日常生活固有的价值观念与规范。通过穿着幻想性、非功能化服饰，Coser 向偏见与规则表达他们的存在感和文化诉求。这种"纠偏"不仅挑战主流社会的审美标准和行为规范，也推动 Cosplay 文化的自我认同和发展。总之，Cosplay 文化及 Cosplay 参与者在公共空间的移动复杂而多维，涉及个体情感、身份认同和空间再造等多个方面，以及背后存在的复数性文化关系。在一个越发加速的时代，青年对自我、他者与社区的疏离，不仅使自我陌生化，亦体现出其对他者和身处其中的城市生活的无感。这种疏离进一步弱化了青年的社会交往能力与感受能力，进而影响城市公共空间的存在与活力。Cosplay 在日常生活中的呈现改变了青年与城市关系，青年开始通过身体的能动性积极塑造自我，及其与他者、社区和城市的关系，进而在充满桎梏的日常生活里缔造意义。

参考文献

［1］周赟. 新媒介时代青年文化传播发展研究——以 Cosplay 文化传播为例［J］. 中国青年研究，2017（3）：19-24.

［2］郭栋，李向辉. 垂直社区中的 COSPLAY 亚文化传播［J］. 兰州大学学报（社会科学版），2019（1）：107-113.

［3］谢灵佳. 权力视阈下的青年亚文化——以 Cosplay 亚文化为例［J］. 当代青年研究，2019（1）：62-67.

［4］孙卫华，刘亚楠. 仪式展演与象征抵抗：Cosplay 的仪式实践与阈限空间［J］. 当代传播，2022（3）：75-79.

［5］ThRIFT N. Spatial formations［M］. London：SAGE Publications Ltd，1996：303.

［6］张杰. 西方文论关键词：移动性［J］. 外国文学，2021（3）：118-130.

［7］CRESSWELL T. On the move：mobility in the modern western world［M］. London：Routledge，2006：9.

［8］PEIRSON-SMITH A. Fashioning the embodied liminal/liminoid self：an examination of the dualities of cosplay phenomenon in East Asia［J］. Asia pacific perspectives，2019（1）：65-92.

［9］PAUL MOUNTFORT，ANNE PEIRSON-SMITH and ADAM GECY. Planet cosplay：costume play，identity and global fandom［M］. Bristol：Intellect Books，2019：144-145.

［10］CRESSWELL T. Towards a politics of mobility［J］. Environment and planning D：society and space，2010（1）：17-31.

[11] 苏茜·奥布赖恩，伊莫瑞·西泽曼. 大众文化中的亚文化和反文化 [A]. 陶东风，胡疆锋. 亚文化读本 [M]. 北京：北京大学出版社，2011：37.

[12] 霍华德·S. 贝克尔. 局外人：越轨的社会学研究 [M]. 张默雪，译. 南京：南京大学出版社，2011：26.

[13] 查斯·克里彻. 道德恐慌与媒介 [M]. 北京：北京大学出版社，2006：28.

[14] 约翰·伯格. 观看之道 [M]. 戴行钺，译. 桂林：广西师范大学出版社，2005：11.

[15] 莫罗·卡波内. 图像的肉身 [M]. 曲晓蕊，译. 上海：华东师范大学出版社，2016：167.

[16] 丽贝卡·索尔尼. 走路的历史 [M]. 刁筱华，译. 上海：上海三联书店，2018：190.

[17] 米歇尔·马费索利. 部落时代 [M]. 许轶冰，译. 上海：上海人民出版社，2022：173.

[18] 彼得·阿迪. 移动性 [M]. 戴特奇，译. 北京：北京师范大学出版社，2020.

[19] MALBON. Clubbing: dancing, ecstasy, vitality [M]. London: Routledge, 2002: 74.

[20] HETHERINGTON K. New age travelers: vanloads of uproarious humanity [M]. London: Cassell, 2000: 77.

[21] 斐迪南·滕尼斯. 共同体与社会 [M]. 林荣远，译. 北京：北京大学出版社，2010：58.

[22] 彼得·艾迪. 移动 [M]. 徐苔玲，王志弘，译. 台北：群学出版有限公司，2013.

[23] 安迪·班尼特，基思·哈恩-哈里斯. 亚文化之后：对于当代青年文化的批判研究 [M]. 中国青年政治学院青年文化译介小组，译. 北京：中国青年出版社，2012：14-19.

[24] 段义孚. 空间与地方：经验的视角 [M]. 王志标，译. 北京：中国人民大学出版社，2017：44.

[25] 陈瑞华. 身体互联与心灵间距：数字化交往的伦理困境及重构 [J]. 新媒体与社会，2023（1）：245-256.

[26] CRESSWELL T. 地方：记忆、想象与认同 [M]. 徐苔玲，王志弘，译. 台北：群学出版有限公司，2006：58.

[27] 段义孚. 恋地情结 [M]. 志丞，刘苏，译. 北京：商务印书馆，2018：369.

［28］斯科特·麦奎尔．媒体城市［M］．邵文实，译．南京：江苏教育出版社，
　　　2013：11.

［29］戴维·西蒙．生活世界地理学［M］．周尚意，高慧慧，译．北京：北京师范
　　　大学出版社，2022：75.

［30］余乃忠，陈志良．习性："具有席卷一切的解释力"——布尔迪厄建构的结
　　　构主义神话［J］．现代哲学，2009（1）：35-39.

［31］陈瑞华．从内容到形式：数字阅读社群的公共性消解与重构［J］．编辑之
　　　友，2023（5）：26-32.

青年用户对 AI 新闻主播的适应与接受：基于扎根理论的质性分析[*]

刘艳婧　赵晗竹^{**}

摘　要　本文的目的是探索青年用户对 AI 新闻主播的体验和评价，旨在理解其对这项新兴技术的适应和接受程度。本研究采用了扎根理论的方法，通过分析焦点小组访谈来调查参与者对 AI 新闻主播的感受和期望。研究发现，虽然青年用户对 AI 新闻主播持开放和好奇的态度，但对于完全接受 AI 新闻主播仍存在认知和情感上的挑战。这些发现强调了情感参与的重要性，并指出 AI 新闻主播需要以更深层次满足用户需求的方式发展。本研究为 AI 新闻主播的设计和应用提供了实证基础，有助于 AI 新闻主播的技术改进和功能优化。

关键词　青年用户　AI 新闻主播　适应与接受　扎根理论

一　引言

随着人工智能技术的飞速发展，AI 新闻主播的应用逐渐兴起，带来了传播方式的一次重大变革。自 2018 年新华社与搜狗公司合作推出全球首个"AI 合成主播"以来，AI 主播技术在新闻行业的应用迅速扩展。2021 年 10 月 20 日，国家广播电视总局发布《广播电视和网络视听"十四五"科技发展规划》，明确指出"要推动虚拟主播、动画手语广泛应用于新闻播报、天气预报、综艺科教等节目生产，创新节目形态，提高制播效率和智

---

* 基金项目：国家社科基金项目"西方主流媒体涉疆报道的话语建构及应对策略研究"（项目编号：21BXW046）。

** 作者简介：刘艳婧，内蒙古大学文学与新闻传播学院副教授；赵晗竹，内蒙古大学文学与新闻传播学院硕士研究生。

能化水平".[1] AI 新闻主播技术在我国开始进入发展加速期。

AI 新闻主播的发展可以追溯到 2001 年，当时英国推出了世界首位虚拟主持人"阿娜诺娃"，随后美国、日本、韩国也相继推出了自己的虚拟主播。在中国，虚拟主播的出现可以追溯至 2004 年，央视某频道推出了三维虚拟主持人"小龙"。2018 年，全球首个 AI 合成主播在中国诞生，标志着虚拟主播行业的快速发展。[2] 在党的二十大和北京冬奥会召开期间，新华社、中央广播电视总台、北京广播电视台、科技日报社、湖南广播电视台、工人日报社等多家媒体纷纷推出 AI 新闻主播创新报道形式，全面展现了 AI 技术在新闻报道领域的前沿应用成果。

现阶段，关于 AI 新闻主播的研究主要集中在技术发展、应用场景及对新闻行业的影响等方面。有学者指出，真人新闻主播要及时了解人工智能技术的发展趋势和特点，借助融媒体传播意识，促进情感传播、语言传播策略的转变，来应对 AI 新闻主播的挑战。[3] 有学者探讨了 AI 主播与真人主播在新闻播报中的记忆效果差异，以及传播主体身份和社会化线索呈现对受众新闻记忆效果的影响。[4] 有学者借助实验法从心理维度考察受众对 AI 新闻主播的感知吸引力。[5] 还有学者认为，定制化的"智慧人"与场景化的"陪伴者"是 AI 新闻主播的进化方向。[6]

在探讨 AI 新闻主播的发展时，我们不仅要关注技术的进步，更应该关注它们如何融入人们的日常生活。AI 新闻主播的出现，一方面展示了人工智能在模拟人类新闻播报方面的巨大潜力，另一方面也引发了对于人类与机器互动的新思考。AI 新闻主播能否真正成为人类情感和智慧的延伸，不仅取决于技术的发展，更取决于它们是否能够满足用户的深层次需求。

本研究从青年用户的视角出发，探讨他们如何体验和评价 AI 新闻主播，研究的核心价值在于理解青年用户如何接纳和适应 AI 新闻主播这一新兴技术。青年用户通常对新技术持开放态度，他们的反馈能够为 AI 新闻主播的改进提供宝贵意见。借助扎根理论的研究方法，本文将深入分析青年用户对 AI 新闻主播的使用感受，以及他们对新闻传播人性化的期望。这不仅有助于推动 AI 新闻主播技术的进一步发展，也为新闻行业迎接数字化挑战提供了新的视角和思路，从而为 AI 技术在新闻领域的应用提供新的洞察和方向。

二　研究设计

本研究以滚雪球方式招募焦点小组成员，进行了 5 组焦点小组访谈，共 36 人参加，其中女性 19 人，男性 17 人。受访者年龄在 18~34 岁之间，多数受访者对 AI 新闻主播有一定的了解，在征得受访者同意后，对访谈内容进行录音，每组访谈时长为 40~90 分钟。

研究人员先邀请受访者观看 AI 新闻主播节目，观看结束后开始进行访谈。现阶段，AI 新闻主播主要分为"超仿真 AI 新闻主播"和"虚拟卡通 AI 新闻主播"两种类型。研究者选择的 AI 新闻主播包括了上述两种类型（详见表1）。焦点小组访谈结束后将录音进行逐字整理，通过扎根理论分析的方式，借助 NVivo12 软件对文本进行编码。

表1　邀请受访者观看的 AI 新闻主播作品（节选）

类型	节目	生产者
超仿真 AI 新闻主播	《Future Forecast 天气预报》	俄罗斯 Svoye TV
	《综合新闻》	韩国 MBN 电视台和人工智能开发公司 MoneyBrain
	《"冠"察两会》	央视频
	《"新妹"带你看亚运》	中国新闻社
虚拟卡通 AI 新闻主播	《天宫科学小站》第一集：《我在空间站》	NExT Studios 和新华社
	《早安元宇宙》	SMG 融媒体中心和子午工作室
	《元曦跑两会》	中国日报
	《小观对话首席 全会热话题》	川观新闻

三　数据分析及结果

研究采用扎根理论分析访谈文本，通过开放式编码、主轴式编码、选择式编码三级编码过程，对访谈资料进行分类和归纳，形成核心范畴，并探索不同范畴之间的关联。

（一）开放式编码

开放式编码是指研究者对资料进行逐句逐行的概念化命名，将相似的现象赋予同样的概念，并对概念进行范畴化。通过归纳总结，研究最终获得 81 个初始概念、25 个初始范畴。详见表 2 和表 3。

表 2　开放式编码范畴化

初始范畴	初始概念
A1 吸引力	a1 个性；a2 新颖；a3 趣味性；a4 娱乐性；a5 风格多样
A2 交互感	a6 模仿；a7 具身与离身
A3 区隔度	a8 标识；a9 欺骗感；a10 恐怖谷效应
A4 匹配度	a11 场景；a12 文本内容；a13 节目类型
A5 距离感	a14 冷漠；a15 情感连接
A6 真实感	a16 真实陌生；a17 感同身受
A7 制作机构	a18 品牌；a19 平台属性
A8 专业技能	a20 语音；a21 语调；a22 语气；a23 重音；a24 停连
A9 副语言	a25 肢体；a26 眼神；a27 状态；a28 微表情
A10 主播素养	a29 亲切感；a30 临场反应；a31 现实经验；a32 交流与互动
A11 内容质量	a33 本质；a34 准确；a35 创意；a36 内容深度；a37 时事热点；a38 新闻价值
A12 信息满足	a39 基础信息；a40 知识补偿；a41 科技感知；a42 多种类信息
A13 信息获取效率	a43 迅速直接；a44 理解便利；a45 间接代入；a46 拓宽信息渠道
A14 逼真度与精细度	a47 逼真度；a48 精细度
A15 视觉辨识度	a49 主流审美
A16 主播形象设计	a50 比例；a51 游戏化；a52 晕轮效应
A17 熟人效应	a53 亲近感
A18 共情效果	a54 共情真实性质疑
A19 操作惯习	a55 偶遇新闻；a56 文字阅读；a57 耳朵新闻；a58 专业生产内容（PGC）；a59 场景转移；a60 多任务使用行为
A20 用户心理	a61 观感舒适度；a62 沉浸异样
A21 可替代性	a63 降本提效；a64 装饰性技术物
A22 观看反馈	a65 无聊；a66 无感；a67 程序化；a68 可推荐性；a69 真实性隐忧
A23 使用风险	a70 侵权；a71 舆论引导；a72 形象归属；a73 数据安全

续表

初始范畴	初始概念
A24 工具属性	a74 陪伴；a75 新闻播报；a76 语言学习
A25 AI 能力	a77 形象和表情；a78 语音表达；a79 情感互动；a80 语言多样性；a81 数据可视化

表 3　开放式编码范畴化（部分实例）

原始资料（初始概念）	范畴化
"因为 AI 这个形式比较新，也可以吸引一部分的观众，这是我觉得比较好的一点。"（新颖） "我会觉得还挺有科技感的，挺好玩的。"（趣味性）	A1 吸引力
"像真人上太空、火山喷发、海底探索这类场景是我们日常去不到的，AI 新闻主播用这种第一视角带我们体验，会更真切地把我们带到那个环境。"（具身与离身）	A2 交互感
"我更喜欢那种能让我分得清哪块儿是真人，哪块儿是 AI 有不同标识的。"（标识）	A3 区隔度
"虚拟主播要考虑和文本的契合度，进一步协调主播的肢体动作，等等，应与内容更好地融合在一起。"（文本内容） "还是要跟它的使用的环境，或者是如果能和环境融为一体，我觉得接受感会强一些。"（场景）	A4 匹配度

（二）主轴式编码

主轴式编码要对开放式编码中获得的初始范畴进行分类，梳理并建立各初始范畴之间的潜在逻辑关系。根据开放式编码得到的 25 个初始范畴归纳范畴之间的关联，共得到 13 个主范畴，如表 4 所示。

表 4　主轴式编码形成的主范畴及内涵

主范畴	初始范畴	范畴内涵
B1 体验感知差异	A1 吸引力	AI 新闻主播具备吸引用户使用的新鲜点，促使用户产生观看行为
	A2 交互感	AI 新闻主播带给用户的间接性参与意识和脱离碳基身体的空间补偿行为
	A3 区隔度	AI 新闻主播和真人新闻主播之间的差距带给用户的直观感受

主范畴	初始范畴	范畴内涵
B2 认知一致性	A4 匹配度	节目展现过程中主播与文本、环境等方面所产生的匹配性
B3 情感共鸣	A5 距离感	用户与 AI 新闻主播之间产生情感连接难易度
	A6 真实感	用户感受到的 AI 新闻主播的真实度
B4 身份认知	A7 制作机构	AI 新闻主播制作机构的制作能力与水平，影响 AI 新闻主播所展现的精细度与相应的技能水平
B5 人机感知差异	A8 专业技能	主播的核心播报能力，展现主播播音技巧和水平的重要因素
	A9 副语言	主播在播报中使用的语调、表情、动作等非文字内容的表意辅助体系
	A10 主播素养	主播在岗位中与观众建立联系的能力和展现自身独特性的标签
B6 感知质量	A11 内容质量	主播所提供的信息在新闻价值、准确性、深度性等方面的综合水平
	A12 信息满足	用户在使用 AI 新闻主播过程中能够进一步获取所需信息，拓展自身的知识与认知
	A13 信息获取效率	用户会根据获取信息的便利程度、迅捷程度以及是否通俗易懂来决定是否适用 AI 新闻主播
	A14 逼真度与精细度	用户察觉到 AI 新闻主播在形象、动作、语言等逼真度和细节精细度方面存在不足
B7 视觉效果	A15 视觉辨识度	用户关注 AI 新闻主播的视觉辨识度和审美标准
	A16 主播形象设计	用户对 AI 新闻主播形象设计方面的喜好与评价
B8 情感投入	A17 熟人效应	用户基于现实生活中的"熟人感知"对 AI 新闻主播所产生的情感熟悉程度，进一步影响情感投入的深度。
	A18 共情效果	用户基于 AI 新闻主播所给予的情感反馈来决定自身的投入程度
B9 媒介使用习惯	A19 操作惯习	用户使用媒介的惯习和适应 AI 新闻主播习惯的贴合度
B10 用户适应性	A20 用户心理	用户在观看 AI 新闻主播播报过程中在心理方面所表现出的观感适应与认知差异
B11 用户接受度	A21 可替代性	用户对 AI 新闻主播的存在价值进行评价，从而调整自身对 AI 新闻主播的接受态度
B12 用户期待	A22 观看反馈	使用 AI 新闻主播中，用户提供的直观反馈感受
	A23 使用风险	用户对 AI 技术本身所存在的侵权、数据安全、舆论引导、形象归属等方面的风险改进期待

续表

主范畴	初始范畴	范畴内涵
B13 技术发展	A24 工具属性	利用 AI 新闻主播可能为用户提供不同方面的便利性
	A25 AI 能力	用户对未来 AI 新闻主播所表现的肢体动作、语音表达、情感互动等方面自然与流畅度的期待

（三）选择式编码

选择式编码是在主轴式编码基础上进一步整合，从主范畴中发展出核心范畴并梳理其关系，形成理论模型（见表5）。

表5　选择式编码形成的核心范畴及内涵

核心范畴	主范畴	内涵
C1 认知感知与情感体验	B1 体验感知差异	描述用户在观察和互动时感知到的 AI 新闻主播与真人主播的差异，以及这些差异如何影响他们的情感体验
	B2 认知一致性	涉及用户在使用 AI 新闻主播时的期望与实际体验之间的一致性，以及这种一致性如何促成深度的情感联系
	B3 情感共鸣	指 AI 新闻主播能够引起用户情感共鸣的程度，以及这种共鸣对用户整体体验的影响
	B4 身份认知	用户将 AI 新闻主播与特定的媒体机构相关联，形成对 AI 新闻主播的身份归属认知
	B5 人机感知差异	用户对 AI 新闻主播与人类主播之间在表达和情感传达上差异的感知，以及它们对用户体验的影响
C2 用户评价与情感回馈	B6 感知质量	用户对 AI 新闻主播提供的信息质量（准确性、可靠性和可信度）的感知
	B7 视觉效果	用户对 AI 新闻主播视觉呈现的评价，包括设计、真实性和逼真度等因素
	B8 情感投入	用户在与 AI 新闻主播互动过程中投入的情感深度，及其如何影响用户的忠诚度和参与度
C3 用户适应性与接受度	B9 媒介使用习惯	用户使用媒介的惯习和适应 AI 新闻主播习惯的贴合度
	B10 用户适应性	用户适应 AI 新闻主播的能力，以及在适应过程中对 AI 新闻主播功能和特性的接受程度
	B11 用户接受度	用户接受 AI 新闻主播取代或辅助真人主播的程度，包括对新技术的接受和适应能力

核心范畴	主范畴	内涵
C4 期望与技术发展	B12 用户期待	用户对 AI 新闻主播未来发展的期待，包括期望的功能、性能提升和应用场景
	B13 技术发展	反映 AI 新闻主播技术的现状及预期的进步，以及这些技术如何满足或超越用户的期望

依据选择式编码得到的 4 个核心范畴，本研究采用开发"故事线"的方式串联 4 个核心范畴之间的关系结构，如表 6 所示。

表 6　核心范畴关系

作用路径	关系结构	关系结构内涵
认知感知与情感体验→用户评价与情感回馈	引导作用	用户最初的认知和情感体验将影响他们对 AI 新闻主播的评价
认知感知与情感体验→期望与技术发展	影响作用	用户对 AI 新闻主播技术现状和潜在发展的感知会影响他们的期望
用户评价与情感回馈→用户适应性与接受度	促进作用	显示了用户的评价和情感回馈如何促进他们对 AI 新闻主播的适应和接受
用户适应性与接受度→认知感知与情感体验	反馈作用	此处形成一个动态调整的循环，即用户的适应性和接受度可以影响他们后续的认知和情感体验
用户适应性与接受度、期望与技术发展→用户使用体验	影响作用	用户适应性与接受度、期望与技术发展这些因素共同作用，最终影响用户使用体验
期望与技术发展→用户评价与情感回馈	调整作用	显示了技术的发展和用户的期望如何影响他们的评价

依据选择式编码构建所得的故事线，得到 AI 新闻主播使用体验模型，如图 1 所示。用户首次接触 AI 新闻主播时会形成一个认知感知，这包括他们对 AI 新闻主播功能的理解以及与真人主播比较产生的感受。这种认知感知同时伴随着情感体验，如好奇、惊讶等。随着用户体验的深入，他们开始形成对 AI 新闻主播的评价，涉及其外观形象和信息质量等方面，这同时伴随着情感回馈，如满意、信任或失望、反感等，并据此决定是否进行情感投入。用户的评价和情感回馈随后影响他们的适应性和接受度。用户体验的持续性在很大程度上取决于他们的期望与 AI 新闻主播技术发展之间的关系。4 个核心范畴塑造和影响用户的整体使用体验。从最初的认知感知开始，随着用户评价、适应性和期望的形成，他们对 AI 新闻主播的体验逐

渐丰富。这一过程是动态的，核心范畴间存在相互作用，共同构成了用户对 AI 新闻主播整体接受程度和使用体验的感知。

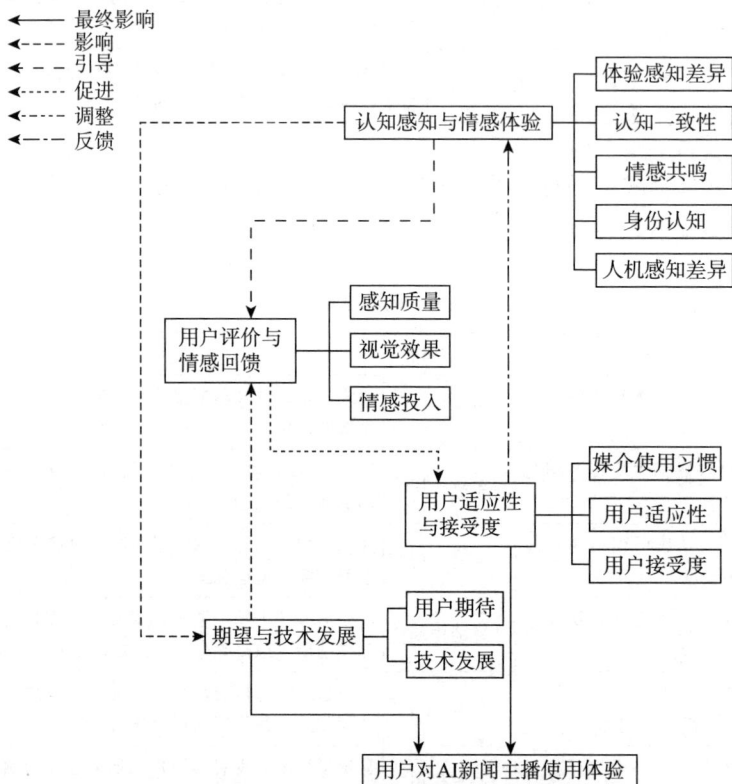

图1　AI 新闻主播用户使用体验影响因素模型

四　研究发现

（一）认知感知与情感体验：用户对 AI 新闻主播的初始接触

用户初次与 AI 新闻主播互动时，会通过与真人主播进行比较来建构对 AI 新闻主播的初始感知和情感体验，这涉及体验感知差异、认知一致性、情感共鸣、身份认知和人机感知差异五个方面。用户在与 AI 新闻主播的初始接触过程中，表现出了一系列复杂的认知和情感反应。这些反应并不单纯是对技术本身的直接感知，而是进一步映射了用户对 AI 新闻主播的情感接纳程度，以及他们在心理层面如何构建人机互动的模式。

体验感知差异，揭示了青年用户如何通过与 AI 新闻主播的互动发现其独特魅力。AI 新闻主播的吸引力在于其游戏性激励，它能够满足青年用户对 AI 领域的探索欲。正如戴维斯（Davis）在技术接受模型（TAM）研究中所指出的，技术系统的有用性和易用性感知是影响用户接受意愿的关键因素。[7] AI 新闻主播的游戏性激励能够满足用户对新技术的好奇心，在感知到其独特价值的基础上，增强了对其有用性的认知。"AI 新闻主播让我有一种未来感，让我联想到了赛博朋克"（男性，24 岁）。这种新颖的体验让用户感受到了 AI 新闻主播所具有的不同于传统主播的魅力。同时，AI 新闻主播的多模态信息传递方式极大地提升了其易用性。视觉特效与语音讲解的结合，以虚拟场景再现新闻现场，同时配合清晰准确的语音解说，使得用户能够更轻松、直观地理解新闻内容。这种多感官的新闻体验满足了用户对于信息获取便捷性的需求，也积极影响了用户对 AI 新闻主播的初始接受意愿。

然而，当用户将 AI 新闻主播与真人主播进行比较时，常常会产生认知上的矛盾和不适。利昂·费斯廷格（Leon Festinger）的认知失调理论认为，个体在面临多种相互冲突的认知元素时，会产生心理上的不适感，进而促使个体改变或调整其中一些认知元素，以达到认知平衡。[8] 用户长期以来习惯了真人主播的播报模式，对主播的形象、声音、肢体语言以及与观众的互动方式等形成了相对固定的认知模式。当 AI 新闻主播在外观、声音、表达方式等方面与真人主播存在明显差异时，特别是"部分 AI 新闻主播在播报时，肢体动作和文本间并没有太大关联，显得过于刻意"（男性，24 岁），这种不一致打破了用户原有的认知平衡。同时，用户还注意到了 AI 新闻主播在语言艺术呈现上的机械性，其难以根据新闻内容灵活调整语言表达方式和肢体动作。为了恢复认知平衡，用户需要花费额外的认知资源去理解和接受这种新的播报模式，这一过程往往会导致认知上的矛盾和不适，进而影响他们对 AI 新闻主播的接受态度。

用户对 AI 新闻主播的情感共鸣期待与实际体验之间也存在显著差异。尽管用户希望通过 AI 新闻主播深入理解新闻事件并感受新闻故事的感染力，但 AI 新闻主播在理解和表达复杂情感方面存在不足，这导致了用户共鸣期待的落差。"AI 新闻主播给我一种很冷漠的感觉，很难对它投入和真人交往时的那种情感"（男性，23 岁）。这种情感共鸣的缺失阻碍了用户与 AI 新闻主播之间建立深层次情感联系，进而影响了用户对其的接受程度。

（二）用户评价与情感回馈：用户对 AI 新闻主播的深入体验

随着用户体验的深入，他们开始形成对 AI 新闻主播的深度评价，这同时伴随着情感回馈（如满意、信任或失望、反感等情感反应）。用户对 AI 新闻主播的评价和情感回馈主要基于感知质量、视觉效果和情感投入三方面，其中感知质量影响信任度和使用意愿，视觉效果关系到吸引力和记忆，而情感投入则影响用户的忠诚度和满意度。这些因素共同深化用户的使用体验，进而影响用户对 AI 新闻主播的适应性和接受度。

感知质量涉及的是用户如何评价 AI 新闻主播提供的信息。用户期望 AI 新闻主播提供的信息能够满足其基础信息需求，同时希望信息具有真实性和准确性。"AI 播报新闻的时效性优于其他新闻获取形式，我比较喜欢"（男性，21 岁），这表明，AI 新闻主播能够快速传递最新信息的能力对用户评价产生了积极影响。

人类视觉系统倾向于追求和谐、完整的视觉体验，[9] 用户在观看 AI 新闻主播时，会将其视觉形象视为一个整体进行感知。他们期望 AI 新闻主播的视觉呈现具有较高的逼真度和精细度，形象设计符合主流审美标准。当 AI 新闻主播的视觉形象符合这些原则时，更容易被用户接受和喜爱。同时，AI 新闻主播在情感表达上的自然性和真实感对于用户与其建立情感连接至关重要。当主播能够通过适当的表情、语气和肢体动作传达新闻事件中的情感时，用户更容易产生共鸣。

随着评价的逐渐深入，用户的情感投入也相应增长。人际关系中的互动基于一种交换关系，当一方能够提供有价值的资源时，另一方会更愿意投入情感。[10] 在用户与 AI 新闻主播的互动中，熟人效应和共情效应是促进情感投入的关键因素。

熟人效应基于用户的社会认知和情感记忆。[11] 用户在日常生活中对某些真人主播或公众人物形成了熟悉感和信任感，当 AI 新闻主播利用这些熟悉元素（如模仿形象、声音或风格），用户会基于以往的情感记忆对其产生亲近感，进而促进信任关系的建立。一位 35 岁的女性被访者认为，喜欢王冠的观众会更喜欢 AI 新闻主播王冠。共情效果则依赖于用户对主播情感表达的感知和回应。虚拟卡通形象的 AI 新闻主播通过个性化设计和人设故事创造"熟人社交"场景，引发用户的情感共鸣。当用户在主播身上看到自己熟悉的情感模式或经历时，会更容易产生共情。这是因为人类具有对他人情感进行感知和回应的内在能力，这种能力在一定条件下能够促使共情的产生。[12] 在持续的互动过程中，用户可能逐渐对 AI 新闻主播产生情感依赖，会因为喜欢某个 AI 新闻主播的陪伴感而持续关注其节目，以获取情感层面的满足。

（三）用户适应性与接受度：用户对 AI 新闻主播的态度形成

研究发现，青年用户对 AI 新闻主播的适应和接受程度呈现多样性，反映出个体在适应新型媒介时的差异。这种适应性不仅受到个人的媒介使用习惯和新闻获取方式的影响，而且还与 AI 技术的进步和新闻内容的呈现方式紧密相关。

作为数字时代的原住民，青年用户的媒介使用习惯深受所处时代的技术环境和社会文化氛围的塑造。根据媒介系统依赖理论，个体在满足自身需求的过程中会形成对特定媒介的依赖关系，而这种依赖的程度会影响他们对新媒介形式的接受态度。[13] 青年用户习惯于碎片化和多任务处理的信息消费方式，在社交媒体平台上"偶遇"新闻是他们喜欢的信息获取模式。这反映出现代社会快节奏生活方式下人们对信息的即时性和便捷性的追求。因此，AI 新闻主播需要具备更强的互动性和个性化特征，满足用户在动态浏览中快速获取新闻要点的需求，通过加入与新闻内容即时互动（点赞、评论、分享等）的功能，来使用户能够更自然地将 AI 新闻主播融入自己的信息消费流程中，从而提高用户对其的适应性。

此外，青年用户对 AI 新闻主播的视觉和听觉体验有着较高的期待。在视觉方面，用户期望 AI 新闻主播的形象设计更加生动、逼真；在听觉体验方面，用户希望 AI 新闻主播的语音合成能够更加自然流畅，富有情感变化，类似于真人主播的播报风格。"AI 新闻主播的那种僵硬和虚假感让我感到很不适，如果技术没有明显的提升，我可能不会选择这种方式来获取新闻"（女性，24岁）。这反映出视觉和听觉体验对用户接受态度的重要影响。

青年用户在形成对 AI 新闻主播的接受态度时，会综合考虑自身对新闻的需求、AI 技术的应用优势以及对 AI 新闻主播价值的判断。AI 新闻主播凭借其快速处理和更新新闻的能力，获得了一部分用户的青睐。而它能够突破语言障碍播报国际新闻的能力，也增强了部分用户对其的价值认知。然而，也有部分用户由于价值体验不足，如认为信息深度不够、情感互动不足等，而对 AI 新闻主播持消极接受态度。这表明用户对 AI 新闻主播的价值判断不仅是基于技术功能的实现，还涉及新闻内容质量、情感连接等多个层面。新闻机构和技术开发者需要深入了解用户的不同需求层次，从多个维度优化 AI 新闻主播的性能和服务，以提高用户的整体满意度和接受程度。

（四）期望与技术发展：用户对 AI 新闻主播的未来期待

用户对 AI 新闻主播的持续使用意愿主要取决于他们的期望与技术进步之间的相互关系。正如技术接受模型（TAM）的相关研究所指出的，技术的"感知有用性"和"感知易用性"直接影响用户的接受度和使用意图。[7] 在这一框架下，用户对 AI 新闻主播的期望不仅仅是对现有功能的需求，更深刻反映出对技术未来发展方向的预测和希望。用户的满意度与持续使用意愿在很大程度上取决于 AI 技术是否能够持续满足他们的期望，并不断提升其技术性能和体验质量。

用户对 AI 新闻主播的期望集中在几个核心领域：更高度的拟人化表达、更具个性化的形象塑造、更生动有趣的内容展示以及更自然深入的情感交流。这些期望显现出用户对于与 AI 技术进行更深入、更细致互动体验的渴望。用户希望 AI 新闻主播不仅是信息传递的工具，还能以更自然、更有吸引力的方式与人们进行交流。这意味着在未来的发展中，情感计算技术的提升将成为核心方向。情感计算技术的进一步优化可以帮助 AI 新闻主播更灵活地识别和响应用户的情感需求，从而增强人机互动的情感深度和真实性，进而逐步摆脱"冷漠感"的负面评价标签。

此外，用户对技术安全性和隐私保护的要求也不容忽视。"我有点担忧 AI 主播所提供新闻的真实性和可靠性，尤其是它们基于算法生成的内容"（男性，25 岁）。一位 24 岁的女性受访者则表示，在使用平台推出的 AI 新闻主播定制化功能时，会非常担心上传的个人数据被泄露。AI 新闻主播的未来发展，在追求功能性和情感交互能力的同时，还必须保证技术的透明性和用户数据的安全性。

五　结语

本研究的目的是深入分析青年用户对 AI 新闻主播的认知和情感反应，旨在理解他们对这项新兴技术的适应和接受程度。研究发现，尽管青年用户对 AI 新闻主播表现出开放和好奇的态度，但仍存在认知上的不确定性和情感上的疏离感。这一发现凸显了用户与 AI 新闻主播之间的情感连接未能完全建立，而技术的拟人化程度、情感表达能力以及与用户的互动方式成为影响其接受度的关键因素。

本研究有助于丰富媒介使用与接受理论，同时也为情感计算和人机交互领域的研究提供了新的视角。研究表明，AI 新闻主播的情感表达和互动方式能够显著影响用户的情感投入，这一发现揭示了技术创新与情感体验之间的内在联系，有助于推动情感计算技术在媒体传播场景中的应用。

本研究也为 AI 新闻主播的设计与优化提供了实证依据。未来的 AI 新闻主播应注重个性化与拟人化设计，强化情感交流机制，以提升其与用户的情感连接和用户的接受度。同时，技术的安全性和隐私保护亦不可忽视。

参考文献

［1］国家广播电视总局 . 广播电视和网络视听"十四五"科技发展规划［EB/OL］. https：//www.nrta.gov.cn/art/2021/10/20/art_113_58228.html.

［2］刘晓燕，孙理想 . 爆火的虚拟主播能走多远［N］. 光明日报，2022-01-04（A2）.

［3］郭琳 ."AI 主播"技术挑战下新闻主播传播角色重构与策略优化研究［J］. 新闻爱好者，2019（8）：30-33.

［4］刘娜，黎樟浩，吴晔 . AI 主播与真人主播的播报效果研究［J］. 青年记者，

2023（6）：58-61.

［5］ XUE K, LI Y, JIN H. What do you think of AI? research on the influence of AI news anchor image on watching intention［J］. Behavioral Sciences, 2022, 11（2）：465-476.

［6］ 崔洁，童清艳. 解构与重构："人格化" 虚拟 AI 新闻主播再思考［J］. 电视研究，2022（2）：62-64.

［7］ DAVIS F D. Perceived usefulness, perceived ease of use, and user acceptance of information technology［J］. MIS quarterly, 1989, 13（3），319-340.

［8］ FESTINGER L. A theory of cognitive dissonance［M］. Stanford University Press, 1957：76-80.

［9］ ARNHEIM R. Art and visual perception：a psychology of the creative eye［M］. University of California Press, 1954：78-83.

［10］ HOMANS G C. Social behavior as exchange［J］. American journal of sociology, 1958, 63（6），597-606.

［11］ BREWER M B. A dual process model of impression formation. In T. K. SRULL & R. S. WYER（eds.），Advances in social cognition［M］. Erlbaum, 1988：1-36.

［12］ HOFFMAN M L. Is altruism part of human nature［J］. Journal of personality and social psychology, 1981, 40（1），121-137.

［13］ BALL-ROKEACH S J. The origins of individual media-system dependency：a sociological framework［J］. Communication research, 1985, 12（4），485-510.

虚拟数字人拟人化特征对广告效果的影响

——有调节的中介效应分析*

李 子**

摘 要 活跃于社交媒体上的各类虚拟数字人不仅收获了众多关注，也日益受到各大品牌的青睐，频繁以数字代言人的身份参与企业营销活动。本研究通过问卷调查法对虚拟数字人的广告代言效果进行研究，通过构建有调节的中介模型，探索虚拟代言人的拟人化程度、消费者对虚拟数字人的熟悉性，以及虚拟代言人和消费者之间的准社会互动关系如何影响广告效果。研究发现，拟人化程度并非决定广告效果最为关键的因素，其影响要通过准社会互动这一中介变量实现，且消费者对虚拟数字人的熟悉性会调节准社会互动对广告效果中消费者的购买意愿的影响程度。企业在采用虚拟数字代言人开展营销活动时要注重构建消费者与虚拟代言人的准社会互动关系，根据不同广告目的精准触达圈层内外的消费者，以达到效果最大化。

关键词 虚拟数字人 虚拟代言人 拟人化 准社会互动 广告效果

一 问题的提出

依托计算机图形（CG）、语音合成、人工智能等技术，近年来众多风格多样、身份各异的虚拟数字人不断涌现，以虚拟主播、虚拟偶像、虚拟网红等社会角色活跃在各大主流社交媒体平台，成为数字时代独特的媒介

---

* 基金项目：本文系广东省哲学社会科学一般项目"大湾区文化数字化战略背景下超写实虚拟人的创新应用研究"（项目编号：GD24CXW08）和广东省本科高校教学质量与教学改革工程建设项目"基于'教学共同体'理念的广告专业实践教学改革——AI时代育人模式的颠覆与应对"的研究成果。

** 作者简介：李子，广东财经大学人文与传播学院、网络传播学院（合署）广告学系讲师。

现象。这些经由数字技术手段创设，具有"人"的外观、行为，甚至思想（价值观）的虚拟形象[1] 凭借完美的外貌、能与现实生活深度互动的角色定位、极高的可塑造性和自带热度等优势[2] 获得众多粉丝关注，同时成为各大品牌争相追捧的宠儿。如 Prada、Chanel、Supreme 等国际知名品牌邀请了美国著名超写实虚拟网红 Lil Miquela 合作；Dior、Zegna、Versace 等奢侈品品牌也积极与法国二次元风格的虚拟人 Noonoouri 进行联动；日本 CG 公司 Modeling Café 推出的虚拟模特 imma 则代言了 SK-II、梦龙、Puma 等；我国的虚拟捉妖师柳夜熙也获得了康师傅、娇韵诗、VIVO 等品牌的青睐。目前虚拟数字人的广告代言已遍布汽车、手机、时尚服饰、化妆品、食品等诸多品类。此外，不少品牌也着手研发自有虚拟数字人，如屈臣氏的品牌代言人屈臣曦、花西子的虚拟形象"花西子"等，作为企业数字员工、智能客服或数字代言人，在营销活动中广泛使用。

虚拟人营销虽然在业界开展得如火如荼，但关于数字虚拟人的本质以及品牌如何在社交媒体营销传播中有效利用它们，现有研究提供的见解仍较为有限，对其营销效果也观点各异。HypeAuditor 公司的调查显示，虚拟网红（virtual influencer）的影响力是普通意见领袖的三倍[3]；但同时也有研究认为，虚拟网红既不能对产品和服务有实际体验，也不能形成自己的观点[4]，因此它们不过是他人表达经验和意见的媒介而已[5]。本研究尝试进一步关注这些悬而未决的问题，通过实证研究探索虚拟数字人代言行为的实际效果，试图回答在业界营销应用中是否有必要不断追求虚拟代言人的高拟真和拟人化，以及寻找能够影响不同维度广告效果的关键因素。

二 理论基础和研究假设

邀请知名人物进行广告代言是品牌最常用的营销方式之一。基于意义迁移理论（meaning transfer theory），名人自身的象征意义可以通过代言行为迁移到品牌上[6]，从而使品牌获得更好的知名度、形象或经济利益。除明星、网红等真人代言外，虚拟代言人（spoke-character）在品牌营销活动中也十分常见，这一概念指用于品牌宣传和产品促销领域的非人类角色[7]，从归属角度可将其分为自有虚拟代言人和授权虚拟代言人。其形式上既可以是米老鼠等卡通形象，也可以是由 CG 等数字技术创造的二次元动漫或超写实风格的虚拟人物。与真实名人相比，虚拟代言人更具适应性、更易塑造，也更易控制，因此越来越多的公司愿意采用虚拟代言人进行广告宣传[7]。

早期的虚拟代言人多为海尔兄弟、熊本熊等动漫风格的人物或动物等形象，近年来随着虚拟数字人在数字技术赋能下横空出世，广告主也逐渐将代言人的人选瞄准了此类新兴技术物。由于虚拟数字人形态经历了由 2D 向 3D，由二次元到超写实的不断演进，社会身份上也有着虚拟网红、虚拟偶像、数字员工、品牌数字体验官等各异设定，国内外曾对其使用了多种称谓，如"Virtual human""Digital avatar""Metahuman""Virtual influencer""虚拟人""数字人"等。目前国内学界更多使用"虚拟数字人"这一概念，指依托数字技术创造的，具有类似于人类的外形特征、相关能力和人设的数字化形象[8]。当前虚拟数字人进入智能化、精细化发展阶段，众多拥有高仿真 3D 形象的超写实虚拟人相继亮相，它们不仅在外形上越发与真人高度相似，具备超清皮肤纹理和面部微表情，还被创设出独立的个性、三观，拥有自己的职业和社会关系，甚至能与人类进行互动交流。这种虚拟的真实感为虚拟数字人注入"似是而非"的独特属性，造就其"似人"又"非人"，"非人"却"超人"的独特魅力，并凭借极具吸引力的外表和稳定的人设，成为人们更加完美可靠的依恋对象，因而在引发极大关注的同时也成为广告主的新宠，越来越多的品牌选择此种高度拟人化的数字形象作为代言人参与营销活动。

作为广告代言人的虚拟数字人本质上仍属于虚拟代言人的一种，是数字时代虚拟代言人的新类型。当前针对虚拟数字人广告代言活动的效果研究数量仍相对有限，但学界在虚拟代言人的代言效果研究上已有诸多积累，有关如何选择合适的虚拟代言人，以及哪些因素会影响广告效果等问题一直备受关注，这些可以作为虚拟数字人广告效果研究的理论基础。已有研究主要从以下几方面展开探讨。

（一）虚拟代言人自身特征对广告效果的影响

虚拟代言人自身特质会如何影响广告效果是研究的一大侧重点，现有研究主要从代言人的可爱度、专业性、相关性等几方面探索了其对消费者的广告态度、品牌态度、使用意愿等各维度效果上的影响。Callcott and Phillips（1996）发现虚拟代言人的可爱度会正向影响消费者的品牌态度，尤其是对低卷入度的产品而言更加显著[9]。真诚和令人兴奋的虚拟代言人也会引发消费者的品牌信任和正向品牌态度[10]。Chang（2014）验证了虚拟代言人特性感知（可爱度、相关性和专业性）对品牌资产前因变量（品牌认知/品牌联想、感知质量、品牌忠诚度）的影响，发现可爱度是最为关键的因素[11]。周飞等（2018）人则发现消费者对虚拟代言人的感知真实性对类社会互动、品牌依恋皆有显著正向影响[12]。刘超、吴倩盈等（2020）对肯德基的CGI仿真虚拟代言人进行了个案研究，发现虚拟代言人的人设植入、社会互动、真实性、吸引力等特征对消费者的广告态度、品牌态度具有积极影响[2]。Jinwoo Park（2022）探索了虚拟网红的特性（吸引力、可信度和专业性）和消费者使用意向的关系，发现吸引力是最重要的因素，会正向预测使用意向[13]。

高度拟人化是虚拟数字人区别于其他虚拟代言人的重要特征。在人类与人工智能互动的研究领域，"拟人化"指"将真实或想象的非人类行为赋予类似人类的特征、动机、意图或情感的倾向"[14]。而技术人工物能够与人进行有意义的社会互动，本质上也需要具有一定程度的拟人化或类人特性嵌入，无论是形态上还是行为上，抑或是两者兼而有之[15]。有研究发现，高度拟人化的数字人物往往被认为更具能力和说服力[16]，以及能更成功地发展与消费者的关系[17]。因此本研究将探索虚拟数字代言人的拟人化程度与广告效果的关系。在以往诸多研究中，消费者的广告态度、品牌态度和购买意愿是衡量广告效果的三个常用变量[18]，分别从三个维度逐层递进测量消费者对广告作品的态度、对广告中涉及品牌的态度以及对该品牌的购买意愿，因此对本研究中的广告效果也选择从上述三个层面①进行具体考察，提出以下假设：

H1：虚拟数字人的拟人化程度会正向影响广告效果；

H1a：虚拟数字人的拟人化程度会正向影响广告态度；

---

① 消费者的广告态度、消费者的品牌态度、消费者的购买意愿，以下简称为广告态度、品牌态度、购买意愿。

H1b：虚拟数字人的拟人化程度会正向影响品牌态度；

H1c：虚拟数字人的拟人化程度会正向影响购买意愿。

（二）准社会互动与广告效果的关系研究

准社会互动（Para-social Interaction）这一概念由心理学家霍顿和沃尔提出，又被译为类社会互动、准社会交往等，用于描述电视媒体的受众对电视节目中的人物（如主持人、角色等）产生某种想象的人际交往关系[19]。互联网时代，学者们也用该理论解释各种社交媒体上的用户交往行为。有研究发现网络直播中的用户和主播之间存在准社会互动[20]，由此形成的准社会关系能够进一步加深用户对主播的行为忠诚度[21] 以及对直播平台的满意度[22]。人们在与诸如聊天机器人等虚拟对象的交互中也存在准社会互动关系，并能够对用户心理产生影响[23]。

虚拟代言人广告效果研究中也关注到了准社会互动这一因素，发现数字形象在外表上越接近人类，消费者就越有可能在互动，以及形成相关意见和评价时将它们视为人类[24]，而两者间的准社会互动对广告效果和品牌态度等存在一定的预测作用。如有研究证实了准社会互动对品牌依恋有显著正向影响，在虚拟代言人感知真实性与品牌依恋之间起到部分中介作用[12]。Zhou 等（2021）发现准社会互动关系在动画虚拟代言人的亲和力、一致性和广告效果之间起着完全中介作用，在动画虚拟代言人的专业性与广告效果之间起到部分中介作用[25]。基于此本研究提出以下假设：

H2：消费者与虚拟数字代言人的准社会互动在拟人化程度和广告效果之间存在中介效应；

H2a：准社会互动在拟人化程度和广告态度之间存在中介效应；

H2b：准社会互动在拟人化程度和品牌态度之间存在中介效应；

H2c：准社会互动在拟人化程度和购买意愿之间存在中介效应。

（三）消费者特征与广告效果的调节关系

除上述两方面外，部分研究将关注点转向了消费者自身特质对广告效果的影响上。张宁等（2017）发现消费者的年龄对虚拟代言人特征与品牌资产之间的部分关系具有调节作用[26]。姜凌、冯源（2020）则关注了受众独特化需求水平及拟人化倾向，发现虚拟代言人在大众品牌广告中，对高独特化需求的消费者说服力要比真人代言人的说服力更强，然而这种调节效应在奢侈品牌广告中不显著[27]。

由于虚拟数字人属于新兴技术物，且某些二次元虚拟偶像带有显著的亚文化特征，目前此类数字人物的关注者仍相对小众，并呈现圈层化特点。圈外的普通大众对虚拟数字人的整体了解程度较为有限，但圈内一些知名虚拟偶像/博主的关注者和粉丝则投入了大量时间和精力搜集相关信息并与之互动，他们具有良好的认知和情感基础。根据社会心理学的相关理论，熟悉性（familiarity）是影响人际吸引的重要因素之一，仅仅是经常看到某个人就能增加对他的好感，这一现象被称为单纯接触效应（more exposure effect）[28]。熟悉性在说服性沟通中起到了非常重要的作用[18]，人们对信源的熟悉性是信息有效性的决定因素之一，会影响信息的吸引力和说服力[29]。在广告代言活动中，消费者对代言人的熟悉性即对其了解和熟知程度。消费者与虚拟代言人接触越多，熟悉性越提升，便会增强正向的品牌态度[30]。据此，对虚拟数字人这类新兴数字形象日常接触频次和了解程度不同、熟悉性上有差异的消费者，在对其广告代言活动的关注度和兴趣度等方面应该也有所区别，从而可能造成广告效果上的不同。本研究提出以下假设：

H3：消费者对虚拟数字人的熟悉性在准社会互动和广告效果之间存在调节效应；

H3a：熟悉性在准社会互动和广告态度之间存在调节效应；

H3b：熟悉性在准社会互动和品牌态度之间存在调节效应；

H3c：熟悉性在准社会互动和购买意愿之间存在调节效应。

综上所述，本研究构建了一个有调节的中介模型，同时关注虚拟数字人广告代言活动中，虚拟数字人的自身特征、消费者特征，以及两者之间的关系对广告效果的影响。具体而言，本研究拟考察虚拟数字人的拟人化程度预测广告效果的中介（准社会互动）和调节（熟悉性）机制，以期明晰影响虚拟数字人广告代言效果的主要因素，以及这种效果在不同类型消费者中的差异，从而对虚拟数字人营销活动提供更具针对性的建议，为采取更加科学高效的广告代言策略提供实证依据。

本研究的整体研究模型如图 1 所示。

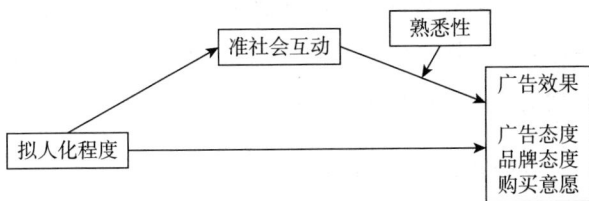

图 1　本研究的整体研究模型

三　研究设计和数据收集

（一）研究方法和数据收集

研究采取问卷调查法，通过问卷星专业线上调研平台进行问卷发放和数据收集。根据爱奇艺《2019 虚拟偶像观察报告》、清华大学新媒体研究中心 2022 年发布的《虚拟数字人研究报告》、艾媒咨询《2023 年中国虚拟偶像产业发展研究报告》等相关研究结果，目前虚拟数字人的主要消费群体为"Z 世代"人群[31]，"95 后"至"05 后"用户渗透率达到 64%[32]，约 65% 虚拟偶像爱好者为女性[33]。因此，本次研究的样本选择契合了上述虚拟数字人的主要受众，以 18~25 岁的大学生群体为调查对象，并在性别比例上偏重女性群体，在此前提下进行了方便抽样。

在问卷中首先向被访者说明了什么是虚拟数字人，并对此类虚拟代言人和以往的卡通动漫类虚拟代言人进行了区分。之后让被访者回忆最近看到的一条虚拟数字人代言的广告，根据对该广告的实际感受回答问卷后续问题。由于虚拟数字人目前仍属于新兴技术物，尚有众多受众对此类虚拟代言人接触和了解有限，因此如被访者难以清晰回忆某条广告，则在答题前跳转至一条预先准备的广告案例，观看后进行问卷填答。为尽可能贴近实际效果，案例选择了曾在我国市场上真实播出的广告片——虚拟网红 Imma 代言的屈臣氏苏打水广告。作为亚洲第一位超写实虚拟数字人，Imma 问世以来收获大量粉丝以及众多品牌代言，具有较好的影响力；而屈臣氏在近几年的中国品牌力指数（C-BPI）苏打水品牌排名中多次位列第一，市场知名度较高；且此条 2021 年播出的广告是国内市场最早采用虚拟数字人代言的视频广告之一，全网有超过 1 亿次播放量并获得"金投赏"等商业创意奖项，具有一定的代表性。研究共收集问卷 361 份，通过对填答时间过短和答案有明显重复的问卷进行清理，最终共保留有效问卷 350 份。

（二）量表设计和信效度检验

自变量拟人化程度量表根据 Waytz 等（2010）[34] 和 Kim 等（2011）[35] 已有研究加以调整，共包含 7 个题项；量表信度检验中克隆巴赫 α 系数为 0.894，效度检验中 KMO 值 = 0.851，Bartlett 球形检验小于 0.05，采用主成分分析法提取 1 个因子，累计解释方差 61.66%。准社会互动量表参照 Auter（2000）[36]、包敦安（2010）[37]、Zhang 和 Hung（2020）[38] 等前人研究，共包含 10 个题项；量表克隆巴赫 α 系数为 0.925，具有良好信度，效度检验中 KMO 值 = 0.918，Bartlett 球形检验小于 0.05，主成分分析法提取出 1 个因子，累计解释方差 60%（见表 1）。熟悉性的测量采取 5 级量表形式，由被访者根据其对虚拟数字人的了解和熟知程度进行自评，1 分为非常不熟悉，5 分为非常熟悉。

表 1 拟人化程度和准社会互动量表的信效度检验

变量	测量题项	α	KMO	累计解释总方差
拟人化程度	该虚拟人的外貌看起来很像一个真实的人类	0.894	0.851	61.66%
	该虚拟人的言语和行为跟真实人类很相似			
	该虚拟人看起来像能够选择和控制自己的言行			
	该虚拟人看起来像是有自己的思想和意图			
	该虚拟人看起来十分活跃			
	该虚拟人看起来能够有情感体验			
	该虚拟人看起来是有用处、有价值的			
准社会互动	我很高兴在媒体上看到该虚拟人	0.925	0.918	60%
	我觉得该虚拟人像个朋友一样			
	我觉得该虚拟人让我感觉很熟悉			
	我觉得该虚拟人看上去能理解我的想法			

续表

变量	测量题项	α	KMO	累计解释总方差
准社会互动	如果该虚拟人出现在其他的场合，我也会关注	0.925	0.918	60%
	我觉得花时间去了解该虚拟人是值得的			
	我会关注其他人对该虚拟人的评价			
	该虚拟人向我展示 TA 对某事的感受时，这有助于我对这个问题做出自己的判断			
	我会把该虚拟人说的话与我自己的想法进行比较			
	当该虚拟人犯错时，我会对 TA 感到难过			

广告效果量表参照 Zhou 等（2021）[25] 和檀卿（2022）[39] 的相关研究，细分为广告态度、品牌态度和购买意愿三个维度。总量表克隆巴赫系数为 0.968，各维度系数均在 0.93 以上，信度较好。效度检验方面，采用 AOMS 进行验证性因子分析，$\chi^2/df = 3.868$，$RMSEA = 0.098$，$GFI = 0.876$，$CFI = 0.948$，$IFI = 0.948$，$TLI = 0.935$；广告态度、品牌态度和购买意愿各维度的 AVE 均在 0.7 以上，CR 组合信度均高于 0.9，量表具有良好的结构效度和聚合效度。

四　数据分析结果

（一）变量的描述性统计和相关性分析

通过 SPSS 21 软件进行描述性统计和相关性分析，各变量的均值、标准差以及变量间的相关系数见表 2。从整体上看，被访者对虚拟数字人的拟人化程度感知和准社会互动关系均处在中等水平，且对虚拟数字人的熟悉性较低；广告效果评分处于一般水平，三个维度中广告态度上的得分最高，而购买意愿得分最低。通过相关分析可以发现，各个变量之间均有显著的正相关关系。

表 2　各变量的描述性统计和相关分析结果

	M	SD	1	2	3	4	5	6	7
1. 拟人化程度	3.73	1.02	1						

续表

	M	SD	1	2	3	4	5	6	7
2. 准社会互动	3.18	1.02	0.505**	1					
3. 熟悉性	1.67	0.95	0.152**	0.298**	1				
4. 广告效果	3.40	1.06	0.410**	0.674**	0.298**	1			
5. 广告态度	3.66	1.11	0.416**	0.583**	0.264**	0.932**	1		
6. 品牌态度	3.52	1.10	0.416**	0.604**	0.253**	0.941**	0.865**	1	
7. 购买意愿	3.00	1.23	0.314**	0.676**	0.306**	0.906**	0.736**	0.760**	1

注：** 为在 0.01 水平上显著相关。

（二）模型检验

有调节的中介模型依照温忠麟[40] 等人的方法需要完成以下四个条件的检验：第一，模型1中拟人化程度对广告效果的因果效应显著；第二，模型2中拟人化程度对准社会互动的因果效应显著；第三，模型3中拟人化程度和准社会互动对广告效果的因果效应显著；第四，模型4中准社会互动和熟悉性的交互项对广告效果的因果效应显著。若四个条件均满足则可以证明有调节的中介效应成立。通过 Process 3.3 中的 Model 4 进行模型1、2、3的检验，通过 Model 14 进行模型4的检验，并先对准社会互动和熟悉性进行中心化处理，以降低多重共线性。

结果显示（见表3），模型1中拟人化程度对广告效果的因果效应显著（$\beta = 0.426$，$p<0.001$），虚拟数字人的拟人化程度对广告效果具有正向促进作用，H1 成立。模型2中拟人化程度对准社会互动的因果效应显著（$\beta = 0.505$，$p<0.001$），且模型3中拟人化程度和准社会互动对广告效果的因果效应均显著，说明准社会互动在拟人化程度和广告效果之间的中介作用显著，呈部分中介效应，间接效应占比为 77%，H2 成立。模型4中准社会互动和熟悉性的交互项对广告效果具有正向预测作用（$\beta = 0.091$，$p<0.05$），熟悉性对准社会互动和广告效果之间的关系存在调节效应，因此 H3 成立，即熟悉性调节了拟人化程度→准社会互动→广告效果的后半段路径。

表 3　虚拟数字人广告代言效果的模型检验

	模型 1（因变量：广告效果）		模型 2（因变量：准社会互动）		模型 3（因变量：广告效果）		模型 4（因变量：广告效果）	
	β	t	β	t	β	t	β	t
性别	0.105	0.784	0.128	1.049	0.022	0.202	0.02	0.186
拟人化程度	0.426	8.093***	0.505	10.549***	0.098	1.979*	0.096	1.964*
准社会互动					0.65	13.186***	0.622	12.33***
熟悉性							0.77	1.506
准社会互动×熟悉性							0.091	2.075*
R^2	0.17		0.258		0.46		0.478	
F	33.131***		56.326***		91.832***		58.693***	

注：* 为 P<0.05，** 为 P<0.01，*** 为 P<0.001。

针对熟悉性如何调节准社会互动对广告效果的影响，进行简单斜率分析可见（见图 2）：对于虚拟数字人熟悉性较低的用户，准社会互动能够正向预测广告效果，simple slope＝0.561，t＝9.799，p<0.001；而对于虚拟数字人熟悉性较高的用户，准社会互动对广告效果的正向预测作用更大，simple slope＝0.708，t＝10.612，p<0.001。

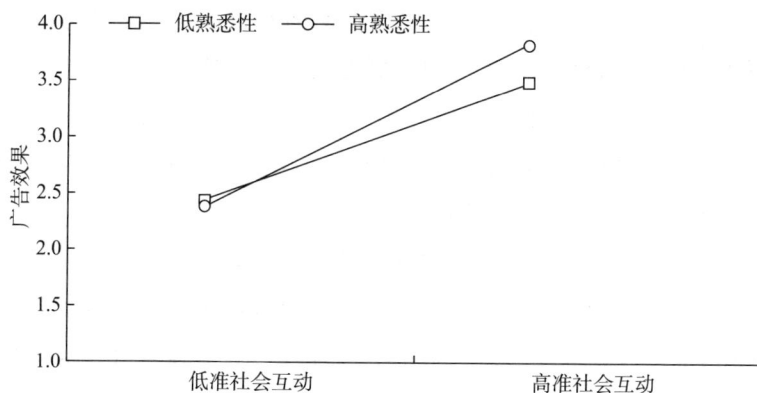

图 2　熟悉性在准社会互动和广告效果之间的调节作用

进一步对广告效果进行细分，分别探索虚拟数字人的拟人化程度、准社会互动和熟悉性对广告态度、品牌态度和购买意愿三个维度的影响。分析发现，准社会互动在拟人化程度和广告态度之间呈部分中介作用（总效应 c = 0.452***，a = 0.505***，b = 0.542***，直接效应 c = 0.178**，R^2 = 0.361，P<0.001），间接效应占比为61%；准社会互动在拟人化程度和品牌态度间呈部分中介作用（总效应 c = 0.448***，a = 0.505***，b = 0.57***，直接效应 c′ = 0.16**，R^2 = 0.381，P<0.001），间接效应占比为64%；准社会互动在拟人化程度和购买意愿间呈完全中介作用（总效应 c = 0.379***，a = 0.505***，b = 0.838***，直接效应 c′ = -0.045，R^2 = 0.459，P<0.001）。H1a、H1b、H1c、H2a、H2b、H2c 均成立。

在调节效应检验上，熟悉性在准社会互动与广告态度、品牌态度之间的调节效应均不显著，仅在准社会互动与购买意愿之间存在显著的调节效应，熟悉性和准社会互动的交互项对购买意愿具有正向预测作用（β = 0.124，p<0.05），意味着对于虚拟数字人熟悉性较高的用户来说，准社会互动对购买意愿的正向影响效果更大。H3a、H3b 不成立，H3c 成立。

（三）数据分析结果讨论

1. 虚拟数字人的拟人化程度对广告效果的正向预测作用

通过数据分析发现，虚拟数字人的拟人化程度能够在一定程度上正向影响广告效果。这一结果支持了当前众多品牌选择诸如柳夜熙等具有高拟真度的3D超写实虚拟人进行广告代言活动的有效性。虽然已有研究在有关超写实虚拟人是否比二次元虚拟人更能吸引客户这一问题上并未达成共识[41]，但有学者发现当虚拟人的外形拟真度跨越"恐怖谷"谷底后，超写实虚拟网红的拟人化程度会正向影响受众对它们和所代言广告的态度[42]，本研究的结论也契合了上述观点。

拟人化程度对广告效果不同维度的影响程度略有不同，对广告态度的影响最大，品牌态度次之，而对购买意愿的影响最小。采用虚拟数字人进行广告代言时，其精美炫酷、以假乱真的类人形象更容易引起受众对广告本身的好奇和关注；数字虚拟人自身所具有的未来感、科技感、新潮感等符号意义也可以通过代言行为在一定程度上迁移至所代言品牌，使消费者产生正向的品牌形象认知；但是这种对广告和品牌态度上的兴趣和好感并不一定能够进一步转化为购买意愿，消费者的购买决策更多地受到其他因素影响。

2. 准社会互动的中介作用

研究验证了准社会互动在虚拟数字人的拟人化程度与广告效果之间的中介效应，说明通过与消费者建立互动交流而产生牢固的联系和信任不仅是真人网红人气建构的重要因素[43]，在"人机交流"中也尤为关键。这一结论也契合了此前针对虚拟主播的研究发现，即拟人化对人机情感交互的影响并不是恒定而线性的，其中存在一个重要的中介变量就是受众对人际关系和人机关系的感知与理解[44]。

虚拟数字代言人的拟人化程度对广告态度和品牌态度的影响在较大程度上会通过准社会互动的中介作用实现，而在购买意愿上更是起到完全中介作用。这意味着虚拟数字人的高拟人化程度会带来亲切感和熟悉感，更容易引发消费者对其产生想象中的社会交往关系，进而对它们所代言的广告信息和相关品牌产生更加正向的态度，甚至产生购买该产品的意愿。这一研究结论或许可以解释以往研究中发现的卡通形象虚拟人比超写实虚拟人更受欢迎[45]的原因，即虚拟人的拟人化程度在受众态度和广告效果上并不一定起决定作用，某些二次元风格虚拟偶像与受众之间较高的准社会互动程度才是更为关键的影响因素。

3. 熟悉性的调节作用

除虚拟数字人自身特征以及其与受众之间的准社会互动关系外，广告效果还会受到消费者对虚拟数字人熟悉性的调节效应影响。这意味着平时对虚拟数字人较为关注和熟悉的消费者相较于对这类数字形象缺乏了解的消费者，在接触到其所代言的广告信息时，会有更多正向广告效果。这一结果的可能原因是虚拟数字人目前仍处在发展的初级阶段，大众的认知度有限。对于缺少足够认知基础的消费者来说，一部分人在初次接触拟真度较高的超写实虚拟人时并不能立刻分辨其并非真实人类，也就不会感知到其"虚实融合、似是而非"的特殊符号意义，因此广告代言活动中的意义迁移和购买意愿的促进作用也就难以实现；而此前对这类虚拟偶像、虚拟博主较为了解的消费者则更容易识别这一特殊符号并顺利对其意义进行解码，从而带来更好的广告效果。

具体探究对广告效果各维度的影响发现，这一调节作用主要发生在更深层次的购买意愿维度，而在广告态度和品牌态度层面则不显著。说明在对广告信息的注意、理解、喜爱这种短时效果上，消费者对虚拟数字人的熟悉性差异并不会造成显著影响；而对更多受其他因素决定的品牌专业性、可信赖性、价值感知等方面，消费者对虚拟人熟悉程度也不会带来显著差异。由于购买意愿的产生需要更强、更为充分的驱动因素，因此相较于对虚拟数字人不甚熟悉的消费者而言，那些虚拟主播/网红/偶像的粉丝或关注者，更容易在频繁接触过程中对其形成依恋、信任等积极情感，因而会在"锚定效应"影响下更愿意支持其所代言的产品。锚定效应（anchoring effect）是指人们在做出判断与决策时，其结果或目标值向初始信息即"锚"的方向接近而产生估计偏差的现象[46]。对于虚拟数字代言人的粉丝和关注者而言，其评估被代言商品价值的初始"锚点"是虚拟偶像/博主对自己的情感价值，而非产品自身的实际价值，而其他普通消费者由于对虚拟代言人缺乏了解，并未受到情感因素影响，更多会聚焦在产品价值本身来进行理性化决策[47]，这导致了两者在购买意愿效果上的差异。

五 建议和总结

（一）研究启示和应用建议

1. 虚拟数字代言人不必一味追求高拟真，准社会互动关系的构建更为关键

虚拟数字人的拟人化程度虽然在一定程度上能正向预测广告效果，但其在外形风格上是否为 3D 超写实、相貌言行上是否能以假乱真并不一定是最关键的影响因素，更重要的是其能否与受众形成准社会互动，这种关系的建立才是影响广告效果，尤其是购买意愿的重要变量。

因此广告主选择虚拟代言人时，不必一味追求高度仿真的超写实虚拟人，更应该注重虚拟博主/偶像与目标消费者之间的准社会互动程度。评估指标上除参考虚拟数字人社交账号的粉丝数量之外，更需着重关注账号的互动率、互动方式、互动频次和深度等。目前一些完全依靠技术驱动的 3D 超写实虚拟博主相较于依赖皮套+"中之人"的二次元虚拟偶像而言，与受众的交流互动存在较大局限，高技术门槛限制了其互动方式和及时性，它们暂时难以完成长时间的实时直播，从而缺少营造受众共同在场感的途径，也无法利用直播间中的互动仪式奠定与粉丝之间坚实的关系基石、构建紧密的情感连接，从而在广告效果上造成"噱头"吸睛有余而转化驱动不足（"叫好不叫座"）的境况。

此外，在品牌自有虚拟数字人的开发和运营中，应避免当下诸多虚拟数字人存在的"精美皮囊、空洞灵魂"问题。前期缺少明确定位且后期运营不力，会导致虚拟数字人沦为华而不实的空壳，以及与受众情感沟通的断裂。对于虚拟数字人而言，其背景经历和价值观构建尤为重要[48]，缺少明确的"人格"特征，将使用户难以保持长期的互动意愿和黏性。因而，品牌自有虚拟形象的设计上要在外形拟人化之余，着重塑造人设的丰满性、故事性和差异化，尽量做到形、魂、神兼具；同时加强社交媒体平台上的自我展示和互动，在日常内容发布中通过其态度、价值观的表达体现虚拟人的个性，并赋予其更多的社交线索，以便有效促进准社会互动的产生。此外，开发运营中应尝试加强自然语言处理、情感计算等 AI 技术应用，实现与用户间的实时互动和智能沟通，建立更具黏性和深度的准社会互动关系。

2. 丰富虚拟数字代言人的营销应用形式，营造在场感和交互性

除虚拟数字代言人自身塑造外，还应丰富其在营销应用中的形式来增加准社会互动，以提升广告效果。现有虚拟数字人的代言方式多为以品牌数字体验官等身份在宣传海报、广告视频中出现，营造新鲜酷炫的媒介现象以攫取"注意力红利"，并借助虚拟人所携带的潮流感、未来感打造年轻化、时尚化的品牌形象。然而此种单一的代言方式缺少与受众的交流沟通，未能充分发挥虚拟数字人的独特优势，也不利于深层效果的转化。营销中除简单的形象展示外，应尝试开发虚拟数字人的深度参与模式，如利用数字媒体开展互动营销、利用全息投影等技术将虚拟形象带到线下渠道、打破屏幕隔阂直接面对消费者、开发相关周边产品等模式，提供线上线下全方位接触的机会，营造与消费者的共同在场，提升两者之间的交互性，从而促进准社会互动关系的形成和维持，进一步提高广告效果。

3. 根据广告目标精准锚定圈内外不同受众，促使效果最大化

利用虚拟数字人代言时，应将潜在受众进一步细分为熟悉性高、认知

基础好的"圈内"群体和熟悉性低、认知基础弱的"圈外"群体，并根据不同广告目标有针对性地选择契合的受众类型。具体而言，当广告目标为吸引注意力、提升产品知名度或品牌形象时，可适当对"圈外"大众消费者进行广泛覆盖，他们在接触到虚拟数字人代言的广告信息时，会由于其新奇性和酷炫感而投入更多注意，形成对品牌形象的新认知。但虚拟数字人带来的这种"注意力红利"并不容易在短时间内进一步转化为购买意愿和行动，其在深层效果上的促进作用有限，因此当广告目标重点是购买转化时，则更适合聚焦在"Z世代"人群尤其是虚拟博主/偶像的粉丝和关注者，通过加强准社会互动促使此类消费者产生更高的购买意愿，从而获得更好的转化效果。

（二）研究总结

本研究验证了虚拟数字人的拟人化程度能对广告效果起到一定的正向促进作用，以及准社会互动在这一过程中的中介效应，并且发现消费者对虚拟人的熟悉性会调节准社会互动对广告效果的影响。由此对虚拟数字人广告代言策略提出了三点针对性的建议，在代言人选择、营销应用方式、消费者细分方面提供了决策依据。

需要指出的是，本研究的样本选择集中在当前虚拟数字人的主要关注群体"Z世代"青年人群内，其分析结果是否在更多其他年龄层的消费者中同样适用，后续仍需要开展具体研究进一步加以证实。此外，本研究虽验证了拟人化程度、准社会互动的作用，但还有哪些其他因素会有效提升准社会互动，从而进一步影响广告代言效果，尚未进行充分研究，需待今后加以重点关注。

参考文献

［1］张丽锦，吕欣. 虚拟数字人：模因论的新"锚点"——模因论视域下的虚拟数字人：概念、特征和应用［J］. 学术探索，2024（3）：57-66.

［2］刘超，吴倩盈，熊开容，等. CGI仿真虚拟代言人应用与品牌传播效果：消费者感知视角的质性研究［J］. 新媒体与社会，2020（1）：82-103.

［3］HYPE-JOURNAL. The top instagram virtual influencers in 2020［EB/OL］. https://

hypeauditor. com/blog/the-top-instagram-virtual-influencers-in-2020/.

［4］ CONTI M, GATHANI J, TRICOMI P P. Virtualinfluencers in online social media ［J］, IEEE communications magazine, 2022, 60 (8): 86-91.

［5］ MOURITZEN S L T, PENTTINEN V, PEDERSEN S. Virtual influencer marketing: the good, the bad and the unreal ［J］, European journal of marketing, 2023, Vol. ahead-of-print No. ahead-of-print.

［6］ MCCRACKEN G. Who is the celebrity endorser? Cultural foundations of the endorsement process ［J］. Journal of consumer research, 1989, 16 (3): 310-321.

［7］ GARRETSON J A, NIEDRICH R W. Spokes-characters: creating character trust and positive brand attitudes ［J］. Journal of advertising, 2004, 33 (2): 25-36.

［8］ 郭全中. 虚拟数字人发展的现状、关键与未来 ［J］. 新闻与写作, 2022 (7): 56-64.

［9］ CALLCOTT M F, PHILLIPS B J. Observations: elves make good cookies: creating likable spokes-character advertising ［J］. Journal of advertising research, 1996, 36 (5): 73-78.

［10］ FOLSE J, GARRETSON A, NETEMEYER R G, BURTON S. Spokes characters: how the personality traits of sincerity, excitement, and competence help to build equity ［J］. Journal of advertising, 2012, 41 (1): 17-34.

［11］ En-CHI CHANG. Influences of the spokes-character on brand equity antecedents ［J］. Asia pacific journal of marketing and logistics, 2014, 26 (3): 494-515.

［12］ 周飞, 冉茂刚, 陈春琴. 虚拟代言人感知真实性与消费者品牌依恋关系的实证研究 ［J］. 软科学, 2018, 32 (5): 112-115.

［13］ PARK J. A study on the relationship between virtual influencer attributes, imitation intention, and usage intention ［J］. The journal of the convergence on culture technology ［Internet］. 2022, 8 (3): 245-251.

［14］ EPLEY N, WAYTZ A, CACIOPPO J T. On seeing human: a three-factor theory of anthropomorphism ［J］. Psychological review, 2007, 114 (4): 864-886.

［15］ DUFFY B R. Anthropomorphism and the social robot ［J］. Robotics and autonomous systems, 2003, 42 (3-4): 177-190.

［16］ WAYTZ A, EPLEY N, CACIOPPO J T. Social cognition unbound: insights into anthropomorphism and dehumanization ［J］. Current directions in psychological science, 2010, 19 (1): 58-62.

［17］ CROLIC C, THOMAZ F, HADI R, STEPHEN A T. Blame the bot: anthropomorphism andanger in customer-chatbot interactions [J]. Journal of marketing, 2022, 86 (1): 132-148.

[18] 金度学. 网红广告代言与明星广告代言效果的比较研究——代言广告效果模型重构 [D]. 对外经济贸易大学, 2021.

[19] HORTON D, WOHL R R. Mass communication and para-social interaction [J]. Psychiatry-interpersonal & biological, 1956, 19 (3): 215-229.

[20] 周勇, 郝君怡. 嵌入与游离: 网络直播用户与主播的准社会交往 [J]. 新闻与写作, 2021 (12): 41-49.

[21] LIM J S, CHOE M J, ZHANG J, NOH G Y. The role of wishful identification, emotional engagement, and parasocial relationships in repeated viewing of live-streaming games: A social cognitive theory perspective [J]. Computers in human behavior, 2020, 108: 106327.

[22] 马志浩, 葛进平, 周翔. 网络直播用户的持续使用行为及主观幸福感——基于期望确认模型及准社会关系的理论视角 [J]. 新闻与传播评论, 2020 (2): 29-46.

[23] 韩秀, 张洪忠, 何康, 马思源. 媒介依赖的遮掩效应: 用户与社交机器人的准社会交往程度越高越感到孤独吗? [J]. 国际新闻界, 2021, 43 (9): 25-48.

[24] CHAE J. Virtual makeover: selfie-taking and social media use increase selfie-editing frequency through social comparison [J]. Computers in human behavior, 2017, 66: 370-376.

[25] ZHOU F, SU Q, MOU J. Understanding the effect of website logos as animated spokes-characters on the advertising: a lens of parasocial interaction relationship [J]. Technology in society, 2021, 65: 101571.

[26] 张宁, 李观飞, 余利琴, 郑付成. 品牌虚拟代言人的特征对品牌资产的影响研究——消费者年龄和性别的调节作用 [J]. 品牌研究, 2017 (02): 21-31.

[27] 姜凌, 冯源. 独特化需求对虚拟代言人说服效果影响研究 [J]. 商业经济与管理, 2020 (6): 66-77.

[28] TAYLOR S E, PEPLAU L A, SEARS D O. 社会心理学 (第十版) [M]. 谢冬梅, 谢晓非, 等译. 北京: 北京大学出版社, 2004: 255-258.

[29] 罗佳玲. 虚拟代言人对消费者购买意愿的影响研究 [D]. 华南理工大学, 2015.

［30］ 黄姚. 增强品牌沟通效果的虚拟形象代言人特质——熟悉度、吸引力和形象
独特性 ［J］. 中国商贸, 2011（32）：52-53.

［31］ 清华大学新闻与传播学院新媒体研究中心. 虚拟数字人研究报告：溯源、应
用、发展 ［R/OL］. https：//www. fxbaogao. com/view？ id＝3391091.

［32］ 爱奇艺. 2019 虚拟偶像观察报告 ［R/OL］. 中文互联网数据资讯网, http：//
www. 199it. com/archives/1004591. html.

［33］ 艾媒咨询. 2023 年中国虚拟偶像产业发展研究报告 ［R/OL］. https：//www.
163. com/dy/article/I1FIQNG50511A1Q1. html.

［34］ WAYTZ A, CACIOPPO J, EPLEY N. Who sees human？ the stability and impor-
tance of individual differences in anthropomorphism ［J］. Perspectives on psycho-
logical science, 2010, 5（3）：219-232.

［35］ KIM, SARA, Ann L M. gaming with Mr. Slot or gaming the slot machine？ power,
anthropomorphism, and risk perception ［J］. Journal of consumer research, 2011,
38（1）：94-107.

［36］ AUTER PHILIP J. TV that talks back：An experimental validation of a para-social
interaction scale ［J］. Journal of broadcasting & electronic media, 1992, 36
（2）：173-181.

［37］ 包敦安, 董大海. 交易社区环境下的类社会互动关系的测量及实证检验
［J］. 软科学, 2010, 24（5）：124-130.

［38］ ZHANG K, HUNG K. The effect of natural celebrity-brand Association and para-
social interaction in advertising endorsement for sustainable marketing ［J］. Sustai-
nability, 2020, 12（15）：6215.

［39］ 檀卿. 代言人身份特征对广告效果影响的比较研究——基于准社会交往的视
角 ［D］. 广东外语外贸大学, 2022.

［40］ 温忠麟, 张雷, 侯杰泰. 有中介的调节变量和有调节的中介变量 ［J］. 心理
学报, 2006. 38（3）, 448-452.

［41］ EVANGELOS M, NISHTHA L, DINA M, et al. Blurring lines between fiction
and reality：perspectives of experts on marketing effectiveness of virtualinfluenc-
ers. 2020 International Conference on Cyber Security and Protection of Digital Serv-
ices（Cyber Security）, Dublin, Ireland, 2020, pp. 1-6.

［42］ NAMHYU U. Predictors affecting effects of virtual influencer advertising among col-
lege students ［J］. Sustainability 2023, 15：6388.

［43］ PENTTINEN V, CIUCHITA R, CAIC M. YouTube it before you buy it：the role of parasocial interaction in consumer-to-Consumer video reviews ［J］. Journal of interactive marketing, 2022, 57（4）: 561-582.

［44］ 赵瑜，李孟倩. 拟人化趋势下的虚拟主播实践与人机情感交互 ［J］. 现代传播（中国传媒大学学报），2023，45（01）: 110-116.

［45］ FANNY C, WING-FAI L. Virtual influencers as celebrity endorsers ［J］. International journal of management and applied science, 2021, 7（9）: 34-38.

［46］ 王晓庄，白学军. 判断与决策中的锚定效应 ［J］. 心理科学进展，2009，17（1）: 37-43.

［47］ 喻国明，滕文强. 发力情感价值：论虚拟偶像的"破圈"机制——基于可供性视角下的情感三层次理论分析 ［J］. 新闻与写作，2021（4）: 63-67.

［48］ 杨名宜，喻国明. 赋能与"赋魂"：数字虚拟人的个性化建构 ［J］. 编辑之友，2022（9）: 44-50.

中华优秀传统文化跨文化传播效能提升策略[*]

——基于文化接近性理论的分析

柴莳珺　王　云^{**}

摘　要　在全球化时代，中华优秀传统文化的国际传播已成为加强中国与世界交流的重要途径之一。文化接近性理论强调文化相似性与相互理解的重要性，在此理论视角下，可以将文化受众对中华优秀传统文化的接受分为接收、改造和认同三个阶段。在接收阶段，传播者需要通过贴近目标受众的文化内容和形式缩减文化距离，激发受众兴趣。改造阶段强调文化的本地化与融合，海外受众在此阶段选择性吸收中华优秀传统文化元素，并进行创造性再生产。认同阶段是传播的最终目标，受众在深刻理解文化内涵后形成情感共鸣，并将中华优秀传统文化融入其生活实践。为实现这一目标，传播者应突出中华优秀传统文化的核心价值与全球适用性，塑造开放包容的文化形象，并通过创新传播形式和教育促进跨文化认同。只有通过动态调整传播策略，逐步实现文化适配与融合，才能有效提升中华优秀传统文化的国际传播效能，增强全球文化交流的深度和广度。

关键词　文化接近理论　中华优秀传统文化　跨文化传播　国际传播

随着全球化进程不断加快和国际交往的日益频繁，文化的传播和交流已经变成各国塑造国际形象和提高影响力的重要途径，世界主要国家输出文化、争夺国际文化话语权的竞争日趋激烈。近年来，中华优秀传统文化的国际传播取得了显著的成绩，向世界展示了丰富多元的文化遗产和宝贵的思想成果，在国际舞台上的形象和影响力不断提升。然而，中华优秀传

＊　基金项目：山西省研究生科研创新项目（项目编号：2023KY434）。

＊＊　作者简介：柴莳珺，山西师范大学戏剧与影视学院博士研究生；王云，山西师范大学教授。

统文化在提升国际认同与接受程度上依然面临诸多挑战。

以往对于中华优秀传统文化国际传播效能的研究多是站在传播者的角度来思考改进传播策略，而忽略了海外文化受众在接收文化过程中的能动性。文化接近性是文化传播和交流领域跨文化传播的重要影响因素之一，根据文化接近性理论，受众更倾向于选择与自身文化背景相似或相接近的媒体内容。[1] 文化接近性理论作为一种理论框架，用于解释不同文化之间的交互过程，强调文化在交互、传播和融合过程中所经历的渐进变化和趋同趋势。"文化接近性"、"文化协商"和"文化认同"是文化接近性理论的核心概念，分别体现了该理论视阈下文化对外传播的"接收"、"改造"和"认同"三个阶段受众与文化互动的特点。本文以此为切入点，尝试探析中华优秀传统文化在国际传播过程中与海外受众不同阶段的互动情况，并针对性提出中华文化国际传播的路径优化策略。

一　中华优秀传统文化国际传播的文化接近困境

文化接近性理论是研究跨文化传播的核心理论之一，聚焦于文化间的差异与相似性，强调不同文化在互动中的相互接纳与交流能力。其理论根源可追溯至 20 世纪初的跨文化交流研究，德·索拉·波尔（De Sola Pool）被认为是该理论的早期提出者，而斯特劳布哈尔（Straubhaar）进一步阐释并发展了该理论，指出观众倾向于选择与自身文化背景相似的媒体内容。美国人类学家爱德华·T. 霍尔（Edward T. Hall）在《超越文化》（1976）中提出的高语境与低语境文化理论为文化接近理论奠定了基础，强调文化背景对传播的深远影响；荷兰心理学家吉尔特·霍夫斯塔德（Geert Hofstede）的文化维度理论则通过权力距离、不确定性规避等维度量化分析了文化差异，为其提供了实证支持。随着全球化与信息技术的发展，文化接近性理论从宏观的国家文化扩展到微观的组织与个体文化，增强了其适应性。该理论强调文化趋同并非简单的同化，而是文化主体在互动中的相互渗透与协同，并通过"文化协商"实现动态调整。文化接近性理论还提出"动态平衡"理念，强调通过持续调节实现文化间的和谐共存，防止文化霸权与边缘化，为构建多元共生的全球文化环境提供了理论支撑。

在过去的几年中，中国的文化在国际上的传播已经取得了显著的进展，并向外界展现了其丰富而多样的文化成果。然而，中华传统文化作为高语境文化的典型代表，其深层内涵往往依赖于历史背景、象征符号与非语言交流，而西方低语境文化则倾向于采用直接、明确的表达方式，这种差异导致西方受众在理解中华传统文化的核心理念时容易产生障碍，中国文化的国际传播依然面临着各种各样的挑战。

（一）传播路径单一化：过度依赖政府主导模式

传播路径的单一化制约了中华优秀传统文化的传播成效。现阶段，中国的文化传播主要依赖政府和相关机构的推动，例如通过文化交流年等方式来进行宣传。在全球经济一体化的催化下，中国与其他国家之间的双边和多边文化合作项目日益增多，为双方提供了更多的交流机遇。政府之间的文化互动项目以及社会各领域的自主文化交流活动，在提高国际社会对中国文化的兴趣与认知方面起到了积极作用。尽管这些途径有助于提升文化的知名度，但其通常缺乏明确的周期性和系统性，因此难以产生持久的文化影响力。非政府组织、个人文化创作者和其他社会力量的参与度不足，未能充分利用多渠道传播的优势来提高传播效能。

（二）文化折扣与误读：深层价值观的传播隔阂

在中华优秀传统文化的国际传播中，文化理解和误解并存。长期以来，"传统国际传播业态呈直线单向度的信息传输，只重视'传'，而对'播'出去之后'结出'的是怎样的'果'，没有给予足够的重视，致使信息回流渠道不畅甚或阻塞，导致我们做着事倍功半的传播"[2]。这是因为中华优秀传统文化的含蓄特质对海外受众的文化习惯构成了挑战，其"神秘性"成为"中华优秀传统文化国际传播的一大障碍"。[3] 受中西方文化差异所带来的"文化折扣"影响，中国文化中的某些元素在国际传播中被误读。例如在中国文化中，"功夫"这一元素具有深远的意义，但在某些西方文化里，它很容易被简化为暴力和斗争的刻板观念。这种文化解读偏见不仅削弱了传统文化传播的深远影响，同时也损害了中国文化整体的形象。翻译的本土化问题也影响了海外受众对中华优秀传统文化的理解。

由于语言和文化背景的差异，许多具有中国特色的内容在翻译过程中容易丢失信息或者被误译，这不仅妨碍了外国受众对中国文化的理解，还有可能导致文化传播效果片面化甚至引起误解。

（三）本地化适配不足：忽视受众文化需求差异

文化推广的个性化和本地化不足，显著制约了文化传播效能。在多元文化的背景下，全球观众对文化内容的需求日益多样化和个性化。然而，在内容创作过程中，传播者出于维护国家形象或传统文化的需要，往往忽略了与受众文化背景的紧密结合，导致文化输出与国际观众的期望存在偏差。比如，某些合作制作的电影过分强调中国特色而忽视了全球观众的观影偏好和文化背景，导致经济回报未能达到预期。此外，当下文化国际传播效能的评估体系和反馈机制尚不完善，缺少对传播效果的全面评估与精准分析，许多推广活动无法根据实时数据和反馈进行适当的调整和优化，造成文化资源浪费和传播策略偏离目标。因此，文化传播者应该充分调研目标市场的需求，再选择合适的文化产品，而非仅从国家推广角度出发。

文化接近性理论强调在文化传播中缩短距离和增强文化认同的重要性，这在国际文化交往中得到了广泛的运用。文化接近性理论能够通过对文化元素的相似性和差异性进行分析，识别潜在误解和冲突点，从而减少误解并建立基于共同价值观的信任关系。

二 国际传播过程中海外受众与中华优秀传统文化的互动特点

在全球化背景下，中华优秀传统文化的国际传播不仅是文化输出的过程，更是跨文化交流与认同的过程。从海外受众的视角来看，这个过程分为接触接收、改造消化和理解认同三个阶段，海外受众对中华优秀传统文化的认识逐步加深。在不同阶段，海外受众与中华优秀传统文化的互动具有显著的差异，厘清不同阶段的特点对于有针对性地优化中华优秀传统文化的国际传播路径具有鲜明的导向作用。

（一）文化接收阶段：文化距离与受众接受度的互动机制

"接近性"描述的是在跨文化互动中，不同文化元素逐步趋同的过程。

这种文化趋同不是简单的文化同化或替代，而是强调不同文化主体在互动过程中相互影响和渗透，最终实现某种程度的协同。接近性不仅体现在显性文化维度，如语言、价值观、传统和艺术中，还体现在更深层次的思考模式、行为习惯和心理共鸣等交流活动中。通过与其他文化元素的接近，各个文化实体不仅保留了其独有的特质，还展示了对其他文化元素的吸纳和适应。接收阶段是整个文化传播过程的基础阶段。海外受众对中华优秀传统文化的接收受到文化距离、受众的文化背景和接受心理等因素的影响。

在接收阶段，受众对中华优秀传统文化的接受程度受到文化距离的直接影响。文化距离是指不同文化在价值观、习俗、语言、信仰、生活方式等方面的差异，该理论认为受众自身文化与所接触文化之间的距离越大，他们的跨文化适应就越困难[4]。在接收阶段，海外受众更易对文化距离较小的文化内容产生兴趣。如饮食、武术、传统艺术（如剪纸、书法）等文化元素因具有较强的文化吸引力和较低的认知门槛，能够直接触达海外受众的兴趣点，减少文化距离带来的陌生感。2023 年 9 月，中国昆曲江苏周在法国巴黎举办，宣传团队在制作短视频时"非常注重角度选取，追求在最大程度上戳中受众的情感共鸣点"，选取折子戏《夜奔》中体现"对命运的抗争和对未来的求索"的这一"超越古今、中西之间的界限"、凸显人文关怀的主题的内容制作短视频专题片《小林冲"夜奔"巴黎》，一经发布便引起外国网友的广泛关注和大量转发。[5] 相比之下，文化距离较大的内容需要经过更深入的文化解读和长时间的接触才能被正确接收，这降低了受众初步接触的意愿。

然而，较大的文化距离并不必然减少受众对中华优秀传统文化的兴趣。在接收阶段，受众往往更关注文化的外在形式，猎奇心理使其对文化符号和形式的独特性产生兴趣。当一种文化通过特定形式与另一种文化建立连接时，文化距离的阻碍作用会被削弱，受众的接受度反而可能提高。例如，中国的传统武术"融入了对天地自然运动的独特理解"，与西方以竞技对抗为原则的搏击运动有着显著的差别，但这些文化元素往往因为其独特性而吸引海外受众的注意。[6]

（二）文化改造阶段：文化调适与受众能动性的协商

"文化协商"是文化接近性理论的重要组成部分，指在文化互动中，不同的文化群体为实现共同繁荣而进行持续的沟通。当一个文化元素被另一个文化元素所吸纳时，文化协商在形态、含义和功能上都会发生相应的调整。文化协商过程强调文化适应的动态性，这使得文化传播不再仅仅是单向的信息传递，而是在双向互动的过程中催生出创新和变化。改造阶段的核心特点是文化的本地化、融合性和创新性。这一阶段既是中华优秀传统文化传播的深化过程，也是中华优秀传统文化同海外文化共存与共生的体现。

改造阶段体现了文化接近性理论强调的文化传播的双向互动特性。这种双向互动使中华优秀传统文化在传播过程中具有一定的灵活性和适应性。受众在对中华优秀传统文化进行改造时，会根据自身的文化语境、价值观念以及社会需求，筛选并融合其中与本土文化相契合的元素。某些中华优秀传统文化符号在改造过程中可能被重新赋予新的意义或形式，以便更好地融入当地的文化场域。同时，这一过程不仅仅是单纯的文化"移植"，更是一种创造性的文化"再生产"，它有助于中华优秀传统文化在全球化语境中展现出更为多元的魅力和生命力。这种改造过程也是文化间对话的过程。例如，饮食文化是民族文化的重要组成部分，中国饮食文化历史悠久，以丰富的口味、多样的食材和精细的烹饪技艺闻名。在海外，中国美食广受欢迎，成为外国民众了解中国文化的重要途径。为适应当地口味，中餐在传播过程中常进行调整，形成融合中外特色的"改良版"，吸引对中餐感兴趣的食客。

受众在这一阶段还可能会对中华优秀传统文化的核心价值观和符号进行重构，使之与当地文化更为契合。这种重构可能涉及对中华优秀传统文化中一些深层次内容的重新解读和改造性阐释。受众在对中华优秀传统文化进行重构时，并非完全摒弃其原有意义，而是通过赋予其新的诠释方式，使中华优秀传统文化的价值内核能够在异域文化中继续焕发生命力。这种重构往往基于两种主要驱动因素：本土文化的内在需求和中华优秀传统文化符号与核心价值观在异域文化中的传播潜力。在两个驱动因素的影响下，海外受众将中华优秀传统文化与本土文化融合创新，形成新的文化产品，既保留了中华优秀传统文化的核心要素，又体现着当地的文化特色。通过这种重新解读和改造性阐释，中华优秀传统文化的符号体系与核心价值观不再局限于原有的民族语境，而是融入异域文化的日常生活与社会实践。在重新解读中华优秀传统文化的过程中，研究者提出新的文化融合模式或理念，为加深受众对中华优秀传统文化的认同、促进文化间的共同发展提供更多可能。

海外受众对中华优秀传统文化创造性地改造和重构，实现了对文化内容的消化和内化，为最终实现对中华优秀传统文化的理解和认同奠定了重要的基础。同时，对传播者来说，通过这种文化的改造与再生，中华优秀传统文化不仅实现了更广泛的传播，也获得了新的生命力和国际影响力。

（三）文化认同阶段：受众情感共鸣与文化身份的内化

文化接近性理论所强调的"文化认同"涉及个体与群体在跨文化互动过程中如何重新界定自己的身份。文化认同是一种在多元互动过程中产生的对自己文化特质的认同和归属。这个过程涉及对外部文化元素有选择性的吸纳和内部化，这通常会带来身份认同的紧张和重塑。在全球化的大背景下，文化认同逐渐演变为一个多层面的复合体系，这一体系呈现出地域性与全球性、传统性与现代性的相互交织。认同阶段是海外受众从接触到理解中华优秀传统文化的三个阶段中的最后一个环节，也是最重要的阶段。受众对文化差异积极包容，最终实现消化吸收，并主动参与到文化传播过程中。

在认同阶段，跨文化互动交流更加深入，受众不仅接触并尝试消化中华优秀传统文化，还会在文化生活实践中主动参与中华优秀传统文化的传播和再创造，"在有广泛公众参与的空间和领域中，意义共创是中华文化战略传播的最终的归宿"[7]。海外受众的文化认同首先表现为在受众主观上文化差异不断缩小、文化相似性不断增强，受众不仅进一步理解了中华优秀传统文化的内涵，还在自身文化背景下逐渐找到与中华优秀传统文化的共鸣点，从而形成情感上的认同与归属感。在此阶段，受众往往表现出一种双向适应的趋势，在保留自身文化身份的同时，主动吸收、内化理解并外化表现中华优秀传统文化的元素。特别是在艺术、语言等具体领域，海外受众会将中华优秀传统文化的特色与自身文化传统相结合，形成混合型文化产品或表达形式。这种再创造过程一方面体现了中华优秀传统文化的跨文化传播力，另一方面也展示了文化接近理论中多元文化相互交融的特性。受众不再仅仅是文化传播的对象，而成为中华优秀传统文化的参与者和传播者，在更广的跨文化网络中形成了新的传播路径，最终有助于中华优秀传统文化在全球语境中的广泛传播与持久影响。

最终，海外文化受众实现了文化身份的内化，中华优秀传统文化的影响已经开始渗透到受众的生活方式、行为模式甚至价值观念中，成为其文化身份的一部分。当海外受众认同中华优秀传统文化并在生活方式和行为习惯中主动追求这些文化内容后，其对文化差异的包容性显著提高，不仅能够接受中华优秀传统文化与本土文化的不同之处，还会将这些差异视为一种丰富和多样性的体现，这种包容性帮助中华优秀传统文化在国际舞台上获得更高的认可度。伴随着海外受众主动在文化实践中传播中华优秀传统文化，以此改造自身文化生活和文化习惯，受众逐渐放下对异质文化的戒备，对中华优秀传统文化传播主体（如中国政府、文化机构、自媒体等）的信任度也会不断提升，通过这些主体获取有关中华优秀传统文化的信息的意愿也会随之增强，从而持续加强中华优秀传统文化国际传播的效果。

同时，在认同阶段，海外受众开始从中华优秀传统文化中找到与自身文化价值体系的共鸣，这是中华优秀传统文化国际传播在认同阶段的最重要的目标。这种共鸣通常基于文化接近性理论中强调的文化相似性和共享价值观。近年来人类命运共同体理念不断被国际社会接受和认可，这一重要国际理念被联合国社会发展委员会一致通过并正式写入联合国决议。人类命运共同体理念根源于这些中华优秀传统文化的"和合"思想中，这一理念又契合了"各国人民追求和平、发展、进步的共同愿望，与外国优秀思想文化和智慧是一脉相承"，[8] 因此一经提出便在不同的文化受众中产生热烈反响。

三 中华优秀传统文化国际传播的路径优化策略

中华优秀传统文化在国际传播过程中与海外受众互动的阶段性特点要求文化传播者以受众为中心，尊重受众文化背景，采取针对性的策略来逐步消除文化隔阂，从引起兴趣、文化适配到深层认同，逐步实现中华优秀传统文化的国际传播目标，促进深层次的文化共鸣和认同。

（一）降低文化壁垒，实现文化在地化传播

文化接收阶段是中华优秀传统文化"走出去"的第一个阶段，要求文化传播者塑造亲和的文化形象，通过选择合适的传播渠道提升中华优秀传统文化在海外受众当中的曝光度，以此降低文化壁垒，推进海外受众与中华优秀传统文化的接触。

首先，要在国际传播中增强文化的亲和力。一方面，可以寻找中华优秀传统文化与目标受众文化的共同点，在受众初步接触中华优秀传统文化时引发其情感共鸣；另一方面，利用国际化文化符号丰富中华优秀传统文化的表现形式，通过流行音乐、电影、动漫等全球通行的媒介来传播文化信息。要简化文化内容的表达方式。初次接触中华优秀传统文化的受众可能对复杂的传统思想或深奥的哲学概念感到困惑，因此应该避免文化深层内容的"硬投放"，通过讲故事、说案例或使用简单的比喻等形式逐步引导海外受众提高接触中华优秀传统文化的兴趣。例如，网络博主李子柒将中华优秀传统文化元素融入衣食住行中拍摄视频，展现出浓浓的中国风情，讲述了有温度的中国文化故事，让中华优秀传统文化在不同文化语境中落地。

其次，要选择适当的传播渠道。中华优秀传统文化的国际传播是一个主观见之于客观的实践活动，往往需要承载于特定的媒介形态，从而实现传播内容的可感、可知和可见。[9] 传统的传媒形式，例如电视、广播和报纸，拥有广大的观众基础和高度的权威性，这些渠道在全球传播领域依然扮演着关键角色。特别是在互联网普及率相对较低的地区，传统媒体发挥着重要作用。例如，阿拉伯语言区是全球视听消费的重要地区之一，但是"伊拉克、叙利亚、也门、埃及、利比亚、苏丹等国的互联网普及率相对较低"。根据这一情况，中国在阿联酋迪拜开设中阿卫视，"覆盖西亚、北非22个阿拉伯国家和地区"，引进反映中国文化的出色影视作品，并"根据本地调研情况，制作符合阿拉伯观众预期的、融合传统风貌与现代文明的中国文化节目"[10]，扩大了中华优秀传统文化在该文化区的影响力，持

续引起当地受众的关注和热议。另外，当下互联网新媒体技术迅猛发展，网络用户可以接触到来自世界各地的文化内容，而不同地区的网络用户又有不同的社交平台使用偏好。因此文化传播者应该针对不同国家流行的网络社交媒体，在抖音海外版（TikTok）、YouTube、Instagram等国际时兴的网络平台广泛建立新媒体传播矩阵，通过短视频、图片等形式传播易于被接收的文化内容。例如，央视通过互联网向全球同步直播春晚，借助即时性、互动性和海量传播的媒介优势，突破了时空限制，显著提升了春晚的国际传播影响力。同时，网络媒体的评论区为国际观众和传播者提供了一个交流和反馈的平台，可以提高传播账号的受众黏性，从而提升中华优秀传统文化的网络话题度和曝光度，增进受众和文化传播者之间的互动与交流。此外，制作文化内容时，可以与本地网络意见领袖合作，聘请熟悉当地文化和语言的专家或团队，建立本地化内容创作团队，通过有影响力的博主、明星或文化机构来推广文化内容。与本地文化领袖合作不仅能够增强内容的可信度和亲和力，还能缩短文化传播的距离。

（二）促进跨文化适配与本土化融合

为了促进海外受众在文化改造阶段更顺滑地消化、改造中华优秀传统文化，文化传播者在制作文化产品、打造文化项目时要注重分析不同文化传播地区受众的文化偏好，有针对性选择文化产品的语言表达形式，并尝试与本地艺术形式相结合。

首先，研究目标地区的文化特点和受众偏好是文化传播本地化的基础。了解目标地区的文化背景、宗教信仰、历史传统和流行趋势能够为传播者提供准确的方向。不同地区的受众因其年龄、职业、兴趣爱好等特点对文化内容有着不同的需求，传播者需要设计多样化的传播策略，以满足不同群体的期待。例如，国产潮流玩具泡泡玛特在国际市场迅速走红，截至2023年年底，泡泡玛特在"港澳台地区及国外门店达到80家（含合营），机器人商店达到159台（含合营及加盟）"[11]，其成功归因于泡泡玛特开拓海外市场时特别注重本地市场的文化和消费习惯，采取本土化运营策略，考虑了当地的商业环境和消费者偏好，推出了与当地文化相契合的产品。定期收集目标地区受众的反馈同样至关重要，通过反馈分析受众的接受程度、兴趣点以及存在的疑虑，从而及时调整传播内容，确保传播策略的灵活性和针对性。数字平台与大数据技术为文化传播的个性化提供了新路径。借助大数据算法，传播者需要综合分析目标受众的阅读偏好，结合社交媒体推荐机制，在内容中嵌入热点关联信息，并依据推荐规律进行设计，以实现精准传播。

其次，语言与表达形式的本地化是文化传播过程中不可忽视的重要环节。"文化国际传播作为一种跨越国家界限与语言壁垒的传播活动，长期以'转译'作为传播的核心思路，文本层面的语际转换在传统上被视为文化国际传播的核心环节乃至最大难点"[12]，但这种转译"不是简单的文字转换行为，是两种文化在'第三空间'里协商的实践"[13]，需要结合目标地区的语言习惯和文化背景进行再创作。

最后，还要推动文化内容形式的本地化改造。可以通过融入当地流行的艺术形式来增强文化内容的吸引力。例如，在非洲地区，可以通过音乐节推广中国民乐，将传统乐器如古筝、琵琶与非洲的鼓点和节奏相结合，创造出具有两地特色的音乐形式；在拉丁美洲，可以通过融合中国传统动作元素的舞蹈形式展现文化的共鸣，吸引当地观众的关注与参与。这种基于艺术形式的融合不仅能增强文化传播的娱乐性，还能通过观众的参与进一步加深其对中华优秀传统文化的理解。

（三）建构文化认同和价值共享

在认同阶段，除了要求文化传播者在技术上注重降低文化壁垒和促进文化本土化融合外，更为重要的是在中华优秀传统文化和其他文化背景的受众之间建构深层次的价值观桥梁，以促进受众真正实现对中华优秀传统文化的文化认同，并自觉转化成中华优秀传统文化的新的传播者。

跨文化聚点是文化国际传播的纽带与桥梁，也是受众形成文化认同的价值观基础。"文化固然是地方的民族的，但文化中所蕴含的一般性价值追求必然越出地域和超越民族性，体现人类文明的普遍性价值诉求。"[14] 2015 年，中国提出"和平、发展、公平、正义、民主、自由"的全人类共同价值，这些共同价值与人类命运共同体理念一起，体现了全人类共同的价值诉求。文化传播者在对外传播文化内容时应当突出中华优秀传统文化中的全人类共同价值，展现中华优秀传统文化的全球适用性和现代意义，彰显我们在全球合作中的价值主张。2023年中央广播电视总台推出国际文化交流节目《美美与共》，以"审美共通感"为基础，讲述"一带一路"倡议下的真实故事，展示了不同国家之间的文化互鉴与合作，打破了文化边界，建立了国际受众的情感联结，实现了从感性体验到理性认知的转化，推动了文化价值共享，"向世界传递共建'一带一路'倡议提出的'和平、发展、合作、共赢'理念，彰显了中国式现代化对世界共同繁荣起到的积极意义"[15]。

文化自信是中华优秀传统文化对外传播的根基，是中华优秀传统文化走向世界的心理基础，也是实现国际文化认同的重要保障。只有文化传播者具有高度的文化自信，文化的受众才能真正认同和理解这个文化。要深入挖掘中华优秀传统文化的核心价值与当代意义，凸显文化特性，强化中华优秀传统文化中的独特符号与传统，将其作为传播中的重要元素，形成独具魅力的文化品牌。文化的自信来源于开放。要推动文化互鉴，构建平等交流的机制。在文化传播过程中，既要自信地展现中华优秀传统文化的独特性，也需要保持对其他文化的尊重与理解，避免过度强调文化优越性，通过平等的文化对话与双向互动促进文化的互鉴与融合。

同时，教育是深化价值认同的重要基础。通过支持海外学校开设中华文化课程，为年轻一代提供系统学习中华文化的机会，可以有效提升海外受众对中华文化的兴趣与理解。此外，组织国际文化夏令营、提供奖学金等方式，能够增加国际学生对中华文化的亲身体验，从而进一步深化文化认同。

参考文献

［1］ KSIAZEK T. B. , WEBSTER G. Cultural proximity and audience behavior: the role of language in patterns of polarization and multicultural fluency ［J］. Journal of broadcasting & electronic media, 2008, 52（3）: 485-503.

［2］ 尚毅. 中华文化对外传播的双向度信息传播构想——以对斯洛伐克文化传播为例 ［J］. 新闻爱好者, 2024（9）: 64-66.

［3］ 夏秀. 文明交流互鉴视域下中华文化国际传播效力的提升 ［J］. 山东师范大

学学报，2024（5）：89-98.

[4] 陈慧，车宏生，朱敏. 跨文化适应影响因素研究述评［J］. 心理科学进展，2003（6）：704-710.

[5] 高利平. "昆曲出海"国际传播的融媒体路径探索——以《新华日报》关于"中国昆曲江苏周"报道为例［J］. 城市党报研究，2023（12）：67-70.

[6] 康戈武，邱丕相，戴国斌. 从文化好奇到文化战略［J］. 体育文化导刊，2004（6）：12-13.

[7] 张文青，陈虹. 流程再造：数智技术对中华文化战略传播的变革［J］. 新媒体与社会，2024（2）：330-344+414.

[8] 张永红，殷文贵. "人类命运共同体"理念的生成、价值与实现［J］. 思想理论教育，2017（8）：31-37.

[9] 张秀丽，聂玉治. 以数字游戏为媒：中华优秀传统文化国际传播效能提升的实践进路［J/OL］. 中国编辑，1-12［2025-02-27］. http://kns.cnki.net/kc-ms/detail/11.4795.G2.20250123.1302.002.html.

[10] 杜浩男. 中阿卫视国际传播本地化路径探索［J］. 中国广播电视学刊，2025（1）：34-37+126.

[11] 孙媛媛. 泡泡玛特加速国际化［J］. 小康，2024（12）：48-51.

[12] 何天平，蒋贤成. 从"转译"到"桥接"：面向精准国际传播的文化出海范式革新［J］. 中国出版，2024（10）：15-21.

[13] 吴梅红，姜飞. 西方跨国媒体的文化译转性以及协商路径——基于外媒中国雇员的访谈［J］. 新闻记者，2021（8）：3-12.

[14] 范玉刚. 中华文化的海外传播与海外文化利益拓展［J］. 社会科学辑刊，2023（3）：191-230.

[15] 吴雷，唐远清. 跨越文化边界：大型国际文化交流节目《美美与共》的传播美学微探［J］. 传媒，2024（17）：61-64.

视觉仪式再造：图像事件的文化治理及其修辞实践*

王雪晔**

摘　要　视觉文化语境下，图像事件已经成为网络空间中文化治理的新对象、新工具。图像事件的文化治理，既是依靠技术手段、行政方式实施的"硬治理"，也是借助修辞方法展开的"软治理"，且有必要从"对图像事件形塑的文化（对象）进行治理"转向"依靠图像事件营造的文化（工具）进行治理"。西方文化治理思想与中国传统治理观念、视觉修辞研究成果、人类学"仪式再造"思想，以及诸多事件治理实践，启发我们将"视觉仪式再造"作为图像事件的文化治理新路径。视觉仪式再造路径具体表现为：以"再现仪式、借用仪式符号、建构仪式化行动"的方式生产正性图像事件文本，其主要的文化意义生成机制分别对应表征修辞、互文修辞和重复修辞实践。

关键词　视觉修辞　网络文化治理　图像事件

习近平总书记在谈及网络文化治理时指出，要培育积极健康、向上向善的网络文化，用社会主义核心价值观和人类优秀文明成果滋养人心、滋养社会。如何具体实现网络空间的文化治理？已有成果已经从文化的载体——事件维度展开研究，但鲜有聚焦图像事件（image event，即由图像符号所驱动并建构的网络公共事件），审视处于事件结构中心位置、在社会动员与话语生产中发挥主导性功能的图像（即图像事件文本）的。[1] 但其实，在视觉文化语境下，图像事件文本已经成为网络文化的重要表征形式，在价值引领中发挥着语言文字无可比拟的话语优势。因为图像事件文

＊　基金项目：本文系国家社科基金青年项目"图像事件的生成机制及网络舆情治理策略研究"（项目编号：21CXW005）的研究成果之一。

＊＊　作者简介：王雪晔，博士，广东外语外贸大学新闻与传播学院副教授，广州城市舆情治理与国际形象传播研究中心研究员。

本不仅属于技术层面，还具有文化意义；当它脱离生产而在网络中传播时，其中呈现的视觉符号便迸发出丰厚的文化内涵。如同马丁·海德格尔（Martin Heidegger）所言，世界图像时代到来的一个现象是，人类活动被当作文化来理解和贯彻。瓦尔堡学派在阐释图像的三个层次（图像本体阐释层、图像寓意阐释层、图像文化阐释层）时，将文化作为阐释图像内涵的终极方向和目标。[2] 马尔科姆·巴纳德（Malcolm Barnard）也强调图像的文化力量，认为符号、图像与文化/意识形态资源之间，存在一定的"层级结构"。[3]

基于此，我们思考的核心问题是：在视觉文化语境下，创新图像事件的文化治理路径。具体研究涉及两种思路。一是理论思路：回溯西方文化治理思想与中国传统治理观念，梳理文化治理（尤其是网络文化治理）的研究成果，发现思考问题的仪式路径与修辞取向；挖掘考察图像事件的视觉修辞研究，并在视觉传播领域展开人类学"仪式再造"的思想创新，进而提出图像事件的文化治理新路径——视觉仪式再造。二是实践思路：结合图像事件的文化治理实践，归纳具体的视觉仪式再造方式，思考其文化意义生成的修辞机制，以指导正性图像事件文本生产、营造积极的网络文化，最终促进国家治理体系和治理能力现代化的升级。

一 文化治理及其仪式路径的提出

"文化治理"是一种集理念、制度、机制和技术于一体的治理形式和治理领域，既涉及文化功能的重新发掘，又彰显个体的文化能动性；实现文化治理，既包括政策话语表述、文化象征操作、活动程序安排、实物空间布局等对他者的治理，也包括文化解码、价值认同和行为自觉等自我治理。[4]25 简言之，文化治理既包含源于政府、组织、媒体等主体的"他治"，也包含民众的"自治"。这种观点受到以安东尼奥·葛兰西（Antonio Francesco Gramsci）、米歇尔·福柯（Michel Foucault）、托尼·本尼特（Tony Bennett）为代表的西方学者关于文化治理思想的影响。葛兰西认为，统治阶级在建立并维护其统治秩序或意识形态的过程中，不仅依靠以政治组织、军事机构等为代表的暴力性机构，更重要的是依靠以传媒、宗教团体、学派等为代表的组织；其中"新闻传媒成为构筑现有制度和社会秩序之意识形态合法性的统治工具",[5] 对于统治阶级依据意识形态建构"文化霸权"（即开展文化治理）具有重要作用。福柯将"治理性"（governmentality）视为一组权力关系，认为行使权力者对他人的治理包含了一种特殊理性，而绝不仅仅是一种彻底或压制性的工具性暴力；治理过程也并非胁迫民众按照特定的意识形态做事，而是一种治理者对民众宰制、民众自我宰制之间相互作用进而达成均衡的过程，即治理过程涉及个体被他人驱使（权力治理）以及如何引导自己（自我治理）两个方面。[4]21 受葛兰西、福柯思想的影响，本尼特将"文化的治理性"视为一种作用于社会关系之上的治理机制，强调文化在政府治理、自我治理中的功能，进而在文化与权力的关系中发现了审美、话语、知识之于文化治理的功能与运作逻辑。

沿着上述学者的思想，现有研究关于网络空间中文化治理的理解有两种：一是对文化的治理（governance of culture），即将文化作为治理对象，实现对"丧"文化、[6]56-65 伦理风险文化、[7]61 网络社群文化、[8] 网络剧等的治理；[9] 二是通过文化进行治理（govern by culture），即将文化作为治理工具，认为网络空间的文化治理需要依托社会主义核心价值观、[6]56-65 具有核心价值认同的社会文化及仪式、[10] 文化事件与文化器物、[11] 文化理念等展开。[12] 相比而言，已有成果将文化作为治理对象的研究较多，而把文化作为治理工具的研究较少。因此，网络空间的文化治理研究有必要"从'对文化的治理'转为'通过文化进行治理'",[13] 凭借特定的文化工具构建一种意义、价值的思维标准。

寻求网络空间治理的文化工具，需要从理解文化的内涵与外延出发。文化是"体现于象征符号中的意义模式，是由象征符号表达并传承的观念体系",[14] 与仪式有着内在的一致性。有学者认为，文化中包含仪式，理解文化可以通过关注仪式来实现。"文化中最根本的是观念文化，指人类为了满足感情心理需求，创造出的观念系统及其表现形式",[15]4 包括习俗、禁忌、礼仪、道德、宗教、制度和法律等。詹姆斯·贾斯珀（James Jasper）将文化视为认知的三个维度：物质性的人工制品、意义的隐喻和修辞，而物质性的人工制品包括表演行动、戏剧、仪式、事件、文本（包括新闻媒介）和视觉符号。[16] 也有学者根据文化的外延指出，"文化作为仪式、符号、故事和世界观的工具"，[17] 是指导人们建构自身行为的策略；文化根植于公共符号与仪式，在根本上与权力相关。近年来，学者已经从仪式维度关注文化治理，如：将文艺节庆、赛事活动作为都市文化形象建构与全球都市文化治理的重要策略；[18] 基于社会动员和信任重构，发掘乡村传统节日的文化治理功能；[19] 通过审视仪式及其中的符号，分析清朝礼部与理藩院对非汉族群的文化治理。[20] 已有研究虽然关注城市、乡村、社会族群的文化治理，但为我们从仪式维度审视网络空间的文化治理，提供了重要参考。

在中国语境下创新网络空间的文化治理路径，需要追溯华夏文明的文化渊源与治理制度。中国传统文化中的礼仪（礼节、仪式等的统称）与政治秩序相关，"以礼治国"的治理思想至今已经传承数千年。儒家将礼仪视为治国理政的根本方式和方法。"礼以纪政，国之常也"（《国语·晋语四》）；"礼，经国家，定社稷，序民人，利后嗣者也"（《左传·隐公十一年》）；"设仪立度，可以为法则"（《淮南子·修务训》）……可见，仪式作为中国古代的法度，是文化治理——维护国家政治制度和社会秩序的工具。仪式不仅参与权力者对国家、社会的文化治理，而且参与社会个体自我的文化治理。中国传统社会的文化治理，致力于通过仪式实现劝善、预防的民众个体"自治"目标。孔子非常重视礼仪在治理中的作用，认为"克己复礼为仁。一日克己复礼，天下归仁焉"（《论语·颜渊》）。仪式能够在文化治理中发挥作用，还在于它契合中国漫长的农耕文明、乡土文明所呈现的感性教化特征——"突显象征、典型、符号、仪式等感性形象"。[21] 可以说，仪式能够同时关联治理者和治理对象，关联文化治理中的理性与情感因素——不仅有利于治理者实现理性目标，而且有利于满足、调节治理对象的情感。正所谓"礼者，因人之情而为之节文"（《礼记·坊记》），即将礼仪视为顺应人之常情而设立、实行社会文化治理的制度与规范。因此，我们将仪式置于文化治理的中心位置进行思考。

在当下中国学术领域，网络空间的文化治理被视为"一种融文化弹性和惩戒刚性为一体的现代治理形式"，[7]63 相关研究侧重于技术与行政取向，而较少关注修辞取向。技术取向主要是将大数据、云计算、人工智能等作为网络文化治理的重要手段，强调在技术方面实施网络文化生态治理，旨在进行话语控制；行政取向则延续政府的"维稳"逻辑，从政治安全角度探索风险社会的文化治理理念、模式、逻辑和机制，旨在消除负面社会影响。事实上，网络空间的文化治理不仅是依靠技术手段、行政方式实施的"硬治理"，而且是借助修辞方法展开的"软治理"；不仅是政府作为单一主体"通过管控、收编和借鉴模式"进行的文化治理，[22] 还是媒体、组织、公众等共同参与文化治理的过程，即多元主体通过在网络空间展开"感觉、意义与意识的社会化生产与再生产"的对话实践，[23] 实现新修辞学代表肯尼斯·伯克（Kenneth Burke）所说的"认同"（identification）构建。从修辞取向对网络文化治理的研究指出：特大疫情防控中的信息治理，政府需要综合运用行动、数据、情感等修辞方式进行话语表达，以重构观念文化、实现文化自省与更新；[15]1-12 中国"河长制"议题的文化治理实践，可以通过概念、框架、接合修辞的话语创新予以把握。[24] 已有成果带给我们较大的学术启发，但相关研究并不多。因此，我们将立足视觉文化语境下的修辞取向（即视觉修辞取向），并结合上述文化治理思想与研究现状——聚焦于"作为文化工具的仪式"路径，创新网络空间的文化治理。

二 图像事件的文化治理与仪式再造思想创新

在视觉文化语境下，作为视觉修辞的典型关注对象——图像事件文本，已经成为网络文化的重要载体。它并非为某一主体所特有，政府、媒体、组织、公众等任何主体都可以进行相应的生产，以实现特定的目标并形塑网络文化。这便意味着图像事件已经成为网络空间中文化治理的新对象、新工具。图像事件的文化治理涉及两种理解方式：一是将图像事件形塑的文化作为治理对象，指对图像事件文本形塑的积极文化进行倡导、对消极文化进行遏制；二是将图像事件及其形塑的文化作为治理工具，通过建构正性图像事件文本，营造并倡导积极文化、应对并扭转消极文化。如前文所述，文化治理研究有必要从"对文化的治理"转为"通过文化进行治理"。因此，从视觉修辞取向展开图像事件的文化治理，有必要从"对图像事件形塑的文化（对象）进行治理"转向"依靠图像事件及其营造的文化（工具）进行治理"，即通过"利用特定的文化工具，生产正性图像事件文本"的视觉修辞方法，潜移默化地实现营造积极文化、遏制消极文化的目标。简言之，图像事件的文化治理，本质上体现为正性图像事件文本及其文化意义生产的视觉修辞实践。

对于图像事件的文化治理问题，学者尚未直接关注，但已形成一些相关成果。一方面，从视觉修辞取向审视图像事件及其治理问题，如张伟基于"图像转向"的文化语境，反思了视觉化网络生态中图像事件的舆情生成，[25] 李红立足环境议题的图像事件文本，从符号表征、修辞和话语层面提出符号化治理路径，[26] 但他们并未将仪式作为文化资源融入研究中。另一方面，学者已经发现仪式在网络文化治理中的重要作用，如李娜等采用仪式框架分析突发公共卫生事件短视频的情感动员，旨在寻求积极情感的文化价值认同和治理效能，[27] 杨绍婷等通过关注网民在社交媒体参与的符号仪式行动，反思了图像赋权与治理的关系，[28] 但他们尚未深入分析仪式作为修辞实践对网络文化治理的作用机制。这为我们从仪式与视觉修辞视角出发，探索图像事件的文化治理路径提供了一定的创新空间。

在图像事件研究的视觉修辞领域，诸多成果关注仪式，主要体现为三方面。第一，将仪式作为视觉修辞研究的重要对象。比如，索亚·福兹（Sonja K. Foss）认为视觉修辞的对象包括一切具有视像特征的物质形态，包括博物馆、纪念堂、庆典仪式、公共广场等。[29] 叶卡捷琳娜·哈斯金（Ekaterina V. Haskins）审视了纪念性的庆典仪式。[30] 乔治·莱考夫（George Lakoff）和马克·约翰逊（Mark Johnsen）则从隐喻修辞指出"宗教仪式是典型的隐喻性活动，个人仪式可能是隐喻性活动……我们赖以生存的隐喻，无论是文化的还是个人的隐喻，都在仪式中被部分保留。文化隐喻及其所蕴含的价值观通过仪式得到传播。仪式是我们文化隐喻系统的经验基础之不可或缺的部分"。[31] 第二，把仪式作为视觉修辞研究的重要视角。杰奎琳·范·斯特克伦博格（Jacquelien van Stekelenburg）与伯特·克兰德曼斯（Bert Klandermans）指出，视觉修辞在"集体层面的意义结构可以用信仰、象征、意识形态和仪式等概念来审视"。[32] 刘涛从仪式视角把握底层民众诉求表达的视觉意象及修辞原理。[33]63-73 第三，将修辞视为认知仪式的重要维度。克利福德·格尔茨（Clifford Geertz）从文化阐释学维度，将仪式视为一套象征符号系统、一种文化原动力的"窗口"——人们围绕仪式建构自身的文化故事，并通过对仪式的阅读和阐释来认识世界。张辉刚从修辞语境维度，分析了裕固族传统仪式中视觉符号的意义生成。[34] 可见，仪式与视觉修辞之间有着紧密的关联，从视觉修辞维度创新图像事件的文化治理，仍需要从仪式视角予以把握。

图像事件文本能够形塑网络文化，很大程度上源于对重要文化资源——仪式的再造/重构（ritual reconstruction）。仪式再造源于人类学，主要指传统仪式的当代重构，侧重于关注在现实地理空间重新展演传统仪式，比如再造传统的丧葬仪式、某个少数民族的传统仪式。简言之，仪式再造过程涉及文化群体对传统仪式的解构与重构，因为仪式既是无意识的传承，也是有意识的创造。不同于人类学在历时维度对传统仪式的当代重构，视觉传播领域侧重于通过网络空间的图像事件文本再现现实地理空间的仪式，且随着媒介技术发展能够实现共时性的再造。人类学意义上仪式再造的结果，呈现为现实地理空间展演的具有历史传承性甚至是神圣性的仪式——兼具"象征性、表演性、时空限定性、程式化与重复性特征"；[35]13 而视觉传播领域仪式再造的结果，则体现为图像事件文本对仪式、仪式符号、仪式化行动的再现，其形式更加灵活多样、内容更具意识形态属性或趋近日常生活、参与人群更加广泛，因而已经超越了人类学意义上的仪式再造思想与实践。

为了表达不同于人类学的仪式再造思想，我们结合视觉修辞理论与方法，将视觉传播领域图像事件文本生成中的"仪式再现、仪式符号借用、仪式化行动建构"的修辞实践称为"视觉仪式再造"，并将其视为图像事件的文化治理新路径。因为以"视觉仪式再造"修辞建构的图像事件文本，"并不只是'静观'的对象，而往往作为一种视觉实践深刻参与社会现实的建构"。[36]6 在视觉文化语境下，政府、组织、媒体、公众等主体可以借助视觉仪式再造的修辞实践，生产正性图像事件文本，以营造积极的网络文化、消解消极的网络文化。具体来说，多元主体在借助仪式、仪式符号或仪式化行动生产正性图像事件文本的过程中，需要精心构思、巧妙设计，需要图像中的行动者发自内心、自然而然地行事，需要拍摄图像的媒体从业者/公众善于捕捉、乐于转发，以发挥视觉修辞生产的合力作用、实现网络空间的文化治理。

三　视觉仪式再造及其修辞实践

多元主体协同以"视觉仪式再造"的修辞实践生产正性图像事件文本，参与文化意义建构与扩散，有利于实现网络空间的文化治理。图像事件文本生产的视觉仪式再造方式涉及——再现仪式、借用仪式符号、建构仪式化行动，其主要的视觉话语及文化意义生成机制分别对应表征修辞、互文修辞和重复修辞实践。

（一）再现仪式与表征修辞实践

现实地理空间的仪式——"特定场合中形体、语言、器物等的表演"[37] 被建构为图像事件文本，能够营造积极的网络文化、化解消极的网络文化，因而能够实现图像事件的文化治理目标。图像事件文本再现仪式的表意实践，是通过表征（representation）修辞实现的。在霍尔那里，"表征是经由语言对意义的生产"，[38]28 具体运作包含"事物—概念—符号"三个要素及"从事物到概念""从概念到符号"两个关联系统，可概括为"反映论的、意向性的、构成主义的"[38]15 方法。在视觉文化语境下，表征指"以语言、象征或符号来再次呈现经验世界中的实在——人、物或事件等，是特定语境中的某种'表意实践'，关乎视觉意义的生产方式、传播方式和接受方式及其关系"。[39]19

仪式在图像事件文本中的表征修辞，贯穿于形象生产与流动的复杂过程，涉及"表意实践中的视觉编码和解码"。[39]17 图像事件文本生产者在空间和时间维度的选择性编码，与受众的解码之间，因共享仪式而形成共通的意义理解。在空间维度，图像事件文本再现不同的视点（拍摄位置）、视角（拍摄角度）和视域（取景大小），蕴含着差异化的编码与解码内涵。图像事件文本表征的仪式行动——电影《亲爱的》人物原型孙海洋一家相拥团聚、东京奥运首金获得者杨倩领奖台上比心，采用的是特写与近景，能够凸显紧紧拥抱、泪流满面、比心等身体符号，唤起受众对家庭团圆、民族自豪感的价值共鸣；而当表征为机场以"过水门"礼仪迎接抗疫医护人员凯旋、战士们在雪山上向无人机升起的五星红旗敬礼时，图像事件文本则呈现了记者/无人机视点拍摄的全景与远景，能够凸显仪式情景与全体人员的仪式行动，激发受众感受奉献、爱国精神，进而传递社会主义核心价值观。在时间维度，图像事件文本通常定格仪式中最能表情达意的瞬间，如以新闻摄影或短视频呈现冬奥会开幕式、闭幕式、颁奖典礼的精彩瞬间，容易激发并增强受众对中华文化与国家的认同。

图像事件文本中仪式的视觉表征，不仅是技术维度上镜子式的直接反映，而且是思想维度的意义建构，因为"表征还意味着象征"。[38]16 换言之，图像和现实世界之间，并非仅仅呈现直接反映或简单模仿的关系；更重要的在于，图像事件文本能利用形象生动的视觉符号去代表、象征现实世界中的各种人、物、事，并指向蕴含规约意义的抽象概念，实现甘瑟·克雷斯（Gunther Kress）和西奥·凡-勒文（Theo Van Leeuwen）所说的"概念再现"[40]——展现视觉元素的象征意义。具体而言，媒介通过再现仪式而建构图像事件文本，能够借助视觉元素的象征性传达特定的文化理念。比如，北京冬奥会开幕式上点燃主火炬台"大雪花"中心火炬的图像，再现了具有象征意义的仪式行动；包含"中国结""橄榄枝""奥运五环"等象征元素的仪式情景，表达了中国对团结、友谊、和平等奥运精神的追求，向国内外受众传递了"人类命运共同体"等抽象概念所蕴含的价值理念。

仪式为同一文化群体所共享。由于再现仪式的图像事件文本兼具形象和抽象特征——既将现实世界中的仪式表征为像似符，又隐含表达抽象概念的规约符，因而能够发挥良好的文化治理效应。在图像事件的文化治理中，再现政治仪式受到政府的高度重视。政府致力于（推动）制造仪式行动、仪式事件，借助媒介的力量生成图像事件文本。例如，媒介再现杜国富获颁"排雷英雄战士"荣誉时举起失去手掌的右臂向习近平主席敬军礼、全国抗击新冠肺炎疫情表彰大会上习近平主席为钟南山颁授"共和国勋章"等仪式，发挥了积极的文化效应。因为再现政治仪式的图像事件文本富于表现力、渗透力、影响力，有利于增强社会凝聚力、提升民众的国家认同。

图像事件的文化治理不仅需要再现政治仪式，还需要再现根植于中华民族传统的文化仪式。例如，重庆市民夹道欢送云南森林消防总队灭火英雄，新疆援鄂医疗队队员吕俊出征前与未婚妻含泪告别，绍兴 3 岁小患者出院时向护士阿姨鞠躬致谢……图像事件文本再现民众生命历程中特殊时刻的欢送、告别、鞠躬等行为，均根源于中华民族传统的文化仪式。当这些由传统习惯发展而来、为人们普遍接受的仪式突破了日常生活，通过图像事件文本传播于网络空间，能够发挥积极的文化效应。因为再现文化仪式的图像，容易创造共通的意义空间，使受众共同参与到贯穿于中华文化共同体历史、现在和未来的仪式性过程中，从而拉近人与人之间的心理距离，产生价值共鸣，进而营造积极文化、消解消极文化。

（二）借用仪式符号与互文修辞实践

图像事件文本除了再现仪式，还呈现行动者借用的仪式符号。符号在仪式中发挥着基础性的作用，能够使编码者、解码者按照文化群体共享的释义规则生产、理解图像的意义，实现价值的传递。借用仪式符号开展图像事件的文化治理，主要的运作逻辑为互文修辞。"互文"既关联着西方学者朱莉娅·克里斯蒂娃（Julia Kristeva）提出的"互文性"（intertextuality）概念，意为任何文本"作为一个引用的嵌合体被建构出来"，[41] 都源于对之前文本的吸收、改编或转换；也是中国古诗文进行含蓄而巧妙表达的修辞方式，指上下语句或一句话中的几个部分看似并列、独立，实则互相呼应、阐发、补充。相比来说，中国古诗文的互文修辞仅关注语言文字文本内符号之间的并列关系，而西方的互文性则关注更广的对象、范围——还涉及视觉文本与符号，并审视不同文本之间、文本与外部系统的关系，且涉及符号继承与文本更新中更为复杂的关系。因此，借用仪式符号开展图像事件的文化治理，需要在不同结构层面，把握文本生产与流动中的互文修辞机制。

首先，图像事件的文化治理，需要行动者有意或无意地依托文本与其系统之外的互文修辞，从"话语、议题和空间情景语境"[36]12借用仪式符号、依靠媒介的力量生成图像事件文本。例如，广州抗疫人员雨中扛党旗运送物资，医护人员集体按红手印请战抗疫前线，消防员与八旬外婆拍"婚纱照"以表抚养之恩，抗洪战士用泥土和小草做"蛋糕"为战友庆生，河北 57 岁医生跪半小时为患者做手术，公交车司机遇汉服女孩行礼回敬拱手礼，山东爆炸金矿事故被困矿工升井后双手合十感谢救援……通过借用仪式中的"党旗""红手印""请战书""婚纱""生日蛋糕"等实物符号，以及"跪""拱手抱拳""双手合十"等动作符号，诸多图像事件文本勾连起爱党爱国、伦理道德等话语，建构了新冠疫情防控、抢险救灾等社会议题，呈现了知恩图报、敬畏生命等具体的时空情景。图像事件文本中的仪式符号并非凭空产生，而是行动者在现有语境中挪用、再次安置已有仪式中的符号，从而重构了新的语义系统，生成了受众普遍共享的文化意义。可见，"通过符号在仪式中的动态呈现，人类得以呈现意识与思想特性及创造潜能"。[42] 而当编码者/解码者以对比、类比等方式，依靠仪式中的符号建构/解读新文本的意义时，即在使用互文修辞。其效果在于，能够激活受众集体的文化记忆、凝聚共识，增强归属感，唤起他们的国家认同与中华文化认同。

其次，图像事件的文化治理，需要媒体、受众等主体在图像事件文本的生产与流通过程中，广泛转载、转发、点赞并参与文本的"再创作""再生产"，以呈现不同文本之间的互文修辞逻辑。为了提供独特的报道视角或报道内容，有些媒体会对他者生产的图像事件文本进行一定的改造，即保留、继承一些典型的视觉仪式符号，同时替换、增加另一些符号，进而生成新的图像事件文本（包括新闻摄影、短视频、漫画等），以宣告自身的信息产权。而当正性图像事件文本在历时维度上经历了大量、反复、持续的跨媒介流动，其中具有传播张力的仪式符号会为更多受众所见，甚至定格、凝缩为集体记忆中的图像瞬间，自然会促进网络空间的文化治理。例如，"敬礼娃娃"行少先队礼的符号形象，每逢"5·12"汶川地震周年祭，或在新中国成立 70 周年等国家仪式举行时刻，都会以互文修辞方式反复出现。无论是各类媒介反复挪用"敬礼娃娃"的视觉符号，还是"敬礼娃娃"本人在新的时空语境下重新演绎"行少先队礼"的仪式符号，均以互文修辞方式诠释了"国家的关怀话语"，进而增强受众的价值认同。

再次，实现图像事件的文化治理，媒体可以借鉴中国古诗文的互文修辞逻辑，按照同一文本内部不同符号之间的平行、互补关系，生成图像事件文本。具体来说，媒体在建构图像事件文本时，可以考虑文本内部不同图像符号之间、图文符号之间相互独立、互补、并置的关系，使不同的符号既各自独立又能发挥组合叙事的效果。例如，媒体在呈现"春运母亲"的图像事件文本时，将巴木玉布木"2010年在火车站前怀抱婴儿、身背巨大行李"与"2021年身着彝族服饰微笑站立"这两个相互独立的视觉符号并置于一张图像中，实现了互补叙事，拓展了符号组合维度上的信息广度——能够清晰呈现个体11年间在生活上发生的巨大变化，从而折射出国家脱贫攻坚工程的伟大胜利并营造了积极的网络文化。此外，媒体在图像事件文本中增加文字符号时，可以采用图文符号平行叙事的方式，而非文字统摄图像的思维与话语方式。其效果在于，文字与图像符号看似"自说自话"、相互独立，实则相互补充、共同诠释图像事件文本的内涵；同时能够以最少而精致的符号，表达丰富且深刻的信息——这恰恰符合读图时代受众的解码习惯，有利于使积极网络文化更高效地深入人心。

（三）建构仪式化行动与重复修辞实践

图像事件文本的生产能够实现文化治理，还在于其中关联着行动者与受众的仪式化行动。"仪式化"（ritualization／ritualize）是托马斯·赫胥黎（Thomas H. Huxley）在观察鸟的求偶行为时提出的概念，指"某些动作形式在进化的过程中消失了原来的功能，变成了纯粹象征的仪式，他称此为仪式化"。[33]66 马克斯·格鲁克曼（Max Gluckman）将仪式化的概念扩展到人类社会，认为仪式化主要应用于日常社会，且带有社会化关系。[43] 人类行动被仪式化的方式和程度不同——有些行动通过被重复而变得仪式化，有些行动则通过被神圣化而变得仪式化。[35]13

当今时代语境下，随着诸多传统仪式逐渐由神圣空间转向日常生活，参与文化治理的图像事件文本更多关联着"通过重复而使行动仪式化"的方式。作为仪式化的本质，重复使行为特征变得显著而简单化，其结果为一部分内容被强化，最终形成一定的形式（即仪式）。图像事件的文化治理过程中，无论是文本中的主体行动，还是受众转发、点赞、评论等参与行动，均带有重复性特征，表现为"重复"（repetition）修辞实践。重复在语言学中也被称作"反复"，其修辞功能在于突出语义、增强语势、深化情感、凸显主题。吉尔·德勒兹（Gilles Deleuze）将重复视为重要的哲学命题，特别关注重复中蕴含的差异，认为"同一性应当以差异性为中心……以同一性为基础思考差异"，[44] 因此重复并非完全的重复，而是变化的重复。以重复修辞建构仪式化行动、生成图像事件文本，不仅能够使行动者传达的社会议题、价值理念获得更多可见性，而且容易使更多受众参与到文本传播中，最终促进网络空间的文化治理。

对于图像事件文本内的个体行动者而言，重复修辞体现在历时维度上周期性的仪式化行动中。在洛蕾利斯·辛格霍夫（Lorelies Singerhoff）看来，日常生活中充斥着诸多基于周期性重复的仪式化行动：每天清晨父母对子女的亲吻，每天下班后喝一杯清茶，每天傍晚带着小狗一同出去散步，每天晚上睡觉前给孩子读一个小故事，每周日一起郊游，每月找个固定的时间一起大扫除……[45] 仪式化行动具有连续性、模式化特征，指向仪式的内在生成过程，"当人们注意到日常生活的仪式化，然后精简、再构造（reframe）并表演，仪式便产生了"。[35]13 在仪式化行动的重复实践中，体现出生命的创造性，蕴含着个体的情感与认同。也即是说，个体每一次参与仪式化行动，都在强化自我的情感与认同，而且容易引发他人的心理共鸣。因此，图像事件文本中的个体，由于周期性地重复特定的行动，而在营造积极的网络文化方面发挥着巨大能量。比如，抗击新冠疫情初期"丈夫每晚用车灯护送医生妻子步行上夜班"的图像事件文本，呈现了主体重复性的仪式化行动，带给受众无尽的温情与感动，产生了积极的文化效应。

图像事件文本中的集体依次重复演绎同样的行动，也是生成仪式化行动、营造积极网络文化的重要方式。重复与人的认知、思维方式具有内在的一致性。当人们想要凸显或强调某种观点时，往往重复言说或行动；而"所有一而再、再而三显现的形式，也往往能够给予观者以一种简纯的快感"。[46] 图像事件文本中的仪式化行动，容易引发受众关注特定的社会议题，从而增强积极的文化效应。具体来说，通过不断重复而建构仪式化行动、形成集体的势能，有利于不断强化和巩固图像事件文本的内涵，有利于获得受众的视觉关注进而拓展议题的可见性，最终营造积极的网络文化。同时，图像事件文本虽然聚焦集体——呈现每个人接力性地重复他人的行动，但旨在突出差异化的个体形象。支援新冠疫情防控的医护人员在圆满完成任务撤离时，面向镜头"依次摘下口罩"道别的仪式化行动，并非展示步调一致的集体群像，而是重在刻画群像背后一个个鲜活而独特的个体生命形象。换言之，虽然图像事件文本呈现医护人员整齐而重复的动作，但旨在凸显个体容貌、手势、言语等方面的差异，使受众关注"纯粹内在性的生命"，[47] 进而在感动中自觉接受勇敢、爱国、奉献等文化价值。

受众参与图像事件文本扩散的过程，也呈现仪式化的行动。在社交媒体空间，受众以点赞、转发、评论等方式参与的仪式化行动，旨在表达个体情感与文化认同。比如，在央视、新华社等发布悼念袁隆平院士的主题海报图像后，受众纷纷自发地在微信、微博等社交媒体转发；或者通过网络吊唁空间敬献稻穗、菊花，然后分享到个人的社交媒体（完成后能看到自己是第多少位参与者）；或者在主流媒体社交平台的评论区，主动接力、重复地跟着前面受众发布内容一致的评论，形成整齐划一的排队式致敬效果，以此建构了仪式化的行动。有些受众在转发相同的内容时，也会自己撰写并编辑出不同于他人发布的文字、标点或表情符号，表达个体对袁隆平院士的独特敬意。受众通过建构具有相同和差异特征的仪式化行动，使图像事件文本更广泛地传播于网络空间，从而形成了更强大、更具凝聚力的文化氛围。因此，图像事件的文化治理，可以通过重复修辞实践建构仪式化行动，发挥传递主流价值观的文化功能。

总之，在视觉文化语境下，图像事件文本因戏剧性、互动性、消费性等特征，已成为营造正面网络舆论、传播主流价值观的有效视觉资源，尤其在培育民族共同价值、塑造群体文化认同与国家认同方面发挥着关键作用，因而成为文化治理的重要视觉工具。图像事件的文化治理，不是简单的"权力"实施过程，而是政府、媒体、组织、公众等多元主体通过视觉修辞方式诱发合作、构建认同的"软治理"实践。本研究综合文化治理、视觉修辞学、人类学的研究成果，即西方文化治理思想与中国传统治理观念、视觉修辞理论与方法、人类学意义上的"仪式再造"思想，以及形塑网络文化的图像事件文本实践，提出了图像事件的文化治理新思想、新路径——视觉仪式再造。视觉仪式再造路径具体涉及：以"再现仪式、借用仪式符号、建构仪式化行动"方式生产正性图像事件文本，其主要的文化意义生成机制分别对应表征修辞、互文修辞和重复修辞实践。蕴含情感与理性的视觉仪式再造路径，能够使图像事件文本彰显更加撼动人心的力量，以柔性化与弹性化的方式实现网络空间的文化治理。

参考文献

［1］ 王雪晔. 符号、仪式与原型：图像事件中英雄形象建构的视觉修辞实践 ［J］. 南京社会科学，2021（10）：118-126.

［2］ 马丁·海德格尔. 林中路 ［M］. 孙周兴，译. 上海：上海译文出版社，2004：77.

［3］ 马尔科姆·巴纳德. 理解视觉文化的方法 ［M］. 常宁生，译. 北京：商务印书馆，2013：122.

［4］ 王前. 理解"文化治理"：理论渊源与概念流变 ［J］. 云南行政学院学报，2015（6）：20-25.

［5］ 道格拉斯·凯尔纳. 文化马克思主义和现代文化研究 ［J］. 上海行政学院学报，2006（5）：80-85.

［6］ 符明秋，孙珍. 以社会主义核心价值观引领"丧文化"治理 ［J］. 重庆社会科学，2020（2）：56-65.

［7］ 潘建红，韩鹏煜. 应然与实然：现代技术伦理风险的文化治理能力提升 ［J］. 自然辩证法研究，2015（11）：61-66.

［8］ 杨玲，徐艳蕊. 文化治理与社群自治——以网络耽美社群为例 ［J］. 探索与争鸣，2016（3）：66-69.

［9］ 李丹舟，赵梦笛. 网络剧的文化治理：审美价值、生产机制与优化路径 ［J］. 云南社会科学，2021（1）：173-180.

［10］ 张鸿雁. 核心价值文化认同的建构与文化治理——深化改革文化治理创新的模式与入径 ［J］. 南京社会科学，2015（1）：76-82+106.

［11］ 张波，陈曦. 网络空间中文化治理的维度与策略 ［J］. 社会科学战线，2019（2）：271-275.

［12］ 张博. 文化治理在网络空间的展开维度及其推进路径 ［J］. 理论探讨，2019（6）：39-44.

［13］ HALL S. The centrality of culture：notes on the cultural revolutions of our time ［A］//ThOMPSON, K.（ed）. Media and cultural regulation ［C］. London：Sage，1997：207-238.

［14］克利福德·格尔兹．文化的解释［M］．纳日碧力戈，等译．上海：上海人民出版社，1999：103.

［15］胡范铸，张虹倩，周萍．特大疫情防控中信息治理的观念重构与行动选择——一个基于"文化治理"视域的分析框架［J］．文化艺术研究，2021（1）：1-12+111.

［16］JASPER J. Cultural approaches to the study of social movements［A］//KLANDE-RMANS, B. & ROGGEBAND, C.（eds）. Handbook of social movements across disciplines［C］. New York：Springer, 2007：59-110.

［17］SWIDLER A. Culture in actions：symbols and strategies［J］. American sociological review, 1986, 51（2）：273.

［18］刘俊裕．全球都市文化治理与文化策略：艺文节庆、赛事活动与都市文化形象［M］．台北：巨流图书股份有限公司，2013.

［19］张兴宇．社会动员与信任重构：乡村传统节日的文化治理功能［J］．华东师范大学学报（哲学社会科学版），2023（2）：112-121+176.

［20］张永江．礼仪与政治：清朝礼部与理藩院对非汉族群的文化治理［J］．清史研究，2019（1）：17-29.

［21］刘少杰．网络社会的感性化趋势［J］．天津社会科学，2016（3）：64-71.

［22］曾一果．符号的戏讯：网络恶搞的社会表达和文化治理［J］．南京社会科学，2018（12）：106-115.

［23］约翰·费斯克等．关键概念：传播与文化研究辞典［M］．李彬，译注．北京：新华出版社，2004：62.

［24］刘涛，吴思．中国环境治理的本土实践及话语体系创新——基于"河长制"的话语实践考察［J］．新闻界，2022（10）：4-24.

［25］张伟．"图像转向"与视觉生态的现代逻辑——兼及"图像事件"舆情效应的生成机制［J］．文艺争鸣，2019（3）：130-136.

［26］李红．环境议题的符号化治理：理论与路径［J］．新闻界，2022（10）：33-41+51.

［27］李娜，曹茹．突发公共卫生事件中短视频的情感动员机理研究［J］．新闻与传播评论，2021（6）：81-91.

［28］杨绍婷，郭小安．视觉传播时代的图像赋权：研究理路、展演策略及实现路径［J］．郑州大学学报（哲学社会科学版），2020（4）：120-125.

［29］FOSS S K. Body art：Insanity as communication［J］. Communication studies, 1987,（2）：122-131.

［30］HASKINS E V. "Put your stamp on history"：The USPS commemorative program celebrate the century ［J］. Quarterly journal of speech，2003，89（1）：1-18.

［31］乔治·莱考夫，马克·约翰逊. 我们赖以生存的隐喻 ［M］. 何文忠，译. 杭州：浙江大学出版社，2015：204.

［32］STEKELENBURG J & KLANDERMANS B. Individuals in movements：a social psychology of contention ［A］//KLANDERMANS, B. & ROGGEBAND, C. (eds). The handbook of social movements across disciplines ［C］. New York：Springer，2007：177.

［33］刘涛. 仪式抗争：表演式抗争的视觉意象与修辞原理 ［J］. 中外文化与文论，2017（1）：63-73.

［34］张辉刚. 图像叙事与修辞实践：裕固族传统仪式中视觉符号的意义生成 ［J］. 西北师大学报（社会科学版），2022（3）：96-105.

［35］GRIMES R L. Ritual, media and conflict ［M］. New York：Oxford University Press, Inc, 2011：13.

［36］刘涛. 语境论：释义规则与视觉修辞分析 ［J］. 西北师大学报（社会科学版），2018（1）：5-15.

［37］彭兆荣. 人类学仪式的理论与实践 ［M］. 北京：民族出版社，2007：15.

［38］斯图尔特·霍尔. 表征：文化意象与意指实践 ［M］. 徐亮，陆兴华，译. 北京：商务印书馆，2003：15、16、28.

［39］周宪. 视觉建构、视觉表征与视觉性——视觉文化三个核心概念的考察 ［J］. 文学评论，2017（3）：17-24.

［40］KRESS G & VAN LEEUWEN T. Reading images：the grammar of visual design ［M］. London：Routledge，2006：2.

［41］KRISTEVA J. Word, dialogue and the novel ［A］//ROUDIEZ, L. S. (ed). Desire in language：a semiotic approach to literature and art ［C］. New York：Columbia University Press，1980：66.

［42］KAPFERER B. Ritual dynamics and virtual practice：beyond representation and meaning ［A］// HANDELMAN D & LINDQUIST G (eds). Rituals in its own right：exploring the dynamics of transformation ［C］. New York：Oxford，2005：39.

［43］GLUCKMAN M. Essays on the ritual of social relations ［M］. UK：Manchester University Press，1966：20.

［44］DELEUZE G. Difference and Repetition ［M］. trans. by PATTON, P. New York：

Columbia University Press，1994：28.

[45] 洛蕾利斯·辛格霍夫. 我们为什么需要仪式 [M]. 刘永强，译. 北京：中国
人民大学出版社，2009：1-11、100-102.

[46] 陈望道. 修辞学发凡 [M]. 上海：上海教育出版社，2001：203.

[47] DELEUZE G. Pure Immanence：essays on a life [M]. trans. by BOYMAN，A. New
York：Zone Books，2001：31.

政务新媒体何以赋能基层治理现代化？

——基于百万粉丝镇街大号"南海大沥"的研究*

陈 映 刘 成 梁辰曦**

摘 要 政务新媒体作为重要数字赋能工具，如何赋能基层治理现代化亟待探讨。百万粉丝镇街大号"南海大沥"的成功经验表明，政务新媒体在基层治理中的角色是地方政府与基层社会之间的中介性联结机制和关系调适者，通过内容创新、平台建设和资源链接构建的服务力是其实现"传播嵌入社会"的有效抓手，多元的情感实践、在地融入的传播策略、各方资源的链接以及乡情、乡贤等原生秩序和中间层级的调用则是其整合动员公众参与协同治理的行动策略。

关键词 政务新媒体 基层治理 治理体系 治理能力 数字赋能

一 问题的提出

习近平总书记反复强调，"基层强则国家强，基层安则天下安，必须抓好基层治理现代化这项基础性工作"。乡镇（街道）等基层是国家治理体系的"基石"和"细胞"，"是实现国家治理体系和治理能力现代化的基础工程"[1]和"最后一公里"。但长期以来，乡镇（街道）等基层治理在实践中面临"上面千条线，下面一根针""权力有限、责任无限"，人手

* 基金项目：本文系国家社科基金项目"县级融媒体嵌入乡村治理共同体建设的实践路径研究"（项目编号：23CXW022）的研究成果之一。
** 作者简介：陈映，广东金融学院财经与新媒体学院院长、教授、数字媒体与文化创意产业研究中心主任；刘成，广东省佛山市南海区大沥镇宣传文体旅游和教育办公室主任；梁辰曦，法学博士，广东金融学院财经与新媒体学院讲师。

不足、资源有限等矛盾问题。面对国家治理体系和治理能力现代化的时代考题，乡镇（街道）等基层将"最后一公里"建成可以快速全面传导治理之力的"末梢神经"。在社会经济高度数字化和深度媒介化的进程中，政务新媒体以其"内蕴的公开、互动、多元和参与性等文化属性，与现代治理模式所提倡的透明、回应、治理主体多元等要求存在着高度的契合"，[2]在推进基层治理现代化进程中被寄予厚望。截至 2023 年年底，全国 31 个省（区、市）已全部开通政务机构微博，多个地级行政区政府开通了"两微一端"等新媒体传播渠道，这些传播渠道总体覆盖率超过 95%。[3] 但事实上，由于资金、人才不足，众多基层政务新媒体长期面临内容拼凑、人气不足、效果不好以及与政府工作融合不够、与社会资源整合不深，甚至是不发声、乱发声、自说自话、"雷人雷语"、"不务正业"等诸多问题，不仅没有成为基层治理创新的"智治支撑"，而且陷入了"指尖上的形式主义"，① 加重了基层负担并损害了基层政府的形象和公信力。

在国家治理体系和治理能力现代化及县级融媒体建设向纵深推进的宏观背景下，政务新媒体何以赋能基层治理现代化亟待研究和探讨。本文立足于上述问题，将政务新媒体理解为一种嵌入基层治理体系的现代治理工具，在耙梳成功实践经验的基础上，分析如何将政务新媒体有效整合进基层治理体系，如何使政务新媒体与基层政治、文化和社会、经济这些核心治理要素发生互动，并为如何"建强用好"政务新媒体进而赋能基层治理体系和治理能力现代化这一问题，提供有益借鉴与思考。

二　对象选择与简介

结合研究主题，本文选取"南海大沥"政务公众号（以下简称"南海大沥"）作为研究对象。大沥镇，是位于广东省佛山市南海区的"中国商贸名镇""中国铝材第一镇""中国内衣名镇""中国有色金属名镇"；地

---

① 2023 年年底，中央网络安全和信息化委员会印发《关于防治"指尖上的形式主义"的若干意见》，要求全面贯彻习近平总书记关于力戒形式主义官僚主义的重要论述精神，加强对政务移动互联网应用程序、政务公众账号和工作群组的标准化规范化管理。该意见指出，"指尖上的形式主义"是形式主义在数字化背景下的变异翻新，是加重基层负担的主要表现。

处粤港澳大湾区的广佛极点，东与广州市白云区毗邻，下辖43个社区，常住人口78.9万人。"南海大沥"作为服务于大沥镇政府中心工作的政务公众号，其年阅读量超2500万，日均阅读量近7万，曾创下单日增长2.35万粉丝的最高纪录。目前"南海大沥"粉丝量突破了100万人，相对于该镇常住人口数溢出近30万人之多，其中标星"钻石粉"40万人，即大沥超过一半的人将其置顶为"常读的订阅号"。在大量县区级政务新媒体日阅读量不足1000甚至为零以及乡镇（街道）、村级政务新媒体纷纷关停的背景下，"南海大沥"可谓基层政务新媒体的"顶流"以及"跨界破圈"传奇（详见表1）。作为全国4万多个乡镇中第一个也是目前唯一一个粉丝破百万的镇街政务公众号，"南海大沥"所代表的"镇能量"传播现象不仅是一个公众号运营获得极大成功的现象，而且是基层政务新媒体如何深挖媒介价值、服务于基层治理现代化的一个典范。

表1 "南海大沥"政务新媒体的基本情况

新媒体矩阵构成	目前拥有"南海大沥"公众号、视频号、抖音号、快手号、B站等新媒体平台，建成有"一站式综合服务平台""大沥点评"等服务平台
常设栏目	图懂大沥、广佛关注、看见沥城、大沥教育、大沥点评、卫健服务、人才招聘等
用户构成	当地群众和广佛通勤人员是主力军，占比88.6%，18～45岁用户群体达75.84%

注：笔者整理绘制。

本文主要运用访谈、观察、文本分析等方法收集相关资料，相关资料主要来自两个方面：一是对大沥镇有关党政领导以及"南海大沥"编辑部全体成员进行深度访谈，获得参与公众号运营以及城市基层治理当事人的一手资料，访谈内容基本涵盖本研究案例所涉及的各方面；二是对2020年至2022年间公众号各类推文进行整理和归纳分析，其中，对"10万+""5万+"推文等做了专门记录和分析。通过两个方面的研究，本文对"南海大沥"的信息发布和传播情况以及日常的信息生产机制和标准都有了较为完整且清晰了解。

三 "政务新媒体就是'绣花针'"：以服务力铸就"传播嵌入社会"

政务新媒体实现对基层治理的规引，必须嵌入基层社会。而每一种新兴媒介能否有效地嵌入特定社会，其关键在于能否准确把握其社会结构和需求，并按照社会化逻辑找准契合的内容和形式。如，20世纪50年代初广播成功进入中国农村社会的一个关键因素在于，当时这种新媒体选择戏曲等传统文艺形式。[4] 因此，"传播嵌入社会"是政务新媒体赋能基层治理的必要前提。但长期以来，政务新媒体多按照行政和政治逻辑运转，容易出现内容不符合需求、公众参与度不足等"传播脱嵌社会"的问题。要化解政务新媒体的这些"脱嵌"危机，就必须把握好两个点：一是要找准当下基层治理特殊的结构特征；二是要找到进入这个特殊社会的有效抓手。党的十八届三中全会以来，加强"社会化服务"成为社会治理重要的转型发展方向之一。党的二十大更是明确提出"增强公共服务均衡性与可及性"的施政导向。公共服务"由于秉承着人民性、公共性和过程性的本质属性"，[5] 成为社会治理的核心任务。基层作为国家政权的"末梢神经"，其治理的公共服务面向尤其突出。在这种背景下，"南海大沥"成功的一个关键点，便是其以强烈的服务性很好地契合了当下社会结构和治理转型的客观需要。具体而言，"南海大沥"的服务力主要来源于以下三个方面。

（一）内容驱动的服务力

一方面，坚持以优质内容服务为中心，以服务力获取行政支撑力。正如编辑部负责人所强调的："没有围绕中心的宣传，都是自嗨。"① 因此，无论是"灯湖中轴"、"全域土整"，还是产业发展、"百千万工程"，对于镇政府的各项中心工作，"南海大沥"从不缺位。如结合土地整改工作，拍摄一部纪实微电影《出发》，通过讲述大沥干部攻坚克难的故事来争取

---

① 来源于采访。

群众对中心工作的支持；为了宣传大沥电商、预制菜、内衣等产业，推出《遇见你 刚刚好》产业微电影，创新性地以一个青年的爱情故事来融合宣传多个大沥产业；等等。另一方面，注重以本地视角服务民生，以服务力赢得社会关注度。在内容选取上，明确提出"政务新媒体就是绣花针"的服务口号，做到从停水停课等硬资讯到吃喝玩乐等软信息全覆盖，"群众喜欢什么，大沥就创造什么"。[①] 在报道视角上，做到中心议题以民生视角切入，同时注重"打好广佛牌"，将近80%的内容聚焦佛山，并瞄准广佛通勤通联需求，[②] 适度关注广州内容。在表现形式上，能够根据内容传播需要大胆创新表现形式，直播、微电影、创意海报等各种形式轮番使用，在2022年5月20日还邀请副镇长以"今天是520，我把我的城市讲给你听"为主题亲自担任视频主角演绎城市宣传片，将领导转化为"流量密码"。

（二）平台支撑的服务力

突破单一的以信息和内容生产为中心的传播逻辑，切实转向以公共服务和协同生产为焦点的服务逻辑，是"南海大沥"出圈制胜的"密码"，而服务逻辑的贯彻落实离不开其平台化的运维思路。具体而言，"南海大沥"的平台化运维主要有三个特点。其一，坚持"程序做减法、服务做加法"，上线整合了有70多种民生功能的"一站式综合服务平台"，将行政办事预约、医院挂号、生活缴费、教育招生、人才招聘、医保选点等超过70种与日常生活息息相关的服务全部收录、归整、优化，真正做到"让数据多跑路，让群众少跑腿"，以实实在在的惠民之举培养用户黏性。其二，创新性探索"城市新闻+政务+服务+商务"的新模式，实现了平台的生态化运营。如在"商务"方面，发动公众使其作为"星探"提供大沥镇内有特色的好吃、好看、好玩、好住之处等信息打造"大沥点评"平台，既强化了公众参与感，又整合了本地生活服务资源。"大沥点评"的贴近性、实用性、权威性使其迅速聚满人气，平台上线不到4个月就有20万人次使用该服务。其三，面向差异化的便民服务搭建不同的服务平台，同时根据不同时期的用户使用需求，及时动态优化菜单栏，实现平台建设与生活场

---

① 来源于采访。
② 根据调研，大沥紧邻广州，有很多广州人住在大沥，也有很多大沥人在广州上班。

景的有机耦合，将公共服务延伸到线上平台，切切实实地将新媒体的便捷特性转化为便民服务的高效能。

（三）资源链接的服务力

服务在本质上是一个关系型的概念，而"资源是权力得以实施的媒介，是社会再生产得以实现的常规要素"。[6] 因此，在当前基层治理日益网络化的格局下，社会治理实现服务转型的关键在于对多元治理主体和资源的有效连接，因为有了资源的支撑，才能举办有影响力的各类活动吸引公众参与。"南海大沥"显然深谙此道：作为科层制下的一个辅助性部门，"南海大沥"以服务中心工作赢取上级支持，将宣传成效纳入各业务领域的考核指标体系，并进而以传播实效获取各平级部门和业务领域的认同和资源支持，从而实现以宣传平台身份链接内部行政资源的功能。"南海大沥"充分发挥自己作为一个中介性组织的能动作用，一方面"敢于做服务企业、办商业的一部分，促进营商环境的一部分"，① 瞄准中心工作为企业搭建平台，不断策划"优企看大沥""聚沥量　促发展"等栏目，为商圈企业建立"一对一"宣传服务沟通群，广泛宣传大沥商圈、厂企和大沥好产品，力求以行政资源赋能市场发展；另一方面积极链接并整合企业资源，动员企业赞助微信红包、内衣服饰、免费汤包等资源，以市场资源吸纳社会参与，并进而赋能社会发展。过往研究表明，当下基层治理中公共服务的困境主要源于"服务主体之间的资源联结低效，以及社会网络通过枢纽进行互动和交往的功能式微的问题"。[5] "南海大沥"的上述种种实践，实际上在服务主体和社会网络等各种资源要素中间扮演一种联结机制的角色：在横向层面，通过"硬整合、软着陆"的方式促进了公共服务主体的协作运行，"实现网络式的资源激活、枢纽化的合作联结，进而实现服务供需的科学匹配"；[5] 在纵向层面，则是在"乡镇（街道）—社会"即地方政府与基层社会的传统二元治理结构之间建立了一种中介性联结机制，不仅增强了基层治理的结构弹性，而且为网络化的基层社会提供了一个枢纽性节点，使各方互动和交往更加广泛、便捷而有效。

---

① 来源于采访。

正如编辑部所强调的，"做实服务，就是生产力和治理力"，① 深耕服务既是国家治理现代化的一项基本要求，也是政务新媒体赋能社会治理的必答题。对于这一点，不少政务新媒体肯定也是认识到位的。但当下大多数政务新媒体面临的困惑是：如何才能做实服务？服务与治理如何相互融合？在从服务力到治理力的转化建设中，政务新媒体作为一个特殊的传播平台该扮演何种角色？对于这些问题，"南海大沥"的媒介实践可以提供不少启发。

四 "情感既是工具，也是需要建设的对象"：情感激活传播的多元链路

国家治理现代化的核心要义是构建一个多元主体协同治理的机制，而一个多主体协同治理框架的形成需要"在政府、社会与公众之间建立一种良好的情感交流和互动关系"。[7] 正如情感社会学家乔纳森·特纳（Jonathan H. Turner）所指出的："从最根本的意义上来说，国家是由人们指向社会结构和文化的正性情感凝聚而成，如果说存在社会秩序和变革的微观基础，那么就是人们在嵌套于中观和宏观结构之中的互动过程所唤醒的情感。"[8] 因此，近年来情感在传播和治理实践中获得了前所未有的重视，甚至被认为是增强传播和治理效能的重要工具。

情感的重要性已获共识，但政务新媒体作为官方信息发布平台，权威性往往被认为是第一要求，情感一般被认为是一种非理性要素，对其不当使用会导致政务新媒体出现"'公共话语'与'私人话语'的边界"模糊，"常规议题生活化、严肃议题娱乐化"，信息的价值密度被稀释和权威性被动摇[9] 等系列问题。因此，政务新媒体这一"硬"媒介如何用好情感这一特殊"软"手段，并最终成功落地赋能社会治理目标，显然还需要更深入的探讨。在这一问题上，"南海大沥"或许可以给我们一些启发。

"由于情感具有隐秘性、私人性和个体性，不易被察觉，因此需要激发和唤醒。"[10] 像诸多新媒体一样，"南海大沥"首先非常擅长使用情感

---

① 来源于采访。

化叙事来唤起甚至是刺激公众情感，尤其是对于情感化符码的大量运用是其一个明显的特点。如在标题中大量使用感叹号等表示强烈的感情、态度和语气的符码，以强烈的情感刺激吸引用户点击。分析其在 2021 年 5 月 31 日至 2022 年 12 月 19 日期间的 41 条 "10 万+" 爆款推文可以发现，有 28 条推文都在标题中运用了感叹号，比例高达 68%。可以说，除了政府公告等硬新闻，"南海大沥" 几乎所有的推文标题都运用了感叹号，甚至在一个标题中用到 5 个感叹号。

新媒体热衷于以符码刺激情感，说明人们往往通过 "一般表象的主观东西"[11] 即 "感性" 来理解情感。但事实上，人的情感体验无法完全脱离工具理性的实践规引，尤其是需要以情感动员行动时。因此，符码刺激能够带来短暂的 "眼球流量"，但很难留住并动员用户。当面对一个由血缘、地缘、契约等多重关系嵌套联结的复杂社会时，情感的运用必须超越 "感性"。对此，"南海大沥" 显然有着清醒的认识，其负责人在访谈中明确表示：打造爆款，既要激发用户的感性共鸣，又要激活用户的理性需求。① 所谓的 "理性需求"，强调的是情感的 "合理性"，是一个兼具工具性和价值性的概念。具体而言，"南海大沥" 诉诸 "理性需求" 的做法是：立足于 "人类利益性的理性追求会促进事物的秩序"[12] 的认识以及一个具有高度流动性现代社会的现实，善于创造与相关主体的利益联结点来引导工具性情感，将 "软性" 情感转化为 "硬核" 利益，为更有力地嵌入治理奠定基础。如，在新冠疫情期间，编辑部一方面以企业家社会担当的责任感作为动员机制，积极联系当地企业、药店为公众提供了价值超过 200 万元的药物和物品；另一方面又以城市温情和 "政企民一家" 的关爱之情，免费派发口罩和 "连花清瘟（胶囊）+抗原试剂的健康大礼包" 等市民急需物资，在切实满足社会治理之需的基础上，为自己打造了多条 "10 万+" 的 "爆文"。

在治理视阈下，情感既是用以到达一定治理目标的工具，也是需要治理者驾驭或建设的对象。[13] 社会治理需要久久为功，政务新媒体要实现治理赋能，不仅需要用好情感，而且必须做好情感的持续营造和建设工作。

---

① 来源于访谈。

由于情感在本质上是人类在社会互动中选择和创造的结果，情感建设肯定离不开社会互动，因此政务新媒体赋能治理的一个策略是要赋能社会互动，在社会互动的过程中做好情感建设。"南海大沥"超越很多政务新媒体的经验也正在于此，它不仅善于运用和驾驭情感，而且非常注重情感建设，尤其善于通过创造具有仪式性的社会活动或公共事件来营造社会互动场景并进行情感培育。如，"南海大沥"融合城市产业发展，紧紧围绕大沥城市更新、直播电商、夜经济、内衣等重点中心工作和优势产业，以音乐、美食等日常生活消费和内衣、汽车等产品推广作为媒介，以网红建筑、热门商圈、知名企业等城市地标作为舞台，先后策划了"网红之城 中心大沥"音乐季、房博会、美食周、汽车嘉年华、内衣超模时尚秀等系列城市公共活动。

这些活动具有反映城市建设和形象的舞美呈现，而且经由现场互动和沉浸式的体验创造出了令人激动的故事，从而让城市故事、产业故事以及人的故事融为一体，打造出一场场的城市文化仪式。这些仪式活动的策划厚植于大沥城市的"本地故事"和文化特色，很容易形成触动人心甚至是直击人们灵魂的"共鸣"力量，从而起到了情感建设或情感再生产的作用。通过情感的建设，"南海大沥"不但实现了从打造"爆款文章"向构建"爆款平台"的进化，而且得以在市民的情感场域中寻得"一方空间"协调或重塑利益关系，推进个体情感与社会理性相融合。从治理效能来看，借助情感的这种主体间性，"南海大沥"不仅创新了"文化+城市+产业"模式，而且直接引领了城市消费新潮流，带动了大沥镇产业和文化的创造性转化、创新性发展。如，依托2023年举办的15场"网红之城 中心大沥"音乐季活动，"南海大沥"不仅累计获得超300万人次关注，而且直接带动城市消费超10亿元，实现了政务新媒体"流量"向城市产品"销量"的转化。

围绕仪式的互动已被证明是激活情感能量的有效机制，但仪式作为"人类日常和非凡经验中积极且具有意义的一部分"，还应该"由一系列固定的、规律性的行为构成，并且可以随着时间的推移而重复发生"[14]。因此，这种仪式不仅产生于大型公共事件或策划的活动中，它也可以在新媒体的日常运作中被打造出来。"南海大沥"体现这一情感建设策略的典型实践是编辑部在访谈中多次提到的最有效的"涨粉"手段——发红包。"南海大沥"在过年、春节、开市等重要时间节点都会安排派发微信红包，同时有别于一般抢红包成功率的不确定性，编辑部会明确前多少名一定能抢到红包。从情感建设策略来看，红包在中国民间文化中具有象征意义，派发微信红包很容易创造"一种虚拟的集体狂欢式游戏"。[15] 当这一工具被反复使用时，它便成为公众号粉丝一个可期待的仪式行为，能够大大激发用户参与热情。同时，微信红包有着独特的经济利益属性，当它被赋予确定性时，发红包便被转化为对超级铁粉的一种社群奖励机制，实际上扮演着"社会资本的一种投资手段"[16] 的角色，能够将真实社会的弱关系转化为虚拟空间的强链接，极大增强用户的情感黏性。

最后，情感远不止于"情绪与感觉的抽象表达"，[17] 它还包括"宏观层面的社会思潮、社会情绪和社会心态"以及"中观层面的集体意识"[17] 等相对结构性、社会性的情感秩序。在一个日益个体化、多元化、离散化社会的治理中，这些更为深层而稳定的情感秩序已是社会治理的重要面向。作为一种社会心态和集体意识，情感秩序在本质上是深层次的社会文化呈现，无法摆脱特定社会文化空间的规训。因此，政务新媒体要切实担当起赋能社会治理这一历史使命，还必须"尊重本区域的既有社会文化形态，吸纳和利用本地内生性的社会规则来塑造本区域的社会秩序"。[13] 对于这一点，"南海大沥"的策略是立足于一个传统乡情浓厚的地方社会，挖掘、唤醒并传播"乡情"背后的文化意义和情感秩序。所谓"乡情"，指的是市民基于共同的经济纽带、社会关系和文化符号而形成的认同感、荣誉感、归属感等特殊的地域情感，其本质是地方生活或实践长期内化而成的文化心理或集体无意识。正是以"乡情"为情感纽带，"南海大沥"的媒介实践很好地嵌合了地方默会的社会规范和文化意义，从而起到了"激发和形塑特定的情感认同"[18] 并凝聚"情感共同体"的作用。这种媒介其实也是在地化的一种策略。

五 "贴近地方生活、贴近百姓需求"：借力地方原生秩序生成引领力

基层社会作为一个治理场域，有其不容忽视的原生秩序，如相对自主

的地方性规范、依靠血缘关系构建的德治和礼制、依靠地缘文化形成的乡情等。因此，基层治理能力的增强并不仅仅是行政权力向基层社会的延伸和嵌入，还要达致权威嵌入与原生秩序的耦合适配，才能真正"激发地方基层群众参与当地社会公共事务的积极性和决策意识"，[4]并尽可能减少行政权威向下统合的压力，收到"四两拨千斤"之效。在这个权威统合过程中，政务新媒体要有效地嵌入地方治理就必须"以地域性的内在行动逻辑为前提"[19]来统合其传播逻辑和行政逻辑。对于这一点，"南海大沥"的表现同样可圈可点。

早有研究指出，"更具精准化、在地化特点的服务性信息的生产"[20]是县级融媒体服务基层治理现代化的必答题。历史经验也反复证明，"在地化是媒介融入基层治理的重要端口"。[4]但何谓"在地化"？在传播实践中，媒体如何经由"在地化"生产有意义的对话？在治理实践中，媒体又如何才能联结并且建构作为"在地"的基层社会？在政务新媒体嵌入基层治理的实践中，类似这些问题并不容易回答。"南海大沥"的意义在于，它强调传播要进入特定的社会生活，要与地方的社会结构和文化特征进行互动，并在实践中从三个维度阐释了"何谓在地"这一核心问题。

首先，"在地"可以理解为一种"情境"，即一个空间概念。在空间维度，政务新媒体作为一种隶属于特定行政权力的组织，其"在地化"肯定脱离不了特定行政地理边界的限定，但在"南海大沥"看来，"大沥"是佛山的大沥，也是与广州交界的大沥，公众还需要知晓佛山和广州的相关资讯，因此不能粗率地将之简化为一个行政地区的概念。回溯"南海大沥"报道对象所涉地域，"大沥"这一地方肯定是中心，其内容基本围绕大沥地界发生的事情展开，其头条近95%都冠有"大沥"两字，但事实上也常常涉及佛山、广州等更大的地理范畴。因此，所谓的"在地化"用"南海大沥"的话来说就是"贴近地方生活、贴近百姓需求"，即这个"大沥"指的是"生活或工作于大沥的人"。为了更好地服务"广佛候鸟"人群，南海大沥官微开设了特色频道"广佛关注"。距今，"广佛关注"已推送了124条内容。例如，《最新规划！佛山市全域纳入广州都市圈》《广佛大桥合拢！明年通车，大沥↔广州更快！》都获得了高阅读量。从数据来看，"南海大沥"公众号的关注人数不仅突破百万，且远超公众号所服务的区域即大沥镇的常住人口数（78.9万人）。围绕人来建构空间，"在地"被转化为一种功能状态，即政务新媒体是否已经洞察用户并有效地满足其需求与偏好。正是基于这点认识，"南海大沥"在二次转发上级媒体内容或类似天气报道等普适性信息的时候，会注意结合本地居民之需再编辑，在编发政府政策文件或工作动态时，也会进行"民生化"转化。

其次，"在地"也是一个时间概念，体现为一种"传统"或文化的延续。大沥城乡交融，经济和社会关系互嵌程度高，其经济"以'离土不离乡'、乡镇企业、本土资本主导为主要特征"，[21] 拥有有色金属、铝材、内衣、直播电商等资源和特色产业，同时还在相当程度上保留着传统的社会关系和文化要素。这样一个多重嵌套的基层社会必然无法回避以下三类"传统"：作为地方性知识的地域民间文化、作为权力生态的地方营商环境以及作为社会结构的日常生活实践。"南海大沥"正是紧紧围绕这三类"传统"展开"在地"实践。其一，注重反复地运用"盐步老龙"等具有高度地方性的民间文化元素，以默会知识感召公众的地方文化意识，并通过当下故事让地域民间文化这一"传统"重回"现场"。为更好地讲述城市记忆、记录城市发展，从2021年起，"南海大沥"签约了一名城市主播，其内容更新速度保持在每月10条左右，以直播、短视频打卡等方式展现属于大沥大街小巷的"十二时辰"。其二，结合内衣、直播电商、预制菜等当地优势产业的结构性需求，通过策划稻田内衣秀、微电影等多种传播盛事成功地将"商业的故事"转译为"全民的仪式"，让政令的传达犹如春风雨露般"润物无声"，从而构建起一个官民企协同共建共赢的营商环境。其三，扎根于普通民众庸常而琐碎的日常生活，坚持以天气、交通、饮食、教育、招聘、娱乐等与民众基本需求息息相关的内容作为头条，将地方有特色的网红店、名小吃、招牌菜等资源挖掘出来整合成"大沥点评"平台，并且开设"城市慢直播"栏目实时展现地方城市景观……这一套"组合拳"打下来，"南海大沥"的媒介实践成为一种具有普遍意义的"具体时空中的共在的实践活动"，[22] 一个民众亲切和熟悉的世界在虚拟空间实现了位移，一个治理共同体在与生活共同体日渐同构的过程中获得一种自然化的建构。

最后，回到治理的范畴，"在地"作为一种行动策略，体现为一种特殊的关系网络，尤其是对作为对象的行动主体结构和能力特质的把握。在这一方面，"南海大沥"的经验是：注重调动本土精英、社区领袖等"新乡贤"的参与，以乡情乡愁召唤人们奉献、共荣的公共精神，以"熟人社会"的声誉机制激发人们信任之情和自豪之感，进而建构出协同共治的良好氛围和机制。如，编辑部偶然得知获得《中国好声音》2022年全国总冠军的梁玉莹曾在大沥求学这一信息后，便第一时间联系她推出城市歌曲《你好大沥》。充满大沥元素的歌词，再配以梁玉莹漫步在大沥各个角落移步换景式的MV，便让梁玉莹青春奋斗的故事转化为诸多普通人在大沥生活、奋斗、追梦的故事。在此基础上，编辑部还将这首城市歌曲放置在每一篇推文之后，不仅让这首歌成为大沥人共同的精神纽带，而且收到了将乡贤人物IP转化为城市IP的效果。这首城市歌曲能够"出圈"，编辑部对于梁玉莹这一IP的运用以及对其背后所代表的大沥精神的准确把握显然至关重要。

概言之，在地融入是政务新媒体凝聚共识、构建治理共同体的必经之路。"南海大沥"围绕公众在特定空间的生活和需求提供服务，完成"共在"构建；围绕地方"传统"以活动的形式策划生产各类"现场"，让"传统"重回"现场"完成"共时"构建；同时，充分调用乡情乡愁的感召力量，与乡贤等新兴社会力量结成"共生"结构。这些在地融入的多重媒介实践，借力"地方性知识""熟人社会"等地方原生秩序，深度嵌入公众的日常生活实践，不但重构了一个与地方社会、文化以及关系网络耦合的虚拟时空，而且其所凝聚的公共精神和情感共识也营造了一个"国家—社会共同在场"的治理场域。

六 结论与讨论

"基层社会是国家权力与社会的直接交汇处"，[13] 政务新媒体赋能基层治理现代化的关键不在于其使用的传播技术、发布的内容与形式，而在于它如何嵌入治理、如何嵌入社会，即"被置于前台的媒介是如何被应用，如何形塑社会生活，在媒介里流通的意义如何产生社会影响"[23]。在这个意义上，政务新媒体从根本上要解决好两个问题：如何在基层治理体系中找准定位，如何发挥媒介整合动员作用引进社会力量参与治理。对此，"南海大沥"的创新实践都给出了一些可供各界参考的经验。

政务新媒体作为基层治理权力派生系统中的重要主体，必须具有对党和政府的方针政策进行宣传等行政化功能，即要受限于行政逻辑的规引，当好"宣传员"；但在基层治理日益社会化、服务化的当下，又必须发挥动员基层、服务基层等社会化功能，必须按社会化逻辑运维，当好"服务员"和"社会动员者"。面对这样一对矛盾，"南海大沥"找准了自己的定位：地方政府与基层社会之间的中介性联结机制和关系调适者。基于这样的定位，"南海大沥"坚持以服务功能来活化宣传功能，一方面坚持"以传播服务中心"，链接并整合行政资源，以全面的服务性和平台化运营模式，将自己建成了基层治理系统中不可替代的公共服务平台和互动沟通的基础设施；另一方面坚持"传播嵌入社会"，注重宣传内容的民生转化度和行政服务的社会契合度，从而在行政逻辑与社会逻辑之间寻找到一个联结点和平衡点，将自己建成一个"兼具传播功能和社会治理功能的融合性媒介组织"。[4]

大沥镇作为一个连接广州和佛山的经济强镇，市场发育充分，经济活力和实力较强，且因"大量广州人住在大沥，大量大沥人工作在广州"而存在较强的人口流动性，显然是一个利益分化、权利和市场意识深厚的复杂"重层结构"①社会。而对这样一个基层社会，"南海大沥"在代表地方政府发挥传播、动员和整合功能时，有三点经验比较突出。其一，坚持以传播过程中的情感链接和在地化来唤醒公共情感、强化社会联结和塑造集体认同，形成参与治理的价值基础。正是因为有了这些情感价值的加持，才能让居民持续关注并成为"铁粉"，打造破界圈粉的"百万大号"，也才能让公众号的内容入心入脑，形成传播效果，将事件和内容的组织真正转化为社会宣传和动员的力量。其二，以服务为抓手，将科层体制下的

---

① 所谓"重层结构"是指作为社会治理的基本单元不是一个单一的组织同质体，而是一个由若干带有同质性特征的组织单元所共同构成的颇为复杂的组织复合体。参见田毅鹏，张笑菡. 村落社会"重层结构"与乡村治理共同体构建［J］. 中国特色社会主义研究，2021（4）。

一个专业部门转化为一个致力于各方资源链接的中介性联结机制：一方面，始终围绕地方政府的中心工作，聚焦做好向下宣传和整合动员的行政辅助职能，实现向上衔接聚合行政资源的功能；另一方面，始终围绕社会需求，以内容吸引人气，以服务凝聚人心，以人心和人气吸纳企业等中间层级的丰富资源，以资源组织活动和整合利益，进而以利益吸纳社会参与，以活动作为平台整合各方利益主体的互动协商行动，实现社会整合功能。其三，在地方政府和社会自治力量之间引进企业、乡贤等"间接代理主体"，重构了一个更加适应"重层结构"社会的多重嵌套式治理主体网络，使得行政权力的下沉借由网状结构变得更为畅通，而基层动员则在关键少数的带动下变得更加有力。

概言之，"南海大沥"以中介性联结机制为定位，以平台建设为支撑，以创新内容为立足之本，以全面服务为实践抓手，以资源链接和情感链接为运行机制，从而实现对一个多元、流动且高度市场化"重层社会"的媒介化嵌入与重构，并进而通过媒介的沟通与互动功能，构建了一个强大的地方性主体社会网络，促进了社会治理的现代化发展。从表面看，"大沥模式"不过是新媒体内容和传播的创新，实质上却是涉及基层治理改革的一些探索。它的成功经验也启发我们，政务新媒体可以凭借其既代表行政权力又嵌入社会的结构优势，以中介性联结机制的身份在地方政府和基层社会之间建立一个建制化的联系通道，从而超越地方治理长期以来存在的"国家—社会"二元结构，增强基层治理社会韧性程度。

参考文献

［1］《中共中央 国务院关于加强基层治理体系和治理能力现代化建设的意见》［EB/OL］，https：//www.gov.cn/gongbao/content/2021/content_5627681.htm.

［2］王斌.基于新媒体的基层治理创新路径：以城市社区为考察对象［J］.暨南学报（哲学社会科学版），2016（6）：99-106.

［3］国家数据局.数字中国发展报告（2023）［EB/OL］，https：//www.szzg.gov.cn/2024/szzg/xyzx/202406/P020240630600725771219.pdf.

［4］黄艾.广播嵌入基层治理的媒介实践考察［J］.武汉理工大学学报（社会科学版），2023（2）：33-39.

［5］王佃利，徐静冉．公共服务可及性何以激活基层治理效能？［J］．北京行政学院学报，2023（6）：48-56.

［6］田毅鹏，苗延义．城市公共服务"一门式"改革对社区基层治理的影响［J］．人口与社会，2017（1）：24-32.

［7］文宏，林仁镇．情感嵌入：城市基层治理共同体建构的实现逻辑——基于佛山市南海区的实践考察［J］．社会科学研究，2023（2）：43-52.

［8］乔纳森·H.特纳．人类情感——社会学的理论［M］．孙俊才，文军，译．北京：东方出版社，2009：159.

［9］黄河，邵逸涵．政务新媒体的定位、专业塑造与效能提升［J］．青年记者，2022（14）：18-20.

［10］张兵娟．互动仪式中的情感传播及其建构——以《中国好声音》为例［J］．新闻爱好者，2012（24）：16-18.

［11］李秋零．康德著作全集（第6卷）［M］．北京：中国人民大学出版社，2007：218.

［12］潘泽泉．社会"秩序"何以可能：迈向经验解释的中国社会［J］．中共天津市委党校学报，2010（4）：63-69.

［13］田先红，张庆贺．城市社区中的情感治理：基础、机制及限度［J］．探索，2019（6）：160-172.

［14］ROOK D. W. The ritual dimension of consumer behavior［J］．Journal of consumer research，1985，12（3）：251-264.

［15］王晓丹．微信红包的社交传播机制初探［J］．现代传播（中国传媒大学学报），2017（1）：167-168.

［16］彭兰等．微信红包中的社会图景［J］．山西大学学报，2017（4）：59-67.

［17］吴晓凯．当代社会情感治理的逻辑演绎与实践反思［J］．宁夏社会科学，2022（2）：152-160.

［18］成伯清．当代情感体制的社会学探析［J］．中国社会科学，2017（5）：83-101.

［19］许源源，左代华．乡村治理中的内生秩序：演进逻辑、运行机制与制度嵌入［J］．农业经济问题，2019（8）：9-18.

［20］林若野．柔性引导、精准服务与受众赋权：县级融媒体内容产制推进基层治理现代化的优化路径——以江苏省52家县级融媒体微信公众号平台汛情相关内容为例［J］．东南传播，2021（5）：34-37.

［21］蓝煜昕，林顺浩．乡情治理：县域社会治理的情感要素及其作用逻辑——基

于顺德案例的考察［J］.中国行政管理，2020（2）：54-59.

［22］郑震.论日常生活［J］.社会学研究，2013（1）：65-88.

［23］尼克·库尔德利.媒介、社会与世界：社会理论与数字媒介实践［M］.何道宽，译，上海：复旦大学出版社，2014：7.

New Media and Society

No. 37
Mar. 2025

Table of Contents and Abstracts

Theoretical Origins, Historical Progress, Era Value, and Practical Pathways of Global Communication

Cheng Huang, Taofu Zhang / 1

Abstract   With the development of globalization and digitization, global communication has increasingly become an important force in promoting cultural exchange, economic cooperation, and international collaboration among nations. This paper systematically explores the role of global communication in the contemporary world from four perspectives: theoretical origins, historical progress, era value, and practical pathways. Firstly, it analyzes the theoretical origins of global communication, including its theoretical, social, ideological, and technological foundations. Secondly, it traces the development of global communication from the exchange of ancient civilizations and the form of traditional media to digital networks, revealing China's role from being a participant to a shaper and contributor in global communication. Global communication aids the promotion of Chinese-style modernization and contributes to shaping the international political landscape, promoting economic integration, deepening cultural exchange, and advancing global governance and social change. Finally, the paper proposes practical pathways for China's global communication from four dimensions: subject, value, action, and structure.

Keywords   Global Communication; Community with a Shared Future for Mankind; Globalization; Digital Technology

The Innovative Path to Enhance International Communication Capabilities in the Context of Media Convergence

Yihan Wang, Chuxin Huang / 17

Abstracts In the eleven years since media integration has been promoted as a national strategy, China's mainstream media, under the guidance of the top-level design, have continued to promote their own systematic integration and change, effectively consolidating the status of mainstream public opinion, and providing richer means for the enhancement of international communication capacity through the expansion of local communication subjects, the integration and application of digital and intellectual technologies, the construction of overseas communication matrix, and the innovation and practice of visualization narratives. This paper explores the new features of international communication capacity enhancement against the background of media convergence, analyzes the urgent problems faced by China's international communication field, and discusses in depth the practical way to enhance China's international communication capacity on this basis.

Keywords International Communication; Media Convergence; All-media Communication System

The Tension of "Co-Shaping": The Construction of China's Generative AI Technology Image in International News Discourse

Beichen Gao, Fei Wu / 30

Abstract This study focuses on the construction of the image of Chinese generative AI technology in mainstream international news media. It aims to explore how international news discourse shapes the global perception of Chinese technology through various strategies, and how the construction of the image of Chinese generative AI is a result of discourse competition in mainstream international media. Using grounded theory, the study analyzes 3, 015 news articles from the Dow Jones Factiva database and extracts five main technological images through a three-level coding process: "Technology Developer, " "Market Competitor, " "Relationship Connector, ""Security Threat, " and "Technologically Subjugated. " The findings show that China's generative AI is constructed as a symbol of technological strength and cooperation in a positive light, while also being depicted as a potential threat and a technology-dependent entity in a negative light. By further analyzing the roles of peace discourse and exclusionary strategies in the construction of technological images, the study reveals a discourse competition surrounding the multiple tensions of technology, peace, power, and contracts in the international discourse field. The study concludes that the international public opinion on the image of Chinese generative AI not only reflects the technological perception gap between China and the West, but also showcases the value tensions and competitive dynamics in the international tech field.

Keywords Generative Artificial Intelligence; Technology Image; International News; Discourse Contestation; Value Tension

Emotion Interactions in International Political Communication

Guoning Zhao, Yunze Zhao / 52

Abstract Emotions consistently hold a pivotal position in international political communication. This paper concentrates on the roles and operational mechanisms of emotions in international political interactions and strategies, offering insights for practical responses in political communication. The study identifies that, in terms of role-playing, emotions serve as a crucial link for internal cohesion, a significant tool for external opposition and competition, and also as a fundamental premise for dialogue and interaction. Regarding operational mechanisms, empathy underpins unity, opposition, and dialogue. Emotional norms, shaped by multiple factors, craft an order of emotions. At a macro level, the consistency and conflict within emotional communities drive collective actions that shape the course of international political communication. Additionally, attention must be given to the misuse of emotional mobilization and the negative social effects of public emotional polarization to enable prevention and adjustment.

Keywords International Communication; Political Communication; Emotion Communication; Politics of Emotion

The Construction and Global Communication of Chinese Documentary Discourse System in the Context of A New Model for Human Advancement

Hengjun Zhang, Linyan Xu / 66

Abstract The construction of China's documentary discourse system in the context of a new model for human advancement is strongly aligned with the demands of the contemporary era. It calls for documentary creators to adhere to the principles of comprehensiveness, systematization, and modernity. In terms of content, we should focus on common emotions and addressing shared issues. In terms of narrative dimensions, it is essential to reshape Chinese temporal and spatial dimensions, depicting the Chinese image in a multi-dimensional and vertical manner. In terms of production and broadcasting, a high-tech leading system should be established, highlighting the modern capabilities in production and broadcasting.

Keywords　A New Model for Human Advancement; Documentary; Discourse System; Global Communication

Information Manipulation Mode and Mechanism of Influence in Cognitive Warfare

Yungeng Xie; Lingcong Zhang / 80

Abstract　Cognitive warfare is becoming a new form of warfare worldwide, with information manipulation being its core mechanism. This article aims to explore in depth the information manipulation patterns and their influencing mechanisms in cognitive warfare. Through literature review and theoretical analysis, identify information manipulation patterns, construct an analytical framework for the impact mechanism of information manipulation based on theoretical experience, and further explore strategies to address the challenges of cognitive warfare information manipulation. Research has found that cognitive warfare information manipulation mainly includes four modes: content manipulation, media manipulation, audience manipulation, and agenda manipulation; The specific influencing mechanism can be conceptualized as a content bias, emotional stimulation, and behavioral guidance loop system. The main strategies for dealing with cognitive warfare information manipulation include upgrading media literacy education, strengthening information supervision and governance, enhancing public trust and consensus, and using technological means to counteract.

Keywords　Cognitive Warfare; Information Manipulation; Media Manipulation

The Basic Logic and Pathways for International Communication of Yangtze River Culture

Gongjun Yan, Xue Zou / 96

Abstract   The Yangtze River culture, an integral component of Chinese civilization, has evolved over its extensive history to embody a unique synthesis of diversity and unity. It manifestly reflects a confluence of diachronic and synchronic attributes, endowing it with distinctive value in the realm of international communication. The global dissemination of the Yangtze River culture necessitates a comprehensive grasp and strategic planning, complemented by definitive principles and fundamental logic to determine it primary audience and communication pathways. Based on the goals of undergoing creative transformation and development, it is of great practical significance to promote the international communication of Yangtze River culture and facilitate exchanges and mutual learning between Chinese and foreign civilizations.

Keywords   Yangtze River Culture; International Communication; River Culture Dissemination

Research on the Construction of Hainan Province's International Image from the Perspective of Schema Theory: Empirical Exploration Based on Twitter Data

Yuanbing Deng, Chen Chu, Yu Zhang / 110

Abstract   In the context of global communication, social media has become an important channel for the international image dissemination of cities. This study is guided by schema theory and combines keyword extraction, sentiment analysis, and topic modeling techniques to systematically explore the construction of Hainan Province's international image on Twitter. Research on using KeyBert technology to identify public attention to hot topics in Hainan, revealing through sentiment analysis that positive emotions mainly focus on ecological environment and tourism advantages, while negative emotions are concentrated on natural disasters and economic challenges; Further combining LDA theme modeling to extract multidimensional themes, extract core dimensions such as international influence and development potential, and propose targeted communication strategies to provide theoretical support and practical reference for enhancing Hainan's international awareness and attractiveness.

Keywords   Hainan Province's International Image; Schema Theory; International Influence

The Practical Pathways and Challenges of Platform Construction in China's Mainstream Media

—An Analysis from the Perspective of Sino-Western Differences

Wen Cai, Yu Zhang / 126

Abstract   Platform construction has become an important path for Chinese mainstream media to promote deep integration within the media sector. However, there are significant differences in the connotations and practical pathways of platformization in journalism practices between China and the West. Based on a comparison of platformization practices in Western and Chinese journalism in terms of discourse, practices, and structural relationships, this paper argues that platformization in China's mainstream media is a systematic and ecological resource allocation practice. Through case analyses of the platform construction processes of People's Daily, Beijing Daily, and The New Beijing News, this paper summarizes three practical pathways of platform construction at the micro, meso, and macro levels. It also analyzes the problems and challenges in terms of positioning and layout, technical functions, and operational management. The paper concludes that the platform construction of mainstream media requires multi-party collaboration and systematic promotion involving government, enterprises, media, and the public, in order to enhance the efficiency and effectiveness of public opinion guidance and social service functions.

Keywords   Mainstream Media; Platformization; Platform Construction; News Resource Allocation; Sino-Western Comparison

When Talking about AI, What Do Public Opinion Studies Discuss?

—Research Topics Extraction and Evolution Analysis Based on the Latent Dirichlet Allocation (LDA) Model

Wei Meng, Zhenhui He / 143

Abstract   Based on the Latent Dirichlet Allocation (LDA) topic model, this study conducts topic extraction and analysis on academic literature (2017–2024) of public opinion studies relate to artificial intelligence (AI) technology. Eight core topics were generated through model training: "public opinion generation," "social sentiment," "ideological security," "political security," "public opinion environment," "management of public opinion," "technology empowerment," and "media development." From the perspective of technological change, this study analyzes how advancements in AI influence the concern for questions and issues in public opinion studies, as well as how the academic production practices in this area interact with AI technology development, social applications and the implementation of relevant policies, ultimately integrating into the framework of social governance and technological regulation. On this basis, the study further reflects on the structural imbalances in public opinion studies and explores potential paths for the future research.

Keywords   Public Opinion Studies; AI; LDA Topic Model; Academic Production

Research on the Collaborative Model of Cognitive Warfare Actors: A Perspective from the Actor Network Theory

Yungeng Xie, Xiaoyang Wu / 166

Abstract   In the information age, cognitive warfare as an emerging form of warfare, has exerted profound impacts on national security and strategic advantages. This study aims to analyze the collaborative model of cognitive warfare actors through the lens of the Actor Network Theory, revealing how these actors promote information sharing and collaborative action through their interactive relationships, and jointly shape the cognition, attitudes, and behaviors of their target audiences. The study finds that the U. S. cognitive warfare actors are diverse, including government agencies, the military, private enterprises, mainstream media, think tanks, and non-governmental organizations, which form a deeply collaborative linkage mechanism. The U. S. has built a narrative coalition based on shared interests, using a tiered translation strategy to advance the strategic goal of weakening China's international discourse power and suppressing its international discourse space. With the support of social media platforms, the boundaries between military and civilian, public and private, and domestic and international are no longer clear, and the U. S. government has begun to experience the resonance effect of a cognitive warfare action network that unites the entire society. Structural, situational, and subjective factors all influence the effectiveness of the collaborative model of cognitive warfare actors. In response to the complexity and challenges posed by the Western countries' cognitive warfare, we must deepen and expand the existing counter-strategy system so as to safeguard national cognitive security.

Keywords Cognitive Warfare; The Collaborative Model of Cognitive Warfare Actors; Actor Network Theory; National Security Strategy; Forms of Warfare in the Information Era

ChatGPT's Inherent Shift, Potential Crisis, and Its Path to Response in Influencing Public Opinion

Shuangge Zhao, Yutong Zhang ╱ 182

Abstract Every development of media technology triggers drastic changes in media forms, communication methods and public opinion ecology. The development of generative AI is on the rise, and it has driven the current public opinion ecosystem to undergo structural remodeling in the transition from order to disorder, and the pluralistic media channels, rich communication landscape, and emotionally oriented elements in the public opinion arena have been shifted or dissolved to different degrees. To further analyze the situation, we need to examine the deep-rooted crises and challenges brought by intelligent AIs such as ChatGPT to the development of public opinion in China and even globally under the symptom of the change of public opinion pattern: the crisis of national identity, the crisis of government's public opinion control, and the increase of the imbalance between Eastern and Western discourses. In the face of the impact of generative AI such as ChatGPT on the pattern of news and public opinion, it should be responded to and laid out in multiple fields and dimensions, adopting a multi-domain linkage of algorithmic model upgrading, channel building of intelligent platforms and cultivation of intelligent literacy of the public, in order to maintain the security of China's public opinion in the age of intelligence as well as the evolution of the global normalization of public opinion.

Keywords ChatGPT; Generative Artificial Intelligence; Public Opinion; Dissemination Mechanisms

The International Public Opinion Influence and Risk Governance of Generative Artificial Intelligence

—A Summary of the Third China International Public Opinion Annual Conference

Jia Yin, Zhihao Tang / 196

Abstract The development of generative artificial intelligence is reshaping the international public opinion ecosystem, bringing new opportunities and challenges to international communication practices and public opinion studies. In this context, China's public opinion studies urgently need to explore the risks posed by generative artificial intelligence and other emerging technologies, as well as the governance strategies to address them. Additionally, it is crucial to refine China's independent knowledge system of public opinion studies within the new human-machine symbiotic international public opinion landscape, thereby enhancing the nation's discourse power and influence on the global stage. On June 16, 2024, the Third China Annual Conference on International Public Opinion was held in Chongqing, bringing together experts and scholars from across the country. The conference focused on the impact of generative artificial intelligence on cognitive sovereignty, international public opinion, national image, and cultural security. It also proposed strategies such as building a cybersecurity governance system and promoting a strategic shift in international communication. The discussions emphasized the integration of new technologies to innovate public opinion theories and research methods, offering a comprehensive explanation of international public opinion practices in the new era from the perspectives of core concepts and thematic categories.

Keywords Artificial Intelligence; International Public Opinion; Risk Governance; Autonomous Knowledge System

Value Conservation and Path Innovation: Public Opinion Research in the Context of New Generation Artificial Intelligence

—A Summary of the 8th China Public Opinion Forum

Ying Zhu, Weijian Deng / 210

Abstract A new generation of artificial intelligence is emerging and highly getting involved in communication activities, which brings dramatical changes to public opinion ecology. The research on public opinion is facing the challenge of declining explanatory power in traditional theories, while also embracing the opportunities presented by paradigm shifts and extension of disciplinary boundaries. On November 9, 2024, the eighth China Public Opinion Forum was held in Guangdong University of Foreign Studies. Scholars from nearly 30 universities and industry experts across China gathered together to discuss research practice on public opinion in the context of the new generation artificial intelligence in deep. The forum focused on the construction of the theory system, the reconstruction of the public opinion ecology, the governance of the public opinion crises, the reconsideration of ethical values, and the construction of national image among other thematic studies. It aims to provides directions and paths for establishing an independent knowledge system for Chinese public opinion in the new era.

Keywords Public Opinion; Artificial Intelligence; Public Opinion Ecology; Public Opinion Management; National Image

Issues and Paths of International Communication and International Public Opinion Research in the Context of Digital Intelligence

—A Summary of the First Workshop on International Communication and International Public Opinion Research Papers

Shan Li, Shengyong Chen / 222

Abstract The construction of national discourse and image shaping in the context of global public opinion is deeply affected by the change in the mode of social information dissemination. In the context of digitalization and globalization, the theoretical research and practical exploration of international communication and public opinion are facing a shift in perspective and an expansion of territory. In this context, there is an urgent need for international communication and international public opinion research to build China's capacity to deal with the global digital public opinion war and to enhance China's discourse and influence in the international arena. On December 14, 2024, the first "International Communication and International Public Opinion Research Paper Workshop" was held at the School of Journalism, Communication and Film, Hainan Normal University, where more than 50 experts and scholars on international communication and international public opinion from 30 colleges and universities and more than 10 journals gathered to discuss how to deal with the impact of artificial intelligence and technology on the research and practice of international communication. This year's workshop focuses on the new trends and paths of international communication and public opinion research, centers on the research of identifying digital communication channels, managing "local image" and building "national image" , etc. , summarizes and promotes the construction and innovation of the theoretical system of international communication, and proposes a path for the future development of international communication and public opinion research as well as the construction of an autonomous knowledge system.

Keywords Artificial Intelligence; International Communication; International Public Opinion; National Image; Communication Effectiveness

Triple Articulation and Pastoral Embedding: A Study on the Dissemination Practice of Smartphones in Mongolian Herdsmen Villages
—A Field Study Based on a Mongolian Herdsmen Village

Jinsheng Zhang, Wanxin Wu / 236

Abstract This paper adopts the "triple articulation" theory as its analytical framework, and explores the use of smartphones and their impacts in a traditional Mongolian herdsmen village from three dimensions: technological artifacts, consumer texts, and spatiotemporal scenes. It employs research methods such as in-depth interviews and participatory observation. The study finds that at the level of technological artifacts, smartphones have become the carriers of emotional connection for herdsmen's "remote families", and their technological characteristics have reshaped the production and lifestyle of herdsmen. At the level of consumer texts, applications such as WeChat connect herdsmen's production activities with the outside society, enhancing their participation in public life and expanding their interpersonal networks. At the level of spatiotemporal scenes, the use of smartphones is closely linked to family space scenes, and dining rooms have gradually evolved into spaces for women to escape family constraints and enjoy private leisure time. Furthermore, smartphones connect the time inside and outside pastoral areas and across different generations, reshaping the traditional time perception of herdsmen. This study contributes to a deeper understanding of how smartphones, as a modern communication technology, are embedded in and influence the social structure and daily life of traditional ethnic minority villages.

Keywords Triple Articulation; Mongolian; Pastoral Village; New Media

From Performative Friendliness to Identity Crisis: A Study on Self-Image Management Among Young Users Based on Text-Based Appeasement Behaviors

Zhanhua Zhao, Feng Yang / 255

Abstract　In the Digital Age, the rules and practices of offline interactions have been profoundly restructured, and the forms of online impression management have undergone significant changes as well. This study focuses on the phenomenon of text-based appeasement behaviors in young users' online interactions, examining their self-presentation and image management practices from a micro-perspective. Through semi-structured in-depth interviews with 13 young users, combined with the theoretical framework of front stage and backstage, this study analyzes the motivations, strategies, and individual feelings behind the text-based appeasement behaviors of young users. The research findings reveal that due to the need for image management, scarcity of social cues, and pressures from social relationships, users engage in text-based appeasement performances on the frontstage. Meanwhile, identity crises, emotional exhaustion, and social fatigue lead to emotional burdens in the backstage. In the context where the front stage and backstage intersect, users actively adjust through emotional venting and self-embedding. This process not only demonstrates the proactivity of young groups in online interactions but also reflects the impact of such interactions on individual subjective feelings and the complex contradictions that exist beneath the surface.

Keywords　Text-based Appeasement; Image Management; Identity Crisis; Social Performance

Between Tradition and Modernity: The Functional Logic of Media Use in Social Governance of Ethnic Minority Villages

Lin Yang, Tangbo Li / 276

Abstract　Clarifying the process of minority media and social change and clarifying the dominant logic of villagers 'media selection and use are the key dimensions to understand the current new media and rural society. The case of M Village shows that "radio" and "WeChat group" complement each other in promoting rural governance. In the goal of "project system", the integration of media collective action is realized, and the linking function of media is increasingly prominent in the development of rural economy. The supplementation and integration of new and old have become the most functional logic for the use of new media. The concrete manifestation is to follow the practical logic in rural governance, and rely on the cultural bias logic in daily life. According to the study, the great effect of radio so far shows the inconsistency of the speed of media technology change in minority villages, and culture is still the fundamental force affecting the rural media-society change.

Keywords Ethnic Minority Village; Broadcast; WeChat Group; Media Selection

New Practice of "Old Media" : A Study of Young Users' Willingness to Continue Using QZone

Wei Ma, Miao Guo / 293

Abstract With the rapid development of mobile Internet technology, social media products are constantly emerging and evolving. The migration and flow of users among different platforms have become a common phenomenon in the Internet era. However, under the wave of "social media migration" , some young users still choose to stay in QZone and regard it as their own territory in the online world. This paper adopts the grounded theory method to construct a theoretical model to explore the generation mechanism of young users' willingness to continue using QZone and reveal the new practical significance of QZone as an "old social media" . The study finds that social needs, media memory, and perceived value are the core factors that affect young users' willingness to continue using QZone. QZone meets the personalized social needs of young users from the dual standpoints of "connection" and "isolation" ; constructs and evokes their individual and collective memories from the dual characteristics of mediation and materiality; and provides perceived value for their usage experience from the two levels of function and emotion.

Keywords QZone; Continuance Intention of Use; Strong and Weak Connections; Media Nostalgia; Young Users

A Corpus-Based Framework Approach to the Discourse Analysis of Brand Image Construction: A Case Study of Apollo Go

Li Lin, Mei Chen, Ranran Zhang / 310

Abstract The global communication of enterprise brands is not only crucial to the development of enterprises themselves but also a presentation and expression of a country's comprehensive strength. Developing a framework approach for the discourse analysis of brand image can help to expand the field of vision in brand research and integrate the theories from multiple disciplines such as management, linguistics, and communication studies. Based on the overseas news reports about the Chinese automatic driving brand Apollo Go, this paper, from the perspective of "others" in shaping brand image, considers the report volume, report themes, descriptive characteristics, and cognitive evaluations and uses the corpus-based approach to build a multi-layer analytical framework for the global communication of brand image. The research finds that the brand image of Apollo Go in overseas English news reports has the properties of sureness and diligence, professional technology, safety and reliability, and promising future, which are representative of the image of Chinese autonomous driving brands. The good global communication effect of Apollo Go not only impulses the development of autonomous driving technology but also boosts the confidence of investors and consumers all over the world.

Keywords Brand Image; Global Communication; Discourse Analysis; Autonomous Driving

Imbalance and Rebalancing: Emotional Labor of Journalists in the Public and Private Spheres in the Social Media Era

Zhiping He, Yang Yu, Xuhong Zhang / 326

Abstract A content analysis and textual analysis of 50 notes of journalists and their corresponding 50 news reports on the same events revealed that the frequency of negative emotions in the notes was significantly higher than in the news reports. Specifically, anger, fear, and compassion are expressed more intensely in the notes, in comparison, the intensity of emotions such as sadness, helplessness, care, and hope shows little difference between the two types of writing. These findings suggest that journalists tend to suppress extreme emotions in the public sphere of news reporting, while they release these emotions in the private sphere of their notes, achieving emotional balance by offsetting the imbalance present in the public sphere through emotional release in the private sphere. This emotional rebalancing plays a positive role in alleviating journalists' psychological stress, contributing to their mental well-being. However, this emotional rebalancing also has potential drawbacks, as excessive emotional expression in the private domain can undermine the objectivity and constructiveness of the original report. Therefore, sit is recommended that news organizations improve the emotional support mechanisms for journalists, including regular emotional regulation training, psychological support, and emotional comfort systems, to help journalists better fulfill their social responsibilities.

Keywords Emotional Labor; Emergency; Emotional Communication; News Reports; Journalist

Database · Game Engine: Fission and New Boundaries of Documentary Images

Zhi Chen, Zhenyu Liu, Chenyu Lai / 343

Abstract This article will follow the Lev Manovich's writing ideas in"The Language of New Media", starting with the key case"The Man with a Movie Camera"in this book, first pointing out the rupture of the authority of documentary image archives, and then explaining the database which is a new form of image organization; Starting from the navigable spaces in the computer games"DOOM"and"Myst", clarify the presentation and operational logic of database forms, and thus observe a new form of documentary imagery—"Machinima", in order to expand the boundaries of documentary imagery; Finally rising to the height of the AGI era, examining the new development of documentary imagery, reaffirming human creativity, and responding to concerns about"Devouring Master"and"Techno-centrism".

Keywords Documentary Video; "Language of New Media" ; Database Format; Machinima

Role-Playing and Daily Life: The Locality Construction in Cosplay's Spatial Mobility

Ruihua Chen, Fan Ji / 354

Abstract As an emerging cultural phenomenon, Cosplay often draws public attention due to its exaggerated styling and peculiar costumes. In recent years, this niche practice of role-playing has gradually integrated into everyday life, becoming a significant cultural phenomenon in public spaces. However, this integration does not take the form of "resistance" typically associated with traditional subcultures. Instead, it harmonizes the conflict between role-playing and daily life through mobility in everyday spaces. Notably, leveraging the interactive characteristics of digital media technology, everyday mobility dissolves barriers in public spaces, fostering collective actions that build group tacit understanding and enhance emotional communication among cosplayers. This process ultimately achieves a greater sense of social inclusion and belonging. It not only reshapes public spaces but also constitutes a "local" construction through the bodily rhythms of cosplayers. Simultaneously, it facilitates the formation of pluralistic cultural relations and adjusts the interplay between the self, others, and society, thereby realizing coexistence and the acquisition of meaning in everyday life.

Keywords　Cosplay; Public Space; Role-Playing; Spatial Mobility

Adaptation and Acceptance of AI News Anchors among Youth Users: A Qualitative Analysis Based on Grounded Theory

Yanjing Liu, Hanzhu Zhao / 372

Abstract　This study aims to explore youth users' experiences and evaluations of AI news anchors, seeking to understand their adaptation to and acceptance of this emerging technology. Using grounded theory methodology, this research analyzes focus group interviews to investigate participants' perceptions and expectations toward AI news anchors. Findings reveal that while youth users maintain an open and curious attitude toward AI news anchors, cognitive and emotional challenges persist in their full acceptance. These findings highlight the importance of emotional engagement and suggest that AI news anchors need to evolve in ways that satisfy user needs at a deeper level. This research provides an empirical foundation for the design and application of AI news anchors, contributing to their technical improvement and functional optimization.

Keywords　Youth Users; AI News Anchors; Adaptation and Acceptance; Grounded Theory

Effect of Anthropomorphism of Virtual Influencer on Advertising Effect
—An Analysis of Moderated Mediating Effect

Zi Li / 387

Abstract　Virtual influencers not only gain a lot of attention, but also increasingly favored by major brands, and frequently participate in marketing activities as digital spokes-characters. This paper conducted an empirical study on the advertising endorsement effect of virtual influencers through questionnaire survey, and constructed a moderated mediating model to explore how the anthropomorphism of virtual spokespeople, consumers' familiarity of virtual human, and the para-social interaction between them affect the advertising effect. It is found that the degree of anthropomorphism is not the most important factor to determine the effect of advertising, and its influence should be realized through the mediating variable of para-social interaction. Moreover, the degree of consumers' familiarity of virtual human will moderate the degree of influence of para-social interaction on the purchase intention in the advertising effect. When using virtual spokes-characters to carry out marketing activities, it is necessary to pay attention to the construction of para-social interaction relationship, and reach different consumers according to different advertising purposes to achieve maximum effect.

Keywords   Virtual Influencer; Spoke-character; Anthropomorphism; Para-social Interaction; Advertising Effect

Strategies for Enhancing the Cross-cultural Communication Effectiveness of Excellent Traditional Chinese Culture

—An Analysis Based on Cultural Proximity Theory

Abstract   In the era of globalization, the international dissemination of excellent traditional Chinese culture has become one of the important ways to strengthen exchanges between China and the world. The theory of cultural proximity emphasizes the importance of cultural similarity and mutual understanding. From this theoretical perspective, the acceptance of excellent traditional Chinese culture by cultural audiences can be divided into three stages: reception, transformation, and identification. In the receiving stage, communicators need to reduce cultural distance and stimulate audience interest by approaching cultural content and forms that are close to the target audience. The transformation stage emphasizes the localization and integration of culture, and overseas audiences selectively absorb excellent traditional Chinese cultural elements and engage in creative reproduction during this stage. The identification stage is the ultimate goal of communication, where the audience forms emotional resonance after a profound understanding of cultural connotations and integrates excellent traditional Chinese culture into their practical life. To achieve this goal, disseminators should highlight the core values and global applicability of excellent traditional Chinese culture, shape an open and inclusive cultural image, and promote cross-cultural identity through innovative forms of communication and education. Only by dynamically adjusting communication strategies and gradually achieving cultural adaptation and integration can we effectively enhance the international dissemination efficiency of excellent traditional Chinese culture and strengthen the depth and breadth of global cultural exchanges.

Keywords Cultural Proximity Theory; Excellent Traditional Chinese Culture; Cross-cultural Communication; Effectiveness International Communication

Visual Ritual Reconstruction: Culture Governance of Image Events and Their Rhetorical Practices

Xueye Wang / 420

Abstract In the context of visual culture, image events have become a kind of new object and tool in network culture governance. The culture governance of image events is not only "hard governance" that relies on technical and administrative means, but also "soft governance" that relies on rhetorical methods, and it is necessary to change from "governance of culture (object) shaped by image events" to "governing by culture (tool) created by image events". Western culture governance ideas, Chinese traditional governance ideas, visual rhetoric researches, anthropological "ritual reconstruction" thoughts, and many event-governing practices inspire us to put forward "visual ritual reconstruction" as a new approach of culture governance of image events. The path of visual ritual reconstruction is as follows: we produce positive image event texts in ways of "representing rituals, quoting ritual symbols and constructing ritualized actions", whose main cultural meaning-generating mechanisms respectively correspond to representational rhetoric, intertextual rhetoric and repetitive rhetoric practices.

Keywords Visual Rhetoric; Network Culture Governance; Image Events

How Can Government New Media Empower the Modernization of Primary-level Governance

—A Study Based on "Nanhai Dali"

Ying Chen, Cheng Liu, Chenxi Liang / 438

Abstract   The government's affairs new media is important digital tool for empowering modernization of grassroots governance, but how can the empowerment realize is still an issues to be studied and explored. Analysis of the successful practical experience of "Nanhai Dali", a town government official WeChat account with millions of fans, reveals that the government's affairs new media should position itself as an intermediary connecting mechanism and relationship adjuster between the local state and grassroots society. "Communication embedding into society" is a necessary prerequisite for its role in connecting and adjusting, and how to integrate and mobilize public participation in collaborative governance is a key issue. According to embedding issue, the service power built through content innovation, platform construction, and resource linking is an effective lever for the government's affairs new media. When solving the issue of integrate and mobilize participation, the government's affairs new media can adopt strategies as following: diverse emotional practices activate the communication power, localization of communication consolidates consensus, of resources from all parties provide guarantees, while the call for native order and intermediate levels such as local sentiment and local elites is an action strategy of "borrowing strength" .

Keywords   Government New Media; Primary-level Governance; Governance System; Governance Capacity; Digital Empowerment

图书在版编目（CIP）数据

新媒体与社会. 2025 年. 第 1 辑：总第 37 辑／谢耘
耕，陈虹主编. -- 北京：社会科学文献出版社，2025.
3. -- ISBN 978-7-5228-5173-0

Ⅰ. G206. 2-05

中国国家版本馆 CIP 数据核字第 20257JL472 号

新媒体与社会　2025 年第 1 辑（总第 37 辑）

主　　编／谢耘耕　陈　虹

出 版 人／冀祥德
责任编辑／张建中　王晓卿　张　萍
责任印制／岳　阳

出　　版／社会科学文献出版社 · 文化传媒分社（010）59367156
　　　　　地址：北京市北三环中路甲 29 号院华龙大厦　邮编：100029
　　　　　网址：www. ssap. com. cn
发　　行／社会科学文献出版社（010）59367028
印　　装／唐山玺诚印务有限公司

规　　格／开本：787mm×1092mm　1/16
　　　　　印张：30　字数：477 千字
版　　次／2025 年 3 月第 1 版　2025 年 3 月第 1 次印刷
书　　号／ISBN 978-7-5228-5173-0
定　　价／179. 00 元

读者服务电话：4008918866